U0139580

YIJING
TONGSU JIANGGAO

孟昭旭／著

华龄出版社
HUALING PRESS

责任编辑：薛　治
责任印制：李未圻

图书在版编目（CIP）数据

易经通俗讲稿 / 孟昭旭著 . —— 北京 : 华龄出版社，
2021.10
ISBN 978-7-5169-2100-5

Ⅰ . ①易… Ⅱ . ①孟… Ⅲ . ①《周易》- 通俗读物
Ⅳ . ① B221-49

中国版本图书馆 CIP 数据核字 (2021) 第 187066 号

书　　名：易经通俗讲稿
作　　者：孟昭旭　著

出版发行：华龄出版社
地　　址：北京市东城区安定门外大街甲57号　　邮　　编：100011
电　　话：010-58122255　　　　　　　　　　传　　真：010-84049572
网　　址：http://www.hualingpress.com

印　　刷：湖北金港彩印有限公司
版　　次：2021年12月第1版　　2021年12月第1次印刷
开　　本：787mm×1092mm 1/16　　印　　张：37.5
字　　数：450千字
定　　价：98.00 元

目　录

周易上经 / 19

周易下经 / 243

系辞上传 / 513

系辞下传 / 539

说卦传 / 563

杂卦传 / 579

中国古代先民的宇宙观

《易》曰："太易，无之祖也；太初，气之始也；太始，形之始也；太素，质之始也。"[①] 子曰："易有太极，是生两仪。"[②]

我们古代先民，把宇宙的形成，分为五个阶段。第一个阶段叫"太易"，这个阶段处于无的状态，就是空无一物，什么都没有；第二个阶段叫"太初"，这个阶段处于气体状态，整个宇宙就是一团气，什么也看不见，什么也摸不着；第三个阶段叫"太始"，这个阶段有形而无质，整个宇宙充满絮状的东西；第四个阶段叫"太素"，这个阶段是既有形也有质的状态，似星体出现，但仍是混沌一片，宇宙秩序尚未完善；第五个阶段叫"太极"，这个阶段天地初开，太阳系诞生并形成，整个宇宙内的天体结构至善至美，天体运转井然有序。

结合宇宙大爆炸的理论[③]，看看我们古代先民对宇宙形成的理解，是否与现代科学结论相吻合。

"太易"，我们古代先民认为是"无"的状态。大爆炸的理论则认为，我们如今的宇宙，起源于极小的点，这个点甚至比原子还小，它的质量无限大，密度无限大，体积无限小，温度无限高。试想一下，一滴水中就有 30 亿亿个原子世界，那么那个奇点比原子还小，可不就是"无"的状态吗！可以肯定地说，我们古代先民的认知，和现代科学的认知是一致的，是吻合的。

"太初"，我们古代先民认为是一团"气"的状态。大爆炸的理论则认为，那个奇点在近 138 亿年前发生了爆炸，10^{-43} 秒开始爆炸；10^{-35} 秒大一统

---

①引自《易纬·乾凿渡》。

②引自《系辞上传》。

③引自《大爆炸——宇宙通史》。

作用力崩解；10^{-9}秒电弱对称崩解；那个奇点的物质能量瞬间四散飞射出去，宇宙由此诞生。这个时候的宇宙虽充满物质和能量，但最大单位比夸克还小，可不就是一团"气"的状态吗！可以肯定地说，我们古代先民的认知，和现代科学的认知是一致的，是吻合的。

"太始"，我们古代先民认为是有"形"无质的状态。大爆炸的理论则认为，爆炸后10^{-3}秒，夸克开始凝聚，中子与质子开始出现，3分钟后原子核开始出现，30万年后，电子开始凝聚，然后是分子、分子云等物质出现，在大质量的天体没有形成之前，可不就是有"形"无质的状态吗！可以肯定地说，我们古代先民的认知，和现代科学的认知是一致的，是吻合的。

"太素"，我们古代先民认为是有形有"质"的状态。大爆炸的理论则认为，大爆炸后30亿年，似星体出现；50亿年后，星系出现。这一时期，在万有引力的作用下，大质量的天体不断吸收太空云，增加自己的体量和质量，然后捕捉附近的、比自己质量小的天体，围绕自己运转，一级捕获一级，形成祖孙四代的天体结构。像银河系这样的天体，就是爷爷辈；太阳系这样的天体，就是父亲辈；地球这样的天体，就是儿子辈；月亮这样的天体，就是孙子辈。按照宇宙伦理，月亮围绕地球运转；地球围绕太阳运转；太阳围绕银河系运转。实际上这一时期，大质量的天体已经形成，星系结构初具规模，运行秩序尚未完善，可不就是有形有"质"的混沌状态吗？可以肯定地说，我们古代先民的认知，和现代科学的认知是一致的，是吻合的。

"太极"，我们古代先民认为是开天辟地之前的状态。大爆炸理论则认为，爆炸后100亿年，太阳系诞生，这时期宇宙形成，天朗地清，秩序井然。太阳系有九大行星围绕着太阳运转，太阳和行星的关系，跟我们人类的夫妻关系差不多。离太阳远的，被打入冷宫；离它越近的，越受到它的伤害；只有我们地球，离太阳不远不近，恰到好处，一阴一阳，你恩我爱，和睦相处，这才有了天地交合，生育万物。太阳有九个媳妇，只有一个地球有生育能力，其他八个都没有生育能力，至于彗星，被称作扫把星，多少年来一次，来了就会惹祸，更别提什么生育能力了。这一时期，是太阳系诞生并形成的过程，可不就是开天辟地的状态吗！可以肯定地说，我们古代先民的认知，和现代科学的认知是一致的，是吻合的。

子曰："易有太极，是生两仪，两仪生四象，四象生八卦，八卦定吉凶。"[1] 老子云："道生一，一生二，二生三，三生万物。""人法地，地法天，天法道，道法自然。"[2]

我们古代先民认为，太阳系形成以后，才有天和地，天为阳，地为阴，这就是阴阳两仪。阳用▬▬符号表示；阴用▬ ▬符号表示，阳气上升，阴气下降，阴阳之间就产生了变化。穷阴阳之变，无非就四种情况，即▬ ▬少阳；▬▬老阳；▬ ▬少阴；▬ ▬老阴。这就是两仪生四象。也就是说，有了天和地以后，天地运转，就产生了时间和空间。从时间上讲，少阳是春天，老阳是夏天，少阴是秋天，老阴是冬天；从空间上讲，少阳是东方，老阳是南方，少阴是西方，老阴是北方。有了时间和空间，才有了地球上的万物和人类，人为万物之灵，所以才有天地人三才设卦。穷三才之变，无非是八种情况：▬▬、▬▬、▬▬、▬▬、▬▬、▬▬、▬▬、▬▬这就是四象生八卦。有了人的参与，才有趋吉避凶之说，所以叫作八卦定吉凶。

我们古代先民认为，宇宙是从无中来，无中生有，有就是宇宙；有生道，道就是银河系；道生一，一就是太阳系；一生二，二就是太阳和地球；二生三，三就是天地人；三生万物，就是由天地人产生的，自然和人类社会的万事万物。也就是说，最早是"无"，然后有了"宇宙"，有了宇宙才有"银河系"，有了银河系，才有"太阳系"，有了"太阳系"以后才有"天和地"；有了"天和地"以后，才有"天地人"，有了"天地人"以后，才有"万事万物"。

我们古代先民认为，人类是地球的一部分，受地球的制约，必须遵从地球的法则，这叫"人法地"；地球是太阳系的一部分，受太阳系的约束，必须遵从太阳系的法则，这叫"地法天"；太阳系是银河系的一部分，受银河系的管理，必须遵从银河系的法则，这叫"天法道"；银河系是宇宙的一部分，

---

①引自孔子《系辞上传》。
②引自老子《道德经》。

受宇宙的制约，必须遵从宇宙的法则，这叫"道法自然"。在这里，人等于人类；地等于地球；天等于太阳系；道等于银河系；自然等于宇宙。法就是效法、遵守、遵从的意思，上级制约下级，下级服从上级，整个宇宙是一个整体，人类必须遵从宇宙中的所有规律，这就是"天人合一"。

由此看来，我们古代先民的宇宙观简直不可思议！在惊叹之余，我们不得不对古代先民的智慧，佩服得五体投地，为我们有这样的祖先，感到无比的骄傲和自豪。

中国古代先民的世界观

我们古代先民，把整个世界一分为二，一半是阴，一半是阳。也就是说一半是白天，一半是黑夜；一半是春夏温暖，一半是秋冬寒冷；一半是男人，一半是女人；一半是君子，一半是小人；有进有退，有上有下，有刚有柔，有正有反，有动有静，有善有恶，有美有丑，有表有里，有益有损，有泰有否。汉语中所有的反义词，都是哲学层面的二分法，都是一个事物的两个方面，都是阴阳对立的统一体，无论大小，无一例外。阴和阳的关系是对立的，但又是统一的，"独阴不生，孤阳不长"。阳不能自立，必得阴而后立；阴不能自现，必得阳而后现。阴和阳不是相互消灭的关系，而是此消彼长的关系，阳进则阴退，阴长则阳消。天下所有的事物，都是在阴阳进退的变化中发展的，此所谓"一阴一阳谓之道"。"生生不息谓之易"，易就是变易，这种变易是永恒的，万事万物永远在变易之中；阴阳变化是有规律的，穷两画之变得四象；穷三画之变得八卦；穷八卦之变得六十四卦；每卦六爻，加乾坤两个用爻，共计三百八十六爻。天地之间，万事万物，所有的变化，都在这三百八十六爻之中，无一人、无一事、无一物可以例外。

我们古代先民认为，这个世界有三易。一是"变易"，世界是物质的，物质是运动的、变化的，变化是绝对的、永恒的，不变是相对的、暂时的；二是"不易"，所有的变化都是有规律的，都随着时空变化而变化，天有天的规律，地有地的规律，人有人的规律，小规律必须服从大规律，这些规律，存在于万事万物之中，无时无刻不在左右着事物的发展变化，而这些规律是永恒不变的，所以叫作"不易"；三是"简易"，这些规律是可以认识的，可以掌握的，可以利用的。了解并顺应这些规律，认识这个世界，推动事物发展变化，在社会生活中趋吉避凶，就变得极其简单容易了。

我们古代先民，明显具有"扶阳抑阴"的思想，其实这个世界是由阴和阳两部分组成的，在整个世界的发展变化中，阴和阳起到同等重要的推动作用，没有黑夜就没有白昼；没有女人就没有男人；没有小人就没有君子，但我们古代先民认为，天为主宰、地为顺从；易为君子谋，不为小人谋，君子是主宰，小人必须顺从。从这个意义上讲，奠定了几千年来，重男轻女、歧视百姓的传统文化基因，这属于文化糟粕，我们应该批判地继承。

总的来说，我们古代先民，能够用朴素的唯物辩证法，来观察、了解、认识这个世界。虽然有一点机械唯物主义的色彩，以及带有统治阶级的主观和偏见，但终究没有给唯心主义留有半点余地，更没有半点封建迷信色彩，这对五千年前的古代先民来说，已经是非常难能可贵了。他们用一套科学、完整的符号体系，概括这个世界、认识这个世界、解读这个世界，他们的世界观和方法论，是华夏文化的源头，孕育出中华文化的浩瀚海洋；是华夏文化的种子，孕育出中华文化的参天大树；是华夏文化赖以生长的基因，至今仍在每一个中国人的血液里流淌；是华夏文化赖以生存的空气，至今仍弥漫在中国社会的每一个角落。作为每一个中国人，都应该对我们古代先民遗留下来的世界观和方法论，有一个最基本的认识和了解。

易的起源《古三坟》

《易》曰："连山氏得河图，夏人因之，曰《连山》；归藏氏得河图，商人因之，曰《归藏》；伏羲氏得河图，周人因之，曰《乾坤》。"

夏朝的易叫《夏易》，又称《连山易》，古称《山坟》，也称《天易》。它以"君、臣、民、物、阴、阳、兵、象"等八元素为基础，组成八阶可重排列，形成八种卦象，都以山来命名：崇山为君，伏山为臣，列山为民，兼山为物，潜山为阴，连山为阳，藏山为兵，叠山为象，是个人事网络系统。

商朝的易叫《商易》，又称《归藏易》，古称《气坟》，也称《地易》。它是以"归、藏、生、动、长、育、止、杀"等八元素为基础，组成八阶可重排列，形成八种卦象，都以气来命名：天气为归，地气为藏，木气为生，风气为动，火气为长，水气为育，山气为止，金气为杀，是个生物的生命过程。

周朝的易叫《周易》，又称《乾坤易》，古称《形坟》，也称《人易》。它是以"天、地、日、月、山、川、云、气"等八种元素为基础，组成八阶可重排列，形成八种卦象，都以形来命名：乾为天形，坤为地形，阳为日形，阴为月形，土为山形，水为川形，雨为云形，风为气形，是个自然网络系统。

《连山易》和《归藏易》早已失传，目前完整保留并流传下来的，就是《周易》。《汉书·艺文志》中曾说："易道深，人更三圣，世历三古。"三圣就是伏羲、周文王、孔子；三古就是上古、中古和近古。伏羲是上古文化集大成者，是他一画开天地，两画定阴阳，三画演八卦，并把八卦重叠，推演成六十四卦，形成了完整的符号体系。周文王是中古文化集大成者，是他和周公，分别作卦辞和爻辞，给每一卦、每一爻的象，做出文字解释，赋予每一卦、每一爻以特定的含义。这些卦辞和爻辞，统称为《易经》。孔子是近古文化集大成者，他是五十有五而学易，韦编三绝，留下十篇专著，世称《十翼》，又称《易传》，给《周易》增添了十个翅膀。伏羲的符号体系，加周文王和周公的卦爻辞，加孔子的《十翼》，三位一体，合称《周易》。三位圣人，历经三古，用三千年的时间，合著一本书，这本书被后人尊为百经之首。

八卦是《周易》的基础

上古伏羲仰观天象，俯察地貌，纵观万物，取象于最具代表性的八种事物，画出了先天八卦图，这八种事物分别是：天、地、雷、风、水、火、山、泽，并分别命名为：乾、坤、震、巽、坎、离、艮、兑。卦画是穷三画之变而来；卦象是根据卦形，取象于自然事物；卦名是兼具人与自然的共同属性而命名，最终得到的八卦是：☰乾、☷坤、☳震、☴巽、☵坎、☲离、☶艮、☱兑。卦者挂也；象者像也，让我们先挂起来，看看像还是不像。

乾☰：乾为天，伏羲认为，天是一层一层的，而且是纯阳性事物，所以就用三个阳爻，画了三层表示天。用我们现在的话说，天有三层，第一层叫对流层，第二层叫平流层，第三层叫臭氧层。

坤☷：坤为地，伏羲认为，地是一块一块的，而且是纯阴性事物。所以就用三个阴爻来表示地。我们来数一数，地球是不是分成六大块：亚洲、欧洲、美洲、非洲、南极洲、大洋洲，正好六块。

震☳：震为雷，伏羲认为，云层中的闪电就是雷。云层是阴性事物，闪电是阳性事物；云层是厚重的，闪电是单薄的，所以用上面两个阴爻，下面一个阳爻，来表示雷。用现在的话说，云层中的两个负电荷遇到一个正电荷，就会使等量部分消耗或中和掉，产生光和热，就是雷电现象。

巽☴：巽为风，伏羲认为，天是纯阳的，纯阳下面变阴，那便是风，所以就用两个阳爻代表天，一个阴爻代表天下的风，用我们现在的话说，阳气上升、阴气下降，产生对流，所以就在对流层产生了风。

坎☵：坎是水，伏羲认为，水属阴，但阴中有阳；水是流动的，有波峰、有波谷。波峰用阳爻表示，波谷用阴爻表示，所以就用两阴爻和一个阳爻，画出了水的形象，和我们汉字篆书的水字一模一样的。用我们现在的话说，水分子是 H_2O，两个氢原子，一个氧原子，阴爻代表氢原子，阳爻代表氧原子，岂不是一个水分子吗？

离 ☲：离为火，伏羲认为，火属阳，但阳中有阴；火是外边实，中间虚，所以就用两边两条实线，中间一条虚线来表示火。用现在的话说，火借风势，风助火势，火为阳，风为阴，阳中确实有阴，火不虚不燃，中虚便有氧气相助。现代科学认为，火为物质第四形态，既不是固态，也不是液态更不是气态，而是等离子状态。早在五千年以前伏羲就把它命名为离。

艮 ☶：艮为山，伏羲认为，山向阳的一面是阳，山的背面和里面都是阴。所以就用一个阳爻，两个阴爻，画出了山的形象。用现在的话说，山是大地隆起之物，是地球上最先接受阳光的地方。大地是纯阴，山顶是纯阳。于是就画出了山的形象。

兑 ☱：兑为泽，坎是流动的水，兑是静止的水。伏羲在静止的水面上，看到了水中的天，于是就把天画在了水的下面，就有了泽的形象。用现在的话说，泽就是水深不超过六米的、浅水实底的、相对静止的、水面开阔的水域，实际上就是便于水陆两栖动植物聚集、栖息的湿地。

伏羲用最简单的八个符号画出了天、地、雷、风、水、火、山、泽的形象。现在看来，伏羲对八种事物的描述都是准确的、科学的、形象的、惟妙惟肖的。

解决了八卦像不像的问题，我们再来看看八卦的功能和属性。八卦都以该事物的功能命名，而不以具体事物命名，这样就高度概括了这一类事物的属性，是人与自然共同具有的属性，自然是什么样子，人就应该是什么样子，推天理就可以明人事，从而实现人与自然的高度统一。实际上人和自然是一回事，这就是上古先民，天人合一的思想。

乾，健也。天的功能是刚健，因为天体运行刚健恒常，所以人要向天学习，自强不息，做一个刚明强健的君子。

坤，顺也。地的功能是顺从，因为他顺从于天，所以人要向地学习，顺从领导、厚德载物，做一个包容、谦虚的人。

震，动也。雷的功能是震动，对于人而言，就有动的属性，包括活动、行动、运动，等等。

巽，入也。风的功能是进入，风的特性是无处不到，无孔不入，自己无形，但能顺从于各种形状，还有无处不到的特点。对于人而言，有随时而进的属性，就像树木，随时而长，就像风，随时而来，所以有守信、谦逊、顺从、服从、申命行事、进退不定等特点。

坎，陷也。水的功能是险陷，水在前行的时候，必须不断地把前面的坑穴填满，才能继续前行。对于人而言，人生到处是困难和陷阱，必须不断地解决困难、脱离陷阱，才能改变自己的命运。

离，附也。火的功能是依附和光明，火不能独立存在，必须依附于他物才能发光。对于人而言，就有依附和光明的属性，包括追随、文明、文彩、明智、明察等特性。

艮，止也。山的功能是阻止、静止和停止，山体本身是静止不动的，又有遇山则止的作用。对于人而言，就有遇险则止，当止则止，阻止停止的属性，包括主动停止和被动受阻而止。

兑，悦也。泽的功能是喜悦，泽水有益而无害，可以取悦于各种动植物，泽为秋，有秋收的喜悦。对于人而言，兑为口舌，有相互取悦之象，具备和乐、喜悦、乐观、自乐和取悦别人等属性。

了解了八卦的功能和属性，我们再来看看八卦分别代表什么。伏羲的先天八卦和周文王的后天八卦不一样，先天八卦是天南地北，东火西水；后天八卦是天在西北，地在西南，火在南，水在北。在这里，我们主要介绍后天八卦，也就是周文王在伏羲先天八卦的基础上，重新排列组合以后形成的后天八卦，它代表的各种事物及其对应关系，可以列表如下：

卦名	自然	人	属性	动物	身体	方位	季节
乾	天	父	健	马	首	西北	秋冬间
坤	地	母	顺	牛	腹	西南	夏秋间
震	雷	长男	动	龙	足	东	春
巽	风	长女	入	鸡	股	东南	春夏间
坎	水	中男	陷	豕	耳	北	冬
离	火	中女	附	雉	目	南	夏
艮	山	少男	止	狗	手	东北	冬春间
兑	泽	少女	悦	羊	口	西	秋

乾为天、为圆、为君、为父；天为纯阳，象征金、玉等坚硬的物质；象征旺盛的大红色彩；乾卦的方位在西北，于时为秋冬季，象征寒冷、结冰；乾健行，象征良马，经时间变化，象征老马，因身体变化，象征瘦马、杂毛马；树上的果实像天上的星星，散落的、圆形的，所以象征果实。

坤为地、为方、为臣、为母；地有包容之功能，所以为布；地有养育之功能，所以为锅；阳大阴小，所以阳慷慨、阴吝啬；地养育万物，没有偏私，所以为平均；地柔顺，所以为牛；大地负载万物，所以为大车；地生万物，多彩多姿，所以为文彩；大地物种繁多，所以为群、为众；地属阴，所以为黑色。

震为雷、为龙、为长子，雷为阴阳相交之时，象征黑黄相杂之色，所以为玄黄；雷为春天，所以象征将开的大花；春天空气湿润，所以为决躁；春天万物生长，所以象征初生的幼竹，象征芦苇；电闪雷鸣，所以象征右后蹄白色的马、善于鸣叫的马、善于奔驰的马、头心长白毛的马；春天开关通商，所以象征通畅的大路，象征刚开始扎根发芽的庄稼，象征极健壮、繁茂新鲜的草木。

巽为木、为风、为长女，木有挺拔之象，所以为绳直；风有削减之能，所以为工；风无色，所以为白；风无所不达、无所不至，所以为长、为高；风为强弱，所以为进退；风见硬就回，所以为不果敢；风可吹送各种气味，所以为嗅；风吹叶落，对于人来说象征秃顶、宽额；风无色，所以象征人的白眼球多；木的成本低，自然生长价值高，或取其果、或售其材、或加工成器，拿到市上出售，可得三倍于本的利。总之，巽卦是风的性质，是急躁、浮躁和暴躁的。

坎为水、为中男，水在低洼处，所以为沟渠、为隐伏；水性柔，可以改变任何形状，所以为矫揉、为弓轮；对于人来说，水是凶险的，不知其深浅，所以为加忧、为心病；坎为耳，所以又为耳病；水形似血，所以为血卦、为红色；对于马来说，坎中为阳，所以为美脊、为急心；水向下流，所以为下处；水流贴地而行，所以为薄蹄；水流有阻，所以为拽；对于大车来说，水流湍急，多有事故发生，所以为多眚；水为流通，车为交通，所以为通；月为水精，所以为月；水有隐伏之状，所以为盗；对于树木来说，坎卦刚在中，相当于木心坚实，所以为坚多心。

离为火、为日、为电、为中女；离卦外刚内柔，所以为甲胄，为手执兵戈的战士，为外壳坚硬的鳖、蟹、螺、蚌、龟等；对于人来说，离卦中空，所以为大腹；对于树木来说，为腐朽中空、枝干枯槁的树木；因日、火皆有干燥的作用，所以为乾卦。

艮为山、为少男，是阳卦中最小的，所以为小径、为小石；因山是崇高的，所以为门楼；因山上多草木，木实为果，草实为蓏，所以为果蓏；阍是守门人，禁止入，寺是后宫守门人，禁止出，艮是止，所以为阍寺；艮是阻止，所以为指、为狗；艮的卦形是前端坚硬，所以为鼠类啮齿动物，为黑嘴头的鸟兽类动物；对于树木来说，象征着坚硬多节的树木。

兑为泽、为少女，兑卦有口舌之象，巫师为口舌之官，所以为巫；兑为正秋，植物成熟折断、果实脱落，所以为毁折、为附决；对于地来说，泽水淹没的地方就是盐碱地，所以为刚卤；兑为少女，从姑姐而嫁，所以为妾；从卦象上看，有羊角之象，且羊肉味美，可取悦于人，所以为羊。

至此，八卦的形、象、名称、功能、属性、是什么、代表什么、象征什么，全部介绍清楚了。接下来我们开始了解六画卦。三画卦只能代表天地人，而天有阴阳、地有刚柔，人有男女，三画卦明显不能穷尽天地人的变化。于是，伏羲穷八卦之变，两两叠加，推演出六十四卦，每卦六画，叫作六爻，共计三百八十四爻。这样，天地间的所有变化，就都包含在其中了。

六画卦提供了所有信息

　　三画卦叫经卦，六画卦叫复卦或重卦，每一个六画卦都由两个三画卦组成，也就是两个经卦，组成一个重卦。下边的叫下卦，也叫内卦；上边的叫上卦，也叫外卦。每卦六爻，有阴有阳，是不断变化的，每卦阴阳都不一样，阴爻用六来表示，六是二、四之和，代表阴；阳爻用九来表示，九是一、三、五之和，代表阳。六爻的爻位是固定不变的，下位叫初，上位叫做上，中间是二、三、四、五。变化的爻，加上不变的位，就确定了六爻的称谓，也确定了六爻展示出的所有固定信息。

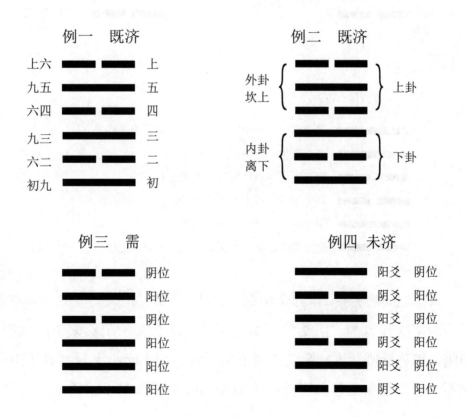

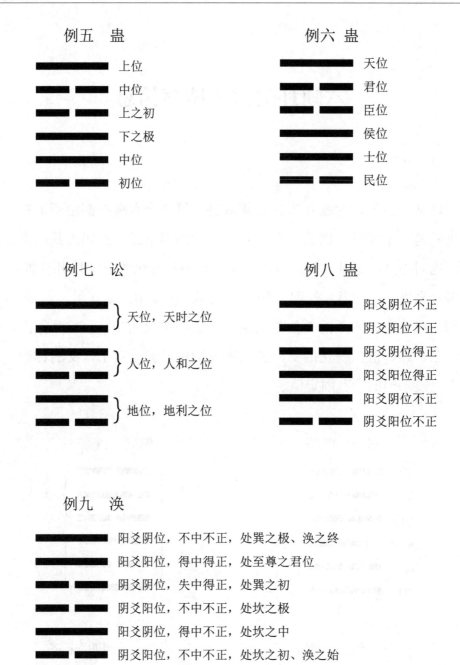

例五 蛊

■■■■■ 上位
■■ ■■ 中位
■■■■■ 上之初
■■■■■ 下之极
■■ ■■ 中位
■■ ■■ 初位

例六 蛊

■■■■■ 天位
■■ ■■ 君位
■■■■■ 臣位
■■■■■ 侯位
■■ ■■ 士位
■■ ■■ 民位

例七 讼

■■■■■
■■■■■ } 天位，天时之位

■■■■■
■■ ■■ } 人位，人和之位

■■■■■
■■ ■■ } 地位，地利之位

例八 蛊

■■■■■ 阳爻阴位不正
■■ ■■ 阴爻阳位不正
■■ ■■ 阴爻阴位得正
■■■■■ 阳爻阳位得正
■■■■■ 阳爻阴位不正
■■ ■■ 阴爻阳位不正

例九 涣

■■■■■ 阳爻阴位，不中不正，处巽之极、涣之终
■■■■■ 阳爻阳位，得中得正，处至尊之君位
■■ ■■ 阴爻阴位，失中得正，处巽之初
■■ ■■ 阴爻阳位，不中不正，处坎之极
■■■■■ 阳爻阴位，得中不正，处坎之中
■■ ■■ 阴爻阳位，不中不正，处坎之初、涣之始

　　六爻之间的关系，用四个字概括，叫作"乘、承、比、应"。"乘"和"承"是专对阴爻而言的，阴爻的下面是阳爻，那么对于阴爻来说，就叫作以柔乘刚，简称乘刚。这对阴爻来说非常不好，相当于小人骑到君子的脖子上，很不舒服，也很危险；阴爻的上面是阳爻，那么对于阴爻来说，就叫作以

柔承刚，简称承刚。这对于阴爻来说就比较好，小人能够顺承君子，就能得到君子的庇护和帮助。

"比"是针对阳爻而言的，阴爻是没有资格比的。阳爻的下面是阴爻，叫下比或叫亲比，阳爻的上面是阴爻，叫上比或叫逆比；上下都是阳爻，都可以叫近比。

"应"是阴阳相应，把六爻分成三对：初和四是一对，二和五是一对，三和上是一对。它们之间是一种对应关系，如果是一阴一阳，就叫作相应或正应；相应就是上下呼应，互有感应，心灵相通，能够相互帮助，相互应援；如果是两个阴爻或两个阳爻，就叫作不应或敌应。两阳或互讲诚信，两阴则同性相斥。另外，《易》贵中、贵正、贵应、贵亲比，而最贵者，时也。

以上是六画卦给我们提供的所有信息，我们随便取一素卦，看看能得到多少有用的信息。如果能把这些信息找对、找全，我们就可以看卦了。先得象，后得辞，"未有不得象而得辞者"，是说从来没有看不懂卦象就能解释卦辞的人。所以我们必须先看懂卦象，然后才能结合卦爻辞来理解每一卦、每一爻的真正含义。

例十

上卦是兑卦，兑为泽，为少女；下卦是艮卦，艮为山，为少男。少男处内卦，少女处外卦，是少男往追少女之象；少男和少女之间有感应，而且这种感应是天然的，异性无心之感，所以这卦就叫咸卦。

初六，阴爻，阳位，不中，不正，上与九四正应，处艮之初，感之始。

六二，阴爻，阴位，得中，得正，上与九五正应，处艮体之中，上承九三。

九三，阳爻，阳位，失中，得正，上与上六相应，处艮之极，亲比六二。

九四，阳爻，阴位，不中，不正，下应初六，处兑之初。

九五，阳爻，阳位，得中，得正，下应六二，逆比上六，处兑体之中。

上六，阴爻，阴位，失中，得正，下应九三，以柔乘刚，处兑之极，咸之终。

阳爻代表阳性事物，在这卦里就代表少男；阴爻代表阴性事物，在这卦里就代表少女；阳位主动，代表积极主动；阴位主静，代表消极被动；得中，说明具备中庸之德，凡事无过无不及，恰到好处；得正，说明目的纯正、手段正当，观念正统、作风正派、行为端正等；不中不正则完全相反。柔承刚，则阴能顺承于阳；柔乘刚，则阴受制于阳；相应，则互有感应，心灵相通，相互应援；处艮之初和艮体之中，均具备艮止的功能，艮极则不止；处兑之初和兑体之中，均有取悦和喜悦的功能，兑极则有乐极生悲之象；咸之始，是男女感应的开始；咸之终，是男女感应的结束。

每一卦都是如此，初爻是事物的开始，上爻是事物的终结，从下向上滚动发展，六爻在六位上不断变化，就变化出六十四卦。我们从每一卦中都准确地得到这些信息，就算是学会看卦了。很多学易者，不从卦象入手，直接去解释卦爻辞，难免会犯望文生义的错误。我要强调的是，看卦象是解读《周易》的基本功，只有基本功扎实，才能更准确、更深刻、更贴切地解读《周易》的卦辞和爻辞，以及孔子的大象和小象。下面我们进入正题，从卦象入手，全解《周易》卦爻辞。

周易上经

乾 ☰ 乾上 第一卦 至刚至强
乾下 乾为天 为君之道

【**卦辞**】乾：元、亨、利、贞。

【**象曰**】天行健，君子以自强不息。

【**释义**】乾卦讲的是天，天是个什么概念呢？往大里说是宇宙，往小里说是太阳系，往具体说是我们的可视范围的天空。谁能概括一下天的特点是什么？恐怕我们很难说得清楚，很难说得准确。我们先民，仅用四个字，就把天的特点和天的本质说清楚了。这四个字就是"元、亨、利、贞"。元，始也，至大至善也。亨，通也，亨通无阻也。利，宜也，宜利万物也。贞，正也，至公至正也。就是说，天从一开始就是最大的，至大就是没有比天再大的东西了；天体结构是最完美、最完善的。"元"就是没有比天体结构更大、更完善的东西了；天体的运行是畅通无阻的，"亨"就是没有任何力量可以阻止天体的运行；天的功能是伟大的，"利"就是有利于天下万事万物的生存与发展；天视万物如刍狗，不偏不私，无往无顾，正大光明，一视同仁，至公至正，"贞"就是没有比天更公平公正的了，不是说老天爷最公道吗？就是这个意思。

总结一下：天是最大的，天体结构是最完善的，天体运行是畅通无阻的，天的功能是宜利万物的，天是最公平公正的，这就是推天道。推天道是为了明人事，那么天所对应的人是什么人呢？天所对应的是天子、国君、男人，所有单位的一把手，君子，所有的有志之士。易道精微，大小同理，一国之君和一科之长、一家之长、一组之长都是一个道理。孔子说，君子应该效法天，"天行健，君子以自强不息。"意思是说，天体的运行刚健恒常，从来没有怠慢过，没有停止过。君子应该效法这种精神，修德进业，自强不息，不屈不挠，勇往直前，去成就伟大的事业。怎样效法天呢？对应"元、亨、利、贞"，第一，要有博大的胸怀，要有远大的志向，要有大格局、大本领、大目标，大德、大仁、大义、大智，去寻求大道。第二，是不断完善自我，提高道德修养，完善知识结构，增强人格魅力，广交天下豪杰，做一个脱离低级趣味的人，做一个有益于人民的人，这就是"元"。第三，要奔着自己既定的目标，勇往直前，虽百折而不挠，赴汤蹈火，在所不惜，这就是"亨"。第四，是利国利民，天下为公，以济世为己任。建经纬之业，立天地之功，留青史之名，这就是"利"。第五，要无我无私，至公至正，心正、身正、言正、行正、动机纯正、思想端正、性格方正、德行中正，这就是"贞"。无论是一国之君，还是一家之长，无论是单位的一把手，还是有志之君子，都应该从"元亨利贞"四个方面严格要求自己，才算是一个顶天立地的男子汉，才算是中国"龙的传人"。

孔子在《彖传》里是这么说的："大哉乾元，万物资始，乃统天。云行雨施，品物流形，大明终始，六位时成，时乘六龙以御天。乾道变化，各正性命，保合太和，乃利贞。首出庶物，万国咸宁。"

孔子的意思是说，太伟大了，刚健完美的天！万物都是由它开始，它是天下万物的统领。通过行云施雨，使天下品类齐全的动植物形成不断变化的形态。伟大光明的天终而复始，随着时间，由潜伏、显现、成长、跃动、飞腾到满盈，完成六个阶段的变化。就像乘着六条龙，驾驭着天，在时间的轨道上运行。是天体运行的变化，赋予万物以生命，使万物获得各自的属性。保持阴阳合和之气常存常和，才能利于万物的生命和属性正固持久。以乾为首，统领天下万物，则万物繁荣昌盛；以君为首，统领天下万民，则万邦和谐安宁。

初九：潜龙勿用。

象曰：潜龙勿用，阳在下也。

【释义】先看卦象，初九阳爻阳位，处下乾之初，乾卦之始。阳爻，说明他是条龙，是个君子，具备龙的品德和君子的品质；阳位，说明他上进心强，积极进取，是个大有作为的人；处下乾之初，说明他的地位非常低，是隐藏在社会最底层的大人物；处乾卦之始，说明他赶上了阳性事物发展的好时代，前途无可限量。乾卦是纯阳性事物，所以乾以龙比，六爻皆龙，自下而上是递进关系。如果看成是一个人，就是一个人的六个成长阶段；如果看成是六个人，就是六个人在乾卦中所占的不同时空。我们姑且把它看成是一个伟大人物的六个成长阶段吧，这样更好理解一些。那么，潜龙就是这个伟大人物的第一阶段，是一条潜伏在地下的龙。虽然是一条龙，但它是一条小龙、幼龙、不成熟的龙，潜藏蛰居的龙。这个时候，它的主要任务是增长知识，修炼德行，积蓄能量，使自己不断强健、壮大，最终成为具备"元亨利贞"四大天德的伟大人物。之所以"勿用"，是因为"阳在下也"，还不到发挥作用的时候。

孔子在《文言》里是这么说的："初九潜龙勿用，何谓也？子曰，龙德而隐者也。不易乎世，不成乎名，遁世而无闷，不见是而无闷。乐则行之，忧则违之，确乎不可拔，潜龙也。"

孔子认为，乾初九已经具备四德，是"龙德而隐者也"。是具备"元亨利贞"的伟大人物，潜伏于下，隐藏于世，不会因为世俗而改变自己，也不会急于成名；远离世俗没有烦恼，面对这个恶俗的世界也没有烦恼；高兴就往前走一走，不高兴就往后退一退，但他的伟大志向是任何力量也无法改变的，叫作"确乎不可拔"，非常坚定，无法改变，是一条潜伏的龙，正在等待时机，出仕，用世、救世。

这一爻告诉我们，凡成大事者，必须潜心修炼，积累能量，具备"元亨利贞"四大天德，确立自己的奋斗目标。在这一时期，是虎要卧着，是龙要盘着，等待时机成熟时，方可大显身手。

九二：见龙在田，利见大人。
象曰：见龙在田，德施普也。

【释义】先看卦象，九二阳爻阴位，下卦得中。阳爻，说明他是条龙，具备"元亨利贞"四大天德；阴位，说明他虽有君德，但无君位，是一个在基层闹革命的人；得中，说明他具备中庸之德，能行中庸之道。这一爻是这个伟大人物的第二个阶段。这时真龙现身，已经出仕，开始有所作为。阳为德，阴为才；阳为刚，阴为柔；阳为主见，阴为谦虚；易贵中，得中者以中为用，无过无不及，凡事恰到好处。九二是德才兼备、刚柔并举，既有自己很明确的主张，又能虚怀若谷，谦虚谨慎，不骄不躁。而且深得中庸之道，不左倾，不右倾；不偏颇，不激进。这是什么？这就是龙德，这就是一个伟大人物应该具备的君德。只有具备这些德性，才能现龙于田，才能真龙现身，才能出仕，用世、救世，才能利见大人。利见大人，我们从两个角度来理解：读"见"的时候，我们可以理解为"有利于召见、接见、会见、结交，聚集天下英才，把天下德才兼备的君子以及各路英雄好汉团结在自己周围，共举大业"。读"现"的时候，我们可以理解为，这一时期有利于出现具备雄才大略的伟大人物。这就是"见龙在田，利见大人"。之所以能够"见龙在田"，是因为他能把君德普施天下也。

孔子在《文言》里是这么说的："九二见龙在田，利见大人，何谓也？子曰，龙德正者而中也，庸言之信，庸行之谨。闲邪存其诚，善世而不伐，德博而化。《易》曰'见龙在田，利见大人'，君德也。"

孔子认为，九二是具备龙德的人；是得中庸之道的人；是用言至信、用行至谨的人；是能够防止邪念入侵而坚守真诚信念的人；是为天下国家做出大好事、大贡献而不自夸的人；是能够用自己广博的德性感化、教化、影响天下的人；是没有君位而具备君德的人。

这一爻告诉我们，凡成大事者，除了具备"元亨利贞"四大天德外，还必须具备中庸之德。这时期正是大显身手的时候，要广交天下豪杰，把天下有志之士紧紧地团结在自己的周围，坚定信念，普施君德，志得天下，教化百姓，轰轰烈烈地干一番大事业。

九三：**君子终日乾乾。夕惕若，厉无咎。**

象曰：**终日乾乾，反复道也。**

【释义】先看卦象，九三阳爻阳位得正，处下乾之极。阳爻，说明他是个君子，具备君子之德；是条真龙，具备"元亨利贞"四大天德；阳位，说明他积极进取，大有作为，事业有成；得正，说明他能行君子之正，目的纯正、手段正当，走的是人间正道。处下乾之极，说明他现在已经是人上之人，事业过半，大功未成，仍需努力，切不可中途半端。这一爻是这个伟大人物的第三个阶段。这时九三已经离开中位，发展到下卦的最上位，离开中位便失去了中庸之德；升到下卦最高位，便是一方诸侯，位高权重；阳爻阳位，便是持刚用强，过刚过硬；位高则备受瞩目；过硬则地位不稳，九三此时存在一定的危险性。所以爻辞说，"君子终日乾乾"，九三作为至刚、至阳、至健的君子，必须终日奋发努力，不断修德进业。"夕惕若"，白天自强不息，晚上警惕戒惧，小心谨慎。保持清醒的头脑。反反复复地坚持正道，"厉无咎"，虽有危险，但无灾祸。

孔子在《文言》里是这么说的："九三曰君子终日乾乾，夕惕若，厉无咎，何谓也？子曰，君子进德修业。忠信所以进德也。修辞立其诚，所以居业也。知至至之，可与几也；知终终之，可与存义也。是故居上位而不骄，在下位而不忧，故乾乾因其时而惕，虽危无咎矣。"

孔子的意思是说，九三这个位置是很危险的，这个时候必须做好两件事，一是进德，二是修业。进德就是不断提高自己的道德修养，使自己立于不败之地。怎么才能做到呢？也是两个方面，一是对上要忠于自己的信仰；二是对下要以诚信待人。修业就是不断壮大自己的事业，尽最大努力接近自己的奋斗目标。怎样才能做到"修辞立其诚"呢？辞为德之表也，你的语言，你的文字，是你内心思想的真实流露。思想是否正确、道德是否高尚，通过语言文字表露无遗。所以无论是上表奏呈，还是发号施令；无论是发表文章，还是公开讲话，都要发自内心的真诚，精诚所至，金石为开，事业就会不断地发展壮大。同时要知道进退，知道进的时候最大限度地接近目标，这样成功的机会就会多一些；知道当停的时候就要停下来，这样正义和道义永远在自己这一边。就是说，当进则进，寻找机会；当退则退，坚守正义。如果能够做到居下卦之上而不骄不躁，处上卦之下不愁不忧，做好一个君子该做的事，时时刻刻因为自己的时位而警惕戒惧，那么虽有危险也不会有什么灾祸。

这一爻告诉我们，凡成大事者，要胜不骄、败不馁，处上不喜、处下不忧，朝乾夕惕，终日乾乾。在这一时期，要持续不断地修德进业，坚定信仰，诚信为本。进是为了最大限度地接近目标，退是为了正义和道义永远在自己这一边。这是君子的正道，反反复复坚持走正道，并且时刻保持警惕戒惧，则虽有危险，但无灾祸。

九四：或跃在渊，无咎。

象曰：或跃在渊，进无咎也。

【释义】先看卦象，九四阳爻阴位，不中不正，处上乾之初。阳爻，说明他是真龙，具备"元亨利贞"四大天德；阴位，说明他具备柔韧、沉稳、谦虚的品质；不中，说明他走两个极端，跃则至朝堂之上，潜则至民众当中；不正，说明他位置不正，所居非龙居之位；处上乾之初，说明他是健行之人，行为敏捷，行动迅速。这一爻是这个伟大人物的第四个阶段。这时九四已经离开下卦，进入高层，一人之下，万人之上。阳爻阴位，说明他可刚可柔，能动能静，能进能退，能上能下，或跃在天，或潜在渊，来去由我，主动而自由。虽离君位仅一步之遥，但处九四之时，仍不可轻举妄动，需要上下求索，试探性地等待时机，寻找时机，只待时机成熟，便可一飞冲天，荣登大宝，坐上九五至尊之位。"进无咎也"，凭九四之德能，此时往进，没有灾祸。

孔子在《文言》里是这么说的："九四或跃在渊无咎，何谓也？子曰，上下无常，非为邪也，进退无恒，非离群也。君子进德修业，欲及时也，故无咎。"

孔子的意思是说，九四有时上，有时下，不是不正常的现象，也不是受邪恶势力的影响，而是主动上，主动下。九四有时进，有时退，也不是脱离同类的行为，而是主动地带领同类共进、共退，九四此时的一言一行、一举一动，都是随着时局的变化而变化，或跃、或在渊，都是为了进，及时修德进业，都是为了实现最终目标，只待时机成熟，完成大业，所以没有灾祸。

这一爻告诉我们，凡成大事者，必须审时度势，因势利导，当进则进，当退则退，坚守正义，掌握主动。这一时期，要因时而动，顺势而为，审慎地、探索性地等待最佳时机，一旦时机成熟，便可抓住机遇，一飞冲天，完成经天纬地之大业。

九五：飞龙在天，利见大人。
象曰：飞龙在天，大人造也。

【释义】先看卦象，九五阳爻阳位，得中得正。阳爻，说明他是真龙，具备"元亨利贞"四大天德；阳位，说明他建功立业，大有作为，已登大宝之位；得中，说明他具备中庸之德，能行中庸之道，处乾之时，治国理政，无过无不及，统臣御民，恰到好处，恩泽普施，利益均沾；得正，说明他贵为正统，面南背北，至公至正，以君王之正，御臣民之正，使天下归于正途。这一爻是这个伟大人物的第五个阶段。这时九五终于登上了至尊至上的君王之位。阳爻阳位，至中至正，天之骄子，唯我独尊！普天之下，莫非王土，率土之滨，莫非王臣。乾卦是纯阳至健之卦，九五刚健、中正而纯粹，既有君德，又有君位。它是由潜龙、现龙、乾龙、跃龙而发展到飞龙，此时已进入了圣人境界，是君子大人中最高明、最伟大的人，是道德修养、智慧、能力和地位足以统治天下的人。孔子说，只有大德大才的伟大人物，才能达到这么高的统治地位。

孔子在《文言》里是这么说的："九五飞龙在天，利见大人，何谓也？子曰，同声相应，同气相求。水流湿，火就燥，云从龙，风从虎，圣人作而万物睹。本乎天者亲上，本乎地者亲下，则各从其类也。"

孔子的意思是说，乾卦六爻皆阳，都是君子，思想相同的人便于相互沟通，志向相同的人相互有共同的追求。阴性事物与阴性事物相亲；阳性事物与阳性事物相爱。高层都团结在九五周围，基层都团结在九二周围，这是一个圣人兴起而万人敬仰的时代。天为君，地为民，民由君养所以民亲君，君由民养所以君亲民。由于九五这个伟大人物的出现，社会治理井然有序，水归其泽，土归其壑，各从其类，天下大治。

这一爻告诉我们，凡成大事者，必有大德相配，九五不但具备"元亨利贞"四大天德，还具备中正之君德。这一时期，事业大成，坐拥天下，飞龙在天，志得意满，君臣团结、君民相亲、秩序井然、天下大治。如果不是大德之人，是达不到这种境界的。

上九： 亢龙有悔。

象曰： 亢龙有悔，盈不可久也。

【释义】 先看卦象，上九阳爻阴位，不中不正，处上乾之极、乾卦之终。阳爻，说明他还是条龙，也具备"元亨利贞"四大天德；阴位，说明他已失去君位，是个无所作为的人；不中，说明他失去中庸之德，不能行中庸之道；

不正，说明他地位不正，非君非臣，处境十分尴尬；处上乾之极，说明他飞得过高，达到了亢的地步；处乾卦之终，说明乾道已穷，到了物极必反、盛极必衰的时候。这一爻是这个伟大人物的最后一个阶段。这时上九已经离开中位，发展到全卦的最后一爻。所有卦到这一爻时就应变卦了，这叫物极必反，如果处境好则开始变坏，如果处境坏则开始变好。乾九五处境非常好，那么到上九开始往坏的地方发展。就上九自身而言，阳爻阴位，不中不正，上位无位，盛极必衰；既失中，又失正；既失君德，又失君位；既处满盈，又处极盛；虽然是条龙，但由于飞得过高，达到既高又燥的极点，既不能上又不能下，进退两难，险象丛生，以至于后悔莫及。极盛极盈的处境，怎么可以长久呢？

孔子在《文言》里是这么说的："上九亢龙有悔，何谓也？子曰，贵而无位，高而无民，贤人在下位而无辅，是以动而有悔也。"

孔子的意思是说，上九虽然尊贵，但它非君非臣，没有政治地位；虽然居于高处，但手下没有从众；虽然有众多的贤人，但都是辅佐九五的，而没有一个是辅佐他的。所以上九的处境极为不利，此时宜静不宜动，动则有悔。好在上九阳爻阴位，阳爻是君子，君子则能知悔改悔；阴位主静，保持静处，等待变卦。

这一爻告诉我们，凡成大事者，在事业鼎盛时期不可骄纵。所有事物，物极必反，盛极必衰。这一时期，已经到达了阳刚的极限，失去了最宝贵的中正之德，行为过分，定当有悔。必须居安思危，自我警惕，主动收敛、节制，可适当延缓衰落的过程。

用九： 见群龙无首，吉。
象曰： 天德不可为首也。

【释义】 只有乾坤两卦，有用九和用六，是在六爻皆变的情况下，所用的断语。其他六十二卦不存在这个问题。

咱们先看卦象，乾卦六爻皆阳，代表纯刚纯阳的事物。此时六爻皆变，向纯柔纯阴的方向发展，而目前是老阳状态，要变还没变，正在变还没有完全变。比方说，天要黑还没黑，将入冬还没入冬，要失败还没有失败，要完成还没有完成，要改朝换代还没有改朝换代，要阴天还没有全阴。大方向是肯定的，暂时不变是相对的，肯定要变是绝对的。由阳变阴是一个由量变到质变的过程，是一个渐变的过程，这时六爻都处老阳状态，都在向阴的方向转化，所以叫群龙无首。就是六条龙没有一个领头的，大家齐头并进，共盛衰、共荣辱、共进退。我们以晨昏线为例，从白天过渡到黑夜，中间有一条晨昏线，这条线是平着往前推移的，是一条直线或弧线，绝不会有一股光线是领头的，先亮或先黑，这就是"见群龙无首"。群龙无首的首字还有一层意思，就是终，是到头的意思，无首就是没有到头。从阳过渡到阴，并不是阳的终结，也不是阳的消失，更不是阳的灭亡。群龙是乾卦的六个阳爻，他和坤卦的六个阴爻形成了一个地球的白天、黑夜或春夏秋冬。阴和阳各占一半，此消彼长，相互转换，夜以继日，寒来暑往，永远也不会有尽头。

孔子在《文言》里说，"乾元用九，乃见天则"。意思是说，群龙无首，符合天体的运转规律，顺应了天体的运转法则，这个规律就是阴阳交替，循环往复，首尾相连，无始无终。推天道即可明人事，那么世间所有的事物无论大小，都是这个规律。国有兴亡，家有盛衰，事有成败，物有存毁；顺之者昌，逆之者亡；遵守并顺应这个规律，自然得吉，否认并违反这个规律，必然凶险。

这一爻告诉我们，《周易》讲的阴和阳，是对立统一的整体，阴阳变化是循环往复、周而复始、首尾相接、无始无终。不是谁消灭谁的关系，而是此消彼长，你进我退的关系。这是天体运行的规律、进退皆吉。也适用于人类社会的方方面面，只要顺应这一规律，就会得吉。

简单总结一下。乾卦是研究天的，乾为天，天是什么样的呢？元、亨、利、贞。我们每个人都要效法天，向天学习，争取做到元亨利贞，自强不息。具体到每个人的成长和发展，要做到每个阶段应该做的事情，要由潜龙而现龙，由现龙而乾龙，由乾龙而跃龙，由跃龙而飞龙，由飞龙而亢龙，一步一步地按照客观规律的变化而向前发展。由潜而亢，是一个阳性事物完整的发展过程，是每一个单位的一把手必须遵从的客观规律。最后由盛而衰，由阳而阴，圆满地完成一个阳性事物的使命，进入阴性事物的发展阶段。这是天则，顺之者吉，逆之者凶。

我们古代先民，通过"天上有天"这么一种自然现象，设卦立言，总结出一套阳性事物发展的客观规律，揭示出为君之道，每个阶段所作所为的必然性。这是古人的智慧，我们后人应该认真学习、思考、借鉴。

坤　坤上　第二卦　至柔至顺
　　坤下　坤为地　为臣之道

【卦辞】坤：元，亨，利牝马之贞。君子有攸往，先迷后得主，利西南得朋，东北丧朋。安贞吉。

【象曰】地势坤，君子以厚德载物。

【注解】利牝马之贞：具备母马之德才是地的正道，无论是对自身还是对万物都有利。有攸往，即有所往，可以前进。先：先于阳，在阳之前。迷：迷惘，迷茫，迷失方向。得主：得到主宰，有所归属。朋：地之朋是月，月在西南初弦，之后渐圆；月在东北渐亏，然后变成弦月。在后天八卦图中，西南方都是阴卦，东北方都是阳卦，阴卦均为地之朋。安：安稳，不躁动。贞：正也，坚守自己应有的德性。

【释义】坤卦讲的是地，地是什么概念呢？就是我们脚下的大地，就是地球。那么地有什么特点？总结起来有这么几条：一是元，天第一大，地第二大，地球的结构和其他天体结构一样，也是最完美、最完善的。二是亨，地球的运转也是畅通无阻的。三是具备母马之德，温柔、顺从、忍耐、包容、谦虚、勤奋、有韧劲儿，等等。只有这样才是地的正德，只有这样才能对自身有利，对它所承载的万物有利。四是永远处于从属地位，对天要无条件的顺承。地球在被太阳捕获之前是迷茫的，得到太阳这个主宰以后，才走上正道，所以要永远追随太阳，围绕着太阳运转。五是所有阴性事物都受月球影响，具备周期性的变化规律；六是大地养育万物，以不变应万变，平和静处。安安稳稳地固守坤道则吉，躁动则凶。地之德是逆来顺受，宽厚包容，君子应效法大地，以宽厚之德，负载并养育万物。

推天道明人事，那么地所对应的人是什么人呢？地所对应的是臣、下属、随从、女人。凡是为人臣、为人妻、为人从属者，都应该具备大地的品德，向大地学习，心胸要像大地一样博大；追求完美，自我完善；追求目标，勇往直前；对主宰自己的人，要永远处于从属地位，无条件的顺承，做到温柔、顺从、忍耐、包容、谦虚、勤劳、坚韧、无争。作为臣子，在没有得到主人之前是迷茫的；作为妻子，在没有娶进家门之前是迷茫的，得到主人之后，就要围绕主人运转，这才是正道。就像地球受月球影响一样，可以受朋友影响，但不能围着朋友转，不能结党营私。虽然如此，但人类历史上，宦官专权、外戚专权、小人得势、以臣弑君的事屡见不鲜，符合周期性的变化规律。为人臣者，得朋则躁动，躁动则凶；失朋则安，安则贞，贞就是能够坚守为臣之正道，安贞则吉。地之德是逆来顺受，宽厚包容，所以君子应该效法大地，以宽厚之德，负载并养育万民。

孔子在《象传》里是这么说的："至哉坤元，万物资生，乃顺承天。坤厚载物，德合无疆，含弘光大，品类咸亨。牝马地类，行地无疆，柔顺利贞，君子攸行。先迷失道，后顺得常。西南得朋，乃与类行；东北丧朋，乃终有庆。安贞之吉，应地无疆。"

孔子的意思是说，太完美了，柔顺广袤的大地！万物都因它而生成，而它又顺承乾阳而运动。大地厚重而承载万物，地和天相结合的这种德性，是无可限量的。大地承受天的施予之后，含容阳气于地中，使之发扬光大，以凝聚成万物的形态，使品类齐全的万物全部繁茂亨通。大地具备牝马那样的柔顺，健行之德，顺天而动，没有止境。柔顺才是地的德行，在没有得到主人之前，会迷失方向，找不到正确的道路；得到主人以后，以阴顺阳，随着主人动而动，这是天地不易之常理。按照后天八卦的方位，西南方向为离、坤、兑，都是阴卦，同时也是月亮新生的方位。君子从阳不从阴，跟他们成为朋友，那是随从同类而行，会迷失方向而得凶。东北方向为震、艮、坎，都是阳卦，同时也是月亮消失的方位，君子在这里虽然失去同类，但得到了乾阳，君子有主可顺从，最终乃有喜庆。无疆本是天德，唯有地能合天之德，则地亦无疆；如果君子能够安守地之正，以顺从为德，则君子亦无疆。

初六：履霜，坚冰至。
象曰：履霜坚冰至，阴始凝也。驯致其道，至坚冰也。

【注解】履：踩，踏。致：到。驯：顺也。

【释义】先看卦象，初六阴爻阳位，处下坤之初，坤卦之始。阴爻，说明他是臣属、是妻子，具备阴性事物所有的美德；阳位，说明他主动追随阳性事物，积极进取，有所作为；处下坤之初，说明他初为人臣、初为人妻；处坤卦之始，说明阴性事物的命运已经开始，走在这条路上要格外的小心谨慎。坤卦是讲为臣之道的。初六是初和始的意思，初为人臣，非常重要，有什么样的开始，就有什么样的结局，初履霜，则坚冰必至，这是阴性事物发展的自然规律。为人臣者，一开始就是要谨言慎行，确定好自己走什么样的路，这一点非常重要，而且越早越好。

孔子在《文言》里是这样说的："积善之家，必有余庆；积不善之家，必有余殃。臣弑其君，子弑其父，非一朝一夕之故，其所由来者渐矣，由辨之不早辨也。《易》曰'履霜坚冰至'，盖言顺也。"

孔子的意思是说，走坦途正道。莫以小善而不为，从一开始就积德行善，这样的人家，一定是吉庆有余；如果走歪门邪道，不以恶小而为之，从一开始就弃善从恶，这样的人家，一定是灾祸不断。臣杀君，子杀父，不是临时起意，而是从小恶一步步发展，逐渐积累的结果。这个道理等有了结果才知道，就不如早点知道的好。坤之初六："履霜坚冰至。"所讲的就是这个规律。

这一爻告诉我们，为人臣属者，必须见微知著，不以善小而不为，不以恶小而为之。积小善而成大善，积小德而成大德，这样才能把臣德发扬光大，真正做到忍辱、负重、顺从。从一开始就走正道，逐渐培养人臣之德，才能有好的结果。

六二：直、方、大，不习无不利。

象曰：六二之动，直以方也。不习无不利，地道光也。

【注解】直：地体平直。方：天圆地方，古人认为大地是方方正正的。大：大地方域广阔，大而无疆。习：躁动和改变。地道：大地的法则。光：把大地生育、养育万物的品德，发扬光大。

【释义】先看卦象，六二阴爻阴位，得中得正。阴爻，说明他或为人臣，或为人妻，具备阴性事物所有的美德；阴位，说明他安稳、不躁动，能够坚守自己应有的德性；得中，说明他具备中庸之德，能行中庸之道，为臣为妻，无过无不及，言行举止恰到好处，为人处事，中规中矩，把握君臣、夫妻关系，很有分寸感；得正，说明他观念正统，行为端正，作风正派，处事公正，是个心存正直的人。此时由初六的地下，上升为六二的地表。这一爻很重要，它具备了坤卦的全部美德。卦辞中所讲的坤卦应有的品质，它全包括了。爻辞又对大地进行了具体描述：大地是什么样呢？横平竖直，方方正正，广阔无边；阴爻阴位，则至柔至顺，得中得正，则中行而刚正。这是大地先天具备的美德，无须后天的躁动和改变，保持这些美德对地球自身的运转，对大地的生育、养育万物都有好处，没有什么不利的，把大地的法则和品德发扬光大，才是阴性事物的本分。

推天道明人事，为人臣者要向六二学习，具备臣子的所有美德，以直为真，以方为善，以大为美；以真善美来不断完善自己并发扬光大；对上要至柔至顺，行为处事，要中庸而刚正；把养育万民作为自己的天职，不可有半点非分的想法和行为。

孔子在《文言》里是这样说的："直其正也，方其义也，君子敬以直内，义以方外，敬义立而德不孤。直、方、大，不习无不利，则不疑其所行也。"

孔子的意思是说，作为臣子，内心要心存正直，行为要讲规矩。心存正直是对君王的敬重；坚持原则是为了守护天下的道义。为人臣者能够做到这两点，就会达到至高无上的道德境界。得正者必直，得中者必方，既中且正者必大。直方大乃为臣之道，坚守臣道而不躁动，君主就不会怀疑你的行为。正如卦辞中所说的"安贞吉"，既安且贞则吉。

这一爻告诉我们，为人臣属者，必须心存正直，处事方正，具备大德大才，对上有至柔至顺之德；对下有养育万民之才。不偏激、不冒进，安分守己，至公至正，具备真、善、美的品德，只要不躁动，不需要任何改变，就会得吉。

六三：含章，可贞。或从王事，无成有终。

象曰：含章可贞，以时发也。或从王事，知光大也。

【注解】含：含蓄，收敛，隐藏。章：美丽的文采，阴性事物自身的光彩。或：不确定词，有时。从王事：帮助君王做事。无成：成不自居，功劳是君王的。有终：有好的结果。发：展现出来，表现出来。知光大也：知道自己应该为阳性事物增光。

【释义】先看卦象，六三阴爻阳位，不中不正，处下坤之极。阴爻，说明他是臣属或妻子，能够守臣道或妻道；阳位，说明他有才华、有能力，是个毫不隐瞒自己实力的人；不中，说明他过于积极主动，甚至有些冒进行为，缺乏含蓄和分寸感；不正，说明他不能摆正自己的位置，不能正确处理君臣、夫妻之间的关系；处下坤之极，说明他已经是众阴之首，既有地位，又有实力。此时他已经上升到三爻，离开中位，阴爻阳位，失中失正。阴爻主静，阳位主动，处动静不定的时候。作为臣子，地位越来越高，与君主的关系越来越不明朗，虽有诸侯之功，却处多凶之位。所以爻辞告诫六三：你现在的位置很不好，不中不正，此时应该收敛，隐藏自己的光彩，把自己的能力、功劳都隐藏起来，表现出温顺谦卑的样子，就算是摆正自己的位置了，这就是"含章可贞"。但不是为了含章而含章，是待时而发。这个"时"，就是当君王需要你出力的时候。"或从王事"，当君王起用你帮他做事的时候，便将自己的才华、能力和照人的光彩全部表现出来，把自己的能力发挥到最大，帮助君王成就伟大的事业。当事业有成的时候，全身而退，所有的成绩、功劳都归君王所有，知道为君王的事业增光而不争光，这样一定会有美好的结果。这就是"无成有终"。

孔子在《文言》里是这么说的："阴虽有美含之，以从王事，弗敢成也，地道也、妻道也、臣道也，无成而代有终也。"

孔子的意思是说，所有的阴性事物，包括大地、臣子、妻子，虽然有美貌、美德、才华和能力，但必须含而蓄之，隐而藏之。这些东西是用来帮助阳性事物做事的，但事成之后，可不敢把成绩归为己有，功劳全是阳性事物的。庄稼是地里长出来的，我们都说靠天吃饭；天下是臣民将士打出来的，我们却说某某某赢得了天下；孩子是女人生的，我们却说为男人传宗接代。这就是"地道、臣道、妻道"。所有事物都是始于阳而终于阴，阴性事物替阳性事物把事情做好，就会有美好的结局。

这一爻告诉我们，为人臣属者，必须摆正自己的位置，当主人不需要你的时候，要把你的德性、才能和美貌全部收敛、隐藏起来；当主人需要你的时候，要毫不保留、竭尽全力帮助主人做事，事成之后，功成身退，推功揽过，这样才能有一个好的结果。

六四：括囊，无咎，无誉。
象曰：括囊无咎，慎不害也。

【注解】括：收紧，扎紧。囊：口袋。咎：咎害，灾祸。誉：赞誉，荣誉。
【释义】先看卦象，六四阴爻阴位，失中得正，处上坤之初。阴爻，说明他是为人臣或为人妻者，具备阴性事物的美好品德；阴位，说明他被动顺从，安分守己，是个忠于职守的人；不中，说明他不具备中庸之德，言行有些随便，甚至过分，缺乏分寸感；得正，说明他观念正统，态度端正，作风正派，是个公平公正的人；处上坤之初，说明他已经进入高层，处一人之下，万人之上，一言一行、一举一动都会产生巨大的影响。六四来到上卦之初，已经成为人上之人，地位已经够高了。本身阴爻阴位，虽不中但得正。六四是离君最近的大臣之位，伴君如伴虎，所以又称多惧之位。阴爻阴位，弱而正则无咎；不中则不会有什么荣耀和赞誉，处境还是很危险的。这个时期，最好的办法，就是把钱袋的口扎紧，不进不出，加倍小心。不进就是知收敛，戒贪欲；不出就是慎言行，少做事。凡事谨言慎行，不贪钱财，不争权利；不求有誉，但求无害。慎则不害也，不慎则害必随之。

孔子在《文言》里是这么说的："天地变化，草木蕃；天地闭，贤人隐。《易》曰'括囊无咎无誉'，盖言慎也。"

孔子的意思是说，天地变化和社会变化的道理是一样的：当天地相通的时候，则草木繁盛；当天地闭合的时候，则草木枯萎。同样的道理，当君臣相通的时候，则贤人出；当君臣不能沟通的时候，则贤人隐。坤之六四说括囊，就是告诫君子在这个时候言不出，智不发，身不见，一方面谨慎自守；一方面修身养德。虽然得不到赞誉，但也不会有什么灾祸，总的来说是越谨慎越好。

这一爻告诉我们，为人臣属者，必须懂得收敛。在任何情况下，都要小心谨慎做事，夹着尾巴做人，不争名、不夺利、不贪财、不虚荣，不求有功，但求无过，宁可不做事、不说话，也不要轻举妄动，招惹是非。做到时时刻刻谨言慎行，方可无咎。

六五：黄裳（cháng），元吉。

象曰：黄裳元吉，文在中也。

【注解】 黄：中色，高贵之色。裳：下体服装。文：文彩。

【释义】 先看卦象，六五阴爻阳位，上卦得中。阴爻，说明他是为人臣或为人妻者，具备阴性事物所应该有的全部美德；阳位，说明他能倾尽自己所有的才华和能力，积极主动地帮助君王或丈夫实现伟大的事业；得中，说明他具备中庸之德，能够中道而行，助力事业，无过无不及；发挥作用，恰到好处。六五来到这一卦最佳的位置，黄色是大地固有的本色，在中华民族的传统文化里也是最尊贵的颜色，只可君用，不可民用。此时六五，作为大地，如着盛装，是大地最美的时期；作为国宰，则文韬武略，一代名相；作为正宫娘娘，则才貌双全，绝代名后。无论是宰相还是皇后，他（她）们具备卦辞中所有阴性事物的优点，温柔、顺从、善良、谦虚、包容、中庸、坚韧、含蓄、有德、有才。最最重要的，不光具备外在的美，更具备心中的大美，正所谓"文在中也"。上为身，下为体，上为衣，下为裳，六五虽然尊贵，但自居于下，表示谦虚，这就是"黄裳"的意思；所有的阴性事物本该如此，所以大吉大利，这就是"元吉"的意思。

孔子在《文言》里是这么说的："君子黄中通理，正位居体，美在其中，而畅于四支，发于事业，美之至也。"

孔子的意思是说，六五具备坤之本色，又得中庸之道，固然通晓君臣之理、天下之理、万物之理，虽在尊位，却甘居下体，虽处一人之下，万人之上，却能守得住为臣的本分，顺承而恭谦。那是因为六五心中具备人臣固有的大美大德，而且能以此美德影响并带动朝野上下，左右臣民，共同帮助君王，完成伟大的事业。坤顺之大美大德达到这个程度，可以说是达到极致了！此所谓"美之至也"。总之，六五达到了为人臣、为人妻的最高地位和最高境界。

这一爻告诉我们，为人臣属者，必须做到内外兼修，具备大德、大才，把阴性事物所应有的道德、臣德、妻德、中德，发挥到极致，协助君王或丈夫完成伟大的事业。但必须保持君臣、夫妻之间的分际，时时刻刻保持谦虚的美德，纵然是贵为后宫之主，也必须时刻表现谦恭的态度，只有做到"黄裳"，才可得到"元吉"。

上六：龙战于野，其血玄黄。

象曰：龙战于野，其道穷也。

【注解】玄：天之色。黄：地之色。

【释义】先看卦象，上六阴爻阴位，处上坤之极、坤卦之终。阴爻，说明他是为人臣属者，具备阴性事物所应有的特性；阴位，说明他固守阴性势力，负隅顽抗，不肯轻易退出历史舞台；处上坤之极，说明阴性势力发展到了极点，到了可与阳性事物抗衡的地步；处坤卦之终，说明坤道已穷，黑夜即将过去，白昼即将到来。上六来到坤卦的最上位，说明阴性事物发展到了极点，坤道已穷，算是走到头了，按着物极必反的原则，阴极必反阳。阴阳在此相遇，还以晨昏线为例，天黑到极限时，必然要天亮。此时正是天要亮还没亮的时候。阴是黑夜，阳是白天，阴是一条龙，阳是一条龙，两条龙在此相遇必有一战，"龙战于野"，这个野就是阴阳分界线，也就是晨昏线。这条线很宽，阴阳转化，是一个由黑而玄、玄而黄、黄而白的渐变过程。玄为天之色，黄为地之色，"其血玄黄"就是天地之色交杂在一起，阴中有阳，阳中有阴，此时正是阴阳相互转化的过渡阶段。以冬夏转化来比，此时就是春天；以战争来比，此处就是作战双方交火地带，正所谓"龙战于野，其血玄黄"。

孔子在《文言》里是这么说的："阴疑于阳必战，为其嫌于无阳也，故称龙焉。犹未离其类也，故称血焉。夫玄黄者，天地之杂也，天玄而地黄。"

孔子的意思是说，此时阴性事物过于强大，强大到引起阳性事物的警惕和怀疑。既被怀疑，所以必有一战。而阴性事物竟然强大到目中无人，忽视阳的存在，所以自称为龙。就如同权臣在朝，势力过大，一手遮天，忽视真龙天子的存在，自封为帝，自称龙号，此时离灭亡也就不远了。但无论是天地之战，还是君臣之战，局势混乱，阴阳相交，天地杂陈，你中有我，我中有你，都是暂时的，最终天还是天，地还是地，君还是君，臣还是臣，"犹未离其类也"。经过抗争，实现了阴阳的转换，仍然是"天玄而地黄"。

这一爻告诉我们，为人臣属者，不可过于强势，不能发展到与阳性事物抗衡的地步。阴盛于阳，则阴阳之间必有一战，两强相战，必然是两败俱伤，最终的结果，也必然是阴败于阳。代表阴性事物的地之道、臣之道、妻之道，也就算是走到头了，其结果必然是凶险。

用六： 利永贞。

象曰： 用六永贞，以大终也。

【注解】用六：是指占到坤卦，六爻皆变时的断语。 利永贞：永远固守阴性事物美好的品质才有利。

【释义】先看卦象，六爻皆变，六阴都向阳的方向发展，那么问题来了，六阴都变成了阳，就没有阴了吗？阴消失了吗？灭亡了吗？答案当然不是！《周易》讲阴阳是对立统一的整体，是一个事物的两个方面，阴和阳谁也离不开谁，孤阳不生，独阴不长，阴阳之间是相互依存、相互转换、对立统一、此消彼长的关系。这里的"消"不是消失，而是消退。懂得这个道理，那么用六这个现象就好理解了，六爻皆变，不是六阴变六阳，而是阳进阴退的现象。举例说，黑夜永远不会消失，而是阳来而阴退；冬天永远不会消失，而是暑来而寒往；国家的敌对势力永远不会消失，而是你强大了他就会退缩；小人永远不会消失，君子面前退避三舍而已。由此可见，阴性事物是永远不会消失的，它的性质是不会变的，它的功能是不会变的，它的作用是不会变的，它的价值是不会变的。虽然属于它的时代暂时结束了，但它必须永远固守阴性事物的美德，顺天承命，与乾合德，坚守母马之贞，才会对阴自身有利，对万物有利。

这一爻告诉我们，为人臣属者，必须永远坚守阴性事物的美德才有利。乾有乾道、坤有坤道，坤道之正，就是至柔至顺，就是承天之意，顺时而行，只有永远守住这个正，才能使地之道、臣之道、妻之道发扬光大、平安吉祥。

简单总结一下，坤卦是研究地的，坤为地。大地的特点是"元亨利牝马之贞，先迷后得主，安贞吉"。所有为人臣、为人妻的都应该向大地学习，具备大地所有的品德，用来养民、育民、生儿育女。作为阴性事物，一开始就要知道"履冰"的道理；一生都要具备"直、方、大"的品德；要学会"含章"，知道"时发"，懂得"无成"才会"有终"；"括囊"是品德，更是智慧；能够做到"黄裳"才能得到"元吉"；直到"龙战于野"才算完成阴性事物阶段性的使命。这里需要强调的是一个观念，就是"不习无不利"，"安贞则吉"。"习"是小鸟练习出窝，有躁动之象；"安"是女坐家中，有稳定之象。无论是为人臣还是为人妻，宜静不宜动，"习"则不利，"安"则得吉。

我们古代先民，通过"地球围绕太阳运转"这么一种自然现象，设卦立言，总结出一套为人臣属的客观规律。揭示出为人臣属者不同阶段的不同使命，及其命运的必然结果。这是古人的智慧，我们后人应该认真学习、思考、借鉴。

屯 ䷂ 坎上 第三卦 阴阳交动
震下 水电屯 万物始生

【卦辞】屯（zhūn）：元，亨，利，贞，勿用，有攸往，利建侯。

【象曰】云雷屯，君子以经纶。

【释义】《序卦传》说："有天地，然后万物生焉，盈天地之间者，唯万物；故受之以屯，屯者盈也，屯者物之始生也。"孔子的意思是说，先有天地，然后有万物，充盈于天地之间的是各种动物和植物。而万物从始生到充盈于天地之间，是一个漫长的过程，在这个过程中又充满各种各样的艰辛困苦。屯，有盈满的意思，也有生命始难的意思，所以把这个卦命名为屯。

打雷下雨这一自然现象，古人认为是天地交媾。从卦象上看，是一精子进入卵子中，在母体内坐胎，生命从此开始诞生。所以说，天为万物之父，地为万物之母，天地生万物，始于阴阳交动，雷雨交作，这是有科学依据的。据考，地球形成以后，有一个漫长的雷雨交作时期，这时期地球上的碳、硅等多种微量元素与彗星带来的氨基酸在雷击的作用下，形成了原始单细胞生物，从此地球上有了最原始、最简单的生命形式。初创时期的生命，简单、脆弱，尚无大用，但随着时间的推移，经过漫长的演变进化，各种生物欣欣向荣，茁壮成长，终于形成了现在的、品类齐全的生物体系。这个体系包括三大类：动物、植物和微生物。但无论是哪种生命形式，都是完美的；它们的生存与发展，是任何力量也无法阻止的；所有的生命都有他存在的价值；地球上的生命，无论高低贵贱，都是平等的，竞争手段都是正当的。这就是卦辞所说的"元、亨、利、贞"。

推天道明人事，所有事业或事物都有一个开头，所谓万事开头难，不仅开头难，而整个发展过程都充满各种艰辛和困难。我们做任何事情，都要向生命的进化过程学习：一开始就做最强大、最完美的自己，这是"元"；敢于冲破所有的艰难险阻，赴汤蹈火，勇往直前，这是"亨"；做所有事都把利它放在前面，尽量提高自身的普世价值，这是"利"；物竞天择，优胜劣汰，这是大自然的竞争法则，只要你采取正当的竞争手段，就一定能够建立公侯的基业，这是"贞"。这时期正是事业草创之初，作为君子，就应该效法生命初创，知难而进的精神。"有所往，去建侯"，以天下为己任，担负起建立社会秩序的责任。

孔子在《彖传》里是这么说的："刚柔始交而难生。动乎险中，大亨贞，雷雨之动满盈。天造草昧，宜建侯而不宁。"

孔子的意思是说，天地交媾产生了生命，而这生命的艰难也就开始了，就像卦象所显示的那样，动于险中，整个生命过程中，动则有险，一直在危险中求生存，在险难中求发展。但困难再大，也大不过生命力的顽强和生命形式的正确选择。雷雨交合，使生命充盈于天地之间，而此时天地创造的万物，仍处于杂乱而蒙昧的状态。就人类而言，正处于社会洪荒而无序时代，这个时候，作为君子，就应该去建功立业，开国封侯，定邦安民，建立良好的社会秩序。而不应该待在家里，居安而自宁。

初九：磐（pán）桓（huán），利居贞，利建侯。

象曰：虽磐桓，志行正也。以贵下贱，大得民也。

【注解】磐：巨石。桓：植物的种子。

【释义】先看卦象，初九阳爻阳位得正，上与六四相应。阳爻，说明他是强者，具备阳性事物的优秀品质，是能够济屯难的人；阳位，说明他积极进取，奋发上进，是个大有作为的人；得正，说明他根红苗正，目的纯正，手段正当，是个堂堂正正走正道的人；上应，说明他不是孤军奋战，而是有应援。初九就像一颗深埋在地下的种子，虽在巨石之下，难以生长，但生命的力量是无穷的，且有应援，上有阳光、雨水的滋润，一旦发芽，志在必长，而且行为纯正，态度坚决，任何力量也难以阻挡。推天道明人事，这是一颗革命的种子，以高贵的身份，深入到最基层，去发动群众、组织民众，积蓄革命的力量。虽然上有磐石压顶，但由于革命者志存高远，行为纯正，知道根据地的重要性，懂得居守，不张扬、不炫耀、不急躁、不冒进。唯因其正，定会得到广大民众的积极响应，广泛参与和大力支持。这时期正是建功立业的最好时期。易道精微，大小同理，无论你遇到什么事情，都有一个开头儿的问题，万事开头难。也正是因为开头难，才要求你"利居贞""志行正"，只有"以贵下贱"，才能"大得民""利建侯"。

这一爻告诉我们，万事开头难。核心是一个贞字，居贞就是居正，凡事开头，动机都要纯正，手段都要正当，发展要走正道，态度要端正，观念要正统，方向要正确。唯有志行正，才能解开头之难；唯有志行正，才能有以后的长远发展。

六二：屯如邅（zhān）如，乘马班如。匪寇婚媾，女子贞不字，十年乃字。

象曰：六二之难，乘刚也，十年乃字，反常也。

【注解】如：的样子。邅：徘徊，进进退退。乘马：四匹并列的马。班：步调难统一，行动不一致。匪：非，不是。寇：入室行凶，有强迫的意思。婚媾：求婚求媾。字：怀孕。

【释义】先看卦象，六二阴爻阴位，在下卦得中得正，下乘初九，上与九五正应。阴爻，说明他是个弱者，是个柔弱的女子，是个不能济屯难之人；阴位，说明他是被动的、顺从的，同时也是个安分守己的人；得中，说明他具备中庸之德，处屯难之时，言行举止，中规中矩，处理问题，恰 到好处；

得正，说明他观念正统，作风正派，行为端正，是个心存正直的人；上应，说明他和九五互有感应，是天造地设的一对；乘刚，说明初九非他所乘，一旦乘刚，便与初九有说不清、道不明的关系。六二的卦象非常好，本来可以一帆风顺的，但由于下乘刚，麻烦就来了。初九是种子，是胚胎，到六二就已经长大成人了。女七男八，二七一十四，生命要延续，到十四岁就该找异性结合了。那么问题就来了，屯卦有两个阳爻，一是初九，二是九五。这两个阳爻跟谁结合才好呢？初九是初恋，青梅竹马，近在咫尺，唾手可得，但初九地位低下，人也幼稚一些；九五和自己有感应，有权有势有地位，感觉不错，也很向往。但九五高高在上，离得远不说，中间还隔着三和四，总觉着没有什么把握。于是自己在那里纠结，一脸困惑的样子，想想这个再想想那个，舍不得初九，放不下九五，进进退退拿不定主意。其实初九和九五都有与之婚媾的意思，也都没有强迫婚媾的意思。是六二自己举棋不定，犹豫、徘徊，难下决心。好在六二得中得正，能够坚守自己的德操，保住了自己的贞洁，没有和初九怀孕生孩子，十年后终于和九五结婚生子。孔子说，六二之难，难在乘刚，若不是初九这个阳爻，六二早就和九五谈婚论嫁了，因为他们两个有感应，是标配，是绝配，是佳配，是理所当然的一对，是天经地义的一对，这么长时间才结合，太不符合常规了！为什么？因为总体处屯难阶段，即便如六二这样中正者，也必定有他的为难之处。

这一爻告诉我们，人生选择难。人的一生会面临各种各样的选择，不同的选择，决定你不同的人生命运。特别是在大是大非面前，选择的正确与否，直接关系到今后的人生走向，如何做出正确的选择呢？那就是遵从自己的内心，而且一旦确定了自己的选择，就要坚定不移、威武不屈、富贵不淫、决不动摇，唯有如此，才可得吉。

六三：即鹿无虞（yú），惟入于林中，君子几不如舍，往吝。

象曰：即鹿无虞，以从禽也。君子舍之，往吝穷也。

【注解】即鹿：追赶接近鹿。虞：古代管理山林的官，即狩猎时的向导。几：同即，接近的意思。也有侥幸的意思。舍：放弃。吝：比悔程度高，接近于凶。

【释义】先看卦象，六三阴爻阳位，不中不正，无比无应。阴爻，说明他是弱者，是不能济屯难的人；阳位，说明他不安于现状，有所追求，有所作为；不中，说明他不具备中庸之德，或有幸进、冒进等过分行为；不正，说明他为利而往，目的不纯正，手段不正当，走的不是正道；无比无应，说明他孤立无援，没有人帮助他。六三处多凶之位，且逼近坎穴，实在是凶险之地。前面是坎，是陷阱；六三至九五形成艮卦，艮为山，为林，为鹿，山上的上六像是一个看山之人，与六三皆阴而不相应。所以爻辞说"即鹿无虞"。六三之难以打猎逐鹿来比拟，在没有向导的情况下，猎物逃入林中。怎么办呢？是追还是不追呢？爻辞告诫说"几不如舍"。如果你是君子，就不会被猎物所诱惑，在没有安全保障的前提下，侥幸冒进，就不如及时放弃，这才是明智的选择。如果非要去追，定会误入林中，走投无路，陷入困境，自取其辱。在人的生命中，这是最普遍的现象，所谓"人为财死，鸟为食亡"，功名利禄，美色佳肴，各种各样的诱惑，像麋鹿一样就在眼前，人生处处都是这样的美丽的陷阱，只有君子才能抵得住诱惑，只有君子才能取之有道，只有君子才能做出正确的判断和选择。

这一爻告诉我们，抵御诱惑难。人生处处是美丽的陷阱，追名逐利是人的本性，利和害永远是联系在一起的，有利就有害，如何趋利避害，那就是有舍才有得，能够抵御诱惑，及时放弃，才是趋利避害的最高境界。

六四：乘马班如，求婚媾，往吉，无不利。

象曰：求而往，明也。

【注解】求：求婚。往：向上。明：明智。

【释义】先看卦象，六四阴爻阴位失中得正，下与初九正应，上承九五。阴爻，说明他是弱者，是不能独自济屯难的人；阴位，说明靠他自身力量，是不会有所作为的；不中，说明他不具备中庸之德，很容易陷入两难境地；得正，说明他观念正统、目的纯正，手段正当，是个能走正道的人；下应，说明他与初九互有感应，相互能够应援；承刚，说明他对上顺从，有鼎力相助之责。六四在此卦与两个阳爻都有关系，处屯难之时，阴爻不足以济难，必须求助阳爻的势力才可济难。目前，摆在六四面前的问题是婚姻和事业的选择。是以婚姻为重还是以事业为重？难以选择，拿不定主意。就像四匹马拉的车，步调不一致，进退两难，举棋不定。其实六四应该下求初九与之婚媾，然后共同往上去辅佐阳刚中正的九五，共济屯难，这样则吉而无所不利。这也是屯难之时最明智的选择。六四本身是近臣之位，多惧之位，一人之下，万人之上，作为宰相，在这屯难之际，就应该去求助基层力量，帮助九五共济屯难。这里的"求婚媾"，是借喻而言，你可以理解为联合、招安等，反正六四和初九有感应、有关系，此时能借助这股力量，帮到九五，就是明智之举。

这一爻告诉我们，处理婚姻和事业的关系难。之所以难，是因为人们往往把这两件事分割开来，对立起来。而实际上，这两件事并不矛盾，完全可以统一起来，那就是先解决婚姻问题，然后双方共同努力，同心创业，共度时艰。这样做才能吉无不利。

九五：屯其膏，小贞吉，大贞凶。

象曰：屯其膏，施未光也。

【注解】膏：膏泽。小：阴柔。大：阳刚。

【释义】先看卦象，九五阳爻阳位，居中得正，下应六二。阳爻，说明他是有德之君；阳位，说明他是有为之君；得中，说明他具备中德，处屯难之时，能够恰到好处地调整统治政策；得正，说明他能够正确认识当前形势，能够正确对待天下百姓；下应，说明他与基层互有感应，九五施仁政，会得到下边的积极响应。九五是居刚用刚的天，但目前却陷于坎陷之中，在这屯难之时，向膏泽一样的时雨，不能降于地，天不降雨，万物得不到雨露滋润，难以生存。这时不能靠天，就只能靠大地了。小为阴，为坤；大为阳，为乾；贞是正道。"小贞吉"就是行坤道则吉；"大贞凶"就是行乾道则凶。此时阴而不雨，靠大地也能勉强养育万物，如果此时行乾道，刚明强健，酷热暴晒，则万物难以生存。推天道明人事，九五至尊，虽然居中得正，但处于坎陷之中，屯难之时，虽说是皇恩浩荡，但其恩泽很难普施天下，老百姓得不到朝廷的救济和实惠，况且还有初九在闹革命，整个江山动荡不安。虽有君位、君德，仍是无济于事。在这屯难时期，只能行坤道，对下要温柔，顺从，包容，谦虚，忍让，采取安抚的方法，实行怀柔政策，小贞则吉；如果行乾道，居刚用刚，恃强发力，对下粗暴，镇压，强迫，紧逼，采取强硬态度，实行打压政策，必然招来凶灾，那就真是"大贞凶"了。孔子的意思是说，九五之难是因为它的膏泽"施未光也"。当你不能普施恩泽的时候，就得谦虚点儿，忍让点儿，低调点儿，以坤道治国，这时候再以乾道治国，就会招来灾祸。

这一爻告诉我们，贵为君王施恩难。当君王处于坎陷之中的时候，君王的恩泽不能普施天下的时候，就要以坤道治国，施行仁政，实行怀柔政策就会得吉；居刚用刚，以乾道治国，施行暴政，实行高压政策就会凶险。能给人带来好处时，可以用刚，不能给人带来好处时，必须用柔。

上六：乘马班如，泣（qì）血涟如。

象曰：泣血涟如，何可长也。

【注解】泣：哭泣。涟如：落泪的样子。

【释义】先看卦象，上六阴爻阴位，下乘九五，处坎之极、屯之终。阴爻，说明他是弱者，是不能济屯难之人；阴位，说明他静处不动，不会有任何作为；乘刚，说明他如坐针毡，坐卧不宁；处坎之极，说明他即将脱离坎险，再无生命之难；处屯之终，说明走到了屯难的尽头，生命连同生命之难，将一同结束。整个屯卦是讲生命之难的，初九是生命之初，那么上六就是生命之终了，这是一个完整的生命过程。上六阴爻阴位，上位无位，处屯卦之极，说明他已走到人生的尽头，前面已经无路可走了，垂垂老矣；又处坎之极，说明他凶多吉少，病入膏肓；下又乘刚，说明他穷困潦倒，自作孽不可活；且无下应，说明没有人能帮助他，就只能等着自生自灭了；此时上六进无可往，退无退路，走到了日暮穷途，山穷水尽的绝境，只能在那里踟蹰徘徊，泣血涟涟，就是哭出血来也无济于事。孔子说，像上六这种情况，又怎么能够长久呢？所有的生命都有这个结局，这就是生命的无奈呀！

这一爻告诉我们，人到老时难上难。所有的事物都有个终结，有盛就有衰，有兴就有亡，有生就有死，这是事物发展的自然规律，是不可逆转的，在大自然面前，所有的生命都是渺小的，更是无奈的，早晚都会有个终结，只不过是个时间问题。

简单总结一下，屯卦是讲天地交媾，产生生命，整个生命过程中充满了各种艰难。最初是"磐桓"难，万事开头难；紧接着"女贞不字"难，摆脱纠缠难，自我抉择难；然后是"即鹿无虞"难，放弃难，拒绝诱惑难；然后是"求而往"，求人难，帮人难，事业婚姻选择难；然后是膏泽"施未光"，贵为君王难施恩，贱为草民难披泽，君有君难，民有民难；最后是老来难，山穷水尽，走投无路，老了难，穷了难，困了难，病了难，没人管更难，只好"泣血涟涟"。此卦讲屯难，也就是生命之难。易道精微，大小同理，六爻之难适用于所有的生命过程，切勿拘泥，尽可推而广之。

我们古代先民，通过"打雷下雨"这么一种自然现象，设卦立言，总结出一套生命艰难的自然规律，揭示出生命中遇到的各种各样的艰难，并推测出这些艰难的客观性和必然性，这是古人的智慧，我们后人应该认真学习、思考、借鉴。

蒙 ䷃ 艮上 第四卦 启蒙教育
坎下 山水蒙 童蒙求我

【卦辞】蒙：亨。匪我求童蒙，童蒙求我。初筮（shì）告，再三渎（dú），渎则不告。利贞。

【象曰】山下出泉，蒙：君子以果行育德。

【注解】蒙：蒙昧，幼稚。也有启蒙、教育的含义。匪：非，不是。筮：占卜，问卦。渎：亵渎，冒犯。

【释义】《序卦传》说："物生必蒙，故受之以蒙，蒙者蒙也，物之稚也。"万物形成以后，当属各种生命的初级阶段，这一时期是生命的幼稚时期，蒙昧时期，蒙昧就需要启蒙，就需要教育，所以屯卦之后，紧接着就是蒙卦。山水为蒙，山下出泉水，目的是奔向大海，但泉水刚刚出山，就被大山阻止。水为坎陷，山为阻止，在没有人为干预的情况下，孱弱的泉水就会遇到各种各样的艰难险阻。遇到坑洞得填满，遇到山丘得拐弯，不是所有的泉水都能奔向大海的，有的泉水在山里转一辈子也离不开大山，这是一种自然现象，也是自然规律。推天道明人事，当人幼小的时候，蒙昧幼稚，什么都不懂，如果不进行启蒙教育，单靠自己摸索前行，则会遇到各种艰难险阻，永远也成不了大气候，就像泉水那样，如果规范他的行为，疏通他的渠道，就会少走弯路，不可阻挡，将很快汇入江河，奔向大海。因此，就蒙昧而言，教育是不可或缺的，教育是至关重要的。

《周易》认为，教育有三大原则：一是"童蒙求我"，而不是"我求童蒙"。只有来学的道理，没有往教的道理。学生有求知欲望，来问我，我便告诉你，而不是老师主动教，学生被动学。二是不敬不教。就像占卜问卦，第一次告诉你了，如果你记不住或是不相信，还来问第二遍、第三遍，这就是对老师的冒犯和亵渎，这种情况就不再教了。这样的学生，不是天资差，就是不真诚，老师也没必要在他们身上下功夫。三是"蒙以养正"。教育的目的是"养正"，是培养学生正气，教育学生走正路。不光是目的正，教育动机、教育手段都必须要正；不光是教要正，学也要正，学习动机要正，目的要正，态度要正，方法也要正。教与学都不能走歪门邪道，"蒙以养正"是大原则。

孔子说，山下流出泉水，开始蒙昧幼稚，如涓涓细流，虽弱小但他是亨通的，是任何力量也阻挡不了的，他果敢前行，虽百折而不挠，最后成为滔滔江河，滋润大地，养育万物。君子应当效仿泉水细流成江的精神，由少而多，由小而大，由弱而强，在不断积累中，使自己成为大德之人，去服务社会，养育万民。

孔子在《象传》里是这么说的："蒙，山下有险，险而止，蒙。蒙亨，以亨行时中也。匪我求童蒙，童蒙求我，志应也。初噬告，以刚中也。再三渎，渎则不告，渎蒙也。蒙以养正，圣功也。"

孔子的意思是说，蒙卦的卦象是山下有险，见到险而止步。蒙为幼童，教化未开，蒙昧幼稚，其活动范围有限，不敢远离家门，故见险而止。蒙卦之所以亨通，是因为启蒙得其时，教育行其中。启蒙教育必待童蒙来求教于我，而不是我去就教于童蒙。童蒙求教于我，说明他有求知的欲望，心便能和我相应。第一次求教于老师，老师就会很明确地告诉他，因为老师刚明而中正。第二次、第三次再问同一个问题，那是对老师的不信任，等于是对老师的亵渎，因为你心不诚，老师就不会再告诉你。教育的目的是培养蒙昧之人的正心、正念、正性、正行，这是至圣之功德。

初六：发蒙，利用刑人，用说桎梏，以往吝。
象曰：利用刑人，以正法也。

【注解】发：启发，启蒙，有教育之始的意思。说：同脱，解脱。桎梏：束缚手脚的刑具，引申为思想上、精神上、观念上的束缚。

【释义】先看卦象，初六阴爻阳位，上承九二，处坎之初、蒙之始。阴爻，说明他是蒙昧的人，是应该接受教育的人；阳位，说明他积极上进，能够主动接受教育；承刚，说明他对老师是顺从的、能够虚心学习；处坎之初，说明他生活在水深火热之中，只有通过学习，才能脱贫、脱困；处蒙之始，说明他蒙昧已久，从现在开始，接受正规的启蒙教育。蒙卦阴爻都是受教者，都是学生；阳爻都是教育者，都是教师。初六初也、始也、下也，应该是最基层的百姓，最广大的民众。在启蒙教育之初，必须明确教育的目的是什么。对于最基层的广大民众而言，教育的目的有两个：一是"利用刑人"，"以正法也"。就是用法律法规和刑罚，来规范民众的行为，教育他们自觉接受法律的规范和约束，二是"用说桎梏"，就是通过教化，解脱人们思想上的桎梏，打开人们精神上的枷锁，解除人们观念上的束缚。让野蛮之人变成遵纪守法的顺民；让蒙昧之人变成开化的文明人；如果达不到这两个目的，蛮者自蛮，蒙者自蒙，那就是教育的耻辱，教育的失败。《周易》的蒙，是个大概念，大教育，首先是对民众的教育，跟我们现在的教育完全是两个不同的概念。

这一爻告诉我们，对于广大民众的启蒙教育就两条，一是规范行为，使其走正道；二是解脱束缚，使其思想开化。到目前为止，国家对民众的教育也不外乎这两条，一是普法，二是解放思想。总结起来，就是要求广大的人民群众，做一个遵纪守法的现代文明人。

九二：包蒙吉；纳妇吉；子克家。

象曰：子克家，刚柔接也。

【注解】包：包容。纳：愿意接受。克家：治理家务。

【释义】先看卦象，九二阳爻阴位，下卦居中，上与六五正应。在全卦中，他是最好的治蒙者，也是蒙卦之主。初、三、四、五，都是受蒙者，都是接受教育的对象。而九二却是刚明居中。阳爻，说明他具备君子的品德，具备治蒙的能力；阴位，说明他具备谦虚的美德，具备包容阴蒙的能力；居中，说明他具备中庸之德，具备恩威并施的能力；有应，说明他得到上面的充分信任，具有坚强的后盾。正是因为九二具备这些条件，才成为最好的治蒙者，也就是最优秀的好老师。所以初、三、四、五这些蒙者，都愿意归附于他，接受他的教育。而九二有纳阴之象，也愿意接纳他们，包容他们，教育他们。九二虽处卑位，但得到尊者的信任，就像儿子为父亲治理家务一样，以九二之德才和能力，来治理天下之蒙，怎么能不吉祥呢？"包蒙吉"，能够包容这些受教育者，自然吉祥；"纳妇吉"，能够接纳并教育管理这些受教育者，自然吉祥；"子克家"，能够像儿子替父亲治理家庭一样，刚柔并举，恩威并施去治理天下之蒙，自然吉祥。

这一爻告诉我们，当教师的，必须具备包容之心，有教无类，一视同仁，德才兼备，恩威并施。打铁还需自身硬，要教育别人，首先自己必须是各方面都很优秀的人，具备君子之德，具备中庸之德。只有这样，才能为人师表，为人楷模，为人师范。

六三：勿用取女，见金夫，不有躬，无攸利。

象曰：勿用取女，行不顺也。

【注解】取：娶。金夫：指九二。躬：指身体，这里指身体的清白。行：行为。不顺：不检点，不顺从。

【释义】先看卦象，六三阴爻阳位，不中不正，上应上九，下乘九二。六三本来和上九是正当的恋爱关系，本应该本本分分地依附上九，顺从上九，追随上九。可是，当她看到刚明中正的九二时，便把持不住自己了，甚至不能保有自己身体的清白。六三这样做是徒劳的，没有任何好处，不会有任何收获。九二和上九都不会娶她为妻，因为她的行为实在是太不检点。六三本来就是多凶之位；阴爻，说明她具备了小人特质；阳位，多动少静，不够安分守己；不中，则心里有邪念；不正，则人品不正，作风不正派；有应，本该顺从上九；乘刚，则难以把持自己，"见金夫"就"不有躬"了，就保不住自己身体的清白了。在这治蒙时期，像这种不守本分，作风不正，品行不端，朝三暮四，见异思迁，没有道德底线的顽劣之民，是不能教的。"勿用取女"，就是绝不能收在自家门下。收了，对谁都不利。总的来说，这样的女人不能娶，这样的朋友不能交，这样的下属不能要，这样的学生不能教。

这一爻告诉我们，对于顽劣之民的教育，就是逐出师门，交付有司，进行强制改造。因为他心术不正，行为不端，没有基本的道德底线，靠一般的教育、教化，不能挽救，或早或晚是进监狱的材料，接受监狱的教育，或许更好一些。

六四：困蒙，吝。

象曰：困蒙之吝，独远实也。

【注解】困蒙：被蒙昧所困顿。独：孤独。实：阴为虚，阳为实。

【释义】先看卦象，六四阴爻阴位，上下皆为阴，无比无应，处艮之初。阴爻，说明他是蒙昧之人；阴位，说明他是老实本分之人；得正，说明他是能走正道的人；处艮之初，说明他受到环境和各种条件的限制，从来没有接受过教育。在这六爻中，唯独他离阳爻最远。其他三个阴爻，都分别靠近阳爻，而他上下都远离阳爻，远离阳爻就是远离文明。按现在话说，就是教育资源最差，受教育的机会最少。阴爻阴位，说明他是顺从老实，安分守己之人，不及中，说明他心里也没有什么非分之想；"困蒙"，说明他被困在愚昧落后的地方；"独远实"，说明他远离文明，没有得到教化，思想被禁锢，观念被束缚，孤陋寡闻，愚昧无知。"吝"，说明像他这种人，无论走到哪里，都会遭到别人的羞辱，自己的命运也会由吉向凶的方向发展。在这治蒙时期，还存在像六四这样的愚民，应该说这是教育的悲哀呀！

这一爻告诉我们，教育不是万能的，再普及的教育、教化，也有蛮荒之地、蒙昧之人。今天也一样，社会够发达、够文明，教育够普及，但同样会有孤陋寡闻、愚昧无知之人。阳光再充足，也有照不到的地方，这是客观现实的无奈。

六五：童蒙，吉。

象曰：童蒙之吉，顺以巽也。

【注解】童：童真。巽：谦逊。

【释义】先看卦象，六五阴爻阳位，居尊得中，上承下应。阴爻，说明他谦虚、顺从。阳位，说明他积极进取；居尊，说明他是最好的教育对象；得中，说明他心无杂念，心无旁骛，童真无邪，白纸一张，既没有被涂抹，也没有被描画；上承，说明他上有严师督促；下应，说明他下有名师指教。"童蒙"，就是对儿童的启蒙教育；"顺以巽"，是说六五上对严师很顺承，下对名师很谦逊，所以得吉。在这治蒙时期，蒙以养正，从娃娃抓起，与我们现在的教育理念相吻合。这一爻充分表现出教育所拥有的最佳状态。

这一爻告诉我们，最好的教育对象是儿童。儿童谦虚柔顺，最好施教；儿童可塑性强，最好塑造；儿童是一张白纸，最好描画。蒙以养正，从小就培养孩子正心、正念、正言、正行，这是教育的本质，也是教育的最终目的。

上九：击蒙，不利为寇，利御寇。
象曰：利用御寇，上下顺也。

【注解】击：打击。寇：用棍子击打头部。上下顺：相辅相成。

【释义】先看卦象，上九阳爻阴位，失中不正，下应六三，处艮之极，蒙之终。阳爻，说明他是刚而能明的授教者，是个教师。阴位，说明这位老师能力不怎么强，业务上弱一些；失中，说明这位老师有悖师道，行为过于偏激；不正，说明这位老师教育手段不正当，教育方法简单粗暴；下应，说明他面对的学生也不怎么样，是那种顽劣不化的劣等生；艮极，则有止极而动之象，实在没有别的办法就该动手了；蒙终，教育的最终手段就是"击蒙"。九二和上九都是治蒙者，九二刚明得中，治蒙以宽，能够做到"包蒙"；而上九则刚极失中，治蒙以严，治蒙以猛，动不动就采取极端手段，实行"击蒙"。用现在的话说就是体罚学生，击就是击打，寇就是用棍子敲脑袋。上九治蒙简单粗暴，动不动就用棍子击打学生头部。虽说严师出高徒，但惩戒体罚总要有个度，当学生能够抵御得住这种击打，还能忍受得了这种击打，这叫作治之以严，严一点儿也没有什么不好，严师出高徒嘛！但是，如果太过严厉，超过了学生的承受能力，学生再也忍受不了了，这时学生就不是"御寇"了，就不是抵御、防御打击了，而是奋起反抗，反御为寇，夺过棍子打击老师，这就不利了。如果出现这种局面，那是教育的悲哀，那是教育的失败。孔子说，上九和九二同是治蒙者，但治蒙的态度和方式方法截然不同，一个施之以宽，一个施之以严。如果把上九和九二的治蒙关系理顺了，则会有相辅相成、相得益彰的效果。另有一解，九二对六五就应该"包蒙"；上九对六三就应该"击蒙"。这样上下区别对待，就把关系理顺了。

这一爻告诉我们，当教师的，对教育对象可以严厉，但不能严酷。教育必须带有强制性，这是对的，但必须有个度，超过这个度，属于过分体罚，就违反了教育的原则，也有悖于师道。宽严适度，才是教师应有的教育理念。

简单总结一下，蒙卦是讲教育的，教育总的原则是"童蒙求我""渎则不告"和"蒙以养正"，也就是"利贞"。蒙之六爻二阳四阴。阴爻为蒙者，阳爻为治蒙者；四阴蒙各有不同，初六是下民之蒙，六三是劣民之蒙，六四是愚民之蒙，六五是童真之蒙。这两个治蒙者也不一样，一个是以包治蒙，一个是以击治蒙。对于下民"利用刑人""以说桎梏"；对于劣民，实行"击蒙"；对于愚民，鞭长莫及，无教可施；对于童真，则采取"包蒙"的态度，上有严师监督，下有名师指导，尽全力培养栋梁之材。"发蒙"之蒙，"蒙以养正"；"包蒙"之蒙，有教无类；"击蒙"之蒙，因材施教；"童蒙"之蒙，教学相长；"困蒙"之蒙，应该普及教育。

我们古代先民，通过"山下出泉"这么一种自然现象，设卦立言，总结出一整套教育规律，揭示出教育双方的客观性和必然性。这是古人的智慧，值得我们仔细玩味，认真学习、思考、借鉴。

需 ☵ 坎上 第五卦 凶险在前
乾下 水天需 君子等待

【卦辞】需：有孚，光亨，贞吉。利涉大川。

【象曰】水上于天，需；君子以饮食宴乐。

【注解】需：等待。孚：诚信。光亨：光明而亨通。贞吉：正则吉。川：河。

【释义】《序卦传》说："物稚不可不养，故受之以需。需者，饮食之道也。"上卦是蒙，蒙者物之稚也，万物处在幼稚阶段，不可不养，所以蒙卦之后紧接着就是需卦，需卦讲的是饮食之道。从卦象上看，水在天上，有雨但还没有下雨。我们常说的"靠天吃饭"，就是这一卦的卦象。雨水在天上已经形成，我们只需等待，等有了雨才会有庄稼，才会有粮食，才会有饭吃，所以需卦有供养之象。蒙卦之时，物之稚也，物稚需要养育，养育需要饮食，饮食需要等待。所以需卦也有等待的意思。天上有云，能否下雨，需要等待；种子种到地里，从发芽到成熟有个过程，这个过程需要等待；饭在锅里，烧熟才能吃，也需要等待；这种等待有个先决条件，就是"有孚"，就是诚信，就是"实在其中"，就是你所等待的事物，实实在在的确实存在。等待雨，天上确实有雨；等待粮食成熟，地里确实有种子。这种等待也不是干等，而是主动地有所作为，地不种不收，河不涉不过，一边作为，一边等待才有利。前途是光明的，道路是亨通的，只要你的需求是正当的，就一定会吉祥如意。

推天道明人事，人的需要，无处不在，无时不有，衣食住行、名牌产品、荣誉地位、金钱权力、健康教育、精神物质、所需所求比比皆是，没完没了。处需之时，作为君子，首先要考虑别人的需求，担当起养育万民的责任；要时时刻刻提醒自己："凡有需求，险必在前"；对于正当的需求，既要积极争取，又要学会耐心等待。这才是干大事业的正确态度。

孔子在《象传》里说："险在前也。刚健而不陷，其义不困穷矣。位乎天位，以中正也，往有功。"

孔子的意思是说，君子有知险之德，知道需求的前面有凶险，所以不会急行冒进；君子懂得见险而止，所以不会陷于凶险之中；君子知道涉险需要等待，所以不会穷途困蔽；君子知道如何入险，所以得中正之位，行中庸之道；君子知道如何脱险，所以"刚中而动"，"往有功也"。需卦本身就"利涉大川"。只要你"有孚、光亨、利贞"，必能脱险而得吉。

初九：需于郊。利用恒，无咎。
象曰：需于郊，不犯难也。利用恒，无咎，未失常也。

【注解】郊：城外。需：等待。恒：持久。常：常规。

【释义】先看卦象，初九阳爻阳位，上有正应。初位，说明他距离上卦的坎陷之险最远，远远的在郊外等待；阳爻，说明他是君子，君子有知之险德，是不会贸然前进的；阳位，说明他有前往犯难的冲动；得正，说明深得需卦之要义，需求的目的纯正，手段正当，能够耐心地、持久地等待；有应，说明他对需求的愿望是强烈的，之所以"无咎"，是因为他没有违反君子的常规做法，没有轻举妄动。作为君子，在这个时候，无论前面的诱惑有多大，无论你的需求有多么着急，都要远远置身事外，耐心等待，有时甚至要持之以恒，勿急勿躁，不失常态。切不可只身犯难，落入险陷之中。只有像初九这样的君子，才能做到这一切，从而"无咎"远离灾祸。

这一爻告诉我们，凡有需求，险在前也。此时，离需求最远，离危险也就最远。切不可为了急于满足自己的需求，而只身涉险。这个时候，需要耐心地等待，只要有恒心，按照常规的方法去做，就不会有灾祸。

九二：需于沙。小有言，终吉。

象曰：需于沙，衍在中也；虽有小言，以终吉也。

【注解】沙：水边的沙。言：闲言碎语，谩骂、批评、埋怨等伤人的话。衍：水在沙中漫延的样子。

【释义】先看卦象，九二阳爻阴位，下卦得中，上有敌应。需于沙，说明他向坎险迈进了一步，离需求更近，离凶险也就更近了，已经来到水边的沙滩上；阳爻，说明他是君子，知道这个时候等待的重要性，所以停留在沙滩上等待；阴位，说明位置较低，他所需求的利益和危险同时像水一样向他漫延；得中，说明他能够把握中庸之道，需求面前不冒进，危险面前不退缩。不偏激，不急躁，持中守正，耐心等待；敌应，说明九五已经向九二发出警告，有批评、有指责、有谩骂、有侮辱，甚至还会有威胁。所有这些对九二都不会有什么影响，九二刚中守正，观时待变，最终的结果是吉祥的。有句俗话，叫"久在河边站，没有不湿鞋的"，说的就是这个时候，你的需求有多大，伴随着风险就有多大，只有具备九二这样的定力，才能最终得吉。否则，一失足便成千古恨了。

这一爻告诉我们，离需求越近，离危险也就越近。此时离需求和危险仅一步之遥，必须加倍小心。第一，要守君子之正，戒免贪欲，取之有道；第二，要中道而行，不能急于冒进，仍需耐心等待。虽然有一些风言风语的言论，但最终还会得吉。

九三：需于泥，致寇至。

象曰：需于泥，灾在外也。自我致寇，敬慎不败也。

【注解】泥：与水相接的地方。外：外卦，即坎卦。寇：敌、灾、险，即坎卦。

【释义】先看卦象，九三阳爻阳位，虽正不中，正应上六，处乾之极，已贴近坎卦。需于泥，说明他已经来到水边。水，既是需求，也是坎陷，虽未涉险，但已临难，危险就在身边；阳爻阳位，说明他居刚用刚；失中，说明他任性、偏激、冒进；处乾之极，说明他已经是强弩之末；与上六相应，说明他是自招寇至；九三的位置不好，环境不好，自身也有缺陷，处境相当危险。但如果九三能行君子之正，面对危险，能够采取小心谨慎、敬畏对手的态度。冷静下来，耐心等待，伺机而动，仍可立于不败之地。

这一爻告诉我们，面对需求和危险，不管条件有多差，环境有多恶劣，位置有多不好，只要能够守住"君子之正"这条底线，对危险采取敬畏和慎重的态度，就可以立于不败之地。

六四：需于血，出自穴。

象曰：需于血，顺以听也。

【注解】血：坎为水为血，血光之地也。听：放任，任凭，听任，允许。

【释义】先看卦象，六四阴爻阴位，上承九五，下应初九，处于坎穴之底。需卦下三爻等待是为了求需而涉险。上三爻是在等待中寻求脱险。六四需于血，说明他已经处在坎陷之中、血光之地了，处境非常危险，正在那里等待脱险。阴爻，说明他是一个小人，具备小人品质，没有原则；阴位，说明他自身能力不济，无力脱险；上承，说明他对上百般顺从，阿谀奉承；下应，说明他要脱险，全指望着初九的力量；处于坎穴之底，说明他与下三爻最近，此时已经短兵相接了，当下三阳向他逼近时，他采取了不阻、不拦，听之任之，放任默许的态度，以初九为内应，主动给三阳让开前进的道路，而自己也随之顺利地离开坎陷之穴。得以脱险。

这一爻告诉我们，当自己处于极端危险的境地时。活命是最大的需求，此时不要顽强抵抗，临阵倒戈，顺势而为，也不失为一条出路。

九五：需于酒食，贞吉。
象曰：酒食贞吉，以中正也。

【注解】酒食：于君而言，是手中的权力资本；于臣而言，是财富俸禄；于民而言，是赖以生存的食物。对于需卦而言，是养育天下的根本。

【释义】先看卦象，九五阳爻阳位，得中得正，为至尊之君。负有养育天下之责，天下的财富和"酒食"都掌握在他的手中。虽有至高无上的权力，但也处于危险之中。天下万民之所以等待，是期盼他普降"甘霖"；天下君子之所以耐心等待，是为了得到更多的俸禄；之所以不敢冒进，是因为险在前也；之所以君王也处险陷之中，是因为天下所有人都盯着他手中的"酒食"。此时君王已经准备好足够的"酒食"，等待天下有志之士前来领取俸禄，天下的百姓也在等待君王的养育。于百姓而言，不患贫而患不均；于君子而言，君子谋道不谋贫，君子取义不取利。好在九五是阳爻，说明他具备为君之德；阳位，说明他具备养育万民的能力；得正，说明他能够公平公正地对待天下臣民；得中，说明他深谙中庸之道，能够正确对待君子与小人，恶民与良民，处需之时，当官的俸禄和百姓的食物都是险中求，君王驭官，养民也有一定危险。只要九五能够持中且守正，则官可驭、民可养，君可安，险可脱，天下大吉。

这一爻告诉我们，当你手中掌握一定权力，别人对你有需求的时候，不可有半点偏私，一定要公平公正，中庸而行，利益分配，恰到好处，才能得吉。否则会有危险。

上六：入于穴，有不速之客三人来，敬之终吉。

象曰：不速之客来，敬之终吉，虽不当位，未大失也。

【注解】不速之客：不请自到的客。三人：指下三阳。

【释义】先看卦象，上六阴爻阴位，上位无位，下乘九五，正应九三，处坎之极，需之终。需卦上三爻都是既得利益者，他们的等待和需求，是利用既得利益脱险而已，脱离险境要紧，活命要紧。上位，说明他是既得利益者；无位，说明他已经没有权力，已经是局外之人；阴爻，说明他具备小人的品质，原则性不强；阴位，说明他已经没有保护自己既得利益的能力；乘刚，说明他的处境非常危险；下应，说明他需要借助九三的力量才能脱险；坎极，说明他的坎难已经到头，是该脱险的时候了；需终，说明他政治上、经济上不再有什么需求，也就无须再等待了。需卦发展到现在，三个阳爻不招而至，不请自来，对上六构成重大威胁。好在上六阴而得正，虽然退出领导岗位，但他并没有失去谦虚柔顺的美德，对不速之客能够恭敬顺承，示软示弱，敬候处理。三阳都是君子，对上六能行君子之道，所以上六最终化险为夷，顺利脱险。

这一爻告诉我们，当你退下领导岗位，就不再有权力，就不再有能力，就不应该再有各种非分的需求。如果你对新领导谦虚些，恭敬些，便可化险为夷，安度晚年；如果你还以为自己是个谁，七个不服，八个不忿，那就不是终吉而是终凶了。

简单总结一下，上一卦是蒙卦，蒙稚必养，养必有需，凡有需求险在前也，有险不可冒进，所以必须等待。等待什么呢？等待水，这个水既是你所需求的东西，也是给你带来危险的东西。要想得到，就必须等待。需卦六爻，下三爻等待是为了需求而涉险；上三爻等待是为了利用既得利益而脱险。初九从"需于郊"开始，然后"需于沙""需于泥""需于血"，一步一步向所需求的目标前进，同时也一步一步向危险靠近。上三爻是既得利益者，当下三阳步步逼近时，他们也越来越危险，六四"顺以听也"，才得以"出自穴"；九五"需于酒食"，以公平公正的方式，把俸禄赏赐给各级官员；把天下的财富让利于民，让天下万民雨露均沾，这才脱险而得吉；上六"入于穴"自己主动退出历史舞台，对"不速之客""敬之终吉"。至此，需卦六爻各自走完自己的需求路程。

我们古代先民，通过"云在天上"这一自然现象，设卦立言，总结出一整套人们实现需求的必然规律。我们每个人都应该深刻感悟其中的道理，提高认知，学以致用，方可在你的人生中趋吉避凶，远离危险。

讼 乾上 第六卦 争诉争讼
坎下 天水讼 中吉终凶

【卦辞】讼：有孚，窒。惕。中吉。终凶。利见大人，不利涉大川。

【象曰】天与水违行，讼；君子以做事谋始。

【注解】讼：诉讼，争讼。孚：中实，相信自己是正确的。窒：闭塞，不通。惕：谨慎，戒惧。中：中庸，不偏激。违：相反，相悖。

【释义】《序卦传》说："饮食必有讼，故受之以讼。"人人都需求饮食，饮食即利益，关系到利益问题必然要引起纷争。所以需卦之后，紧接着就是讼卦。先看卦象，乾上坎下，天在上，水在下，阳气上升，水往下流，相反相背，不能沟通，必然争讼；从功能上看，下险上健，两强相遇，也是争讼之象；内外两卦的卦主，九二和九五都居中而实，都相信自己占理，各不相让，还是争讼之象。卦辞的意思是说，之所以争讼，是因为双方都相信自己是正确的，这种情况下很难进行沟通。如果各自谨慎戒惧，不是无所畏而是有所惧。然后保持中庸，态度平和。不使言行过于偏激，能不讼尽量不讼。非讼不可，也要把心放在中间，平心而论，换位思考，这样即可获吉。《易》之言讼，无讼最佳，有讼不讼次之，讼后息讼再次之。非讼不可，则以中庸调和为吉。一般人言讼以胜诉为吉，以败诉为凶。而《易》之言讼，胜负皆凶。所谓"终凶"，就是双方都不会有好的结果。息争止讼，需要德高望重的权威人物来调停裁决，所以"利见大人"；处于争讼之时，人心背离，互不相亲，此时历险涉川必不得济，所以"不利涉大川"。作为君子，要从讼卦中得到启发，小人争讼，君子谋始。无论做什么事情，从一开始就需要理顺各种关系，诚恳地考虑对方的利益诉求，双方开通言路，充分沟通，从根本上杜绝讼端，这才是君子所当为。

孔子在《彖传》里是这么说的："讼，上刚下险，险而健，讼。讼，有孚、窒、惕、中吉，刚来而得中也。终凶，讼不可成也。利见大人，尚中正也。不利涉大川，入于渊也。"

孔子的意思是说，成讼的条件是"上刚下险"，一个太阴险，一个太强硬，二者缺一不可成讼；"有孚"，是说双方都确信自己有理，"窒"是闭塞，是说双方不能坐下来进行充分沟通；"惕"是戒惧，如果双方知道谨慎、戒惧，就会得吉，但现在双方都理直气壮，无所畏惧；因为诉讼双方都是"刚而得中"，自认为都很厉害，都有实力，都有充分的证据，都认为自己正确，都有必胜把握。事实上无论谁胜，最终的结果都是双方皆凶。讼卦以中正为贵，所以"利见大人"。争讼双方陷入官司，如同陷入深渊，所以此时"不利涉大川"。

初六：不永所事，小有言，终吉。
象曰：不永所事，讼不可长也。虽小有言，其辩明也。

【注解】永：时间拖得久。所事：未讼之前所争之事。辩：争辩，解释。
【释义】先看卦象，初六阴爻阳位，柔居下位，与九四相应，上承九二。在讼卦里，因上下相悖，所以相应者都变为相争者。初六阴爻，说明他弱小，地位低下；阳位，说明他争强好胜，有争讼的欲望；初位，说明双方矛盾尚在初级阶段，尚未成讼，所以在这里称事而不称讼；上应，说明它与强大的九四争讼，绝无胜算；承刚，说明他不会来硬的，是可以认怂的；初六爻变后，下卦便是兑卦，兑有说话的意思，所以爻辞说"小有言"。综合上述所有条件，初六与九四争讼是不利的，所以爻辞说，所争之事不可拖得太久，趁着事儿小，又属初级阶段，在言语上吃点亏，受点委屈，也没什么大不了的，把话说开了，把事情说清了，把理辩明了也就可以了。切不可把事闹大、拖久。

即便得理也要让人，大事化小，小事化了，放过别人等于饶了自己。《易》以不讼为吉，所以初六这样做最终得吉。

这一爻告诉我们，生活中的大小事，不必斤斤计较，遇到矛盾，双方坐下来沟通一下，说话上吃点亏就吃点亏，尽快尽早把问题解决了，适可而止，息事宁人，握手言和，对谁都好。

九二：不克讼，归而逋（bǔ）。其邑人三百户，无眚。
象曰：不克讼，归逋窜也。自下讼上，患至掇（duō）也。

【注解】逋：逃亡。眚：自找的灾祸。掇：夺取，抄掠，抄家之灾。邑：封邑，小城。

【释义】先看卦象，九二阳爻阴位，下卦居中，上有敌应，下处坎中。阳爻，说明他是刚明正直的君子；阴位，说明它所处的地位低，争讼的能力差；居中，说明他心里自认为很强大，很正确，很有理；敌应，说明他和九五有完全相反的政见，有不可调和的矛盾；坎中，说明他已经陷入危难的境地，灾难即将来临。以柔位而处险地的九二，与九五成讼，结果会怎么样呢？咱们来看看，九五是阳爻阳位，居中得正，高高在上，强大无比。九二无论如何也不是九五的对手，如果争讼，绝无胜算。爻辞直接说"不克讼"，根本不能胜诉，在这种情况下，只能逃亡到自己小小的封邑里躲藏起来。九二爻变为阴，下卦就是坤卦，坤三阴有"众"的意思。所以说他逃窜到"邑人三百户"的封邑里躲藏起来。孔子说，九二以下犯上，会惹上抄家之灾，幸亏尚有自知之明，及时逃窜，隐藏在民众之间，才侥幸躲过此劫。

这一爻告诉我们，在遇到利益之争的时候，鸡蛋永远不要往石头上碰。利益可以舍而弃之；灾难必须躲而避之。

六三：食旧德，贞厉，终吉，或从王事，无成。

象曰：食旧德，从上吉也。

【注解】食旧德：依赖前任主子的恩德而生存。或从王事：主动顺从九五，按着九五的意愿办事，不可违背九五的意愿。无成：有功不居，功归九五。

【释义】先看卦象，六三阴爻阳位，不中不正，与上九正应，处坎陷之极，上承三刚，下乘九二，处境极其恶劣。阴爻，说明他是小人，具备小人特质；阳位，说明他不是安分守己的人；不中，说明他心里也不平衡，思想偏激，甚至会有争讼的念头；不正，说明他本质上是个心术不正的人；坎极，说明他命运还不错，到了该脱险的时候；上承三刚，说明他必须顺承上意，不敢有半点违拗；乘刚，说明他坐在火山口上，备受煎熬，就是自己再正确、再怎么走正道，也会有磨难、有危险；上应，说明前任领导对他不错，依靠前任领导给他的好处，还能勉强生存；此时如果心里还有与老领导争讼的念头，即使你再正确，也会有危险；如果你从心里感激老领导的旧德，最终结果是吉祥的。此一时也，彼一时也，过去是追随老领导，现在是顺从新领导，这个新领导就是九五。给九五办事，最主要的是顺从上意，唯命是从，令行禁止，不敢有半点违背和违抗。事情办成了，功劳是九五的，自己是不敢有成绩的。在这争讼之时，六三只有这么做才能得吉。

这一爻告诉我们，食旧德就不能忘旧恩，即使在争讼之时，也不能萌动恩将仇报的坏心思。过去的就过去了，面对新领导，从头开始，再立新功，顺承上意，不违不争方可最终得吉。

九四：不克讼，复即命，渝（yú），安贞吉。

象曰：复即命，渝，安贞；不失也。

【注解】复：返回，回过头来。即命：认命，就天命或就正理。渝：改变。贞：正固。

【释义】先看卦象，九四阳爻阴位，不中不正，下应初六，处乾之初。阳爻，说明他是个君子，处讼时，便属于那种争强好胜，能讼好讼之人；阴位，说明他有包容忍让的一面，处讼时，便属于能息讼之人；不中，说明他心里并不安宁，以九四之强与初六之弱成讼，也不是那么心安理得；不正，说明他现在走的并不是正道，遵循的也不是正理；下应初六，说明双方确实有点矛盾。但初六知道自己柔弱，一开始就"不永所事"，就不想把事情闹大、拖久，结果息事宁人，吃点亏，受点委屈，把事情了结了。初六这种处理问题的态度和方法，也启发教育了九四，于是九四"渝"，改变了态度，"不克讼"，没有把诉讼坚持到底。也是因为九四处"乾之初"，本来就有遵天命、就天理的本色。在这争讼之时，能够及时息讼，回过头来，就于天理，就于天命。这种改变，使得他原来的不安变得心安，这是因为九四阳爻好争讼，居阴位能息讼，始讼而终息，也不失君子之德。开始好讼，然后回头，然后就于正理，然后改变态度，然后安于正道，最终得吉。

这一爻告诉我们，当你很强大的时候，不要跟比你弱小的人去争夺利益，得饶人处且饶人。如果争到了，也未见得心里安宁，倒不如改变自己的态度，放人一马，自己回过头来去干自己应干的大事，这才不失君子所为。

九五：讼，元吉。

象曰：讼元吉，以中正也。

【释义】先看卦象，九五阳爻阳位，得中得正，处九五至尊之位，是讼卦的治讼之君。阳爻，说明他有君德，有治讼之德；阳位，说明他有君才，有治讼之才；得中，说明他能中道而裁，无过无不及，所断所判，恰到好处；得正，说明他公平公正，不偏不私。讼卦之九五实为大德之君，以其中正以断曲直，如此治天下之讼，无不大吉。

这一爻告诉我们，作为单位一把手，德、才、中、正四个字太重要了，有德则公而忘私；有才则曲直能断；中则无过无不及；正则不偏不邪、公平公正。大到一个国家，小到一个单位，非如此则由治向乱，凶象现矣！

上九：或锡之鞶（pán）带，终朝三褫（chǐ）之。

象曰：以讼受服，亦不足敬也。

【注解】锡：通赐。鞶带：古代依官品而赐予的大腰带。终朝：一日之间。褫：夺衣也。

【释义】先看卦象，上九阳爻阴位，上位无位，下应六三，不中不正，处乾之极，讼之终。上九和六三打官司，毕竟是地位高、势力大，属于以强凌弱；阳爻，说明他很强硬，很厉害，很善于诉讼；阴位，说明他只会站在自己的立场上看问题，不会考虑别人的感受；不中，说明他看问题偏激，处事有点太过分；不正，说明他心术不正，诉讼的动机、手段和目的都不正当；乾之极，说明他已是强弩之末；讼之终，说明他赢了官司，最终的结果也是凶；上位无位，说明他已经退休了，还整天上访、告状、打官司；下应六三，说明他当年跟六三的关系不错，现在又因为利益问题纠结成讼。爻辞说，或许你打赢了官司，赐给你一条大腰带，那又怎么样呢？在一天之内，被人从身上扒下来三回，真是耻辱呀！官司打赢了又如何呢？靠诉讼得来的利益并不光彩，人人避之而不敬，虽然胜诉，非但不吉，反而惹祸上身，最终是凶。

这一爻告诉我们，无论何时何地，无论有理没理，无论大事小事，无论值得不值得，打官司都不是什么好事。一旦成讼，胜负皆凶，有时赢了官司还不如输了官司，这又是何苦来呢！

简单总结一下，讼卦是讲打官司的。上一卦是需卦，需是饮食，是利益，涉及利益问题，就必然会引起纠纷，所以成讼。《易》对讼有很独到的见解，主张以不讼为吉，以息讼为吉。一开始就说，小事不要成讼，自己解决就完了，"不永所事""其辩明也"。到第二爻也没有成讼，原因是力量对比太悬殊，但凡有点儿自知之明的，都会"归逋窜也"。到第三爻还没有成讼，因为他"食旧德"，不能忘恩负义，不能落井下石，不能墙倒众人推。到第四爻还是没有成讼，因为他有君子之德，能够"复即命"，能够及时改变态度，因主动息讼而不能成讼。九五是最能治讼者，以阳爻阳位治天下之讼，以中正断天下曲直，则天下大吉。直到上九，不但成讼而且胜诉，按说打赢了官司是好事，但《周易》认为，官司能不打就不打，只要是打官司，无论输赢，结果都不好。至此，讼卦六爻，各自处理好了自己的诉讼需求。在什么情况下，该怎么办，明明白白，结果是吉还是凶，清清楚楚。

我们古代先民通过"天水违行"这一自然现象，设卦立言，总结出一整套诉讼的规律，我们每个人都应该懂得这些道理，尽量做到"君子谋始"，远离争讼，避免祸灾。

师 ䷆ 坤上 第七卦 军队战争
坎下 地水师 以正为要

【卦辞】师：贞吉。丈人吉。吉无咎。

【象曰】地中有水，师。君子以容民畜众。

【注解】师：众也，兵也，部队。贞：正也。丈人：指品德、才能和谋略都为大家所敬重的人。

【释义】《序卦传》说："讼必有众起，故受之以师。师者，众也。"古今中外，所有的战争莫不是由于争讼而引起，或地盘之争，或利益之争，或资源之争，或主义之争。没有争讼便没有战争，所以讼卦之后，紧接着就是师卦。地水师，坤上坎下，水在地下，有聚众之象，有藏兵于民之象，有行军肆虐之象。一阳五阴，有统兵之象。坤为众，坎为险，有举众犯险之象。组建军队有两个大原则，首先是正，就是卦辞说的"贞吉"，为正义而建，为正义而存，为正义而战；管理要正，行为要正，目的要正，正则吉，不正则凶。其次是选将拜师，谁来领兵这个问题非常重要，统兵大权必须掌握在有胆识、有谋略、有品德、有才能、老成持重、德高望重的大人物手中，就是卦辞中说的"丈人吉"。选好将帅才吉，落在小人手中，则必凶无疑。此二者缺一不可，正则吉、丈人吉，二者皆吉则可无咎。君子应当效法师卦的原则，懂得如何容民畜众，妥善管理军队，使之成为正义之师，以免给天下带来灭顶之灾。

孔子在《彖传》里是这么说的："师，众也。贞，正也。能以众正，可以王矣。刚中而应，行险而顺，以此毒天下，而民从之，吉又何咎矣。"

孔子的意思是说，师就是众，贞就是正，兴师动众去出征，首先必须名分正，名正则言顺，言顺则众人信服，信服则思想统一，行动一致。统帅这样一支部队去兴师问罪，定能大获全胜，成就帝王之霸业。从卦象上看，一个阳爻，下卦居中，上应六五，是说大军统帅刚明中正，得到君王的充分信任。下卦是坎险，上卦是坤顺，虽行险而众顺从，用这样的军队攻打天下，而民众又愿意跟从，大吉大利而又有什么灾祸呢？

初六：师出以律，否臧凶。

象曰：师出以律，失律凶也。

【注解】律：纪律。否：不好，不善。臧：好，善。

【释义】先来看卦象，初六阴爻阳位，处坎之初、师之始，上承九二。阴爻，说明他具备小民特征，自由散漫，趋利性强；阳位，说明他不能安分守己，好动而不好静；处师之始，说明他是刚入伍的新兵，还没有经过正规训练；处坎之初，说明他是危险分子，有私动刀兵之嫌。好在上乘九二，对上顺承，还能服从命令，听从指挥。初六是师卦之始，看似柔顺，实则难管。军队组建之初，或行军打仗之初，首先要强调纪律问题，这是重中之重，所以爻辞说"师出以律"。如果一个军队没有铁的纪律，那就是一盘散沙，无论是好军队还是坏军队，无论是正义之师还是非正义之师，无论是向善的还是向恶的，也无论是打了胜仗还是打了败仗，只要失去纪律的约束，便会失去统帅的把控，最后的结果会非常凶险。为什么叫地水师，把水比喻成军队，就是因为水和军队的性质是一模一样的。可利用，也很危险，失去纪律约束的军队，就像河水泛滥一样，再好的河水，泛滥后都是无法控制的灾难。

这一爻告诉我们，任何一个社会组织，纪律都是第一位的，没有约束，失去把控的组织，会给社会带来灾难。

九二：在师中，吉无咎。王三锡命。

象曰：在师中吉，承天宠也。王三锡命，怀万邦也。

【注解】在师中：古代天子作三军，主帅则居中军，中军者，三军之大将也，为统兵之主帅。锡：同赐。

【释义】先看卦象，九二阳爻阴位，下卦居中，上与六五正应，是全卦六爻中唯一一个阳爻，处险之中。阳爻，说明他有君子之德，刚明而强健；阴位，说明他沉稳厚重，坚韧而有定力；得中，说明他具备中庸之德，能行中庸之道，用兵不偏激，不极端，无过无不及；上与六五正应，说明他得到君王的充分信赖、重用与支持，驰骋疆场而无后顾之忧；全卦唯一的阳爻，说明他是最有血性的汉子，得到全军官兵的追随、拥护与爱戴；处险之中，说明他是统领千军万马的将军，既处在军营之中，也处在最危险的地方。爻辞说："在师中，吉无咎。"有这么好的将领做统帅三军的主帅，肯定是因吉而无咎。他不仅能统率这支队伍南征北战，还能采取怀柔政策，安抚四方，使万国信服而归顺，以其举世瞩目的赫赫战功，得到君王的多次奖赏。孔子说，九二之所以得吉，是因为他上承天宠；之所以得到君王的奖赏，是因为他战功卓著。

这一爻告诉我们，无论你干什么事，选人用人很重要。看准了，选对了，事业就成功了一半；用对了，用好了，事业又成功了一半。

六三：师或舆（yú）尸，凶。

象曰：师或舆尸，大无功也。

【注解】舆尸：以车载尸。

【释义】先来看卦象，六三阴爻阳位，不中不正，无比无应，下乘九二，处坎之极。阴爻，说明他自身才质柔弱，根本就不是做统帅的材料；阳位，说明他不够沉稳，压不住阵，总是蠢蠢欲动，逞强好胜；不中，说明他急于求成，决策过分，行为偏激；不正，说明他不能正确地运用战略战术，容易剑走偏锋；无应，说明他孤军作战，没有应援；乘刚，说明他自视清高，刚愎自用，违抗命令，自行主张；处多凶之位，说明他行为乖张，好大喜功；处坎险之极，说明他已经打了败仗，正在撤退的路上。所以爻辞说："师或舆尸。"他的军队这时候正在用大车满载尸体，溃败而逃呢！这样的将领带兵打仗，其结果必然是凶险，所以爻辞直接言"凶"。

这一爻告诉我们，无论你干什么事，都不要用那些无德无才的小人，特别是不能委以重任。如若不然，必凶无疑。

六四：师左次，无咎。

象曰：左次无咎，未失常也。

【注解】左次：左边靠后的位置。

【释义】先看卦象，六四阴爻阴位，得正，处坤之初。阴爻，说明他自身柔弱，实力不够强大；阴位，说明他比较稳重，不会轻举妄动；得正，说明他能够正确判断当前形势，能够把握正确的用兵原则，知己知彼，知柔而守弱；处坤之初，说明他已经离开凶险之地，来到安全地带；处多惧之位，说明他知道危险，懂得畏惧，时时刻刻要确保自己的安全。所以爻辞说："师左次。"带领自己的部队在三军左边靠后的地方安营扎寨，从军事角度上讲，这是最安全、最有利的地形。孔子说，六四驻扎在最安全的地方，又不会轻举妄动，处处符合军事常规，所以不会有危险。

这一爻告诉我们，无论什么时候都要有自知之明，知道自己的弱小，就要承认弱小，正确地面对自己的弱小，一切从安全出发，摆正自己的位置，不与强大的对手发生冲突，就不会有危险。

六五： 田有禽，利执言，无咎。长子帅师，弟子舆尸，贞凶。

象曰： 长子帅师，以中行也。弟子舆尸，使不当也。

【注解】田有禽：以禽兽入于田中，毁坏庄稼，应该猎取除害，比喻敌寇犯我，应该讨伐。利：宜，有利于。执言：拿这个为说辞，有言可执则是言顺。长子：指九二。弟子：指六三、六四。

【释义】先来看卦象，六五阴爻阳位，上卦居中，处至尊之君位，下与九二正应。阴爻，一方面说明他谦虚、包容，能够选贤任能。另一方面，说明他软弱无能，用人不当；阳位，说明他敢于面对战争，勇于面对战争；居中，说明他具备中庸之君德，既不惧怕战争，也不会贸然发动战争；下应九二，说明他拥有足够的实力，他的军队是强大的；在这用师之时，作为君王，有两件大事要做。一是宣布开战，二是任命统帅。关于宣战，必须要师出有名，名正则言顺，名正言顺就是正义之战，否则就是非正义之战。比如：禽兽入田毁坏庄稼了，这时就可以派人去猎杀。所以宣战出兵，必须"田有禽"，才能"利执言"，有了说法，就可以宣布开战了，只有这样做才不会有灾祸。关于任命统帅的问题，既然任用长子为将，就不该派次子带兵。长子九二，具有中庸之德，是个真正的帅才。次子六三，志大才疏，刚愎自用，次子六四柔弱无能，明哲保身，让他们带兵是君王用人不当，必吃败仗。其结果就是"弟子舆尸"，车载尸体而还。由于君王自身不够强大，想多用人，又犯了用人不当的错误，致使军权分散，所以"贞凶"。就是说他这样做，即便是正义战争，也会一败涂地，其结果必然是凶险的。

这一爻告诉我们，领导大家干一番事业，"利执言"很重要，可以明确目标，鼓舞士气，但更重要的是用人问题。既然把重要的岗位交给了最有能力、也是你最信任的人，就不要再派别人去给他添乱。你的想法是好的，多派几个助手去帮助他，是为他着想，但结果却适得其反。实际上，这些帮手应该是九二自己找，而不是你给他选派。

上六：大君有命，开国承家，小人勿用。

象曰：大君有命，以正功也。小人勿用，必乱邦也。

【注解】开国：分封诸侯。承家：传之子孙，世袭罔替。正功：论功行赏。

【释义】先看卦象，上六阴爻阴位得正，处坤之极、师之终。阴爻，说明他主观上不想再打仗了；阴位，说明客观上也无仗可打了；得正，说明这场战争是正义的，也是正确的，战争的目的已经实现；处坤之极，说明战争赢得了大片土地，实现了最大限度的开疆扩土；处师之终，说明战争彻底结束，用兵时代结束，刀兵入库，马放南山，偃旗息鼓，天下太平。这个时候，"大君有命"，论功行赏，"开国承家"，功劳大的列土封侯，功劳小的封官予爵，传之子孙，世袭罔替。但有一条原则，就是"小人勿用"。小人在战争中有战功的，可以多赏些金银财宝，切不可加官晋爵，使其参与国家的政治生活。否则，"必乱邦也"，通过战争，得来不易的胜利果实，定会葬送于小人之手。

这一爻告诉我们，一个单位或一个企业，取得重大成绩的时候，一定要论功行赏，绝不能寒了干部职工的心；但也不能一概而论，对于争名逐利的小人，可以多涨些工资，多发点奖金，决不能提干、当领导。否则单位必乱，企业必垮。

简单总结一下，师卦是讲用兵的。上一卦是讼卦，争讼必然引起战争，所以用兵也是必然的。《周易》明确告诉我们，用兵有两条是最重要的，一是建军的原则要正，二是军队的指挥权要掌握在德才兼备的人手里。紧接着第一爻就强调纪律问题，把纪律作为头等大事来抓。第二爻就是封将拜相，选人用人问题。第三爻告诫我们，千万不能用错了人，用错了人是要付出血的代价的。第四爻告诫我们，军队生存以安全为要，只有保存实力，才能有效地消灭敌人。第五爻告诉我们，用兵要名正言顺，用人要信而不疑，更不能起用无德无才之人，使军权分散，造成不必要的伤亡。第六爻告诫我们，论功行赏，小人勿用。至此，六爻从建立军队到出兵打仗，到大获全胜，鸣金收兵，到论功行赏，把整个用兵过程的所有要点都说清楚了。

我们古代先民，通过"水在地下"这么一种自然现象，总结出一整套用兵的原则和规律，这就是推天道，明人事，按照这个规律去做，就会得吉，违背这个规律，必然得凶。

比 ䷇ 坎上 第八卦 择善依附
坤下 水地比 迟则凶险

【卦辞】比：吉。原筮元永贞，无咎。不宁方来，后夫凶。

【象曰】地上有水，比。先王以建万国，亲诸侯。

【注解】比：相亲密也。原筮：初次占卜。不宁：内心不安。夫：语气助词。

【释义】《序卦传》说："众必有所比，故受之以比。"上一卦是师卦，师者众也，众多人聚在一起，就要建立一种亲密关系，所以师卦之后，紧接着就是比卦。水地比，坎上坤下，水在地上，有亲密无间之象；一阳五阴，众阴围绕一阳也有亲比之象。所以卦名为比。比者，亲也，这里的亲比关系，不是人们在生活中建立的朴素的经济关系、邻里关系、同学关系、朋友关系，而是统治者与被统治者、上与下、尊与卑之间的政治关系。古人认为，一个国家上下级之间本来就应该是这样的，这样的一种亲比关系是最祥和、最完美的，所以在卦辞中直接言"吉"。亲比最关键、最重要的先决条件是动机纯正，而且要保持永远的纯正。只有确保亲比关系的纯洁性，才可以避免灾祸。也就是说，亲比关系要"元永贞"，方可"吉无咎"。无论是初筮还是再筮，都是这个结果。也就是最完美的亲比关系，必须永远保持纯洁，不能有半点杂质，方可"无咎"。另外，你不愿意前来与我亲比也可以，当你感到心里不安宁的时候再来找我亲比，结果肯定不妙，这就是"后夫凶"的意思。比卦五阴爻都与九五这个阳爻亲比，而且亲比贵早、贵速、贵先，如果等到不能自保时再来亲比，自然凶险。君子应该效法比卦的卦象，列土封疆，建立万国，并与各诸侯国建立亲比关系。

孔子在《彖传》里是这么说的："比，吉也。比，辅也。下顺从也。原噬，元永贞无咎，以刚中也。不宁方来，上下应也。后夫凶，其道穷也。"

孔子的意思是说，比卦是吉祥的，因为比卦是众阴亲比、辅助一阳，众臣民亲比、顺从于君王。第一次占卜就得出这样的结论，只要永远保持纯洁、纯正的亲比关系，就不会有灾祸，因为君王是刚明中正的，具备亲比天下的君德。众阴是因为心里不安宁，才积极主动地寻求与君王的亲比，都想得到君王的庇护。一阳五阴，上下相应，刚柔相应，正是亲比的大好时机。错过这个时机，再来亲比，就凶险了，因为亲比之道也是因时而兴、而盛，因时而衰、而穷。时过境迁，再来亲比，肯定凶险。

初六：有孚比之，无咎。有孚盈缶（fǒu），终来有它吉。

象曰：比之初六，有它吉也。

【注解】孚：诚信、真诚。缶：质素无纹饰的陶制容器。它吉：超过期许的、意想不到的吉。

【释义】先看卦象，初六阴爻阳位，处坤之初、比之始。阴爻，说明他温柔顺从，谦虚质朴；阳位，说明他内心充满诚信，而且有积极主动的一面；坤之初，说明他是基层群众，是温柔的，顺从的；比之始，说明他是第一个前来与九五亲比的；初六是最基层的普通老百姓，他与高高在上的九五亲比，完全是靠自身质朴的真诚。爻辞说"有孚比之"，是拿一颗真诚的心来与九五亲比。而且是"有孚盈缶"，是说这颗真诚的心，就像一杯香醇的美酒，装酒的器皿是粗糙的、质朴的、没有纹饰的，但酒是满满的、浓烈的、香醇的，甚至这种酒香可以飘到九五那里。比卦贵初、贵早、贵速、贵真诚、贵质朴，而这些品质初六全部具备。虽然初六与九五最远，但九五最先接纳初六的亲比，所以初六"无咎"，没有灾难。非但没有灾难，而且会有初六意想不到的惊喜，会有超过期许的吉祥。

这一爻告诉我们，要想和领导搞好关系，无论地位有多么悬殊，只要你有一颗质朴而真诚的心，你就会收到意想不到的效果。

六二：比之自内，贞吉。

象曰：比之自内，不自失也。

【注解】内：内卦，下卦。贞吉：正则吉。

【释义】先来看卦象，六二是阴爻阴位，得中得正，上与九五正应。阴爻，说明他温柔善良，谦虚顺从，具备阴柔之美德；阴位，说明他耐得住寂寞，不会主动去和九五亲比；得中，说明他德才兼备，言行无过无不及，举止恰到好处，处事得当，进退得体；得正，说明他观念正统，作风正派，态度端正，而且他深得比卦之精髓，知道正则吉，不正则不吉；上应，说明他和九五心灵相通，互有感应，亲比是肯定的。但什么时候亲比，怎么亲比，亲比到什么程度，六二自有分寸。像六二这种有识有志之士，很有自己的身份感，绝不会阿谀奉承去巴结九五，更不会主动屈尊以求亲比。"用之则行，舍之则藏。"你用我，我就身体力行，忠君保国；你不用我，我就隐遁市井，修身养德。在历史上，伊尹、吕尚、孔明都是这样的人。爻辞说"比之自内，贞吉"，意思是说，下卦的柔中，与上卦的刚中亲比，动机纯正才能得吉。如果六二拿捏不好分寸，耐不住寂寞，主动去和九五亲比，那么九五就要怀疑六二前来亲比的动机了。孔子说，六二之所以最终得吉，是因为他没有失去自己的中庸之道和阴柔的美德。

这一爻告诉我们，要想让领导认可你，主动地亲近你，你的自身条件非常重要。德和才很重要，中和正更重要，而最重要的是动机和尊严，动机不纯正会有凶险，丧失尊严最终不能得吉。

六三：比之匪人。

象曰：比之匪人，不亦伤乎。

【注解】匪：非，引申为无。伤：伤心悲伤。

【释义】先看卦象，六三是阴爻阳位，不中不正，处去顺近险之地，既无乘承也无比应。阴爻，说明他质柔性顺，具备亲比的条件；阳位，说明他积极主动，愿意亲比；不中，说明他已离开下卦的中位，但离上卦的中位又太远；寻求亲比的心愿，不是不够真诚，就是太过于急躁；不正，说明他亲比的目的手段都不正当；处去顺近险之地，说明他已离开安全地带，此时再去求亲比是非常危险的；无乘无承，说明他离阳爻太远，耍赖也好，顺承也罢，都没有机会；无应，说明他也想和九五亲比，但与九五没有任何关系，想走后门儿拉关系，却又没有人帮助他。在这亲比时代，初六因为抢占了先机，早早地与九五亲比；六二因为与九五正应，不愁与九五亲比。六四因为顺承九五，肯定能够亲比。唯独六三，跟九五扯不上任何关系，最终是"比之匪人"，无人可以亲比。孔子说，这不是也太让人伤心了吗？

这一爻告诉我们，如果你是无德无才，心术不正的人，为了某种目的，采取不正当的手段，走后门儿拉关系，急于和领导亲近，这样做是不会有好结果的。

六四：外比之，贞吉。

象曰：外比于贤，以从上也。

【注解】外比之：外卦比九五。贤：九五。

【释义】先看卦象，六四是阴爻阴位，柔而得正，上承九五。六四，说明他是朝中大臣，近臣，一人之下，万人之上，但处多惧之位，必须谨慎戒惧。阴爻，说明他具备阴柔之美德，深谙为臣之道；阴位，说明他不张扬，行为严谨，不敢越雷池半步；得正，说明他忠心报国，一言一行必出于公正之心；上承，说明他时时刻刻顺承上意，逆来顺受，不敢有半点儿违拗。六四和六二一样，都是柔而得正。爻辞强调"贞吉"，正则吉，不正则不吉。与六二不同的是，六二是因应而亲比，六四是因承而亲比。六二是世外高人，与九五是内外亲比，所以六二"不自失也"；六四是朝中大臣，与九五同处外卦，所以六四以顺承为要，"外比于贤""以从上也"。在外卦，与九五亲比，必须从贤、从上，无条件地顺承贤君，遵从圣上，别无选择。

这一爻告诉我们，在领导身边工作，有两点非常重要，一是跟从、追随贤明的领导，正确领会并遵从领导的意图。二是为人处事必须存有公正之心。为人出于正念，处事出于公心，做到身正、心正、言正、行正，办正事，走正道。正则吉，不正必凶。

九五：显比，王用三驱，失前禽。邑人不诫，吉。

象曰：显比之吉，位正中也。舍逆取顺，失前禽也。邑人不诫，上使中也。

【注解】显：光明正大。三驱：古时君王打猎，左右后三面设围，网开一面。失前禽：三驱狩猎，来者不拒，往者不追。逃跑者叫作失前禽。诫：告诫，劝诫。

【释义】先看卦象，九五阳爻阳位，居中得正，居君王位，下应六二。阳爻，说明他具备一国之君的君德；阳位，说明他具备治理国家的才能；居中，说明他具备中庸之德，刚柔有度，恩威适中；得正，说明他天下为公，一视同仁，正大光明；下应，说明他拥有最亲近、最爱戴他的人，处亲比之时，天下所有人都与君王亲比，君王也与天下人亲比。天下人与君王的亲比是私比，君王与天下人的亲比是公比，亲比的办法是"显比"，就是光明正大的亲比，不私、不隐、不偏、不党。亲比的态度就像狩猎一样，用三驱围猎，网开一面，来者不拒，往者不追。主动与我亲比的，照单全收；不愿与我亲比的，也不强求。就是跟我最亲近的邑中之人，就是原来自己封邑里的人，跟他一起打天下的人，我也不会告诫或劝诫他们来与我亲比。君王之比，没有远近亲疏之分，坚守中正之道，平等对待天下所有的人。这样的亲比之道才可以使天下大吉。

这一爻告诉我们，当领导的对下属要一视同仁，亲密关系是光明正大的，上下级工作关系没有高低贵贱和远近亲疏之分。主动亲近我的，我不拒绝；离我而去的，也不强留。就是那些关系不错的老部下，或是有亲属关系的人，在工作层面上也不会有特殊照顾。这才是一个刚明中正的好领导。

上六：比之无首，凶。
象曰：比之无首，无所终也。

【注解】首：开头，始也。终：结果。
【释义】先来看卦象，上六阴爻阴位，上位无位，下乘九五，坎卦之极，比卦之终。阴爻，说明他具备小人特质，在这亲比之时，他不愿意与九五亲比；阴位，说明他客观上也没有与九五亲比，应该就是那所失的"前禽"；乘刚，说明他不顺反逆，不亲而叛，其实就是九五"舍逆取顺"的那个舍弃的逆者，是他主动逃离而去的；处坎之极，说明他处境到了危险的极点，得凶已是必然，所以爻辞中直接言"凶"；处比之终，说明他早就朝着比的相反方向发展了，比极是不比，亲密的终极是疏远。爻辞说上六"比之无首"，首者始也，就是说从一开始上六就没有与九五亲比。"靡不有初，鲜克有终"，没有开始，哪里会有结果呢？比卦一阳五阴，其中四吉一伤，唯独上六得凶，比贵初始，确实不假。

这一爻告诉我们，在一个单位，一开始就不想和领导搞好关系，总是跟领导反着干，对着来，逆领导意志而行，主动疏远与领导的关系，最终受伤害的、处境凶险的是你自己而不是别人。

简单总结一下，上一卦是师卦，师者众也，众多人聚在一起，必然要建立一种亲密关系，所以就有了比卦。水地比，水在地上，不光是贴在地上，水和地是相亲相融的关系，是亲密无间的关系。推天道，明人事，比是一种美好的社会关系，一阳爻居君位，五阴爻皆与九五亲比，初六最早以"有孚"与九五相比而"终有它吉"；六二以正应的身份与九五亲比，因"贞"而"不自失"得"贞吉"；六三因"比之匪人"而伤怀；六四以顺承的近臣身份与九五亲比，因其"贞"能"比于贤"，从于上而得"贞吉"；九五本身刚明中正，光明正大，舍逆取顺，自然得吉；只有上六，在这亲比之时，逆天而行，离经叛道，自作孽不可活，结果必然凶险。

我们古代先民，通过"水在地上"这种自然现象，设卦立言，总结出一整套关于亲比的客观规律，揭示出各种亲比的必然性，这是古人的智慧，值得我们学习借鉴。如果能应用到我们现实生活中，那便是《周易》智慧的价值所在。

小畜 ䷈ 巽上 第九卦 小阳小畜
乾下 风天小畜 阴止阳也

【卦辞】小畜：亨。密云不雨，自我西郊。

【象曰】风行天上，小畜；君子以懿（yì）文德。

【注解】畜：止也。懿：美，动词。文：德之表也。德：道德。

【释义】《序卦传》说："比必有所畜，故受之以畜。"上一卦是比卦，比者亲也，全卦五阴都与九五亲比，致使九五变得无比强大，出现阳盛阴衰现象。就天道而言，属久晴无雨、大地干旱；就人事而言，属于君强民弱，百姓遭殃。说得再具体一些：比卦九五是君，其他阴爻是臣民百姓，君强则君不惧民而欺民；反过来，如果民不亲君而团结起来则民强，民强则民不惧君而欺君。比卦发展到最后就是一阳独大，民不聊生。《周易》最大的原则是平衡，凡事物极必反，在动态中寻求平衡。如此，天地才能和谐，社会才能和谐。比卦一阳独大，失去平衡，按照事物发展的客观规律，就到了止阳畜阴的时候，所以比卦之后紧接着就是小畜卦。风天小畜，这一卦不太好理解，最起码不像"地水师""水地比"那么直白、那么直观。那么风在天上是什么意思呢？咱们先通过卦象，把这种自然现象搞清楚。凭经验我们就知道，风行天上的目的是布云，布云的目的是降雨，降雨的条件是阴阳平衡。阴是冷气流，阳是暖气流，无论哪边强大都不会降雨。从卦象上看。一阴五阳，暖气流过于强大，显然不能致雨。这个时候，寒流就需要不断积蓄自己的力量，阻止暖气流的进攻，最终达到阴阳平衡而致雨。所以小畜卦有两层意思，一是畜阴，二是止阳，最终达到阴阳平衡而致雨。在自然界中这一现象是亨通的，是任何力量也阻止不了的，整个过程是漫长的，从西方天边起风，到密云不雨，到最后的既雨既处，需要耐心地等待。孔子说"君子以懿文德"是什么意思呢？小畜卦是畜阴而止阳。阳为阴之质，阴为阳之表；君子是文美而德彰。德为文之质，文为德之表。君子应该从小畜卦中得到启发，不断积累文化素养，提高语言文字的表达能力，只有口才好，能写一手漂亮的文章，才能把自己的思想道德充分表现出来。

孔子在《象传》里是这么说的："小畜，柔得位而上下应之，曰小畜。健而巽，刚中而志行，乃亨，密云不雨，尚往也。自我西郊，施未行也。"

孔子的意思是说，六四阴爻阴位而得正，上下五个阳爻都来应他，他一阴止五阳，显然是力不从心。必须积蓄力量，所以叫小畜卦。虽然下卦强健、上卦巽顺，但上下两卦都刚明得中，志在必行，所以是亨通的，谁也阻止不了。密云不雨，是阴的力量不够强大，还得继续积累。自我西郊，是说畜阴止阳的拉锯战才刚刚开始，已经出发了，但还没有走多远，最终畜阴止阳的过程是需要完成的。

初九：复自道，何其咎，吉。

象曰：复自道，其义吉也。

【注解】复：反反复复。义：道义。

【释义】先看卦象，初九阳爻阳位，上应六四，处乾之始，小畜之初。阳爻，说明他是"暖气流"，属于阳性势力；阳位，说明他不能静处，不能停留在那里，因为阳气上升，他总是要前进的；得正，说明他行动没有错，前进是正确的；上应，说明他直接受"寒流"的影响而前进，直接受"寒流"的阻止而后退。这种进进退退的拉锯现象是符合自然规律的；处乾之初，说明他是最先向"寒流"发起进攻的，但同时也是离"寒流"最远的；处小畜之始，说明他最先被阻止，阻止的力度也是最弱、最小的。初九这种反复进攻、反复受阻、反复撤退的行为，符合自然规律，于人事而言，符合道义，所以不会有灾祸，反而会得吉。

这一爻告诉我们，在困难面前反复进退是正常现象，只要你锲而不舍，顽强拼搏，最终会战胜困难而得吉。

九二：牵复，吉。

象曰：牵复在中，亦不自失也。

【注解】牵：携手。不自失：不失自我。

【释义】先来看卦象，九二阳爻阴位，下卦居中，与上下两个阳爻同体同德，志同道合。阳爻，说明他是"暖气流"，属于阳性势力；阴位，说明他向前会受到更大的阻力，可能会在原地有所滞留；居中，说明他进退有据，志在必行；也说明他具备中庸之德，是阳性事物的中坚力量，既能团结同志共同前进，"牵复"；又有自己的主张，"亦不自失也"。在这小畜时期，虽然遭受阻止，但不会气馁；虽然力量很强大，但不冒进。九二这样做完全符合客观的自然规律，所以爻辞直接言吉。

这一爻告诉我们，干大事业，团结一切可以团结的力量，搞统一战线很重要；在统一战线中坚持自己的政治主张，积极争取主动权和领导权更重要；战略上藐视敌人，战术上重视敌人；撤退时不犯逃跑主义错误，进攻时不犯冒险主义错误，更是最最重要。

九三：舆说辐，夫妻反目。

象曰：夫妻反目，不能正室也。

【注解】舆：大车。说：与脱同。辐：应为輹，车厢下卡住车轴的曲木。

【释义】先看卦象，九三是阳爻阳位，得正，处乾之极。阳爻，说明他是"暖气流"，属于阳性势力；阳位，说明他不能静处，不甘寂寞，急于冒进；得正，说明他居刚用刚，正义感极强；处乾之极，说明他是阳性事物的急先锋，同时也是强弩之末。九三在这里正与六四相遇，寒流与暖流在这里交锋了。阳阳得正的九三，貌似强大，其实是强弩之末，得到阴阴得正的六四最有效的阻止。小畜卦阴止阳也，说的就是这个时候。六四止九三是以柔克刚，当阴阳相遇时，六四轻轻地脱其车轴，刚健勇猛的大车便不能前进了。此时九三和六四都处于进不能进、退不能退的地步。一阴一阳对峙在这里，阴在上、阳在下，堂堂的阳却受制于小小的阴，就像是丈夫受制于妻子，呈夫妻反目之象。按道理说，阳在上、阴在下，丈夫在上妻在下才是正室，但目前这种局面是不会改变的，所以孔子说"不能正室也"。

这一爻告诉我们，凡事不可急于求成，当自己的力量不够强大，特别是处于强弩之末的时候，不可急于冒进，不可逞强好胜，更不可轻视对手。否则，你的处境会非常尴尬。

六四：有孚，血去惕出，无咎。

象曰：有孚惕出，上合志也。

【注解】血：血光之地，危险之所。惕：警惕戒惧，害怕。出、去：都是离开的意思。

【释义】先看卦象，六四阴爻阴位得正，上承九五，下乘九三，与初九正应，处巽之初。小畜卦下三爻以止阳为要义，上三爻以畜阴为要义。六四是全卦中唯一的阴爻。至此，止阳的任务完成，蓄阴的任务开始。阴爻，说明他是"冷空气"，属于阴性势力，在这里，他既是止阳者，也是畜阴者；阴位，说明他能够坚守自己岗位，充分发挥自己的作用，成功地完成了止阳畜阴的任务；得正，说明他动机是纯正的，手段是正当的，行为是正确的；上承，说明他顺承九五，相信九五会支持他，帮助他；下乘，说明他目前的处境非常危险，不得不警惕、惧怕；下应，说明"暖气流"对他逼迫不是特别急，有战略撤退的时间和空间。正因为六四顺承九五之意，上合九五之志，和九五有互信关系，"有孚"。所以在九五这个强大后盾的支持和帮助下，当三阳逼临之时，才能够安全离开危险之地，这也是为了畜阴而主动地保存实力。因为六四所有的行为都没有违背自然规律，所以"无咎"。

这一爻告诉我们，当你一个人在前面冲锋陷阵的时候，必须要有一个你可以完全信赖的、非常强大的坚强后盾。当你全面完成任务需要撤退的时候，除自己要高度警惕、小心谨慎外，也需要他帮助你安全撤离，目的是保存实力，以利再战。

九五：有孚挛（luán）如，富以其邻。
象曰：有孚挛如，不独富也。

【注解】挛：牵系、连缀。富：易以阳为实、为富，以阴为虚，为不富。邻：指六四。

【释义】先来看卦象，九五是阳爻阳位，上卦得中得正，处至尊之位，下与六四亲比。九五才是小畜卦中掌握局面，把握平衡的主要角色。阳爻，说明他刚明强健，具备为君之德；阳位，说明他实力雄厚，具备为君之能；得中，说明他能行中庸之道，能够掌握阴阳平衡；得正，说明他能正确对待阳进阴退，也能用正当的手段实现止阳畜阴；亲比，说明他与六四关系亲密，互讲诚信，从政治利益上讲，九五必须靠诚信来牵系六四，和六四紧紧地连缀在一起。"君臣同心，其利断金"。只有"有孚挛如"，才能共同对抗下三阳的进攻。另外，九五阳实，强大富有，在这小畜时代，它不会让六四太虚弱，他会以自己的实力来畜阴，尽力帮助六四强大起来，不但让六四脱离势孤之险，还要让他强大到足以与下三阳抗衡的地步，最终实现阴阳平衡，朝野太平。

这一爻告诉我们，作为一个单位的领导，把握平衡非常重要。下面的人闹起来了，而且气势汹汹，很可能会威胁到你的利益和地位。这个时候就要把这些人的对立面扶持起来，使之有足够的势力和权利与之抗衡，从而实现新的平衡与和谐。从自然规律上讲，这不是玩权术，是有效保护自己的正当手段。

上九：既雨既处，尚德载，妇贞厉。月几望，君子征凶。

象曰：既雨既处，德积载也。君子征凶，有所疑也。

【注解】既：已经。处：安居。德：阴之德。尚：崇尚。载：满。望：满月。

【释义】先看卦象，上九阳爻阴位，处巽之极，小畜之终。阳爻，说明上九经过九五的"富其邻"，已经具备雄厚的实力，足可以与下三阳抗衡了；阴位，说明他能够静处，可以和阳保持平衡，相安无事；处巽之极，说明巽道已成，已经降雨，开始是"密云不雨"，风"自我西郊"起；现在是阴阳平衡，调和致雨；处小畜之终，说明畜道已成，阴已得畜，阳已得止。开始是一阴五阳，现在是阴德满载。爻辞说，此时阴性事物不可以再固守止阳畜阴之道，否则，将打破现有的阴阳平衡，这对阴性事物来说是很危险的。这就是"妇贞厉"。处上九之时，阴德经过长期的积蓄已经接近满月之状，实力一点不让其所止之阳。这个时候，阴阳都不敢乱动。动则对方必然生疑，疑则必战，战则必凶。

这一爻告诉我们，领导培育扶植、壮大你的势力，是为了制衡另外一种势力。当你的势力与对方的势力达到均衡的时候，你就得"既雨既处"，已经是"德积载也"，再发展就是"妇贞厉"了。当你的势力超过对手势力，新的平衡又被打破，领导心里不安，你便会有大麻烦。

简单总结一下，上一卦是比卦，比者亲也。亲比造成阳盛阴衰，为了平衡阴阳，必须止阳畜阴，所以有了小畜卦。风天小畜，从风起天边，到密云致雨，整个过程都是止阳畜阴，直到阴阳平衡。这个过程是漫长的，下三爻以止阳为主，上三爻以畜阴为主。一开始，阴阳的较量就成拉锯状态；紧接着是更顽强的阻止和更顽强的抵抗；当阴阳直接面对的时候，阴爻以柔克刚，有效阻止了阳的发展，呈现出阴阳对峙的局面。然后阴为了保存实力，主动撤退；然后在九五的帮助下，积蓄了足以和三阳抗衡的力量；最终实现了阴阳平衡而致雨。

我们古代先民，通过"风行天上"这么一种自然现象，设卦立言，总结出一套完整的止阳畜阴的规律。从刮风到下雨，我们司空见惯，谁又能从中发现这么多的东西呢？古人智慧不可小觑，推天道，明人事，风天小畜既是自然规律，同时也是社会规律，只可以认识、掌握、应用，切不可改变、违背，否则必然致凶。

履 ䷉ **乾上 第十卦 践行履职**
兑下 天泽履 如履薄冰

【卦辞】履：履虎尾，不咥（dié）人，亨。

【象曰】上天下泽，履：君子以辨上下，安民志。

【注解】履：践履、履行。履礼也，立身处世的准则。咥：咬。

【释义】《序卦传》说："物畜然后有礼，故受之以履。"畜：止也。履，行也。有止必有行，所以小畜卦之后，紧接着就是履卦。天泽履，天在上，泽在下，天是最高的，泽是最低的；天在上为尊，其光向下照，泽在下为卑，其气往上行；尊卑有序，光气相通。天刚健、泽柔悦，泽气上行，则是以柔履刚。推天道，明人事，君为天，民为泽，君民之间尊卑有别，等级分明，想往上走，便是以柔履刚，步步艰难，提心吊胆。上三阳取虎为象，九四是虎尾，六三以柔"履虎尾"，而虎"不咥人"，这是为什么呢？是因为上下光气相通，且下泽为悦，可以取悦于上，又是以柔履刚，踩的不重，而且踩在尾巴上，又不是什么要害处，所以不会有危险，也不会被阻拦，前进的道路是亨通的。天至尊，泽至卑，中间等级自然形成。君子应该从履卦的卦象中得到启发，把上至君、下至奴之间的尊卑贵贱的界限划分清楚，定出礼制，各自遵从，不得逾越，使各个阶层的人都能循位而定、安分守己，则天下有序，社会和谐稳定。实际上履卦的意思是，天下所有人都按照礼制的规范履行自己的职责，才符合天泽履的自然规律。

孔子在《彖传》里是这么说的："履，柔履刚也。说而应乎乾，是以履虎尾不咥人，亨。刚中正，履帝位而不疚，光明也。"

孔子的意思是说，履卦是泽气要上天，为什么天不阻拦，还亨通呢？是因为泽气能取悦于天，而天也需要泽气，就是"说而应乎乾"。"说而应乎乾"是泽之履，那么天之履呢？孔子说天之履是"刚而中正"。履帝位，不光是刚健能明，还要既中且正。这样才能把天德，也就是君德充分发挥出来，把光明带给天下人间。作为帝王，也只有这样履职，才不会有瑕疵，才算是履职圆满。

初九：素履往，无咎。
象曰：素履之往，独行愿也。

【注解】素：质朴、干净、纯洁。履：践履，依礼而行。独行：不同流，不随俗。

【释义】先来看卦象，初九是阳爻阳位得正，处兑之初、履之始，上无应援。阳爻，说明他刚毅正直，具备君子之德；阳位，说明他不安于现状，志向高远，上进心强；得正，说明他是一个堂堂正正的人，不会有私心杂念，不会走歪门邪道；处兑卦之初，说明他是一个乐观的人，对前途对社会都比较乐观，同时也说明他思想单纯、朴实、质朴；处履之始，说明他初登仕途，就像爻辞所说"素履往"，为了理想，坚守信念，认认真真干事，干干净净做人，堂堂正正为官，清清白白履职；无应，说明他绝不会拉关系、走捷径，绝不与世俗同流合污，最大的愿望就是洁身自好，特立独行。初九如此践履而往，怎么会有灾祸呢？当然"无咎"。

这一爻告诉我们，刚刚参加工作，走向社会，要有自己的理想信念，要保持自己的纯洁、质朴，要干干净净做人，清清白白履职；要特立独行，不搞社会上乌七八糟那一套；要洁身自好，避免社会大染缸的污染。这是一开始就教我们走正道，确保一辈子趋吉避凶。

九二：履道坦坦，幽人贞吉。

象曰：幽人贞吉，中不自乱也。

【注解】坦坦：平坦。幽人：宁静之人。

【释义】先看卦象，九二阳爻阴位，下卦得中。阳爻，说明他具备君子之德、君子之能，是各方面都很优秀的干部；阴位，说明他爱岗敬业，没有非分之想，能够以礼履职，守成静处，不越雷池半步；得中，说明他具备中庸之德，深谙中庸之道，看问题不偏激，处理各种关系都恰到好处，干工作既到位又不越位，对上谦虚谨慎，对下公平公正，绝对是一个以礼履职的好干部。在履卦中，九二是最好的履职状态，王弼在《周易注》里边说"履道之美，于斯为盛"。因为九二既是有德有才之人，又是幽静沉稳之人；既能履职以礼，为官以正，又能行中不乱，井然有序，所以九二必然是仕途平坦，无凶得吉。

这一爻告诉我们，为官之道，德才很重要，德才配位更重要，把握中庸很重要，以礼履职更重要，因为以礼履职才是为官之正道。这是履卦之要义，也是履卦之真谛，走正道则吉，不走正道则凶。

六三：眇（miǎo）能视，跛（bǒ）能履，履虎尾，咥人，凶。武人为于大君。

象曰：眇能视，不足以有明也。跛能履，不足以与行也。咥人之凶，位不当也。武人为于大君，志刚也。

【注解】眇：偏盲。跛：偏瘫。咥：咬。

【释义】先来看卦象，六三是阴爻阳位，不中不正，正应上九，处兑之极。阴爻，说明他具备小人特质，属于无能之辈，自身柔弱，才疏而学浅；阳位，说明他绝不会安于现状，质柔而用刚，勇猛直前，想要靠武力做天下之大君；不中，说明他看问题过于偏激，严重缺乏自知之明；不正，说明他心术不正，动机不纯正，手段不正当，走的是歪门邪道；与上九相应，说明它与前君交好，根本不把九五放在眼里；处兑之极，说明他乐极而生悲，凶险就在前面而不能自知。就像爻辞中说的，六三是一只眼，虽然能看见，却看不清当前的形势；只有一条腿，虽然能走路，但走的不是正路。眼不明、足不正，则不能循礼而行。质柔而用刚，刚愎而自用，盲目冒进，跌跌撞撞踩到虎尾当属自然。像六三这种志大才疏而敢于蹈危取祸者，必有虎咬之凶。

这一爻告诉我们，当你手握重兵，举足轻重的时候，认清当前形势非常重要，选择正确的道路更重要，如果没有自知之明，不能够审时度势，一味地以柔用强，越礼涉险，必遭灭顶之灾，这是不能以礼履职的结果。

九四：履虎尾，愬（shuò）愬终吉。
象曰：愬愬终吉，志行也。

【注解】愬愬：恐惧的样子。

【释义】先看卦象，九四是阳爻阴位，不中不正，处多惧之位。阳爻，说明他具备君子特质，刚健正直，履职能力很强；阴位，说明他温柔顺从，能够把自己分内的事做好，到位而不越位；不中，说明他不能平衡九五和六三的关系，在君王和诸侯之间站队的话，他只能选择站在君王一边，绝不可能中立；不正，说明他不能自己做出正确的决策，一切听命于九五，九五的决策永远是正确的；处多惧之位，说明他虽处一人之下、万人之上，但伴君如伴虎，内心是极度恐惧的。九四紧随在九五这只大老虎的后面，虽然和六三一样，不中不正，但性格态度恰恰相反。六三是没本事，材质柔软，态度却逞强好胜；九四是有本事，性格刚强，而态度却是温柔顺从，时时刻刻谨慎恐惧，永远是小心翼翼的样子。因为九四志在上行，能够执礼践履，所以即便是踩到虎尾，也不会有什么危险，而且最终得吉。

　　这一爻告诉我们，在领导身边工作，能力很重要，但态度比能力更重要。对领导有一个正确的态度，就是工作中出了点小问题，领导也不会怪罪于你，非但不怪，反会得吉。

　　九五：夬（guài）履，贞厉。
　　象曰：夬履贞厉，位正当也。

【注解】夬：同决，果决，用强的意思。

【释义】先来看卦象，九五是阳爻阳位，在上卦得中得正，是至尊至圣的君王。阳爻，说明他有君德；阳位，说明他有君位；得中，说明他就是中心；得正，说明他永远正确；阳爻阳位，说明他居刚用刚，君德君位，说明他普天之下，唯我独尊；得中得正，说明他高度集权，一人专制，没有任何制约机制。履卦有执礼、践履两层含义。执礼、践履崇尚谦卑和顺，宜柔不宜刚。九五是以刚居刚，又得乾体中正之位，质刚、居刚、用刚，必然独断专行，肆无忌惮。完全违背了执礼践履、谦卑和顺的卦义。在这种情况下，即便是他的动机再纯正，也是他履职的失败，结果必然危厉险恶。

　　这一爻告诉我们，能力强的人会有危险。能力强的人有权力更危险，权力越大越危险，能力强的人，得到最大的权力，而且没有制约机制，那就最最危险。

　　上九：视履考祥，其旋元吉。
　　象曰：元吉在上，大有庆也。

【注解】视：观察。履：践履过程。考：考察。祥：福祸吉祥的结果。旋：

圆满。

【释义】先看卦象，上九阳爻阴位，下应六三，处乾之极，履之终。阳爻，说明他是刚明强健的君子，履职能力很强；阴位，说明他沉静稳重，安分守己；下应，说明他有人拥护，群众基础好；处乾之极，说明他年事已高，已经到了鞠躬尽瘁、蜡炬成灰的地步；处履之终，说明他履职结束，可以盖棺定论了。"视履考祥"，就是先观察他整个履职过程是否符合礼制，再考察他履职的结果是凶是吉、是福是祸。"其旋元吉"，就是说，如果履职的过程是合乎礼制的，到最后也没有犯错误，那么这一生的履职才算得上圆满，这时才可以说大吉大利。可以安度晚年了，这不是人生最值得庆贺的吗？"元吉在上，大有庆也"！

这一爻告诉我们，每个人都有退休的时候，能不能安全下桩是个大问题。有的人不能执礼践履，中途下车；有的人一辈子干得不错，临了临了锒铛入狱；只有能履而善履者，才能有元吉的结果。

简单总结一下，上一卦是小畜卦，畜者止也，有止必有行，所以就有了履卦，履者行也。履卦讲的是从出仕到退休整个的履职过程。一开始出仕的时候，理想远大，信念坚定，洁身自好，特立独行，意气风发，愤世嫉俗。官当大了以后，虽然能力超群，但必须谦虚谨慎，时刻爱岗敬业，不敢有半点非分之想，严格遵守礼制，认真履行职责。官再大，成为封疆大吏、一方诸侯的时候，也是最危险的时候，这时如果看不清形势，选错了边，站错队，那就是路线问题，那麻烦可就大了。官儿再大点儿，那就是一人之下、万人之上了，这时就会体会到官越大越害怕，惊恐戒惧、如履薄冰，谦虚顺从，瑟瑟发抖是为官之常态。官再大，那就是皇帝了，皇帝也有个履职问题，也有个当好当坏的问题。履卦贵柔，如果你质刚、居刚、再用刚，那就是违反履卦的要义，没有制约的权力，尽管你是居中守正，结果同样是很危险的。履职到最后，无论你是谁，总得有退休的时候，总结一辈子无大过，基本上能够按照公务员的行为规范履行职责，没有政治和经济问题，安全退休，那便是值得庆贺的事了。履卦贵柔，六爻中凡居阴位者，均为能执礼者，均为有才不恃才、有权不专权、到位不越位者，均为能履、善履者，所以最终得吉。

我们古代先民，通过"天在上、泽在下"这么一种自然现象，设卦立言，总结出一套"执礼践履"的客观规律，揭示出人从出仕到退休，每一个阶段的规律性，这是古人的智慧，值得我们每个人学习、思考、借鉴。

泰 ☷ 坤上　第十一卦　万物亨通
乾下　　地天泰　安泰吉祥

【卦辞】泰：小往大来，吉亨。

【象曰】天地交泰，后以财成天地之道，辅相天地之宜，以左右民。

【注解】泰：（1）通也，通达、顺利。（2）安宁，安泰、安康。小、大:《易》以阴为小，以阳为大。往：往外，从内卦到外卦。来：从外卦到内卦。后：君王。财：通裁。左右：帮助、扶助。

【释义】《序卦传》说："履而泰，然后安，故受之以泰，泰者通也。"经过君民共同的坚苦卓绝的践履之后，迎来了通达顺利，安泰安康的社会局面。所以履卦之后，紧接着就是泰卦。地天泰，坤上乾下，地在上、天在下，好像不对，地怎么会在上，天又怎么会在下呢？不符合常识呀！其实按着卦理来说，这正是天地相交之象，是最好的卦象。我们来看，地气属阴，阴气凝重而下降；天气属阳，阳气轻盈而上升。阴阳二气相向而行，才有相交相通。通则通达顺利，通则安泰安康。卦辞说"小往大来"，就是说纯阴的坤跑往外卦，纯阳的乾来到内卦。"吉亨"，就是说这是最吉祥的时期，也是最亨通的时期。孔子说，君子应当效法天地交泰的变化法则，把天地变化的规律总结出来，使之成为对人民生产生活有用的东西，如制岁历法、时令节气等。同时根据自然界生物生长规律，教民稼穑、蓄养等，以此来扶助百姓。总之，泰卦是阳长阴消时期，是万物更新时期，是万物亨通时期，是安泰祥和时期。

　　孔子在《象传》里是这么说的："泰，小往大来，吉亨。则是天地交而万物通也，上下交而其志同也。内阳而外阴，内健而外顺，内君子而外小人。

君子道长，小人道消也。"孔子的意思是，泰卦之所以吉祥、亨通，是因为冬去春来，天地开始相交，天地相交，则万物亨通；君民相交则志同道合，思想一致。就天道而言，此时阳气呈上升趋势，阴气呈下降趋势；阳气虽然很强健，但阴气在撤退时仍然时常往顾。就人事而言，此时君子处上升趋势，小人处下降趋势，君子之道占上风，小人之道占下风；君子得到信任赏识，小人遭到疏远冷落。虽然小人在消退时会时有往顾，但泰卦总的趋势是正气压倒邪气。

初九：拔茅茹，以其汇，征吉。

象曰：拔茅征吉，志在外也。

【注解】茅：茅草。茹：草根。汇：草根相互牵连的同类。外：外卦，上卦。

【释义】先看卦象，初九阳爻阳位，上应六四，处乾之初、泰之始。阳爻，说明他是君子，刚明正直，疾恶如仇；阳位，说明他积极主动，踊跃前行，采取行动，势在必行；得正，说明他能行君子之正，浩然正气，光明正大；上应，说明他目标明确，志在必得；处乾之初，说明他初生牛犊不怕虎，是第一个向对手发起进攻的人；处泰之始，说明他面对的是第一个小人，但这个小人背后的势力是强大的。正如爻辞中所说，小人就像茅草一样，根连着根，盘根错节，连成一片。你对一个小人下手，就会牵连出一大堆小人，但这并不影响初九征讨小人的意志和决心，他是志在必得，而且会因征而得吉。

这一爻告诉我们，一个单位也好，一个国家也好，当正气上升的时候，君子道长，小人道消，就是小人的势力再强大，再顽固，也敢于触碰，敢于下手，不但没有灾祸，而且还会得吉。

九二：包荒，用冯（píng）河，不遐（xiá）遗，朋亡，得尚于中行。

象曰：包荒，得尚于中行，以光大也。

【注解】包：包容。荒：广大远外如地者。冯河，即暴虎冯河，指徒手伏虎、无舟渡河。意思是坚决而果敢。遐：远。遗：遗弃、遗忘。亡：无。

【释义】先看卦象，九二阳爻阴位，下卦居中，上应六五。阳爻，说明他是君子，具备君子所有美德，具备治泰的能力和手段；阴位，说明他沉着稳重，绝不打无准备之仗，绝不打无把握之仗；居中，说明他具备中庸之德，能行中庸之道，面对小人强大势力，既不会畏惧，也不会冲动；上应，说明他可以争取敌人里的好人，但不会私下里成为朋友，一切出于公心而无私应。在这治泰之时，九二是治泰的中坚力量，之所以能够治泰，是因为九二具备了四个有利条件：一是有包容一切的菩萨心肠，就是"包荒"；二是有暴虎冯河的霹雳手段，就是"用冯河"；三是有怀柔四海的胸怀，就是"不遐遗"；四是有不结朋党的公心，就是"朋亡"。九二之所以能够做到这四点，是因为他"得尚于中行"，而且能把中庸之道运用到极致，就是"以光大也"。

这一爻告诉我们，面对强大的小人，心态要好，能包容的就要包容，能忍让的还要忍让。到了该动手的时候，必须坚决、果断，丝毫不能手软，徒手也要敢于搏斗，没船也要强行渡河，不给对手以喘息之机。当然也要讲究策略，采取远交近攻的手法，对远处的不能遗忘，最好实行收买、安抚等怀柔政策。还有一条最重要的，就是治泰一定要出于公心，在逼退小人的同时，确保不结党、不营私，保持君子本色。否则，小人退后你便成了小人。

九三：无平不陂（pō），无往不复，坚贞无咎。勿恤其孚，于食有福。

象曰：无往不复，天地际也。

【注解】陂：坡。复：返。恤：忧。孚：诚。

【释义】先来看卦象，九三是阳爻阳位，得正，处乾之极。泰卦下三爻是君子，是治泰者，上三爻是小人，是处泰者。九三阳爻，说明他是君子，是治泰者；阳位，说明他治泰心切，急于把小人逼退；得正，说明他能够正确认识当前形势，能够正确处理与小人的关系；处乾之极，说明他已是强弩之末，走到了盛极而衰的地步。九三处天地之间，按照物极必反的规律，阳极必反阴，这是大自然的法则。如果说初九是春天，九二是夏天，到九三就是秋天了，就是秋天再热，也得进入冬天。以人事论，安泰到达极盛，必然遭遇阻塞。现在正是临界点，所以爻辞告诫我们"无平不陂"，事物发展没有一直平坦而不起伏的；"无往不复"，没有只有前往而不复返的；下阳治泰也不会永远安泰；上阴处泰也不会永远处于安泰。阳极返阴，阴极返阳，大势所趋，谁也阻挡不了。这个时期"坚贞无咎"，不怕艰难困苦，坚守君子本色，居安思危，进退有节，就不会有灾祸。九三对于自己的前途也不要过于担忧，就是"勿恤"。处泰时期，阴阳之间可以沟通，"其孚"还在，就是阴阳之间的基本互信还是存在的。就像是人到了冬天，温暖的阳光没有了，但正好可以享用秋天的果实。于人事而言，政治上可能失去主导地位，但饮食俸禄还不会成问题，这就是"于食有福"。

这一爻告诉我们，所有的事物都是物极必反，君子懂得这一规律，就能正确认识和正确对待当前形势。面对小人得势的局面，不管有多少艰难困苦，也要保持君子本色，不卑不亢，宠辱不惊，洁身自好，反身修德，只有这样才能避免灾祸。

六四：翩翩不富，以其邻，不戒以孚。

象曰：翩翩不富，皆失实也。不戒以孚，中心愿也。

【注解】翩翩：鸟轻盈飞翔的形态。这里指六四乐于下复，迅速下降之意。不富：指阴爻六四。其邻：指六五、上六。戒：告诫。孚：诚心诚意。

【释义】先看卦象，六四阴爻阴位得正，下应初九，处坤之初，下乘九三。阴爻，说明他是小人，是处泰之人；阴位，说明他是心虚之人，当君子逼近的时候，他知道自己没有足够的实力进行抵抗；得正，说明他能够正确认识当前形势，能够正确决定自己的去向；处坤之初，说明他是三阴之首，可以带领三阴共同行动；下应，说明泰通过半，物极必反，初九乐于上复，六四乐于下返；乘刚，说明他此时处泰很不舒服，很不自在。不光是六四志在下返，就连近邻六五和上六，都因为自己没有实力而心虚，也都急于返下，不待告诫，就随同六四诚心诚意地翩翩下应了。君子归君子位，小人归小人位，这也是小人心中的愿望。

这一爻告诉我们，当自己综合实力确实不足的话，待在领导岗位上也确实心虚。当有能力的人冲上来的时候，自己主动让位，并诚心诚意地带领弟兄们退下来，这不失为明智之举。

六五：帝乙归妹，以祉元吉。

象曰：以祉元吉，中以行愿也。

【注解】帝乙归妹：殷纣王之父高宗称帝乙，嫁女于周文王。女子出嫁称归，妹为少女之称。祉：祈福也。

【释义】先来看卦象，六五阴爻阳位，上卦得中，下应九二。六五居尊位是一国之君。阴爻，说明这位国君小人行径，软弱无能；阳位，说明他面对君子相逼不愿就范，还想有所作为；得中，说明他深谙中庸之道，想通过折中的办法，挽救危局，保住社稷江山；下应，说明他最怕的人是九二，最想收买的人是九二。所以爻辞说"帝乙归妹"，意思是说，当年周文王的势力非常强大，三分天下有其二，殷商王朝岌岌可危。商纣王的父亲、帝乙就把自己最小的闺女嫁给周文王为妻。以此暂时保住了殷商王朝，祈来莫大的福泽。孔子说，六五以联姻的方式自求多福，其结果也大吉大利，这是唯一的折中的办法，也是他自己心甘情愿的。

　　这一爻告诉我们，当危险来临的时候，首先想到的是中庸而行，两害相较取其轻，不得已而求其次。这时唯一的选择就是折中，把自己能让的利益让出来，就是最好的东西也要舍得，舍得舍得，有舍才有得。只要你舍得，或许因祸得福，甚至还会大吉大利。

　　上六：城复于隍，勿用师。自邑告命，贞吝。
　　象曰：城复于隍，其命乱也。

【注解】隍：城下之沟，有水称池，无水曰隍。邑：自己的领地。

【释义】先看卦象，上六阴爻阴位，下应九三，处坤之极、泰之终。阴爻，说明他具备小人品质，也说明他软弱无能；阴位，说明他不想动，也就是说他不想离开这个位子，还要负隅顽抗；下应，说明他还有自己的地盘，还可以发号施令；处坤之极，说明他安顺祥和的日子已经到头了，祸乱逆旅从此开始；处泰之终，说明他处泰之时到此结束，按照物极必反的规律，泰极必然否来，这是天命，所谓天命难违，就是说大自然的规律是任何人也改变不了的。泰卦的结束，代表一个朝代的覆亡，就像爻辞中说的"城复于隍"。当年城下挖土筑墙筑城，城下形成了壕沟，为护城之用。有水称池，无水曰隍，多建"城隍庙"以祐城里人安泰康宁。现如今，城墙倒塌，倾覆于壕沟之上，又把壕沟填满了，夷为平地，就跟什么事都没有发生过一样，这就是事物发展的必然规律。这个时候"勿用师"，千万不要再用兵逞强了，没有用的。况且你想用兵，也指挥不动了，"自邑告命"，你发布的命令根本传不出自己的领地，只能在自己的领地内部发号施令，天下已否，天命已乱，就是自己再努力、再守正也会遭到亡国之辱。

这一爻告诉我们，物极必反，泰极否来，这是大自然和人类社会必须共同遵守的客观规律，任何人也改变不了，回避不掉，我们能做的就是认识规律、顺应规律，永远不做倒行逆施之人。

简单总结一下，上卦是履卦，经过履然后安泰，所以就有了泰卦。泰者通也，通则安康安泰。泰卦下三爻讲的是治泰，上三爻讲的是处泰，整个过程是阳长阴消。君子道长，小人道消，君子从一开始"拔茅""征吉"，直到最后"城复于隍"，把小人彻底赶出历史舞台。这个过程是漫长的，也是艰苦卓绝的，一开始君子似乎没有把小人忒放在眼里，初生牛犊不怕虎，志在必得。没想到，小人的势力盘根错节，也不是那么好对付的。然而君子就是君子，君子收拾小人还是易如反掌的。九二以优越的自身条件，把中庸之道发挥到极致，把小人统统制服，把治泰推向最佳时期。凡事物极必反，治泰达到高峰后，也开始走下坡路，这是革命道路上的正常反复，君子应该认清形势，坚贞守正，反身修德，以利再战。迫于君子势力的不断强大，处于外围的小人也开始动摇。因为自己的实力不强而心虚，便纷纷地、主动地退了下来。然而小人的核心力量还是很强大的，他绝不会轻易地退出历史舞台，于是便祭出折中的法宝，用"帝乙归妹"的办法，暂时保住了小人的既得利益。也是天命难违，泰卦发展到最后，必然是泰极否来。小人的势力再强大，也会有"城复于隍"的时候。至此，小人走了，君子来了，"小往大来"，一个新的朝代即将开启他的命运航程。

我们古代先民，通过"天在下、地在上"这么一个自然现象，设卦立言，总结出一整套治泰、处泰的必然规律。揭示了一个朝代更替的条件、过程和必然性。这是何等的智慧！值得我们后人学习、思考、借鉴。

否 ䷋ **乾上　第十二卦　天地不交**
坤下　　天地否　闭塞黑暗

【卦辞】否：否之匪人，不利君子贞，大往小来。

【象曰】天地不交，否。君子以俭德辟难，不可荣以禄。

【注解】否之匪人：否乃天道，非人类可以阻止。辟：避也。否：闭塞。

【释义】《序卦传》说："泰者通也，物不可以终通，故受之以否。"《易》反复强调物极必反的客观真理。泰者通也，否者塞也，泰极必然否来，所以泰卦之后，紧接着就是否卦。天地否，天在上、地在下，看似合理，但于易理不通。易理认为：天气上升，地气下降，相背而行，阴阳不交。不交则不通，不通则天地闭塞，闭塞则万物不生。此乃天道所致，非人力而能为。推天道，明人事，当处闭塞时期，上面的命令不能下传，下面的民意不能上达，上失聪而昏庸，下失明而黑暗。人道不通、正气不伸，小人得志，君子隐退。君子处否，不利于守正，就是"不利君子贞"。应该收敛其德，有才不露，有德不显，有道不彰，有善不形。处有道之时则出仕，处无道之时则隐退，这就是"俭德辟难"。绝不以仕禄为荣，积极遁世，躲避灾难，方为君子之道。

孔子在《彖传》里是这么说的："否之匪人，不利君子贞。大往小来，则是天地不交，而万物不通也。上下不交，而天下无邦也。内阴而外阳，内柔而外刚，内小人而外君子，小人道长，君子道消也。"

孔子的意思是说，否卦的状态，非人力所为，这个时期，不利于君子守正，寒来暑往，则天地进入了冬季，入冬后则天地不交，则万物不通，不通则万物不生、不长，天下进入萧条状态。推天道，明人事，上下不交，则国家的政治生活阻塞失常，小人当道，君子隐退，国将不国，邦亦无邦。乾坤倒置，天也不能发挥天的作用，地也不能发挥地的作用，小人不得不当政，君子不得不隐退。此乃天道，岂可人为？

初六：拔茅茹，以其汇，贞、吉、亨。
象曰：拔茅贞吉，志在君也。

【注解】拔茅茹，以其汇：是说小人结党营私，想把阳性势力连根拔除。

【释义】先看卦象，初六阴爻阳位，不中不正，上与九四相应，处坤之初，否之始。阴爻，说明他是小人，正处在结党营私阶段；阳位，说明他蠢蠢欲动、躁动不安的样子；不中，说明他对君子的态度很偏激，行为也有些过分；不正，说明他对君子下手，动机不纯正，手段也不正当；上应，说明他把矛头直接指向九四，而目的是夺取君位；处坤之初，说明他的实力是弱小的，势力还不够强大，处否之始，说明他是第一个向君子兴师问罪的人，"拔茅茹，以其汇"，就想把君子的势力连根拔除，有点蚍蜉撼大树的意思。《易》为君子谋，不为小人谋，爻辞说"贞、吉、亨"，是指君子。是说在这否之初，小人的势力尚不够强大，不足以撼动君子的核心利益，这个时候，只要君子固守正道，仍然是吉祥的、亨通的。

这一爻告诉我们，君子对付小人的至圣法宝就是"正"。堂堂正正，光明正大，一身正气，树正风，走正道。唯有正可以压邪，唯有正可以确保吉祥和亨通。

六二：包承，小人吉，大人否。亨。

象曰：大人否亨，不乱群也。

【注解】包：包容。承：顺承。

【释义】先看卦象，六二阴爻阴位，得中得正，上与九五相应。阴爻，说明他本质上是个地地道道的小人，具备小人所有的品质；阴位，说明他很阴险，很有城府，喜怒不形于色；得中，说明他处事很圆滑，上下迎合，左右逢源，拿捏分寸，恰到好处；得正，说明他能够正确认识当前形势，能够正确处理与君子之间的关系；上应，说明他的目的是坐在九五的位置上，但表面上却装出一副很顺承的样子。爻辞说"包承"，就是说六二得中庸之道，能够包容九五，也能够顺承九五，"小人吉"，小人得此道也会吉祥。但作为君子，无论小人包容还是顺承，都不能自乱阵脚。"大人否"，是说君子与小人无话可说，根本不相信小人的包容和顺承，拒绝沟通，保持警惕。在这种情况下，君子仍然是亨通的。

这一爻告诉我们，君子有君子之道，小人有小人之道。小人在没有露出真实嘴脸之前，也会装得像君子一样，表面上过得去，暗地里使手脚，君子此时，应杜绝与小人的一切来往，与小人保持"否"的状态，仍然是可以亨通的。

六三：包羞。

象曰：包羞，位不当也。

【注解】包：包容。羞：羞耻、可恶。

【释义】先看卦象，六三阴爻阳位，不中不正，与上九相应，处坤之极。

阴爻，说明他是彻头彻尾的小人，具备小人所有的恶劣品质；阳位，说明他再也不会安分守己，迫不及待要对君子下手；不中，说明他做坏事没有底线，能把小人的恶劣品质发挥到极点；不正，说明他心术不正，行为不端，为达目的，不择手段；上应，说明他的最终目的是把君子彻底赶出历史舞台；处坤之极而承九四，说明他不在顺承了，此时已脱去温柔顺从的伪装，露出穷凶极恶的真实嘴脸。就像爻辞说的"包羞"，六三能够包容自己所有的羞耻的、可恶的行为。以假为真，以恶为善，以丑为美，以耻为荣，没有道德底线。为所欲为，肆无忌惮，恬不知耻，穷凶极恶，厚颜无耻的丑恶嘴脸显露无遗，把朝野上下搅动得天昏地暗。至此，否卦所指的闭塞黑暗达到了极点。

这一爻告诉我们，君子大多是有道德洁癖的，稍有瑕疵便于心不安，小人则大多是没有道德底线的人，能够包容、宽容自己所有的可耻行为。我们在日常生活中，切不可以君子之心去度小人之腹，害人之心不可有，防人之心不可无，不可不慎。

九四：有命无咎，畴（chóu）离祉。
象曰：有命无咎，志行也。

【注解】 命：天命。畴：同类，指上三阳。离：附丽，依附。祉：福祉。
【释义】 先来看卦象，九四阳爻阴位，不中不正，处乾之初，下与初六相应。阳爻，说明他是君子，是治否之人；阴位，说明他不会主动去招惹小人，人不犯我，我不犯人，人若犯我，我必犯人；不中，说明一旦小人进犯，他的态度和行为都是偏激的，绝不轻饶；不正，说明他现在是有命不能正命，最起码还不到掌握实权、休否正命的时候；处乾之初，说明他已离开坤体，进入乾体，否塞过半，已有致通的条件。这就是天命，是天道运行的规律，否闭至极，正是转向泰通的时候；下应，说明他志在下行，按照天命，已经到了带领上三阳共同复位的时候了，君子相互依附，正位复命，这是上天赐予的福祉。处否之时，君子按照天命行事，怎么会有灾祸呢？当然"无咎"。泰否两卦是以上下两卦交与不交取义，无论阴阳，皆引其同类共进退。

这一爻告诉我们，君子必须按照客观规律办事，一言一行，不违天命，时也势也，命也运也，当进则进，当退则退，应时顺势，听命从运，共荣共辱，无咎而得福。

九五：休否，大人吉。其亡其亡，系于苞（bāo）桑。

象曰：大人之吉，位正当也。

【注解】休：止，止息。其：指代词，指下三阴。苞：丛生，其固尤甚。桑：桑树，其根深固。

【释义】先看卦象，九五阳爻阳位，居中得正，下应六二。六五在君位，阳爻，说明他具备君德，是治否的中坚力量；阳位，说明他具备帅才，有治否的决心和能力；居中，说明他具备中庸之德，能行中庸之道；得正，说明他能正确认识当前形势，正确处理与小人的关系，能用正当的手段，伸张正义，拨乱反正；下应，说明他的对手也不是那么好对付的，小人的势力不可小觑。按照九五这些有利条件，完全可以拨乱反正，扭转乾坤。虽然说否极泰来是自然规律，但如果没有九五刚明中正，治否有方，也很难将"休否"变为现实。《周易》强调客观规律，但又特别重视人的主观能动作用，不给宿命论留有半点余地。九五是休否的关键人物，现否闭既已休止，大人君子必然吉祥。但是，此时只是"休否"而已，否闭得到有效休止，小人的实力并没有全部铲除。"其亡其亡，系于苞桑"。说是小人亡了，其实小人势力盘根错节，根深蒂固，不是一下子就能够彻底清除的，君子处休否时期，虽然君子得吉，但仍不可掉以轻心。

这一爻告诉我们，小人是不会轻易退出历史舞台的，这也和扫地一样，扫帚不到，灰尘照例不会自己跑掉。休否之时，小人的残存势力阴魂不散，随时都有死灰复燃的可能。

上九：倾否，先否后喜。

象曰：否终则倾，何可长也。

【注解】倾：倾覆。

【释义】先看卦象，上九阳爻阴位，不中不正，下应六三，处乾之极、否之终。阳爻，说明他是君子，是刚明正直的治否者；阴位，说明他有城府、有谋略，不冒进，不打无把握之仗；不中，说明他对小人的态度是极端强硬的，是没有回旋余地的；不正，说明他对付小人是不择手段的，"宜将胜勇追穷寇，不可沽名学霸王"，甚至会穷追猛打，直至彻底倾覆；下应，说明他的目的是恢复到泰卦的状态，最终实现否极泰来的转化；处乾之极，说明他已完成了自己的历史使命，尽到了一个君子应尽的职责；处否之终，说明他是否卦的终结者，是最终让小人彻底倾覆的人。在他之前还处在否闭状态，在他之后就变成泰通状态了。这就叫"先否后喜"。"否终则倾，何可长也"，小人发展到最后必然要倾覆，只是一个时间问题。爻辞讲"倾否"而不讲"否倾"，这是有含义的。强调否之所以倾，其中人的力量至关重要，是人的努力使否道倾覆，并非否极自然泰来，无须人的努力，否道自然倾覆。如果那样，便是宿命论，唯心论，易不为也。《易》讲的两句话，自然规律是不可改变的、不可抗拒的；人要顺其自然，伺机而动，顺势而为，充分发挥主观能动性，真正做主宰人类历史的主人。

这一爻告诉我们，无论做什么事情，都要审时度势，能为则为，不能为则不为，逆水行舟不进则退，顺势而为事半功倍。能够认识规律，掌握规律，运用规律，顺应规律，才能干成大事业。

简单总结一下，上一卦是泰卦，泰极否来，所以就有了否卦。否卦是天地闭塞，万物不生；社会黑暗，君子隐退的时期。小人道长，君子道消，此乃天道，非人力可以阻止。从一开始，小人就结党营私，蠢蠢欲动，气势汹汹地想把君子连根铲除；当小人感觉到君子的势力很强大，并非那么容易对付时，便也装得像君子一样，包容、顺承，妥善处理与君子的关系，做长远计，伺机而动；当小人势力发展到足以强大时，便脱掉伪装，露出丑恶嘴脸，竭尽小人之能事，向君子发起全面进攻；凡事，物极必反，否闭到了极点，便向泰通发展，此时君子顺势而为，遵天命而复位，华丽转身，便化劣势为优势，由处否之人变为治否之人；当君子拨乱反正，扭转乾坤之时，小人开始休兵罢战，偃旗息鼓，虽然残余势力尚存，但已经明显处于劣势；按照事物的发展规律，小人势力最终彻底倾覆。否极泰来，又是一个新的政治时代。

　　我们古代先民通过"天在上、地在下"这么一个自然现象，设卦立言，总结出一套"否闭"的客观规律，把君子从处否到治否，小人从结党营私到彻底覆灭的全过程，以及发生、发展的必然趋势，全部展现出来，让我们不得不为古人智慧佩服得五体投地。

同人 ☰ 乾上　第十三卦　天下大同
离下　天火同人　利涉大川

【卦辞】同人：同人于野，亨。利涉大川，利君子贞。

【象曰】天与火，同人；君子以类族辨物。

【注解】同人：亲和，和同，团结。野：古有朝野之分，朝之外皆为野，言其广远也，天下也。

【释义】《序卦传》说："物不可终否，故受之以同人。"否是天地闭塞，人人不交；同人是君能志通天下，人人亲和，天下大同。所以否卦之后，紧接着就是同人卦。天火同人，乾在上，离在下，乾为天，离为日，天与日因志同而亲和，故有同人之象；柔得中位而应乎乾，也有同人之象。同人者，志同道合也。同人的最终目标是"同人于野"。古人说："唯君子能通天下之志。"君子与天下人和同，天下人与君子和同，达到天下大同，这就是"同人于野"。把天下人都团结起来，则万事亨通，就不会有什么艰难险阻不能度过，所以说"利涉大川"。同人最主要的条件是正，和同的动机要正，求同的手段要正，恪守君子之道求同才是真正的和同。所以说"利君子贞"。孔子说，君子应效法同人卦的法则，懂得人以群分、物以类聚的道理，找到并摆正自己的位置，将万物分类而区别对待之。

孔子在《象传》里是这么说的："同人柔得位得中而应乎乾。同人于野，亨，利涉大川，乾行也。文明以健，中正而应，君子正也。唯君子能通天下之志。"

孔子的意思是说，下卦柔得中是火，上卦是天，火焰上行，阳气上升，二者有共同特点，所以叫"同人"；天道运行公正无私，所以能够"同人于野"；天道运行畅通无阻，所以叫"亨"；天道运行刚健而利万物，所以"利涉大川"；离为文明，乾为健行，文明而健行，中正而相应，这才是君子之道，只有君子才能与天下有志之士和同，所以"利君子贞"。

初九：同人于门，无咎。

象曰：出门同人，又谁咎也。

【注解】门：家门。于门是于门外，出门也是在门外，家门以外。

【释义】先来看卦象，初九阳爻阳位，与六二亲比，上卦无应。同人卦五阳一阴，五阳皆与一阴求同。初九阳爻，说明他具备君子品质，能通天下之志；阳位，说明他刚明健行，能够主动去求同；亲比，说明他与求同之人最近，关系最密切，就在自家门口，出门便可以和同；无应，说明他无偏无私，没有门户之见，出门去求同，不分厚薄亲疏，所遇皆同，这样的同博而公，是最理想的和同。初九一出家门便与六二相遇，无私求同却不约而同，符合同人大义，哪里会有什么灾祸呢？另外，初九阳阳得正，说明他是走正道的君子，能通天下之志。

这一爻告诉我们，君子求同，自身条件很重要，自己若是君子，出门便可求同，自己若不是君子，求遍天下，也没人与之和同。谁都想和君子打交道，又有谁愿意和小人交朋友呢？

六二：同人于宗。吝。

象曰：同人于宗，吝道也。

【注解】宗：宗门、宗派、宗党。吝：羞辱，是由吉向凶发展的趋势。

【释义】先看卦象，六二阴爻阴位，下卦得中得正，上与九五正应，上承九三，下乘初九。六二处离之中，离者明也，丽也，代表着光明、文明和美丽，是明媚、时尚而美丽者也，所以五阳皆与之求同。阴爻，说明他具备阴柔之美；阴位，说明他不会主动与五阳求同；得中，说明他不偏不私，中规中矩；得正，说明他有很强的正统观念；上承，说明他求同的道路不是很通畅，会受到人为的阻挠和干预；下乘，说明他看不起比他地位低下的人；上应，说明他求同的目标只有一个，那就是九五。同人卦以广为贵，以狭为贱。六二正是因为与九五有相应的这层关系，难以打破宗族观念，只与九五和同，很难与别人和同，这就不符合同人卦的卦义了。应该是"同人于野"才对，他却"同人于宗"，此为"吝道也"，这样做是由吉向凶发展的趋势，结果必遭羞辱。

这一爻告诉我们，君子以义交而不以私交。以义交则能通天下之志，广交天下朋友，实现天下大同，以私交则受门户之限，拉山头搞宗派，结党营私，那是小人之所为，君子耻之。

九三：伏戎于莽，升其高陵，三岁不兴。

象曰：伏戎于莽，敌刚也。三岁不兴，安行也。

【注解】伏：埋伏。戎：兵戎。莽：草莽。陵：山陵。安：表疑问，如何。

【释义】先看卦象，九三阳爻阳位，过刚不中，得正，处离之极，与六二亲比。阳爻，说明他是君子，在这同人时期，他也想和六二求同；阳位，说明他会积极主动与六二求同，甚至是强行求同；不中，说明他求同的手段过于偏激；得正，说明他还能正确认识当前形势，最终能够做出正确的选择；处离之极，离极则暗，说明他的行为不是很光明正大的，有点偷偷摸摸的意思；与六二亲比，说明他心里总是放不下六二，不能求同总是于心不甘。所以爻辞说"伏戎于莽"，把兵埋伏在草莽之中。九三明明知道六二是九五的人，一方面舍不得放弃，另一方面又惧怕九五的刚中强大，所以把兵埋伏在草莽之中等待时机，还时不时地登上高山，观察九五的情况，在心里对比着力量，结果等了三年也没敢兴兵。因为九三与九五之间隔了个九四，要想观察九五就必须得"升其高陵"。因为敌我力量过于悬殊，以九三之力又如何能争得过九五呢？所以"三岁不兴"。

这一爻告诉我们，君子求同，不能夺人之美；不能有非分之想；不能强迫别人与你和同；不能采取不正当的手段求同；强扭的瓜不甜，第三者插足更可耻，及时放弃，才是最明智的选择。

九四：乘其墉（yōng），弗克攻，吉。

象曰：乘其墉，义弗克也。其吉，则困而反则也。

【注解】乘：登上。墉：城墙。弗：不。克：能。义：道义，君子的道义。

【释义】先来看卦象，九四是阳爻阴位，不中不正，无比无应，处乾之初。阳爻，说明他是君子，在这同人之时，也想与六二求同；阴位，说明他是一个稳重的人，没有把握不会乱来；不中，说明他的思想也有些偏激，认为九三可以"伏戎于莽"，我为什么就不可以呢？不正，说明他求同的动机不纯正，求同的手段也不正当；无比，说明他与六二的关系本来就不密切，离得又远，本就不该求同；无应，说明他没有应援，势单力薄，真要打起来，九三、九五都不会放过他；处乾之初，说明他是君子本色，具备君子之德，能行君子之道。爻辞说"乘其墉"，九四想跟六二和同，但中间隔着个九三，九四在九三之上，就像是登在城墙之上，居高临下，有条件、也有能力攻打九三而与六二和同，但最终"弗克攻"，还是不能攻打，还是放弃了。为什么呢？因为九四是君子，放弃的原因有三条：一是这样做对不起九五；二是这样做对不起九三；三是这样做得来的和同也不是真正的和同。君子求同，取之有道，从道义上讲，九四因困惑而放弃是对的。知错能改，能及时返回到正道上来，其结果肯定是吉祥的，所以爻辞直接言"吉"。

这一爻告诉我们，君子求同，道义在先，该不该求同，要讲道义；能不能求同，也要讲道义。符合道义，那便当仁不让；不符合道义，或稍有困惑，便及时返回到正道上来，这才是君子之所为。

九五： 同人，先号啕而后笑。大师相克遇。

象曰： 同人之先，以中直也。大师相遇，言相克也。

【注解】号啕：哭，因相隔而哭。笑：因相遇而笑。大师：军队，大军。

【释义】先看卦象，九五阳爻阳位，至中至正，与六二正应。九五处至尊之君位。阳爻，说明他具备君德，能够以德服天下；阳位，说明他具备为君之才，有统御天下的能力；至中，说明他具备中庸之德，深谙中庸之道，在这同人时期，尽量协调、平衡各个方面的关系；至正，说明他天下为公、正大光明；与六二正应，说明他与六二是公应而非私同，是"柔得中而应乎乾"，两个人都是居中得正，而且正好是刚柔相应，本该是最好的"同人"。但同人卦的卦义是贵广而贱狭，而九五又是中直之君，需要平衡各方面的关系，所以迟迟不能与六二和同。然而，天下大同最主要是君民和同，上下和同，九五和六二的和同才是真正的和同。可中间偏偏多了个九三、九四出来捣乱。九三"伏戎于莽"，设有伏兵，九四"乘其墉"居高临下，均非等闲之辈。九五过于中庸，反受其害，所以号啕大哭。然而九五毕竟是刚明强健之君，像九三、九四这样的宵小之辈，竟敢与九五争同，岂不是虎口夺食吗？于是九五搬来大军，扫除障碍，与六二和同，最终破涕为笑。

这一爻告诉我们，一个单位的团结，最主要是群众与领导的团结，大家都必须团结在一把手周围。如果二把手、三把手去和群众搞团结，那就叫"拉山头，搞宗派"。一把手是会搬大军来镇压的！这个道理我们不可不懂。

上九：同人于郊，无悔。

象曰：同人于郊，志未得也。

【注解】郊：古代国家以都、城、郭、邑为中心，城外是郊，郊外是野。

【释义】先看卦象，上九是阳爻阴位，不中不正，处乾之极、同人之终。阳爻，说明他是君子，处同人时期，愿与天下所有人和同；阴位，说明他不愿意主动与别人和同，也是来者不拒，往者不追；不中，说明他已失去中庸之德，不能平衡各方面的关系；不正，说明他就同人问题，不能一碗水端平，不能一视同仁；处乾之极，说明天道已亏，人的能力有限；处同人之终，说明他已经尽了最大的努力，到最后也只能达到"同人于郊"的程度，也只能达到"无悔"的程度，距离"同人于野"的目标相去甚远。看来梦想终归是梦想，"同人于野"岂是人力所能及？人类大同永远是人类共同追求的目标而已。

这一爻告诉我们，为人为不到，恶人恶不到；你想跟他好，他不见得跟你好；你想团结他，他不见得想团结你，一个好的领导，尽自己最大努力，也只能团结到自己周边的人，团结到自己管辖的势力范围内的人。如果自己不能做到一视同仁，那么围着你转的也只能是有共同好恶的小圈子罢了。

简单总结一下，上一卦是否卦，否卦是天地闭塞、人人不交、物不可以终否，所以有了同人卦。同人卦是人人亲和，天下大同，最终目标是同人于野。要想实现这个目标，并非易事。同人卦一开始就告诉我们，求和求同是君子的事，唯君子能志通天下，但是，打铁还需自身硬，自己条件好，才能有资格和别人和同。当然还要摒弃门户之见，争取更广泛的和同，而不是拉关系，搞小圈子。如果你"同人于宗"，那就是吝道了，严重违背了同人卦的卦义，直接由吉向凶发展，那是小人勾当，君子所不耻。君子求同要光明正大，不能用下三烂的手段，"牛不喝水强按头"，那也不是君子所为。君子求同还要讲道义，不仁不为，不义不为，宁肯放弃，也不干苟且之事。君子求同更重要的是大公无私，牢固树立天下为公的思想，识大义、顾大体、维护大局。拉山头，搞宗派，那是小人行径，下场会很惨。君子求同，尽力则"无悔"，天下大同非人力所能为，"同人于野"是人类追求的目标，能够做到"同人于郊"，就已经很不错了。天道如此，人有何悔！

我们古代先民，通过"天在上、日在下"这么一种自然现象，设卦立言，总结出一套天下大同的客观规律，揭示出各种求同的必然性。这是古人的智慧，我们后人应该认真学习、思考、借鉴。

大有 ☲ 离上 第十四卦 阳光普照
乾下 火天大有 天下富有

【卦辞】大有：元亨。

【象曰】火在天上，大有；君子以遏恶扬善，顺天修命。

【注解】大有：丰盛，众多，富有，归其所有。

【释义】《序卦传》说："与人同者，物必归焉，故受之以大有。"人与我同，则物归我有。所以同人卦之后，紧接着就是大有卦。火天大有，太阳在天上，阳光普照大地，而阳光无所不及，阳光照耀的地方全归天所有。推及人事，就是天子恩泽惠及的地方，全归天子所有。所以有"大有"之象；阴为虚、为不富，阳为实、为富有，天子不富而天下皆富，也是"大有"之象；一阴爻居尊位，五阳臣服，全归一阴所有，还是"大有"之象。六五柔得尊位，虚而得中，处健而不骄，文明而谦虚，应乎天而时行。六五施仁政，比居刚用刚要好得多，那是人类社会最理想、最完美的统治结构。君子要从大有卦中受到启发，像阳光普照大地那样，驱逐黑暗、抑恶扬善，顺应天时，修德正命，成就一番伟大的事业。

孔子在《象传》里是这么说的："大有，柔得尊位大中而上下应之，曰大有。其德刚健而文明，应乎天而时行，是以元亨。"

孔子的意思是说，尊贵的中央是空的、虚的，而四周边、上下左右都是殷实的、富有的，按照低位输入的自然法则，天下财富都得流向我中央，这就叫大有。六五阴爻阳位，既谦虚柔美，又刚明强健，处离中又代表着文明，所以他是完美的，所以称"元"；从整个卦象上看，太阳在天上按照四时运行，是任何力量也阻挡不了的，所以称为"亨"。

初九：无交害，匪咎，艰则无咎。
象曰：大有初九，无交害也。

【注解】无交害：未涉及利则无害。

【释义】先看卦象，初九阳爻阳位得正，处乾之初，大有之始，上无系应。阳爻，在这大有时期，说明他是殷实富有的人，手里掌握着一定的财富；阳位，说明他的开销也不小，收支大体持平，没有什么多余的财富；得正，说明他的财富都是正道来的，应该属于勤劳致富的那种；处乾之初，说明他刚刚富有，原来没有，是个穷人，现在手头才宽裕些；处大有之始，说明他是最基层的普通老百姓，赶上了天下大有的好时候；无应，说明他跟上边没有任何关系，跟六五更是不乘、不承、不比、不应，不涉及任何利害关系，当然不会有什么灾祸。这就是"无交害，匪咎"。然而，处大有时期，虽是普通老百姓，也就是家庭富足，吃穿无忧。但过日子还是要量入为出，花钱不能大手大脚，艰苦度日，细水长流，才可确保"无咎"。

这一爻告诉我们，普通百姓、勤劳致富，跟别人没有任何利益关系，是不会有什么灾祸的，如果懂得富不常富的道理，常怀忧患意识，勤俭持家，艰苦朴素，就更不会有灾难了。

九二：大车以载，有攸往，无咎。
象曰：大车以载，积中不败也。

【注解】大车以载：用大车载物。积：堆放。败：倾覆，毁败。

【释义】先看卦象，九二阳爻阴位，下卦居中，上应六五。阳爻，说明他是财富拥有者、天下财富的聚敛者；阴位，说明进的多、出的少，囤积了大量财富；居中，说明他具备中庸之德，能行中庸之道，聚敛财富无遗漏，上交财富不过多，能够平衡中央和地方的财富关系；上应，说明他是直接给六五积累财富的人，每年都会用大车装满财富送往六五那里，怎么会有灾祸呢？九二深得君王的信任和重用。爻辞用"大车以载"来比喻，首先说他是一辆大车，是一辆能够承载重物的大车，是一辆能够承载天下财富的大车；其次是说他具备中庸之德，载物时积中而放便不会失去平衡，前进时能够中道而行便不会走偏。结论是"有攸往""积中不败也""无咎"。意思是有利于前行，不会翻车倾覆，没有灾祸。

这一爻告诉我们，积累财富是把双刃剑，既不能缓，也不能急；既要生财有道，放水养鱼，又不能杀鸡取卵，竭泽而渔；藏富于民则伤君，横征暴敛则伤民。只有行中庸之道，才是积累财富的正理。

九三：公用亨于天子，小人弗克。
象曰：公用亨于天子，小人害也。

【注解】亨：通享，贡献，朝贡的意思。弗克：不能胜任。

【释义】先看卦象，九三阳爻阳位得正，处乾之极，诸侯位。阳爻，说明他是财富拥有者，同时也是君子，是能行君子之道的人，所谓"君子爱财、取之有道"；阳位，说明他的财富是明财，是不可以私藏私用的；处乾之极，说明他的财富积累已经到达极限；处诸侯位，说明他是直接归属中央领导的分封小国，在这大有之时，天下财富都归六五所有，九三的财富更不能私有，必须进献给天子，只有天子才可以享用。诸侯用叫私用，天子用叫公用。九三阳刚得正，是个有能力、有作为的诸侯，也是一个正直无私的君子。所以他能做到"公用亨于天子"。如果是小人坐在九三这个位置上，就不能做到这一点，他肯定会把财富据为己有，作为与天子抗争的资本，甚至还会搞出其他一些名堂来，也未可知。所以说，处大有时期，财富对于小人来说，不是利，而是害。

这一爻告诉我们，君子谋义，小人谋利；君子敛财天下为公，小人敛财为一己之私；君子爱财取之有道，小人取利可以图财害命。是君子还是小人，用金钱一试便知。

九四： 匪其彭，无咎。

象曰： 匪其彭，无咎；明辨晢也。

【注解】匪：同非。彭：盛大、众多的意思。晢：聪明。

【释义】先来看卦象，九四阳爻阴位，不中不正，处离之始，多惧之位。阳爻，说明他是君子，同时也是财富的拥有者；阴位，说明他暗地里已私吞一些财富，或有假公济私之嫌；不中，说明他的行为有些过分，欲望有些膨胀；不正，说明他不能正确处理公私关系，在财富面前有些利令智昏；处离之始，说明他已开始认识到问题的严重性，心里很清楚自己行为的是非得失。在这大有时期，克制欲望，"匪其彭"，不使自己的财富丰腴硕大，这才是"明辨晢也"，这才是最明智的判断、最明智的选择；处多惧之位，说明他知道畏惧、懂得收敛。客观上离财富太近，容易贪腐；主观上，毕竟是君子有一定的政治觉悟，知道害怕，能够自我抑制，没有把自己变成大贪官，这才化解危机，免除了灾祸。

这一爻告诉我们，位高权重，离财富太近，是一件很危险的事情，只有明辨是非，明辨得失，心存畏惧，克制欲望，不使自己贪欲膨胀，才是明智之举，才不会有灾祸。

六五：厥孚交如，威如，吉。

象曰：厥孚交如，信以发志也。威如之吉，易而无备也。

【注解】 厥：同其。孚：诚信，信任、互信。

【释义】 先看卦象，六五阴爻阳位，上卦得中，与九二正应，处离体之中，居至尊之位。阴爻，说明他与五阳是互信关系，因为阴阳之间有一种天然的依赖和信任，同时也是一个谦虚宽容之君，是一个虚怀若谷之君，是一个有德之君；阳位，说明他是有为之君，他的君位和他拥有的财富，会给他带来不怒自威的尊严；居中，说明他具备中庸之君德，能行中庸之道，能平衡群臣之间的利益关系；下应，说明君民之间互有感应，君不失信于民，则民也不会失信于君；处离体之中，说明他是文明之君、光明之君，是政治清明之君。爻辞说"厥孚交如"，是说他靠自己的诚信与天下臣民相交，便可以激发民志；"威如"，是说他谦虚而又不失威严，靠自己文明的君德，赢得臣民的敬重。大有之君，以德治国，恩威并施，君臣互信，使复杂的关系变得简单而容易，君臣之间没有猜忌和戒备，坦诚相待，可谓大吉。

这一爻告诉我们，一个单位也好，一个企业也好，领导对干部、职工的信任非常重要，信任与不信任，很大程度上取决于领导，领导对下面信任，下面对领导也信任，这就形成了上下互信的局面。领导对下属越信任，下属的干劲就越足，创造的财富价值就越大；领导对下属越真诚，下属对领导就越尊重，也就显得领导越有威严。反之，没有互信，关系就变得很复杂，相互猜忌，相互戒备，这就由吉向凶发展了，这是事物发展的必然规律。

上九：自天祐之，吉无不利。

象曰：大有上吉，自天祐之。

【注解】祐：助也，保佑。

【释义】先看卦象，上九阳爻阴位，下比六五，处离之极、大有之终。阳爻，说明他是君子，是讲诚信的人，是守道义的人，在这大有时期，他也是财富的占有者；阴位，说明他是柔顺之人，同时也是坐拥财富而知道节俭的人；亲比，说明他和六五的关系非常亲密，六五是贤君，所以他有尚贤之德；处离之极，说明他不与六五争光，自示暗弱，谦逊侍君；处大有之终，说明他有守成之德，坐拥财富而不挥霍浪费，最终保有大有。以此德处大有之上位，天自祐之。《系辞传》说："祐者助也，天之所助者顺也，人之所助者信也，履信思乎顺，又以尚贤也，是以自天祐之，吉无不利。"顺、信、尚贤，这三条上九全都具备，自然会得到上天的保佑，大吉而无不利。

这一爻告诉我们，创业难，守成更难，要想保住财富，首先是顺字很重要，顺就是顺从民意，顺承君意，顺应天意；其次是信字很重要，对民讲诚信则人助，对君讲诚信则君安，对天讲诚信则天祐；最后尚贤更是重中之重，用贤臣可保大有，尊贤君可保天下，崇贤明可得天助。做到这三点，可确保你的财富盈而不溢。

简单总结一下，上一卦是同人卦，人与我同，则物归我有，所以有了大有卦。大有卦讲的是天下富有，而且天下财富都归天子所有。一开始就说，在这大有时期，基层老百姓也可以靠勤劳积累财富，但要有居安思危的思想，勤俭持家，细水长流。上升到为国家理财的层面，就不是那么容易的事情了，需要具备中庸之德，需要把握各种关系的平衡，需要得到君王的信任和重用。至于各个诸侯国的财富，绝不能私自拥有，必须全部上交中央，归国家所有。作为一人之下，万人之上的朝廷重臣，位高权重，财富集中，切不可公私不分，欲望膨胀，贪污腐败，成为国家的硕鼠，在这个问题上，必须公私分明，心存畏惧，不贪不腐才是明智之举。作为一国之君，要以德治国，与臣民建立良好的互信关系，以诚信感召天下，以君德赢得尊重，举国上下，共同努力，确保天下持续大有。为了确保国家财富盈而不溢，必须做到顺天应人，诚通天下，选贤任能，才能得到上天的保佑。

我们古代先民，通过"太阳在天上"这么一种自然现象，设卦立言，总结出一套"天下大有"的客观规律，揭示出自下而上各个阶层如何面对财富的世界观和方法论，这是古人的智慧，值得我们后人学习、思考和借鉴。

谦 ䷎ 坤上 第十五卦 谦虚美德
艮下 地山谦 君子有终

【卦辞】谦：亨，君子有终。

【象曰】地中有山，谦；君子以裒（póu）多益寡，称物平施。

【注解】谦：对自己的才能、成就不自负的态度。裒：减去。

【释义】《序卦传》说："有大者，不可以盈，故受之以谦。"就是说，大有成就的人，不可以自满自负，必须保持谦虚的态度。大有是天下富足，成就斐然。所以大有卦之后，紧接着就是谦卦。地山谦，山在地之下，本来俊朗挺拔的山峰，却隐藏在平地之下，不出头、不露面，不显示自己的巍峨，是为谦虚之象。内卦艮是止，外卦坤是顺，内心强大而镇静，外表平和而柔顺，这自然是谦虚之象。谦虚肯定亨通，谦虚肯定会有最好的结果。孔子说，君子应该从谦卦中得到启发，减少自己的欲望，增益自己的品德，以宽大的胸怀和公平公正的态度，对待各种事物。

孔子在《彖传》里是这么说的："谦亨。天道下济而光明，地道卑而上行。天道亏盈而益谦，地道变盈而流谦，鬼神害盈而福谦，人道恶盈而好谦。谦尊而光，卑而不可逾，君子之终也。"

孔子的意思是说，天道因下济而谦，因光明而亨；地道因位卑而谦，因上行而亨。天道有盈亏，总是亏者因谦而受益；地道有高低，总是低处因谦而流满；鬼神有祸福，总是处祸中因谦而得福；人类因为厌恶盈满，所以喜好谦虚。谦虚是人类最美好的品德，尊贵的人具备这种美德，会变得更加光鲜亮丽；卑微的人具备这种美德，会变成别人无法超越的人。这就是卦辞"君子有终"的意思。

初六：谦谦君子，用涉大川，吉。

象曰：谦谦君子，卑以自牧也。

【注解】谦谦：第一个谦是谦卑，第二个谦是谦虚。自牧：自我约束、自我管理、自我提高。

【释义】先来看卦象，初六是阴爻阳位，处艮之初、谦之始。阴爻，说明他不是一个喜张扬、好表现的人，性格内敛，具备谦虚的美德；阳位，说明他是堂堂正正做人的人，是个君子，具备谦虚的品质；处艮之初，说明他能够谦退、谦让，能够自我约束、自我管理、自我提高；处谦之始，说明他因地位卑下而谦卑，从自谦开始，不断培养、提高自己的优秀品德，目的是以谦道涉险，去干一番大事业。

这一爻告诉我们，当你地位卑下的时候，你的谦卑、谦退、谦让，会被人误以为是自卑、懦弱、胆怯和无能。这个时候还能自我约束，自我管理，自我提高，以君子的标准严格要求自己，那才是真正的谦虚。具备这种品德的人，就是地位再卑下，也是别人无法超越的人。

六二：鸣谦，贞吉。

象曰：鸣谦贞吉，心中得也。

【注解】鸣：既为应和，也为远播。

【释义】先看卦象，六二阴爻阴位，下卦得中得正，上承九三。阴爻，说明他性格是谦虚的，天生就不是喜张扬、好显摆的人；阴位，说明他处事态度是谦虚的，不说上手话，永远是和和气气的样子；得中，说明他内心是谦虚的，不说过头话，不办过头事，不偏激、有分寸；得正，说明他品德是谦虚的，行得端、走得正，与人为善，谦和退让；承刚，说明他行为是谦虚的，强势面前，不卑不亢，顺承而不屈从。六二与九三都有谦虚的美德，一唱一和，上下共鸣，发自于内心表现于言行，传播于天下。爻辞说，像他这种闻名于天下的谦虚之士，走正道才能吉祥。言外之意就是这么谦虚的人走歪道必然凶险。

这一爻告诉我们，谦虚确实是一个人的美德，可以发自于内心，可以表现于言行，可以名播天下，成为最有名的谦虚之人，但谦虚只不过是人的品德问题，并不能代表你走什么样的道路，也不能代表你的目的是否纯正。走正道自然吉祥，不走正道反而会更危险。

九三： *劳谦君子，有终吉。*
象曰： *劳谦君子，万民服也。*

【注解】 劳谦：既有功劳，又能谦虚。

【释义】 先看卦象，九三是阳爻阳位得正，与上六正应，处艮之极，居诸侯位。阳爻，说明他是君子，具备君子谦虚的品德；阳位，说明他是劳而用强，动而有功的人；得正，说明他是堂堂正正的君子，能够光明正大地走正道；上应，说明他因为谦虚而得到上面的充分信任和支持，会得到一个最好的结果；处艮之极，艮变则为坤，坤者顺也，众也，说明他对下是万众之首，对上是谦虚顺承；居诸侯位，说明有封疆之功，而甘居下位，是个劳而能谦的君子。对于一个君子来说，谦虚并不难得，建功立业也很正常，而有万民皆服的封疆之功，还能对上谦虚顺承，就比较可贵了。如此"劳谦君子"，其事业必有大成，其结果肯定吉祥。

这一爻告诉我们，取得巨大成就，还能保持谦虚谨慎、戒骄戒躁的工作作风，这样的人，谁都佩服，肯定会有最好的结局。而我们现实生活中，多碰到的是居功自傲的人，取得一点小成绩，从里到外觉得自己很了不起，飘飘然不知自己何许人也，看不起群众也就罢了，领导面前也是目中无人，态度傲慢。这样的人，谁能佩服？结局肯定凶险。

六四：无不利，㧑（huī）谦。
象曰：无不利，㧑谦；不违则也。

【注解】 㧑：谦让的手势，表示不敢当。

【释义】 先看卦象，六四阴爻阴位得正，处坤之初，多惧之位。阴爻，说明他生性柔顺，是个谦虚之人；阴位，说明他以谦卑自处，不敢越雷池半步，是个小心翼翼的人；得正，说明他能正确认识自己的处境，正确处理对上、对下的关系，是个不敢出半点差错的人；处坤之初，说明他能够做到对下柔顺，对上顺承，下面的恭维不敢担当，上面的指责逆来顺受。六四的处境很尴尬，上面是至尊无上的君王，下面是有功而能谦的刚明君子，自处多惧之位，整天提心吊胆。幸能得正，凡遇事皆能谦让，对上言听计从，俯首帖耳，对下谦退谦让，能容则容，能忍则忍。孔子说，六四一言一行不违背谦虚的原则，所以"无不利"。

这一爻告诉我们，当你处于弱势的时候，把谦虚做到极致，就会游刃有余，吉无不利。在现实生活中，如果你知柔守弱，居卑处下，服软认怂，强势一方反倒拿你没办法，甚至会更尊重你，你需要的时候还会帮助你、保护你。这就叫以柔克刚，是谦虚的魅力所在。

六五：不富，以其邻，利用侵伐，无不利。
象曰：利用侵伐，征不服也。

【注解】 不富以其邻：《易》以阴为虚，为不富，以阳为实，为富。这里不富是虚，为谦虚。上下相邻者皆虚，都很谦虚。

【释义】先看卦象，六五阴爻阳位，上卦居中，处至尊之君位。阴爻，说明他是一位柔顺、宽容、谦虚的君王，能够以德治天下；阳位，说明他实力雄厚，国家力量很强大；居中，说明他具备中庸之德，深谙中庸之道，治国理政，恩威并施。从卦象上看，上三爻都是虚而不实，没有不谦之弊，反而有过柔之嫌。虽然谦卦以谦虚为贵，但身为一国之君，过于柔顺、宽容、谦虚、退让毕竟欠妥，会让人误以为软弱无能，善良好欺。幸亏六五以柔履刚，既有谦虚之德，又有刚健之能，最好是以德服人，如果德不能服，则可动用强大的国家力量"利用侵伐"，使用武力来征服，这样做没有什么不利的。

这一爻告诉我们，谦虚并不代表无能。在我们现实生活中，我们可以做一个谦虚的人，对人可以宽容，遇事可以谦让，以和为贵，以忍为高，以德服人，这都没问题，但谁也不要误以为这是好欺负，谦虚不排除使用武力，这也是谦卦的原则，没有什么不利的。

上六：鸣谦，利用行师，征邑国。
象曰：鸣谦，志未得也，利用行师，征邑国也。

【注解】鸣谦：谦名远播。行师：动用军队。邑国：私邑，即自己的领地。

【释义】先看卦象，上六阴爻阴位，下应九三，处坤之极，谦之终。阴爻，说明他是谦虚之人，而且是谦名远播的人；阴位，说明他是虚而不实之人，也是一个没有综合实力的人；下应，说明他还有自己的私有领地，而且正处在不安定状态；处坤之极，说明他顺极则不顺，好事没有，麻烦事不断；处谦之终，说明他谦虚过了头，已经变成了虚伪。上六是虽然谦名远播，却无支撑谦虚的实力；阴爻阴位又过于软弱乏力；处谦极之时，即使拥有军队，也只能用以"伐邑国"，去征讨自己领地上的叛乱，根本不能用以侵伐异国。谦虚固然是美德，但过于谦虚而又不具备实力，就很难实现自己的愿望，最终"志未得也"。

这一爻告诉我们，谦虚是一种美德，但谦虚不能过头，过了头就不叫谦虚了，那叫虚伪；谦虚不能浪得虚名，得有实力支撑，没有实力支撑的谦虚也不叫谦虚，那叫空虚，那叫真虚。

简单总结一下，上一卦是大有卦，大有是说天下大有，有了成就不可以自满，所以就有了谦卦，谦卦讲的是谦虚的原则。当一个人位卑的时候，既没有谦虚之资，也没有谦虚之名，作为君子就要自我约束，自我管理，努力培养自己谦虚的品质，准备涉险去干一番大事业。当有了谦虚的名声以后，就要选择自己正确的人生道路，用这种美好的品德去建功立业。当有了功劳以后，还要继续保持谦虚的作风，做一个领导信任、群众佩服的人。当处于弱势的时候，要把谦虚这种美德发挥到极致，就会吉无不利。当领导的更要具备谦虚的美德，虚怀若谷，以德服人；但是谦虚不等于无能，不等于放弃使用武力的权力，必要时"利用侵伐"也不违背谦卦的原则。谦虚确实是美德，但谦虚不能过头，更不能浪得虚名，否则就很难实现自己的愿望。

我们古代先民，通过"山在地下"这么一种自然现象，设卦立言，总结出一套谦虚的客观规律，揭示出人在各种情况下的谦虚原则。这些古人的智慧，值得我们后人学习、思考、借鉴。

豫 ䷏ 震上 第十六卦 顺时而动
坤下 雷地豫 喜悦安乐

【卦辞】豫：利建侯行师。

【象曰】雷出地奋，豫。先王以做乐崇德，殷荐之上帝，以配祖考。

【注解】豫：乐也，安和喜乐之意。殷：盛大。荐：进献，献给。配：与荐互文。

【释义】《序卦传》说："大有而能谦，必豫；故受之以豫。"富有而能谦虚，当然愉悦快乐。所以谦卦之后，紧接着就是豫卦。雷地豫，雷在地上。坤为母亲震为长子，有安和美好之象；全卦一阳五阴，五阴追随一阳，有愉悦喜乐之象。所以叫豫卦。震为雷，乃诸侯之象；坤为众，乃师役之象，所以"利健侯行师"。雷为动而在上，地为顺而在下，上动而下从，也是有利于行师建侯之象。古代的圣君受豫卦的启发，效法雷出于地，制造出音乐。它有三个意义：一是表现快乐，使人和乐；二是乐可养德，也可以扬德；三是以盛大的仪式，把音乐进献给天帝、祖先，这样可以凝聚民心，使民众心里安乐。总之，豫就是顺时而动，凡事只要顺时而动、顺时而为，就是顺利的、愉快的、和乐的。

孔子在《象传》里是这么说的："豫，刚应而志行，顺以动，豫。豫，顺以动，故天地如之，而况建侯行师乎！天地以顺动，故日月不过而四时不忒。圣人以顺动，则刑罚清而民服。豫之时义大矣哉。"

孔子的意思是说，一阳得到五阴的响应、感应和呼应，其志在必行。五个阴爻都顺从着阳爻而动，阳动则阴随，这就是豫。天地的运转都是阳动而阴随，地球顺从地围绕着太阳运转，更何况建侯行师呢！人间的规律和天地的规律是一样的。正因为地顺从于天而动，所以日月的运转得到制约，一年四时才不会出现差错。正因为圣人上应天意，下顺民心，制定出的刑罚清明有度，民众才心悦诚服。顺以动，这对时势的指导意义太大了。

初六：鸣豫，凶。

象曰：初六鸣豫，志穷凶也。

【注解】鸣：出声为鸣，因窃喜而笑出声，自鸣得意。

【释义】先看卦象，初六阴爻阳位，初而不正，与九四正应，处坤之初，豫之始。阴爻，说明他有小人特质，本身不具备安乐的条件；阳位，说明他不能安分守己，爱出风头，摆阔气，表现欲极强；不正，说明他心无正念，身无正形，不做正事，不走正道；正应，说明他之所以能够贪图安逸、享受安乐，全是因为有九四的照应；处坤之初，说明他顺风顺水，春风得意，任性而为；处豫之始，说明他一开始就钻进了安乐窝里，胸无大志，一味地享受着九四给他带来的安逸和快乐。就像爻辞里说的"鸣豫，凶"，自己是个无德无才之人，借助别人的势力得到安乐，不知羞耻还到处张扬，表现出一副自鸣得意的样子，此非处豫之道，所以初六非常凶险。

这一爻告诉我们，做人要有志气，要有远大的理想，美好的生活要通过自己的努力去实现，不能像现在有些"富二代""官二代"那样，挥金如土、纸醉金迷、贪图安逸、坐吃山空，长此以往，必遭大凶。

六二：介于石，不终日，贞吉。

象曰：不终日，贞吉；以中正也。

【注解】介：耿介。介于石：意为耿介如石；意为品行端正不移。像石头一样坚固、坚硬、坚定、坚决。不终日：不待日终。

【释义】先看卦象，六二是阴爻阴位，得中得正。阴爻，说明他是一个安静的人，处豫之时，别人都去寻找欢乐，唯独他像石头一样，安安静静地待在那里，也说明他是个头脑很清醒的人；阴位，说明他安分守己，不自乐、不寻乐、静如磐石、坚如磐石，是个意志很坚定、态度很坚决的人；得中，说明他具备中庸之德，处豫之时，既不拒绝这种安静祥和的生活环境，也不会被欢乐安逸的环境消磨自己的意志，不沉醉于低迷，也不会放纵自己的言行，时时刻刻地审视自己，一旦发现自己有失中问题，便迅速解决，绝不会等到天黑；得正，说明他是一个正直的人，有自己正确的人生观和世界观，能够正确对待安乐问题。六二为人耿介如石，虽处豫乐之中，却无眷恋之意，能够在贪图安逸、享受欢乐的时代，慎独自处，清心寡欲，持中守正，达到"世人皆醉我独醒"的境界，已属非常难得。如果坚持走正路，定然吉祥。

这一爻告诉我们，一个人生活在安逸的环境中，切不可放任自己，更不可随波逐流，要做一个头脑清醒、意志坚定的人，要做一个耿介如石、持中守正的人。每日三省吾身，过而能改，善莫大焉。如此处豫，必然得吉。

六三：盱（xū）豫，悔。迟有悔。

象曰：盱豫有悔，位不当也。

【注解】盱：张目仰视也。为小人谄媚取悦之貌。有：又。

【释义】先来看卦象，六三是阴爻阳位，不中不正，上承九四，处坤之极。阴爻，说明他有小人特质，是个特别喜欢愉悦、安逸的人；阳位，说明他不满足现有的安逸生活，有改变现状的愿望；不中，说明他既想追求上进，又不想放弃这么好的生活，进退去留，拿不定主意；不正，说明他进退的目的不纯正，去留的手段不正当，不是正派人，走的不是正道；承刚，说明他向上张目仰视，看人脸色，以媚颜取悦于九四，目的是想通过九四，过上更快乐、更安逸的生活；处坤之极，说明他的好日子已经过到头了，顺极则不顺，他会后悔的。六三沉溺于安乐之中，迟迟不能自拔，把更大的希望寄托在别人身上。虽处阳位，有悔改之意，但悔改的结果如何，就要看他的主观态度了。如果悔改得坚决、迅速，尚可从目前的处境当中解脱出来；如果继续优柔寡断、迟疑不决、进退不定，那就晚了，又会出现新的后悔。

这一爻告诉我们，美好的、安逸的生活，谁都不愿意放弃；更美好、更安逸的生活，是每个人都追求的目标。但实现目标的手段一定要正当，不能卑躬屈膝、仰人鼻息、看人脸色，更不能靠卖弄色相来达到自己的目的。有这种想法和做法的，一定要坚决、彻底、迅速地改正。因为这不是正道，不改会后悔；改得晚了会更后悔。

九四：由豫，大有得。勿疑，朋盍簪。

象曰：由豫，大有得，志大行也。

【注解】由：自、从、由来。盍：合也。簪：簪子，古人束发之用，可把头发迅速聚拢。后把朋友聚会称为"盍簪"。

【释义】先看卦象，九四阳爻阴位，不中不正，与初六正应，上下亲比，处震之初。阳爻，说明他是一个君子，也可以理解为一个刚明、阳光、正直的美男子。五个阴爻所有的安乐都是由他带来的。是豫卦的卦主；阴位，说明他不会主动去愉悦其他五爻，而是等待五阴爻前来取悦于他；下应，说明他的私心比较重，对初六的关照明显比其他人多一些；亲比，说明他除了初六之外，还有两个关系比较亲密的人，那就还有两个关系比较疏远的人；处震之初，说明他是个雷厉风行的人，是个刚明能动，有远大志向的人；不中，说明他不能做到一碗水端平，不能一视同仁，而是有亲有疏，有远有近，甚至对疏远的人还有怀疑；不正，说明他不能正确处理自己与五个阴爻的关系，不能正确理解别人和他亲近的目的，致使自己疑心重重。所以爻辞说"勿疑，朋盍簪"，只要你不怀疑五个阴爻中的每一个人，你的朋友就会迅速聚拢在你的身边。处豫之时，九四给众阴带来快乐，众阴也愿意愉快地追随，得到众人的追随与支持就是"大有得"，这时就可以去实现自己的愿望，其"志大行也"。

这一爻告诉我们，一个领导在一个单位里，不能马上形成凝聚力，问题不是出在下属，而是领导自身出了问题。不主动、有私心、有亲疏、不公平，最主要是疑心重。只要你没有疑心，自然就会一视同仁，自然就会迅速团结在你的周围，自然会"大有得"，自然会"志大行也"。

六五：贞疾，恒不死。

象曰：六五贞疾，乘刚也。恒不死，中未亡也。

【注解】贞：正也。疾：病也。恒：常也。

【释义】先看卦象，六五阴爻阳位，上卦得中，下乘九四。阴爻，说明他是个软弱无能的君王，处豫之时，不能自得其乐，也不能给别人带来安乐；阳位，说明他不能等着九四来取悦于他，而是必须主动前去取悦于九四；得中，说明他具备中庸之德，对九四不会太软弱，但也绝不敢太强硬；乘刚，说明他现在的处境是臣强君弱，地位比九四高，但能力却比九四差，就像骑着一匹刚烈的骏马，随时都有摔下来的可能。六五乘刚绝非一般的刚，乃豫卦之主，群阴之首，重兵在握，直逼君位，朝堂之上，一手遮天，大有挟天子以令诸侯之象。六五虽在君位，但无君权，他所守的正，就是豫之正，就是整日沉溺于安乐，花天酒地，纸醉金迷，有如大病缠身，难以自愈。之所以能够保持现状，恒常不死，是因为他尊位未失，尚有中庸之德，勉强地保命而已。

这一爻告诉我们，当领导的，任何时候以柔乘刚都是一件很麻烦，很危险的事。你手下有一个特别能干的人，你很满意，他跟你又特别亲密，他会把你伺候得很舒服，你会很享受这种安乐。当他把手下的人全部团结在他周围的时候，你便被彻底架空了。这个时候你也只能继续享受安乐，屈辱地过着歌舞升平的好日子，提心吊胆地等待着最后那顿晚餐。

上六：冥豫，成有渝，无咎。
象曰：冥豫在上，何可长也。

【注解】冥：幽也，昏暗的意思。成：通诚，连词，果真，如果。渝：改变。

【释义】先看卦象，上六阴爻阴位，处震之极，豫之终。阴爻，说明他自身不是一个很明智的人，又是一个沉溺于安乐之中的人；阴位，说明他不会主动去取悦于九四，而是自娱自乐而不能自拔；处震之极，说明他有停止娱乐的愿望，动极自止，玩够了就想停下来；处豫之终，说明他这种安逸的日子也确实是到头了，因为豫就是乐，乐极则生悲，这种好日子"何可长也"？常言道：生于忧患，死于安乐，上六安乐到了"冥豫"的程度，就是到了昏天黑地的程度。再停不下来就要自取灭亡了。好在上六阴阴得正，能够正确认识自己所处的环境，能够正确面对存在的问题。又处震之极，有停下来的愿望和可能性。"成有渝，无咎"，意思是果真能够改变"冥豫"的现状，就不会有什么灾祸。

这一爻告诉我们，一个人贪图安逸享乐，也不是什么大不了的事情，但要有个节制和限度。不能过于沉醉在安乐之中，更不能发展到天昏地暗的程度。好在自娱自乐不是什么大罪过，如果能及时停下来，改变这种生活方式，就不会有什么灾祸。

简单总结一下，上一卦是谦卦，大有而能谦必然快乐，所以有了豫卦，豫卦是讲娱乐安逸的，这卦有个特点，九四是全卦唯一的阳爻，是一卦之主，所有的安乐都是他给带来的。但是，凡与他沾边，有关系的都不好。初与四应则初凶，三承九四则有悔，五乘九四则贞疾。而六二和上六与九四没有关系，所以，一个贞吉，一个无咎。这说明，安乐是个好东西，但还是离得远一点比较好。初六就是离得太近了，关系最密切，仗着硬根穷奢极欲，不知耻辱，四处张扬，一副自鸣得意的样子，爻辞里直接言"凶"。六二离得最远，所以六二能够慎独自处，保持头脑清醒，最终得"贞吉"。六三承刚，就有了亲密的关系，用不正当的手段去追求欢乐和安逸，结果是"悔，迟有悔"。六五乘刚，跟九四是君臣关系，而且臣强君弱，那还好受得了吗？结果是"贞疾，恒不死"。上六离他稍远点，人家是自娱自乐，跟九四没关系，所以最终是"无咎"。九四本来就是一卦之主，群阴之首。"大有得""志大行也"都没问题。可偏偏他不中不正，内心出了问题，得了疑心病。所以爻辞说"勿疑"，就可以"朋盍簪"了。

我们古代先民通过"雷在地上"这么一种自然现象，设卦立言，总结出一套关于安乐的客观规律。揭示出各种安乐现象及其必然结果，这是古人的智慧，我们后人要认真学习、思考和借鉴。

随　兑上　第十七卦　追随伟人
　　震下　泽雷随　随和众人

【卦辞】随：元亨利贞，无咎。

【象曰】泽中有雷，随；君子以向晦入宴息。

【注解】随：追随、跟随，随从、随和等意。也有随时、随物之意。晦：昏暗，光线不明。

【释义】《序卦传》说："豫必有随，故受之以随。"欢乐愉快，则随从者众多。所以豫卦之后，紧接着就是随卦。泽雷随，泽在上、雷在下，泽为悦、雷为动，上悦而下动，有追随之象；震为长男，兑为少女，少女从长男，也有随从之象；古人认为，春天雷自地出，秋天雷自泽入，是随天时而动之象；震为春，兑为秋，有天时互随之象。因顺应自然规律，所以具备"元亨利贞"四德。正因为具备四德，所以"无咎"。君子应该从随卦中受到启发，日出而作，日落而息，顺时而动，不违天则。

孔子在《彖传》里是这么说的："随，刚来而下柔，动而说，随。大亨贞无咎，而天下随时。随时之义大矣哉。"

孔子的意思是说，雷和泽一刚一柔，一上一下，上边喜悦，下边就愿意追随行动；下边追随行动，上边就喜悦，这就是随卦的含义。随卦之所以"元亨利贞"而"无咎"，是因为天下所有的事物，都是随时而动、随时而变、随时而枯荣、随时而成败。所有事物都有个时的问题，能够知时、守时、顺时、随时，这个意义太大了。

初九：官有渝，贞吉。出门交有功。

象曰：官有渝，从正吉也。出门交有功，不失也。

【注解】官：官职、官位。渝：改变。交：在这里是追随的意思。

【释义】先看卦象，初九阳爻阳位，初随得正，处震之初，随之始。随卦的原则是下随上、阴随阳，舍远而随近。阳爻，说明他是一个君子，具备君子的品德；阳位，说明他积极主动，上进心强，是个不安于现状的人；得正，说明他处随之时，动机纯正，能够以正当的手段去追随比他地位高的人，是个正直、正派、走正道的人；处震之初，说明他已经开始行动，开始改变自己的地位和命运；处随之始，说明他已经开始追随六二，六二在他的上面，离他又最近，就像在家门口一样，这种追随符合随卦的卦义，会有很大的收获。所以孔子说"出门交有功，不失（则）也"。初九自身条件好，出仕的机遇好，又不失追随之道，官职、官位肯定会有所变动，这就是"官有渝"。开始正，不代表以后正，如果能坚守住自己的正，结果必然吉祥，这就是"贞吉"。

这一爻告诉我们，能不能走上仕途，自身条件很重要；能不能遇到好领导，机遇很重要；能不能建功立业，顺应时代的潮流很重要；能不能有个好的结局，守正很重要。

六二：系小子，失丈夫。

象曰：系小子，弗兼与也。

【注解】系：拴住，在这里是随的意思。小子：指初九。丈夫：指九五。弗：不能。

【释义】先看卦象，六二阴爻阴位，得中得正，上应九五，下乘初九。阴爻，说明他自身柔弱，又是个优柔寡断之人；阴位，说明他是一个安分守己的人，只会被动等待而不会去主动追随；得中，说明他具备中庸之德，能够处理好自己与初九和九五的关系。知道二者不可兼得的道理，不会做出偏激的选择；得正，说明他处随之时，目的纯正，手段正当，能够做出正确判断和选择，不会违背追随之道；上应，说明他应该去追随九五，但九五离他很遥远，按照随卦的要义，必须放弃；乘刚，说明他具备追随初九的优势，符合舍远取近、以阴追阳的原则。所以爻辞说"系小子，失丈夫"。意思是说，处随之时，在二者不可兼随的情况下，决定追随初九这小子，放弃九五那个大丈夫。

　　这一爻告诉我们，在一个单位，追随什么样的人是有原则的，要讲实事求是。追随比你地位高的人，追随比你有本事的人，这都没错，但要看你够不够得着，追不追得上。你就一科长，直接去追随市长，按道理说，地位高、本事大、够优秀，可以作为追随的对象。但你不要忘了，随卦还有一个原则，就是舍远取近。作为一个正常人，应该放弃那种不切实际的幻想，踏踏实实地追随自己身边那个比自己更优秀的人，这才是真正的追随之道。

　　六三：系丈夫，失小子。随有求得，利居贞。
　　象曰：系丈夫，志舍下也。

　　【注解】丈夫：指九四，小子：指初九。
　　【释义】先看卦象，六三阴爻阳位，不中不正，上承九四，处震之极。阴爻，说明他是个柔弱的人，是个自身能力较差的人；阳位，说明他能够主动去追随比他能力强的人，有两个可以追随的对象，一个是九四，一个是初九；不中，说明他心里的天平是倾向于九四的，是个嫌贫爱富，追求权贵的人；不正，说明他追随的目的不是很纯正，追随的手段也不是很正当，有低三下四、苦苦哀求的意思；处震之极，说明他震极能止，能够老老实实待在家里做一个"贤妻良母"。六三追随九四这个大丈夫，坚决地放弃初九那个臭小子，符合随卦舍远取近，以阴随阳的要义，求必有所得，但必须重德操、守妇道、端正态度、摆正位置、思想正统、作风正派才有利。

这一爻告诉我们，一个人自身条件有限，还嫌贫爱富、追求权贵，想嫁入豪门，这确实是有点问题。但只要符合追随的原则，保证能改变自身的缺点和不足，再加上自己锲而不舍地苦苦追求，就可以实现自己的愿望。关键是愿望实现以后，能够安分守己，安居乐业，就正理、走正道，才符合随卦的要义。

九四：随有获，贞凶，有孚在道，以明，何咎。

象曰：随有获，其义凶也，有孚在道，明功也。

【注解】随：这里是四随五。有获：多言获六三，其实也包括初九和六二。明：说明，摆明，光明正大，放在明处。孚：诚信。

【释义】先看卦象，九四阳爻阴位，下比六三，不中不正，处兑之初。阳爻，说明他是刚明正直的君子，具备君子的品德；阴位，说明他谨遵臣道、不敢有僭越行为；不中，说明他很难把握追随与被追随的关系，追随自己的人太多，难免有招纳之嫌，就怕君王对自己产生怀疑；不正，说明他的位置实在不好；贞凶，就是动机再纯正，手段再正当，也会有凶险；其义凶也，从道义上讲，他这样做是很凶险的；亲比，说明他跟下面的关系确实很亲密，追随他的人很多，大有收获；处兑之初，说明他有三寸不烂之舌，能把所有事情说清楚，讲明白，解除君王的误解，使君王心中喜悦。九四处大臣之位，多惧之位，追随在九五之后，为九五招贤纳士，笼络人才。手下有一阳志同，二阴相随，且关系密切，难免有拉帮结派，结党营私之嫌。从道理上说，这是君王最忌讳的事情，就是你的动机再纯正，也会有凶险。好在九四和九五都是阳爻，君子之间能以诚信互通，君有明君之德，臣有忠臣之德。九四坚守为臣之道，上奉明君，下御臣民，虽违常义，但心存公诚，著信在道，光明正大，以明其功，虽"贞凶"又"何咎"之有呢？

这一爻告诉我们，在一个单位，如果你是二把手，而你的追随者众多，关系又特别亲密。这个时候你已经处在危险境地了，如果你的领导是个君子，你也是个君子，这事就能说明白，就没有灾祸；如果你的领导是个小人，这事麻烦就大了，不管你是好心还是歹意，你将有口难辩，获罪那是必然。

九五：孚于嘉，吉。

象曰：孚于嘉，吉；位中正也。

【注解】孚：诚信。嘉：善也。美好。

【释义】先看卦象，九五阳爻阳位，上卦得中得正，阳爻，说明他是大德之君；处随之时，说明他是值得全国人民追随的伟大人物；阳位，说明他是大有作为的人，是个诚通天下的人；得中，说明他具备中庸之德，深谙随之中道，他知道别人为什么追随他，也知道怎么做才能得到别人的追随；得正，说明他是光明正大的人，能够正确处理君臣、君民的关系，特别是能够正确理解九四"招贤纳士"的行为，使一级一级的追随走上正道。处随之时，最贵两个字：一是孚，二是嘉。孚就是诚信，就是真诚；嘉就是善良，就是美好。君王以至诚感召天下，天下人以求善求美之心追随君王，这是随卦中最完美的追随，也是古代治国比较理想的政治局面。追随与被追随达到这种境界，便天下大吉了。

这一卦告诉我们，作为一个单位的领导，要想得到广大干部职工的爱戴、拥护和追随，自身的德性和才能很重要，这是个先决条件；其次是处理所有问题，都能持中守正，这个也很重要，这是个必要条件；再有就是诚信和真诚，这一点更重要，它是充分必要条件。诚能通神，诚可通天下之志，凡事以诚信为本，真诚对待所有的人，别人才会真心地信赖你，尊重你，追随你。

上六：拘系之，乃从维之。王用亨于西山。

象曰：拘系之，上穷也。

【注解】拘：约束。系：挽系，拴住。乃从：使之从。维：维护，维系。上穷：上边到头了，最高境界。

【释义】先来看卦象，上六阴爻阴位，上位得正，处兑之极，随之终。随卦上六是祖宗位，既然是祖宗位，那么阴爻，说明他是已经不在人世的人；阴位，说明他是埋在土里的人，是彻底静而不能动的人；处兑之极，说明后人在祭祀他的时候是悲哀的、悲伤的、悲痛的；处随之终，说明追随追到他这里，算是追到头了，也达到了随卦的最高境界。随卦的要义是追随，是随从。下从上，阴从阳，民从臣，臣从君。那么君又从谁呢？君从天、从祖；这是古代统治阶级的统治手段，让老百姓相信，君贵、贵为天之子、君命天赐，君权天援；江山社稷是祖宗留下来的，各种规矩都是祖宗制定的，社稷安康是祖宗庇护，天下太平是祖宗保佑。所以君王用随之道，就是拜天祭祖，以此来建立人们的信仰，用信仰来拘系人们的灵魂和思想，使之追随君王，维护君王的统治，这样社会才能和谐、稳定。爻辞说"王用亨于西山"，"拘系之，乃从维之"。意思是说，周文王当年就是用去西山祭祀祖先的办法，拘系（统治）周人的灵魂和思想，使人们追随自己，并维护自己的统治地位。

这一爻告诉我们，追随的最高境界，不是什么美好的愿景加完善的规章制度，更不是什么人格魅力加巨大的利益诱惑。而是信仰，用信仰牢固掌控人们的思想，靠共同信仰把人们紧紧地团结在一起。人们一旦因为信仰而追随你，那种力量是巨大的，他们不为名、不为利、任劳任怨、甘为驱使，甚至抛头颅、洒热血，为国捐躯也在所不辞。这就是信仰的魅力，也是追随的最高境界。

简单总结一下，上一卦是豫卦，豫卦讲的是愉快欢乐。欢乐追随者必众，所以就有了随卦。随卦讲的是追随、随从、跟随，追随的最高境界是信仰。一开始是"出门交有功"。凭借自身条件优秀，遇到一位好领导，初登仕途，就建功立业，官位升迁，一路顺风顺水。这个时候，不能好高骛远，不能去追随离自己太遥远的人物。要讲实事求是，追随自己身边的优秀人物，才符合追随的规则。自身条件比较差，还要追随大人物，明显是攀高枝、附权贵。但这也并非不可能，只要符合追随的规则，就会"随有求得"。但必须"利居贞"，老老实实待在家里，堂堂正正地做个好人才会有利。当"随有获"的时候"贞凶"，就是说作为朝中大臣，当你的追随者甚众的时候，就是你目的再纯正，也会受到君王的猜疑，你就会有凶险。但"有孚在道，以明"，就可以"无咎"，意思是说，你遇到的是位有道之君，君臣之间互讲诚信，通过真诚的沟通，可以把事情说清楚，这样就没有凶险了。作为君王，处随之时，做到"孚于嘉"就可以了。意思是说，君王用自己的真诚和诚信，去呼应臣民对美好生活的追求，就会达到大吉大利的境界。但这个境界还不是随卦的最高境界，随卦的最高境界是建立信仰，让人们为信仰而生，为信仰而战，为信仰而死，才是随卦的真谛。

我们古代先民，通过"泽在上，雷在下"这么一种自然现象，设卦立言，总结出一套关于追随的客观规律，揭示出各种情况下，追随的条件、原则和必然结果。这是古人推天道、明人事的智慧，我们后人应该认真地学习、思考、借鉴。

蛊 ䷑ 艮上 第十八卦 革除腐败
巽下 山风蛊 除旧布新

【卦辞】蛊：元亨，利涉大川。先甲三日，后甲三日。

【象曰】山下有风，蛊：君子以振民育德。

【注解】蛊：皿虫为蛊。《本草》解：取百虫入瓮中，经年开之，必有一虫食尽诸虫，即此名为蛊。在此引申为事之败坏，积弊也，腐败也。先甲三日，后甲三日：蛊为治蛊即改革，甲是事之始也，为改革之日，先甲三日，是改革之前，必须做好充分的准备工作；后甲三日，是颁布新政后，要尽全力推行。甲即新与旧，治与乱之间那道分水岭。

【释义】《序卦传》说："以喜随人者必有事，故受之以蛊，蛊者事也。"这个事是多事之秋的事，是腐败之事、积弊之事。所以随卦之后，紧接着就是蛊卦。山风蛊，艮上巽下，艮为刚体居上而上行；巽为柔体居下而下行，阴阳不交，上下不通。所谓"流水不腐、户枢不蠹"。通则不蛊，不通则蛊。巽，软弱柔顺，遇事进退不决，无奋进有为之志，有苟且因循之习，又有艮止的阻碍，政风不畅，民风日下，积久而至于蛊，当属必然。山下有风，草木枯败而腐朽，也有蛊之象。蛊为治蛊，追求完美故称"元"；治可行也，故称"亨"；大乱正可大治，故称"利涉大川"。革除前朝积弊，除旧布新，绝非易事，改革前要做好充分的准备工作；改革后要慎重推行，故称"先甲三日，后甲三日"。孔子说，君子应该从蛊卦中得到启发，无论是乱世，还是治世，"振民育德"，振奋民心，培育民德都是最重要的事情。

孔子在《象传》里是这么说的："蛊，刚上而柔下，巽而止，蛊。蛊元亨而天下治也。利涉大川，往有事也。先甲三日，后甲三日，终则有始，天行也。"

孔子的意思是说，刚上而上行，柔下而下行，悖逆下交则不通，软弱受阻则不行，这就是腐朽败落的原因。处蛊之时，革除弊端就是追求完美，因时而治，就会畅通无阻，如此天下便会得到大治。当然，治蛊也绝非易事，就像涉大川那样，虽然顺时有利，但毕竟是困难重重。往前走，会有很多蛊弊需要治理，任重而道远。治蛊之前要做好充分的准备工作；治蛊之后要巩固改革成果。人类社会的运行、发展和天体的运行规则是一样的，天体运行有寒必有暑，有日必有夜；社会的发展也是有随必有蛊，有乱必有治。蛊，正处在乱之终，治之始的时候。

初六：干父之蛊，有子，考无咎，厉终吉。
象曰：干父之蛊，意承考也。

【注解】干：正蛊事也，纠正的意思。父：指九二，蛊之六爻皆言治蛊之道。蛊在前，治在后，故以父母之蛊取义。子：儿子。考：父亲。

【释义】先看卦象，初六阴爻阳位，上承九二，处巽之初，蛊之始也。阴爻，说明他是谦虚谨慎、有韧劲也有耐心的人；阳位，说明他是主动治蛊的人，积极进取、勇往直前，赴汤蹈火，百折不挠；承刚，说明他顺从上意，继承父业，是一个孝顺的人；处巽之初，说明他是一个既谦逊，又雷厉风行的人；处蛊之始，说明他虽然弱小，却肩负治蛊重任，前途是光明的，道路是曲折的。初六"干父之蛊"纠正父亲造成的蛊坏之事，革除父辈的政治弊端，虽然"厉"，会遇到巨大的、无穷的艰难险阻，甚至会有危险。但是"有子""考无咎"，只要有我在，决不让父亲有什么灾祸。虽有危厉，但最终的结果是吉祥的。

这一爻告诉我们，子承父业，谦虚顺承很重要，但不能一味顺承而无所作为，所以积极主动地革除父辈遗留的积弊更重要。在这个过程中，肯定不会一帆风顺，甚至会付出更大的代价。但不管遇到什么困难，只要有我在，就不会让父亲承担任何责任，这样做，最终肯定吉祥。

九二：干母之蛊，不可贞。

象曰：干母之蛊，得中道也。

【注解】母：指六五，九二与六五正应，有母子之象。

【释义】先看卦象，九二阳爻阴位，下卦得中，上应六五。阳爻，说明他是刚明正直的君子，是个治蛊的高手；阴位，说明他是个稳重的人，不会莽撞行事；得中，说明他具备中庸之德，既能革除母亲遗留的弊端，又不会伤害到母亲的感情，分寸把握得体而适中；上应，说明母子之间有心灵感应，当儿子的能够很好地照顾到母亲的感受。九二刚健，六五柔弱，在母弱子健的情况下，继承母亲的家业，改革母亲的弊政，如果不商量、不请示、操之过急、约之过直，肯定会伤害到母亲的感情，所以爻辞说"不可贞"。就是不要固执己见，即使自己是正确的，也要敦请母命，委曲求全，中庸行事，曲线救国，最终达到治蛊的目的。

这一爻告诉我们，子承母业和子承父业的区别很大。子承父业可以放手一搏，攻坚克难，勇往直前，勇于承担，毫无顾忌；子承母业，就是你再有本事，也要充分考虑母亲的感受，不可鲁莽，独断专行。而是要通达圆润，思虑周全，顾及左右，中庸而为。

九三：干父之蛊小有悔，无大咎。

象曰：干父之蛊，终无咎也。

【注解】小有悔：有小悔。无大咎：没大咎害。

【释义】先看卦象，九三阳爻阳位，虽正不中，与上九敌应，处巽之极。

阳爻，说明他具备君子之德，是治蛊的能手；阳位，说明他能够主动出击，对于革除父辈的弊政毫不手软；得正，说明他一身正气，两袖清风，除旧布新，正大光明，做人做事堂堂正正；不中，说明他居刚用刚，在治蛊方面，无论是态度，还是手段，都是强硬的，对待父之过，会有些矫枉过正，清除残渣余孽也会有些过分；敌应，说明他与父辈的政见完全是敌对的，对父辈的腐败政治，持全面否定态度；处巽之极，说明他巽极则不逊，对父亲不再顺从，而是逆父辈而动，开创新的政治局面。九三"小有悔"是因为他有失中庸的原则；"无大咎"是因为他得正而能行正也，走正道的人最终是不会有灾祸的。

这一爻告诉我们，打铁还需自身硬，要革除腐败，首先看自己有没有那个实力。光有实力还不行，还得有魄力，有气势，有决心，有手段。光有这些还不够，还要矫枉过正，一鼓作气，摧枯拉朽，彻底实现除旧布新的治蛊理想。

六四：裕父之蛊，往见吝。
象曰：裕父之蛊，往未得也。

【注解】裕：宽裕，宽松，懈怠。
【释义】先看卦象，六四阴爻阴位得正，下乘九三，处艮之初，与初六敌应。阴爻，说明他是一个软弱无能的人，是一个不善于治蛊的人；阴位，说明他是一个安于现状，得过且过，不愿意主动去治蛊的人；得正，说明他自身是一个很正派的人，是一个不会玩阴谋、耍诡计的人，是一个不会走歪门邪道的人；乘刚，说明他这个位子坐得很难受，德才都不配位，压不住阵，如坐针毡；处艮之初，说明他治蛊的阻力很大，面对困难，止步不前，对治理腐败有畏惧感，不敢轻易采取行动；敌应，说明他和初六的想法和做法完全相反。初六接班以后，拯溺救焚，时不我待，抓紧时间去解决问题。而六四却过于柔弱，接班后维持现状，苟且偷安。爻辞说"裕父之蛊"，就是对于父辈之积弊，采取宽容、宽松、放纵懈怠的态度，不愿意，也没有能力去解决这些问题。"往见吝""往未得也"。这样发展下去不但得不到治蛊的效果，遭到羞辱还在其次，整个国家都会由吉向凶而去了。

这一爻告诉我们，软弱无能之辈，即使他是个正派的好人，也不能委以重任。如果你非要用他，那么受损害的不光是他，还会搭上你所看重的事业。

六五：干父之蛊，用誉。

象曰：干父用誉，承以德也。

【注解】誉：德名，圣君大德之名声。承：继承。

【释义】先来看卦象，六五是阴爻阳位，上卦得中，上承上九，下应九二。六五处至尊之君位。阴爻，说明他虽是一国之君，但治蛊用柔而不用强，是个以德治国之君；阳位，说明他不会安于现状，会积极主动地革除弊政，扬名于天下；得中，说明他具备中庸之德，能行中庸之道，除旧布新，无过无不及，拿捏分寸，恰到好处；承刚，说明他能继承先君之德，借助父辈的德名盛誉，建立自己的声誉；下应，说明处治蛊之时他与朝野贤达之人心灵相通，他能起用这些干臣，这些干臣也愿意为他所用。六五上能承先君之德，用先君之誉；下能用干臣之才，贤达之能。如此治蛊，国家之誉必扬，治蛊之道必成。

这一爻告诉我们，一个单位的领导，要想干一番事业，不在乎你多么有才能，更重要的是看你有没有德。有德之人，上可借誉，借德，借名，借势；下可用贤，用达，用才，用能。"占小善者率以录，名一艺者无不庸。"何愁事业无成。

上九：不事王侯，高尚其事。

象曰：不事王侯，志可则也。

【注解】事：侍奉，伺候。

【释义】先看卦象，上九阳爻阴位，处艮之极，蛊之终。上位是无位之位，人是身处事外之人。阳爻，说明他是个刚明正直的君子，是个志向高远的人；阴位，说明他是安守本分的人，是喜静不喜动的人；处艮之极，说明他止极而动，跳出三界外，不在五行中，是个归隐山林的人；处蛊之终，说明他早已完成了治蛊的任务，蛊事已毕，政治清明，功成身退，"不事王侯，高尚其事"。不愿再伺候那些王侯，从此闲云野鹤，高山流水，以归养退隐为高尚之事。世事于我如浮云，天伦之乐度余生，躲进小楼成一统，管他春夏与秋冬。像上九这种高人，其"志可则也"。就是说他的这种做法，可以成为后人效仿的处事原则。

这一爻告诉我们，功成身退，是一种非常明智的选择。历史上，历朝历代那些开国功臣名将，没有几个得以善终的，追究起来，狡兔死走狗烹是一方面，更重要的是自己贪恋权位，难舍名利，沉溺于世俗造成的。只有超凡脱俗的人，志向高远的人，才能做到急流勇退，归隐山林，善始善终，难道不值得我们学习吗？

简单总结一下，上一卦是随卦，随卦讲的是追随。追随时间长了就会产生腐败，所以有了蛊卦。蛊卦讲的是如何治理腐败。一开始就是子承父业，这个接班人是个谦虚而又能干的人，"有子，考无咎"，有他在，不会让父亲有任何闪失；接下来是子承母业，也是一个特别能干的接班人，但他在治蛊的时候，必须得考虑母亲的感受，所以"不可贞"。接下来又是子承父业的，是个敢于碰硬的人，与父辈的政见完全相反，革除父辈弊政毫不留情，毫不手软，不惜矫枉过正，也要开创全新的政治局面；接下来这个接班的是个软弱无能的人，面对父辈遗留的弊端，望而生畏，束手无策，裹足不前，葬送了自己的前程，也葬送了国家的命运；接下来还是子承父业的，是个德才兼备的人。上承先君之德誉，下用贤达之才能，革除腐败，除旧布新，完成了治蛊大业，实现了政治清明。最后这位，是个高人，治蛊以后，功成身退，隐居山林，笑傲江湖，不事王侯，做一个纯粹而高尚之士，超凡而脱俗之人。

　　我们古代先民，通过"山在上，风在下"这么一种自然现象，设卦立言，总结出一套治蛊的客观规律，揭示出不同人，在不同情况下，如何治蛊及其必然结果。这是古人推天道、明人事的智慧，值得我们后人认真学习、思考和借鉴。

临 ䷒ 坤上　第十九卦　居高临下
兑下　地泽临　监督教化

【卦辞】临：元、亨、利、贞。至于八月有凶。

【象曰】泽上有地，临；君子以教思无穷，容保民无疆。

【注解】至于八月有凶：临卦在消息卦中是十二月，正是阳长之时，已有两阳。自此后推八个月，是观卦，在消息卦中是八月，正是阳消之时，还剩两阳，阳长为吉，阳消为凶。

【释义】《序卦传》说："蛊者事也，有事而后可大，故受之以临，临者大也。"蛊是世风日下而得治，得治之后，社会风气逐渐好转，这时阳性事物渐长，二阳临下而向上发展，必然盛大。所以，蛊卦之后，紧接着就是临卦。地泽临，地来到泽前有居高临下之象；阳本应居上，今二阳居下，有位高者莅临基层之象；阳性事物在初期发展阶段，都能临民、亲民，只有得到民众的拥挤，才能发展壮大，所以临卦有盛大的意思。二阳在下，向上发展，一开始就是完美的、亨通的，有利于人民的，走的是一条光明的正确的大道，所以卦辞说"元亨利贞"。阳性事物发展壮大，是天地运行之道；从盛大到消退，也是天地运行之道。就像消息卦所揭示的规律一样，目前是二阳在下，阳长阴消，八个月后，就变成二阳在上，阴长阳消了。阳长是吉象，阳消自然是凶兆。所以卦辞说"至于八月有凶"。临卦本身是历史上最好的发展时期之一。上顺下悦，君主宽容圣明，百姓心悦诚服，是蛊乱初治，政治清明，天晴气朗，蒸蒸日上的好时候。君子应该从临卦中得到启示：只有亲临百姓，才能永远地心系百姓，教化百姓；只有深入到百姓之中，才能永远地容纳百姓，保护百姓。也就是说，只有亲民，才能教民、思民、容民、保民。

孔子在《彖传》里是这么说的："临，刚浸而长，说而顺，刚中而应，大亨以正，天之道也。至于八月有凶，消不久也。"

孔子的意思是说，君子深入到基层，慢慢地发展壮大，老百姓高高兴兴地顺从。此时的君子刚明中正，走的是中庸之道，堂堂正正的光明大道，所以深得老百姓的响应和拥护，君子前进的道路畅通无阻，这是顺应了自然规律的缘故。但是，按照自然规律的发展变化，一个历史时期之后，事物就会向相反的方向发展，不久就会发展到阴长阳消的时候，那个时候对于君子来说，就又凶多吉少了。

初九：咸临，贞吉。
象曰：咸临贞吉，志行正也。

【注解】咸：感也，无心之感。

【释义】先看卦象，初九阳爻阳位得正，上应六四，处兑之初、临之始。阳爻，说明他是刚明正直的君子，具备君子优秀的品德，是位能够感召民众的人；阳位，说明他上进心极强，能够积极主动地深入基层，开展工作，带领民众，共同上进；得正，说明他光明正大，作风正派，为人正直，处事公正，是个堂堂正正带领民众走正道的人；上应，说明他与六四心灵相通，他的主张也得到上面的充分肯定；处兑之初，说明他是个乐观的人，民众也乐于追随，大家欢乐愉快地前行；处临之始，说明他初临百姓，以君子之诚感召民众，便有一呼百应之势，恐怕上面会有一些猜疑。所以爻辞强调"贞吉"。就是说，你的目的纯正，才能得吉。为了得吉，初九"志行正也"。初九以感临民，其人刚也，其质健也，其品优也，其德高也，其志远也，其临诚也，其行正也。以此阳感群阴，唯固贞才能得吉。

这一爻告诉我们，亲临百姓，以正为要，正则吉，不正则凶。不管你这个人多么优秀，多么有才干，取得多么大的成就，有一点要牢记在心，那就是动机必须纯正。动机纯正，成绩大是大吉；动机不纯正，成绩大就是大凶。

九二：咸临，吉无不利。

象曰：咸临，吉无不利；未顺命也。

【注解】未顺命：自古以来，各家均以"未详""不解""存疑"而注。愚以为，孔圣站在历史的高度，看到九二咸临的民众之中，有前朝遗民不顺命者。故指前朝遗民。

【释义】先看卦象，九二阳爻阴位，下卦得中，上应六五，上比四阴。阳爻，说明他是刚明正直的君子，具备君子美好的品德，是位能够感召民众，亲临百姓的人；阴位，说明他是个谦虚稳重的人，能够压住阵脚，不是急功近利，盲目冒进的人；得中，说明他具备中庸之德，能行中庸之道，不极左，不极右，对当朝百姓也不过分溺爱，对前朝不顺命者也不会过分排挤，以真诚亲临百姓，感化那些不顺从、不听命的人；上应，说明他深得君王信任，也得到民众的真心响应；亲比，说明他与民众的关系非常亲密，虽然有远近之分，但无亲疏之别。《易》贵中，次贵正，再次应。九二得中而应，不但得吉，而且无往而不利。

这一爻告诉我们，亲临百姓，必须做到中正而应，自己中正，才能得到领导的信任。得到领导的充分信任非常重要。领导不信任，你干得再好也得提心吊胆，生怕领导怀疑；领导要是信任，就连反对过领导的人，你都敢亲近他、感化他、团结他。取得再大的成绩，也不会怀疑你，而且最终的结果是"吉无不利"。

六三：甘临，无攸利。既忧之，无咎。

象曰：甘临，位不当也，既忧之，咎不长也。

【注解】甘：甜美，甜言蜜语。

【释义】先来看卦象，六三是阴爻阳位，不中不正，下乘九二，处兑之极。临卦除二阳爻为以大临小，即以阳临阴之外，其余各阴爻皆取以上临下之象。六三阴爻，说明他具备小人特质，无德无才，软弱无能，是个没有亲临百姓能力的人；阳位，说明他不会安分守己，是个善于表现自己的人；不中，说明他不能一视同仁，对民众有偏见，想法和做法都有些过分；不正，说明他亲临百姓的目的不纯正，手段不正当，有偷奸取巧之嫌，走的不是正道；乘刚，说明他德不配位，不能胜任现有的职务，有点小马拉大车的感觉；处兑之极，说明他极尽口舌之能，企图用甜言蜜语扰络二阳之心。其实六三这样做对自己是不会有利的。他应该知道自己的处境，本身处在多凶之位，下又乘刚，不中不正，何德何能去亲临百姓？如果知道阳进阴退的道理，因惧而忧，退避三舍，便可无咎。如果能知忧而退，即使有咎，时间也不会太久。

这一爻告诉我们，德才均不配位，没有能力，干不了任何事情；自我表现没有任何用处；不走正道没有前途；花言巧语解决不了任何问题；懂得畏惧才能退让；知道担忧方可无咎。

六四：至临，无咎。

象曰：至临无咎，位当也。

【注解】至：得当也。亲切之至的"至"，到位也。

【释义】先看卦象，六四阴爻阴位，上卦得正，下应初九，处坤之初。阴爻，说明他是谦虚谨慎的人，是以柔临下而不是以刚临下的人；阴位，说明他是个有城府，不张扬的人，做事情稳重，没有把握的时候，绝不会轻举妄动；得正，说明他临民的目的纯正，手段正当，观念正统，行为端正，而且处在以地临泽的正位，也正好到位，地与泽亲切之至，所以叫"至临"；下应，说明他与基层民众心灵相通，处临民之时，上下呼应，有令则行，有禁则止；处坤之初，说明他对下敦厚，对上顺承；六四临民的位置是最佳的位置，到位而不越位，恰到好处；临民的态度是最好的态度，谦虚谨慎，柔和敦厚；临民时机是最佳时机，不早不晚，正是时候；处临民之时，上顺而下悦，何咎之有？

这一爻告诉我们，亲临百姓，要找准自己的位置，时刻注意自己的态度，把握好临民的时机，这样才能充分发挥自己的作用，使上下左右都高兴、都满意。

六五：知（zhì）临，大君之宜，吉。

象曰：大君之宜，行中之谓也。

【注解】知：智也，智慧。宜：适宜，恰到好处。

【释义】先看卦象，六五阴爻阳位，上卦得中，下应九二。阴爻，说明他是虚怀若谷的人，谦虚、包容、用智而不用强，是个以德治国的人；阳位，说明他能够主动亲临百姓，是个大有作为的人；得中，说明他具备中庸之德，能行中庸之道，御臣、临民恰到好处，无过，无不及，这就是爻辞所说的"大君之宜"；下应，说明君臣之间心灵相通，君对臣充分信任，并委以临民之重任；臣对君绝对忠诚，代君临民，以报知遇之恩。有钦差在基层，上意可以下达民众，民意可以上传天听。尚方宝剑在此，如朕亲临，如此临民，可谓智慧之举，这就是爻辞所说的："知临。"六五虽以柔履刚，但能以"行中"而得"大君之宜"，能以下应而收到"知临"的效果。此乃君之大吉、民大之吉、国之大吉。

这一爻告诉我们，亲临百姓，必须中道而行，要不远不近，恰到好处，太远了他会怨恨你，太近了他就不会尊重你。远近适宜，才是正确的干群关系。还有一点也非常重要，就是工作上的事不必亲力亲为。选好人，用好人，才是你当领导的职责。

上六：敦临，吉无咎。
象曰：敦临之吉，志在内也。

【注解】敦：敦实厚重。内：下卦。

【释义】先看卦象，上六阴爻阴位，上卦得正，处坤之极、临之终。阴爻，说明他是敦实厚重的人，对民众实实在在，不轻佻，不强硬，不残暴，不刻薄，是个以柔临民的人；阴位，说明他是个稳重的人，喜静不喜动，政令不繁保持现状，无为而治；得正，说明临民、亲民、御民、督民、牧民的动机是纯正的，手段是正当的，观念是正统的，路线是正确的；处坤之极，说明他阴极返阳，志在回到民众中去，亲临百姓，与天下百姓融为一体；处临之终，说明他达到了临民的最高境界，临道已成，上顺下悦，举国祥瑞，大吉大利，没有灾祸。

这一爻告诉我们，亲临百姓的最高境界是隐身，不让人看出你是领导，不让人觉得你是领导；寓有形于无形，寓有为于无为；与干部职工融为一体，同呼吸、共命运，在别人不知不觉中，发挥领导作用。这才是临民、牧民的最高境界。

简单总结一下，上一卦是蛊卦，蛊卦讲的是治蛊，蛊事得治以后，便会出现盛大的政治局面，所以就有了临卦。临卦讲的是国家政治清明以后，正气上升，邪气下降，君王亲临百姓，百姓愉悦追随。一开始，君王就派刚明正直的君子，深入到最基层，以无心的阴阳感应去临民，以天然的阶级感情去亲民，形成了与老百姓打成一片的政治局面。紧接着派钦差大臣到地方去，开展全面的亲民、牧民工作，由于君臣互信，上下通达，形成了良好的政治生态。基层干部当中，也不都是德才兼备的人，也有缺德少才、软弱无能之辈。无亲民之功，却善于自我表现；无临民之能，却对百姓有偏见；无牧民之才，却有口舌之功，靠甜言蜜语扰络民心，靠花言巧语妄得君宠。对这种干部，"靠边站"就是最大的恩宠。临民、亲民最好是找准自己的位置。到位而不越位，对下敦厚，对上顺承，既不张扬，又见实效。凡事做到恰到好处，才是为臣的本分。处临之时，君王的做法，就比大臣、官员们智慧多了，他主要是选好人、用好人，不会事必躬亲，都是由大臣官员们替他去临民、亲民。而他自己，把握好与民众的关系就好了。既不会太亲近，也不会太疏远，这是御民之道，"大君之宜"。但这并不是御民的最高境界，临民的最高境界是君民融为一体，民中有君，君在民中，上顺下悦，教化百姓于无形，这才是临民、亲民、御民、牧民的最佳状态。

　　我们古代先民，通过"地在上，泽在下"这么一种自然现象，设卦立言，总结出一套临民、亲民的客观规律，揭示出各种临民状态及其必然结果，这是先民的智慧，我们后人要认真学习、思考、借鉴。

观 ䷓ 巽上 第二十卦 展示威严
坤下　风地观　仰观盛德

【卦辞】 观：盥（guàn）而不荐，有孚颙（yóng）若。

【象曰】 风行地上，观；先王以省方，观民设教。

【注解】 观：观在此卦有两层意思，读平声是观察、观看的意思；读去声是显示、展示、给人看的意思。盥：洗手。祭祀前清洁双手。荐：祭祀时奉献酒食。孚：虔诚。颙：仰望的意思。

【释义】《序卦传》说："临者大也，物大然后可观，故受之以观。"临卦是阳长阴消，阳长就会变得盛大，盛大以后，就可以被仰观了。所以临卦之后，紧接着就是观卦。风地观，风行地上，无所不及，有到处观察之象；二阳在上，四阴在下，有上观下，下观上之象。上观下，是观察民风，考察民情，视察民意；下观上时，上者要做出盛大、虔诚、威严、庄重的样子。这样民众对上才能产生虔诚之心、敬畏之心。就像举行盛大的祭祀大典，天子从净手到献祭，要有强烈的仪式感，要表现出无限的虔诚。这样民众才能在虔诚的仰望中，建立起内心的信仰。这也正是观卦的要义。卦辞说"盥而不荐"，意思是天子主持大祭，从洗手开始，就非常庄重、严肃、虔诚而有威仪，不是轻易的，随随便便的进献酒食，这个过程很漫长，很有仪式感。"有孚颙若"，意思是说，老百姓在下面观看这种仪式，个个都是一脸的虔诚，伸长了脖子，仰观天子的威容，无不信服而受到教化。君子应该从观卦中得到启示，一方面巡视天下四方，考察民俗民情；另一方面要设教育民，培养老百姓的虔诚之心和敬畏之心，以使民风纯净、厚朴。

孔子在《象传》里是这么说的："大观在上，顺而巽，中正以观天下。观，盥而不荐，有孚颙若，下观而化也。观天之神道，而四时不忒，圣人以神道设教，而天下服矣。"

孔子的意思是说，天子高高在上，老百姓以顺从而谦逊的态度，仰观天子；天子则以中正客观的态度，观察天下臣民。天子不惜繁文缛节，那么隆重、虔诚地主持祭祀大典，就是做给天下百姓观看的，让百姓通过观礼而得到教化。天地四时的运转变化，为什么没有丝毫的差错？那是因为有天神在管着。圣人就借着天神的说法，设坛祭神，教化百姓，而天下百姓就都信服了。认为真的有天神，帝王就是天之子，君命天赐，皇权神授。这样老百姓对天子就更加虔诚了。

初六：童观，小人无咎，君子吝。
象曰：初六童观，小人道也。

【注解】童：儿童，小孩子，这里指庶民。小人：这里指下民。

【释义】先来看卦象，初六阴爻阳位，上卦无应，处坤之初，观之始。阴爻，说明他是小人，这里的小人是指小人物、小民、小老百姓，是没受过教育的人，没有学识，没有见识的人；阳位，说明他想参加祭祀大典，目睹天子威容的愿望很强烈，但他没有资格参加，只能猜想和妄议；无应，说明他不能直接、直观地受教于九五，离得太远，甚至连一点感应都没有；处坤之初，说明他是顺民，因愚昧无知而盲目顺从；处观之始，说明他所观不清，所见不明，主观上目光短浅，客观上是目不能及。爻辞说是"童观"，就像儿童看大人一样，是看不出所以然的，看不懂，不理解，一脸的茫然。"小人无咎，君子吝"，平民地位卑微，见识浅薄，不能认识和理解九五至尊的治国之道，没有什么过错，也没有什么灾祸，如果君子也如此，那就羞愧难当了。遭到羞辱还在其次，直接向凶而去了。

这一爻告诉我们，普通老百姓对国家的政策、法规不够了解，或理解不够透彻，这很正常，也情有可原，不会是个多么严重的问题；如果国家干部也这样，那就说不过去了。批评、处分那都是小意思，甚至会有开除公职的危险。

六二：窥观，利女贞。

象曰：窥观女贞，亦可丑也。

【注解】窥：偷窥，偷偷地看。丑：丑陋。

【释义】先看卦象，六二阴爻阴位，得中得正，上与九五正应。阴爻，说明她是个女人，是个温柔贤惠的女人；阴位，说明她是个安分守己、大门不出、二门不迈的女人；得正，说明她坚守德操，作风正派，思想正统，行为端庄，是个堂堂正正、光明正大的女人；上应，说明她和九五的关系非同一般，有男女之间的感应，是你有情、我有意，你有呼、我有应的亲密关系。爻辞说"窥观"，那什么人才能偷偷观察、观看君王呢？只有后宫的人，古代后宫的人是不可以干政的，特别是祭祀大典这样的事情，是不允许后宫女人们参加的。所以她们没有机会目睹君王朝堂之上的威颜。她所观看的九五，是从门缝里偷偷窥视的，所见者窄，所知者少。对君王治国理政了解不够全面。初六童观是观而不明，六二窥观是观而不全。作为后宫的人，对于君王之道了解不够全面，不是什么大问题，只要坚守妇道就可以了。如果朝堂之上的大臣也是如此，那就太丢脸了。"亦可丑也"，那可就丢了大丑了！

这一爻告诉我们，作为下属，一定要了解领导的整体工作思路，知其然，还要知其所以然。不能和领导家属比，家属工作方面了解少，作风正派就好。下属对领导了解不够全面，难免会遭到批评和指责，甚至会当众出丑。

六三：观我生，进退。

象曰：观我生，进退；未失道也。

【注解】我：多以我即九五作注，愚以为我即六三，我为自指。

【释义】先看卦象，六三阴爻阳位，不中不正，与上九正应，处坤之初。阴爻，说明他是一个谦虚谨慎的人，是个柔弱多疑的人，是个自我保护意识较强的人；阳爻，说明他会主动观察九五，时时刻刻注意观察自己的生存环境，这就是"观我生"；不中，说明他要么进、要么退，不能保持中立，到底是进还是退，暂时还拿不定主意；不正，说明他观察九五的动机不纯正，不是出于公心，而是出于自我保护的私心；上应，说明他是前君的心腹之人，与前君仍有着千丝万缕的联系；处坤之极，说明他阴极返阳，有挂印为民、返乡养老的想法。返回到最底层，隐藏在民众之中，实现自我保护，这样做"未失道也"，不失"观"之道，不违背观卦的原则。

这一爻告诉我们，官场复杂、宦海沉浮，必须时刻观察自己的生存环境，懂得进退之道，时当进则进，时当退则退。进是为了功名利禄，退是为了自我保护，为官不易，不可不察。

六四：观国之光，利用宾于王。

象曰：观国之光，尚宾也。

【注解】国：指九五，即君王。古时国与君等同，国即君，君即国，国与君为一体。尚：崇尚，礼遇。宾：仕。古代贤能之人。

【释义】先看卦象，六四阴爻阴位得正，上承九五，处巽之初。阴爻，说明他是谦虚谨慎的人，是个深谙为臣之道的人；阴位，说明他是个安守本分的人，思不出位，行不僭越，是个沉着而冷静的人；得正，说明他是个正派的人，观察九五，动机纯正，做人堂堂正正，做事光明正大，是个观念正统、能走正道的人；承刚，说明他对九五是顺承的、敬仰的，九五对他也是崇尚的、礼遇的；处巽之初，说明他处在观察的最佳位置，深得观察之便利，是最佳观察者。上可以近距离的、直接观察君王的盛德光辉；下可以居高临下，全面地观察民情民意，考察民俗民风。举国上下，一览无余，这样就可以全面、准确地了解君王是否有道。如果朝堂之上礼崩乐败，朝堂之下官腐民刁，则说明君王无道；如果朝堂之上正大光明，朝堂之下官清民朴，则说明君王有道。得道多助，失道寡助，通过全面考察，九五是有道明君，"尚宾也"。六四前去辅助君王，于国、于君、于己、于民都是有利的。

这一爻告诉我们，良禽择木而栖，良臣当择主而侍。宁给好汉子牵马坠镫，不给怂汉子壮胆撑腰，说明选对人、跟对人非常重要。那么怎么才能跟对人呢？就得对他进行全面考察，通过各个方面了解他的德性和才能。选对了，既可以成就他，也可以成就你自己。

九五：观我生，君子无咎。
象曰：观我生，观民也。

【注解】我生：我之所生，由我而生，我的生存状态。

【释义】先看卦象，九五阳爻阳位，至中至正，下应六二，处至尊之君位。阳爻，说明他是刚明正直的君子，具备明君之德；阳位，说明他大有作为，具备治国理政的才能；得中，说明他具备中庸之德，能行中庸之道，观察臣民客观公正，对民意的评估不会过高，也不会过低；得正，说明他能正确认识自己，正确认识民生。能够通过观天下、观民众，来反观自我，并能正确对待自己施政的得与失；下应，说明他与天下臣民的心灵是相通的，自己的德政，得到了广大民众的积极响应。观卦各爻都观九五，唯九五观自己，观自己的办法是观我之所生，观察受我影响而发生的一切变化。天下百姓教化如何，全是九五施政的结果。民风之美恶、臣民之从违，是检验九五施政好坏的尺度。欲观己，先观民，民向之，则我为君子；民背之，则我非君子。治国理政，唯君子之道，方可免于过咎。这就是爻辞说的"君子无咎"。

这一爻告诉我们，群众是领导的一面镜子，领导干得怎么样，拿群众这面镜子照一照就一清二楚了。当领导的要经常照一照，才会有自知之明，才能时刻保持清醒。

上九：观其生，君子无咎。

象曰：观其生，志未平也。

【注解】其：多指九五。愚以为，其指上九，虽退居上位，仍被下面关注。

【释义】先看卦象，上九阳爻阴位，下应六三，处巽之极，观之终。阳爻，说明他是刚明正直的君子，具备君子美好的品德；阴位，说明他闭关自守，不问政事，只观察自己，不再观察别人；下应，说明他虽已退居上位，但仍被下面关注，与老臣旧部仍有一些私人往来的关系；处巽之极，说明他巽极则止，不再到处去视察，停止了一切政务活动，老老实实待在家里养尊处优。处观之时，上九虽处无位之位，但仍被下面观仰，因为他是真正的君子，其德犹在、其志未平，仍能时刻注意自己的言行举止，仍在发挥着典范和表率作用。因其始终能行君子之道，所以无咎。

这一爻告诉我们，当领导的，退居二线以后，要安守本分、深居简出，不在其位，不谋其政。虽然不再管别人，但一定要管理好自己，时刻注意自己的言行举止，处处起表率作用，严格按高标准要求自己，确保晚年节操，给自己的人生画一个圆满的句号。

简单总结一下，上一卦是临卦，临卦讲的是临民亲民。能够临民亲民，国家必然盛大，盛大后就可以被仰视了，所以有了观卦。观卦讲的是民观君，君观民，君王展示威严，百姓仰观盛德。一开始是基层普通老百姓观察君王，由于离得远，级差太大，看不清，看不明；紧接着是后宫嫔妃们观察君王，是因为从门缝里偷偷地看，看得不够准确、不够全面；黎民百姓看不清，后宫嫔妃看不全，这都没什么问题，如果各级官员和朝廷大臣也看不明、看不全，那就是吝道了，是羞耻，是丢脸的事情；接着是诸侯们，他们观察君王的动向，是为了决定自己的进退，进可到朝堂行走，退可到民间保命；接着就是朝中的大臣们，他们观察君王是比较全面的，上可直接面君，下可视察庶民，举国上下的情况全都了解。君无道，可以弃君而去；君有道，可以前去相辅，完全取决于观察的结果；臣民观君，各有不同，君观臣民却是客观公正。君王把臣民作为一面镜子，通过这面镜子，照一照自己是明君还是昏君。如果是昏君，国必遭殃，如果是明君，民必吉祥；还有一位事外之人，本来没有他什么事情，但处观卦之时，前君仍然是民众观望的对象。所以他必须严格约束自己，做天下人的表率，才能确保无咎。

我们古代先民，通过"风吹在地上"这么一种自然现象，设卦立言，总结出一套君民相互观察的客观规律，揭示出不同阶层的人在观察中的不同表现，及其必然的结果。这是古人的智慧，我们后人必须认真学习、思考和借鉴。

噬嗑 ䷔ 离上　第二十一卦　刑罚咬合
震下　火雷噬嗑　用狱规则

【卦辞】噬嗑；亨。利用狱。

【象曰】雷电噬嗑，先王以明罚敕（chì）法。

【注解】噬（shì）嗑（hé）：噬：齿也，嗑：合也。加在一起，就是以齿咬物咀嚼。狱：断案。敕：告诫、颁布。

【释义】《序卦传》说："可观而后有所合，故受之以噬嗑。嗑者合也。"观卦是以君王的威仪、威严，让民众产生虔诚的敬畏之心。时间久了，不虔诚了，不敬畏了，个别人不但不敬畏，还要犯上作乱，怎么办呢？用狱！所以观卦之后，紧接着就是噬嗑卦。火雷噬嗑，火上，雷下，看卦象，上下实，中间虚，似口形，中间一实，似为硬物。上下咬合，有噬嗑之象。噬嗑就是将口中的硬物咀嚼、研磨、嚼烂。引申义就是用刑，再引申就是通过刑罚，清除社会不良分子。此卦上明而下动，雷电交合，正是用狱之象。明，就是明察秋毫，明辨是非，文明公正；动，就是果敢刚毅、行动迅速、打击有力。所以卦辞说"亨"。六五以柔履刚，有刚柔兼备之象，有利于断狱、用狱，所以卦辞说"利用狱"。先王就是从噬嗑卦中得到启示，对于作奸犯科者，重点是防范，而不是处罚，先把刑法规定公之于众，列明条款、条文，严行告诫，令民众有所遵从，有所畏惧，有所规避，免于刑罚。如果明知故犯，那就只好用噬嗑来解决了。

孔子在《象传》里是这么说的："颐中有物曰噬嗑。噬嗑而亨，刚柔分，动而明，雷电合而章，柔得中而上行，虽不当位，利用狱也。"

孔子的意思是说，口中有硬物，就叫噬嗑。噬嗑就是咬合、咀嚼、研磨，这是谁也阻挡不了的。嚼东西的时候，不是一味地用强，有刚有柔，得掌握好用力的分寸。每咀嚼一次，都知道这个硬物被嚼到什么程度，对硬物的形态、硬度了如指掌。雷是动，是用狱，电是光，是文明，合在一起的意思就是，只有通过用狱，把社会不良分子清除了，才能彰显出社会的文明。六五是本卦的卦主，柔而得中，又处在至尊之位，虽然爻和爻位不正，但刚柔兼备对于用狱却非常有利。

初九：履校 (jiào) 灭趾，无咎。

象曰：履校灭趾，不行也。

【注解】 履：名词，脚。校：木枷。灭：没过。有约束、伤害的意思。趾：脚趾。

【释义】 先看卦象，初九阳爻阳位，得正，处震之初，噬嗑之始。初与上多指没有地位的人。在本卦中，阳爻都是伏法受刑之人；阴爻都是断案施刑之人。阳爻说明他是一个阳刚的人，是一个能力特别强的人，也是个粗鲁的明白人；阳位，说明他不安于现状，不是个安分守己的人，是个爱出风头，惹是生非的人，是个家里待不住的人；得正，说明他是一个特别正直的人，是个典型的直男癌，也是一个正派人；处震之初，说明他是一个有暴力倾向的人，是一个脾气暴躁、动辄以武力解决问题的人；处噬嗑之始，说明他是初犯，没有前科，是刚刚被收容的人；初九在最下，是普通的基层百姓，所犯罪行不重，刑罚也轻。"履校灭趾"，只戴脚镣，虽然没过脚面，伤害到脚趾，也只是约束其行为而已。小有惩罚，使人戒惧，不敢犯更大的罪恶。小恶早惩、早戒、早止，以免造成更大的灾祸。所以"无咎"。

这一爻告诉我们，对于犯罪，要防微杜渐，抓得越早越好，越小越好。小错不管，必成大错；小罪不惩，必成大恶，早堵蚁穴，可保千里之堤，就是这个道理。

六二：噬肤灭鼻，无咎。

象曰：噬肤灭鼻，乘刚也。

【注解】肤：柔软的肉。灭鼻：淹没了鼻子。

【释义】先看卦象，六二阴爻阴位，得中得正，下乘初九。阴爻，说明罪犯是个小人，具备小人所有的特质，也是一个软弱的人；阴位，说明他不会主动交代自己的罪行，不配合、不服法，是个死猪不怕开水烫的人；得中，说明法官能行中庸之道，断案，判案不偏激，定罪量刑合理适中；得正，说明法官判案公平公正，办案动机纯正，手段正当，程序正确；乘刚，说明罪犯欺负法官软弱，反复翻供，死不认罪，强顶硬扛。对付这种人，施刑者采取轻罪重戒的办法，用刑猛一些。"噬肤灭鼻"，就像啃咬柔软无骨的嫩肉，用力过猛，淹没了鼻子。虽然重了一些，但对犯罪分子是有好处的，所以没有什么灾祸。

这一爻告诉我们，人非圣贤，孰能无过；过而能改，善莫大焉，就怕那种有过不认、有过不改甚至死不改悔的人。对于这种人，必须重惩、重罚，这样做才可以让他避免更大的灾祸。

六三：噬腊肉，遇毒；小吝，无咎。

象曰：遇毒，位不当也。

【注解】腊肉：古时将小动物用盐腌制，连骨带肉一起风干，制成的肉干。毒：味厚，味重，或过咸。

【释义】先看卦象，六三阴爻阳位，不中不正，与上九正应，上承九四，处震之极。阴爻，说明罪犯是个小人，是个表面看起来又软弱又老实的人；阳位，说明他是个内心很强大、很坚硬的人，是个敢于硬碰硬的人；不中，说明施刑者对这个人很有偏见，会影响他断案、判案的客观性和公正性；不正，说明法官对罪犯使用了不正当的手段，采取了非正规的措施，否则，啃不下这块硬骨头；上应，说明犯罪分子是个有背景的人，上面有人给他撑腰；上承，说明他不把办案人员放在眼里，只对办案人员的上级表示驯服和顺承；处震之极，震极则止，说明他折腾到最后，还是得老老实实，认罪伏法。爻辞说"噬腊肉，遇毒"，意思是说，这个罪犯表面看是块好吃的肉，其实是一根很难啃的硬骨头，又臭又硬。"小吝"，是说办案人员不中不正，会受到领导的批评，小有羞辱，没有灾祸。

这一爻告诉我们，对于非常罪犯，必须采取非常措施，即使自己犯点小错误，也不能让罪犯逍遥法外。

九四：噬干胏（zǐ），得金矢，利艰贞，吉。
象曰：利艰贞吉，未光也。

【注解】干胏：比腊肉还坚硬的肉干，胏是有骨的肉。金矢：黄铜制成的箭头。

【释义】先看卦象，九四阳爻阴位，不中不正，处离之初。阳爻，说明罪犯是个刚强的人，是个硬汉子，是个能扛事的人；阴位，说明他是个阴险的人，深藏不露，暗藏杀机，是个隐藏较深的人；不中，说明办案人员力不能及，遇到的困难非常大，办案很艰难；不正，说明他没有正确的手段和方法，从正面突破；处离之初，说明办案人员一开始就坚持文明办案，没有采取严刑逼供等不正当手段。爻辞说"噬干胏，得金矢"，意思是说，这个罪犯是比腊肉还坚硬的肉干，不但有骨头，而且里面还有打猎时遗留在体内的黄铜箭头。"利艰贞，吉"，虽然面对艰难困苦，还坚持文明办案，这样对自己有利，还可以得"吉"，但结果是"未光也"。始终未能光大噬嗑之道，未能将罪犯绳之以法。九四是噬嗑卦中唯一的一个硬物，一般人奈何不了他，看来也只好交给六五来处理了。

这一爻告诉我们，遇到强大的对手，或遇到很棘手的问题，自己力不能及没关系，有两点需要特别注意。一是敢于应战，不怕艰难险阻，尽最大努力去解决问题；二是注意保护自己，目的纯正，手段正当，走每一步都要对自己有利，确保自己不犯错误。至于问题，自己解决不了，可以交给领导去解决。

六五：噬干肉，得黄金，贞厉，无咎。

象曰：贞厉无咎，得当也。

【注解】干肉：不同于肤、腊、胏，也不是一般的干肉，而是一块已经晒干的肥肉。得黄金：多家以黄中、金刚作注，得中履刚，卦象已有，没必要在爻辞中重复。愚以为，所谓得者，由案所得，黄金者，家财也。

【释义】先来看卦象，六五阴爻阳位，以柔履刚，居中至尊，下乘九四，上承上九；阴爻，说明他是一位仁慈的君王，是一位虚怀若谷的君王；阳位，说明他是一位有为之君，是一位通过治狱而达到天下文明的君王；居中，说明具备中庸之德，能行中庸之道，治理天下之狱无过无不及；乘刚，说明他的对手非常强大，绝非等闲之辈。一般的小案子也到不了君王这里，君王办的案子，肯定是别人办不了的，特别特别大的案子；上承，说明他办这个大案是上承天意，为民除害，还大千世界以清明。爻辞说"噬干肉，得黄金"，意思是说，这是一块晒干的、非常难啃的大肥肉，被君王一口咬掉，不但把人绳之以法，还有额外的收获，那就是抄没家产所得黄金可充实国库。"贞厉，无咎"，是说办这个大案子，虽然是正义的、正确的，也是光明正大的，但仍然是很危险的，困难也是难以想象的。之所以最后没有灾祸，是因为六五具备中庸之德，处理得当的结果。

这一爻告诉我们，不管你手中的权力有多大，处理问题都要公平公正，有时公平公正都不够，还要处理得当。得当就是中庸，就是拿捏分寸、恰到好处。中比正更重要，有时正可以招灾，中却可以免祸。

上九：何校灭耳，凶。

象曰：何校灭耳，聪不明也。

【注解】何：同荷，负荷。校：木枷，这里是加于肩上的一种木制刑具。灭：同没。聪不明：是说长着耳朵却没有耳朵的功能，听不进别人的劝诫。

【释义】先来看卦象，上九阳爻阴位，下应六三，处离之极，噬嗑之终。阳爻，说明他是个刚强的人，是个有本事有能力的人，是个性格直率而又讲诚信的人；阴位，说明他是个内心阴险的人，是个固执己见、冥顽不化的人，是个行为诡异，不敢见光的人；下应，说明他有同伙、有策应，是个有组织、有预谋犯罪的人；处离之极，明极而暗，说明他暗而不明，是个不明是非、又听不进别人劝诫的人；处噬嗑之终，则有罪大恶极之象，察狱、断狱、用狱、治狱都到了极点，应该说是终审判决。爻辞说"何校灭耳，凶"，意思是肩扛木枷，遮没了双耳，凶险无比，在劫难逃。上九自恃刚强，为非作歹，积小恶而终成大罪，走上一条不归之路。噬嗑卦初九、九四和上九都是阳爻，一个因为行为不轨而脚戴枷，一个因为不听劝阻而肩扛枷，一个抄没家财，充实国库。三个阳爻成为受刑之人，值得我们思考和玩味。

这一爻告诉我们，凡是走上不归路的人，全都是不听劝诫的人。这种人一条道走到黑，不撞南墙不回头，不到黄河不死心，谁的话也听不进去，都是耳旁风。俗话说，良言难劝该死的鬼，说的就是上九这种人。

简单总结一下，上一卦是观卦，观卦讲的是盛大可观，靠君王的威仪威严和民众的虔诚敬畏来治国。时间久了，这套东西就失去作用了，就会有作奸犯科者，所以就有了噬嗑卦。噬嗑卦讲的是用狱，这一卦一共六个案子，一个比一个案子大。一开始是个初犯，罪行不严重，量刑也轻，只是"履校灭趾"，限制其行为而已。第二个案子稍大一点，本来也不是什么大罪，但犯罪分子有些张狂，用刑猛了一些，以至于"噬肤灭鼻"。第三个案子就更大一些，犯罪分子是一块难啃的骨头，属于又臭又硬的那类，不得不使用一些非常手段，以至于办案人员因犯错误而受到处分。第四个案子就更大了，是个比肤、腊更难啃的干肺，而且"得金矢"，办案人员费了九牛二虎之力，也没有拿下这个案子，始终未能把用狱之道发扬光大，以至于不得不将案子上交。第五个案子那就是大案、要案了，由君王亲自审理，将要犯抓捕归案，将家财抄没充公。从查案、断案、判案、收监，整个过程合情、合理、合法，上得天意，下顺民心，没有不合适的地方。所以，虽有危险，但无灾祸。最后一个案子，爻辞直接言凶，而前五个是四个无咎，一个得吉，说明前五个没有一个是死刑的，包括第五个大案要案，罪犯也没判死刑。只有最后这个，犯罪犯到了极点，判刑也判到了极刑。

　　我们古代先民，通过"火在上，雷在下"这么一种自然现象，设卦立言，总结出一套用狱的客观规律，揭示出各种案件的内在联系和案件发展的必然性。这是先民的智慧，值得我们后人认真地学习、思考和借鉴。

贲 ䷕ 艮上　第二十二卦　装饰外表
离下　　山火贲　　美化形象

【卦辞】贲（bì）：亨。小利有攸往。

【象曰】山下有火，贲；君子以明庶政，无敢折狱。

【注解】贲：贝壳的光泽。贲者饰也，有装饰、文饰、掩饰的意思。庶：众多。折狱：断案。

【释义】《序卦传》说："噬嗑，合也。物不可以苟合而已，故受之以贲。贲者，饰也。"噬嗑卦讲的是用狱，无论什么时代，用狱都是残酷的、严肃的事情，绝不可以随随便便，必须披上文明的、合法的外衣加以文饰，否则就是赤裸裸的暴行。所以噬嗑卦之后，紧接着就是贲卦。山火贲，山下有火，火光照在山上，给山披上一层金色的外衣，山是里、是质，光是表、是文。贲卦讲的就是这种表与里、文与质、形式与内容的关系。天下万事万物无不有表里，虽说要注重实际，但适当的文饰、装饰、修饰或者掩饰，也是有必要的。文饰要适当，不可超过质，有些事还要去掉表面文饰，去伪存真，探究事物的本来面目。君子应该从贲卦中得到启示，在处理繁杂的政务和判案断狱的时候，不要被表面现象所迷惑，要透过现象看本质，才能使政治清明，用狱公正。

孔子在《彖传》里是这么说的："贲亨，柔而来文刚，故亨。分刚上而文柔，故小利有攸往，天文也。文明以止，人文也。观乎天文以察时变，观乎人文，以化成天下。"

孔子的意思是说，太阳一出来，山就亮了，这是自然现象，谁也阻止不了，故亨。太阳到山顶的时候，山把光线分隔到山的两侧，这时候天就要黑了，不能再往远处走。所以"小利有攸往"，这是大自然的文明，也就是天的文明。从卦象上看，下卦离代表文明，上卦艮代表阻止，人类的行为必须受到限制，这是人类的文明，也是人的文明。观察天的文明，就可以知道时辰变化；观察人的文明举止，就可以制定礼仪制度，来教化天下百姓。

初九：贲其趾，舍车而徒。
象曰：舍车而徒，义弗乘也。

【注解】趾：脚趾，人体最低部分。脚趾用来行走，这里引申为人的行为。

【释义】先看卦象，初九阳爻阳位，上应六四，处离之初，贲之始。贲卦以阳为质，以阴为文饰。阳爻，说明他是刚明正直的君子，具备君子美好的品德；阳位，说明他是个积极向上的人，是一个主动出门求仕的人，是个有理想、有追求的人；得正，说明他是个正派人，是个走正道的人；上应，说明他和六四是互为表里的关系，而且这个关系高贵而华丽，只要拉上这层关系，就可以抬高自己的身价；处离之初，说明他是个文明人，是个重质轻文的人，是个表里如一的人，是个实实在在的人；处贲之始，说明他是个质朴的人，是个不会文饰、也不需要文饰的人。爻辞说"贲其趾，舍车而徒"，初九是社会最底层的人，六四是朝廷里的人，两人有应便成了互为表里的关系。"贲其趾"，意思是说，六四就像是一辆高贵而华丽的豪车，可以给初九当代步工具。而初九是一个不尚虚荣的人，不愿意用豪华的轿车来给自己装饰门面，追求的是朴实无华，表里如一的自我。因此"舍车而徒"，放弃豪车，徒步前行。象曰"义弗乘也"，就是说初九从道义上就不愿意用这么豪华的轿车来装饰自己。

这一爻告诉我们，做真实的自己最重要。无论什么时候，都不要过多地文饰自己，文饰过多就会变成绣花枕头，表面上光鲜亮丽，里面却是满腹糟糠。做人要实在，要重质轻文，绝不能做拉大旗，作虎皮，中看不中用的人。

六二：贲其须。

象曰：贲其须，与上兴也。

【注解】须：胡须。口边为髭，两颊为髯，下颚为须。兴：起也。

【释义】先看卦象，六二阴爻阴位，得中得正，上承九三。阴爻，说明他既是温柔美丽的人，又是软弱无能的人，处贲时，是装饰别人，给别人装饰门面的人；阴位，说明他是个极其被动的人，自己没有主见，也做不了自己的主；得中，说明他言行必须适中，长相必须适中。乱说乱动或长短粗细都会影响他的作用；得正，说明他的位置必须得正，或者说他必须摆正自己的位置，位置偏了，同样会失去他的作用；上承九三，说明他和九三是表里关系，九三为质，六二为文，六二就像是一把漂亮的胡须，装饰在九三的下颚，既为九三装饰了门面，使九三特别有面子，又抬高了自己的身份。六二与九三形成了利益共同体，"与上兴也"，即九三衰则六二衰，九三兴则六二兴。应该说这种文质关系恰到好处，是合情合理的。

这一爻告诉我们，适当的装饰还是有必要的，但这种装饰要恰到好处，不能不到位，又不能太过。就像女人出门画淡妆，不化妆是对别人不尊重；妆太重了，同样失去化妆的意义。装饰有度，才是最好的装饰。

九三：贲如濡如，永贞吉。

象曰：永贞之吉，终莫之陵也。

【注解】濡：湿润而有光泽。陵：同凌。欺凌、凌辱，侵犯，埋没。

【释义】先看卦象，九三阳爻阳位得正，上比六四，下比六二，处离之

极。阳爻，说明他是刚明正直的君子，具备君子美好的品德；阳位，说明他
是个有所作为的人，处诸侯位，是个地位很高的人；得正，说明他主观上能
够正确把握文质关系，是个观念正统，行为端正的人；上下亲比，说明客观
上前来文饰他的太多，上下左右，全是表扬、夸赞、吹捧他的人，把他整个
人淹没在文饰之中；处离之极，说明他明极则暗，有点被吹晕乎的感觉。按
贲卦的卦义，阳爻为质、阴爻为文，有应者以应者饰之，无应者以亲比者饰
之。九三无应而亲比者甚众，上下皆为其表，文饰过重，"贲如濡如"，显得
特别光鲜亮丽，文采奕奕。适当的文饰还是有必要的，但不能文饰过度，过
则以文胜质，便会失去自我，盛名之下难副其实。爻辞告诫"永贞吉"，也亏
得九三既是君子，又能得正，"终莫之陵也"，最终没有被虚名埋没，只要能
够永远正确认识和正确对待文和质的关系，做真实的自己而不慕虚荣，就会
得吉。

　　这一爻告诉我们，一个人地位高，有实力，有作为，就会有许多虚头巴
脑的装饰性的东西依附于你。你若是个爱虚荣的，便会有许多亮丽的光环戴
在你头上；如果你热衷于此道，不久就会昏昏然、飘飘然，自己都不知道自
己是谁了。凡事不可太过，包装太厚就显不出好东西的本色了。

六四：贲如皤（pó）如，白马翰如，匪寇婚媾。
象曰：当位疑也，匪寇婚媾，终无尤也。

　　【注解】皤：老人鬓白曰皤，这里指以素白之貌饰之。翰：鸟飞曰翰。尤：
遗憾。

　　【释义】先看卦象，六四阴爻阴位，得正，下应初九，下乘九三，处艮之
初。阴爻，说明他是个温柔美丽的人，是个谦虚朴素的人；阴位，说明他目
光向下，是个志在下行的人；得正，说明他是一个作风正派的人，是一个观
念正统的人，是个能够正确处理文质关系的人；下应，说明他与初九有感应，

愿意下嫁初九，与初九结合，做初九朴实无华的外表；乘刚，说明他现在的位置很难受，如坐针毡，倍受煎熬，恨不得马上离开这里；处艮之初，说明他在下嫁的路上受到了阻止，被九三怀疑为是强盗。爻辞说："贲如皤如，白马翰如"，意思是六四以素白之貌，不加任何装饰，骑着不加任何装饰的素白之马，像飞鸟一样迅速去与初九结合。"匪寇婚媾"，因为没有任何装饰，被路人疑为是贼寇。过后才知道，不是贼寇，是求婚媾的仪仗队。"当位疑也"，是因为阴爻阴位，才素人素马，所以被人怀疑。"终无尤也"，最终没有遗憾。六四与初九的文质关系，给表里如一这个词做了一个最完美的诠释。

这一爻告诉我们，作为一个普通人，特别是底层人，不能过于文饰自己是对的，但也不能一点也不修饰，一个质朴的里，再加一个无华的表。知道的，你就是一个质朴无华的人；不知道的，就会误以为你是个无能之辈、宵小之徒，甚至怀疑你是强盗贼寇。所以，必要文饰、装饰、修饰还是要有的，一点没有，也属于过分。

六五：贲于丘园，束帛戋（jiān）戋，吝，终吉。
象曰：六五之吉，有喜也。

【注解】丘：坟墓。丘陵指大的坟墓。园：指帝王或后妃的墓地。帛：丝织品的总称。戋戋：少之又少的意思。

【释义】先看卦象，六五阴爻阳位，至尊得中，上承上九。阴爻，说明他是一位宽厚仁慈的君王，是位崇德尚俭、反对奢华的君王；阳位，说明他是大有作为的君王，是治国理政能力很强的君王；得中，说明他具备中庸之德，能行中庸之道，把握文与质的关系，无过无不及，恰到好处；承刚，说明他与上九为表里，上九是里，六五是表。祭祀时，其质是对先祖怀念和崇拜的心情；其文是朴实简单的祭祀形式。上九是祖位，丘园是各位先帝祖宗的安身之所，是皇家至高无上的精神家园，维系着皇族的灵魂和国民的信仰。是皇家的根，也是民族的根。六五作为一国之君，该怎样文饰它呢？"贲于丘园，束帛戋戋"，祭祀祖先时，重内容、轻形式。六五是深得贲道精髓的人，简简单单几条白布点缀丘园，寄托哀思，表达追念即可。虽然在世人看来有些吝啬、羞愧，但君王这么做，可以在民间引起简约之风。《象传》里说的，"观乎人文，以化成天下"，指的就是这爻。果能教化天下，返璞崇俭，移风易俗，难道不是天下之喜吗？

这一爻告诉我们，最好的装饰是形式和内容的完美统一。内容是第一重要，形式是第二重要，内容决定形式，形式是为内容服务的。好的形式，可以让内容展示得更充分，让内容发挥出更大作用。从某种意义上讲，内容与形式、文与质同等重要，文以质彰，质以文显，互为支撑，缺一不可。这才是文与质最好的关系。

上九：白贲，无咎。

象曰：白贲无咎，上得志也。

【注解】白：白色即素色，亦即无色。

【释义】先看卦象，上九阳爻阴位，处艮之极，贲之终。阳爻，说明他是刚明正直的君子，具备君子的美德；阴位，说明他能够静处，不张扬、不显摆、不做作，是个不加任何文饰的人；处艮之极，说明他已超乎世外，是君子中的极品；处贲之终，说明文饰到了尽头，物极必反，繁华的尽头便是返璞归真。贲之为卦，有文必有质，有质必有文。至上九，则自为文质，不需要外在的文饰、装饰、修饰，自身发出的君子之光，就会熠熠生辉，灿烂夺目。爻辞说"白贲"，就是不加任何文饰，是无色透明的。贲以文始，而以质终，上九刚柔相济，自为文质，浑然一体，文质彬彬，此所谓"上得志也"。"白贲"无瑕，何咎之有。

这一爻告诉我们，真正好的东西是不需要装饰的，夜明珠把它包装起来，就见不到它发光了，女人戴的金银首饰，都是露在外面的，没见过谁把钻戒包起来戴在手上。真正好东西就是因为自身的光彩才最有价值。

简单总结一下，上一卦是噬嗑卦，噬嗑卦讲的是用狱，用狱需要披上文明的外衣，所以就有了贲卦。贲卦讲的是文与质、表与里、内容与形式的关系。前三爻是重文轻质的过程，至六四贲道有变，返于重质轻文。一开始是"舍车而徒"，根本就不要文饰；后来"贲其须"，适当文饰；再后来"贲如濡如"，文饰得有些过分，达到了文饰的最高峰。至此又向反方向发展，开始时是"贲如皤如"，一下子跌到不加文饰；后来"束帛戋戋"，实现了文与质、内容与形式的统一，算是最好的文饰了；到最后就是"白贲"，白贲就是素贲，就是不贲，发展到最后最重要的是本质、是内容、是自身的价值。当自身的价值超世脱俗以后，一切文饰都显得黯然失色。

我们古代先民，通过"山在上，火在下"这么一种自然现象，设卦立言，总结出一套文与质的客观规律，揭示出文与质的内在关系，这是古人的智慧，我们后人应该认真学习、思考、借鉴。

剥 ䷖ 艮上　第二十三卦　蚕食剥落
坤下　　山地剥　　君子道消

【卦辞】 剥：不利有攸往。

【象曰】 山附地上，剥；上以厚下，安宅。

【注解】 剥：剥落。上：君王。下：百姓。安：安定。宅：归顺。

【释义】《序卦传》说："贲者饰也。致饰然后亨则尽矣，故受之以剥。"贲卦是讲文饰的，文饰发展到极致，亨通顺利也就到头了，事物开始从下向上剥落。所以，贲卦之后，紧接着就是剥卦。山地剥，山峰屹立在大地之上，在时间和风雨的作用下，自下而上，不断剥落，最后夷为平地。喻为统治者像高山一样屹立在民众之上，由临到观，由噬嗑到贲，至此繁华已尽，开始剥落，最后像山一样牢不可摧的统治阶级也会退出历史舞台。全卦只剩下最后一个阳爻，是小人道长、君子道消之象。作为消息卦，剥是九月，仅存的一点阳气，也会很快被阴气代替，也是剥落之象。君子处在剥落时期，应该顺而止，逊言、屈身、避害，保持清醒头脑，不可轻举妄动。顺应盈虚规律，才是最明智的选择。作为君王，应该从剥卦中得到启示，若想使自己的江山长治久安，必须实施德政，厚下安民，恩宠百姓，使之归顺。否则，民心失尽之日，便是统治阶级倒台之时。

孔子在《象传》里是这么说的："剥，剥也，柔变刚也，不利有攸往，小人长也，顺而止之，观象也，君子尚消息盈虚，天行也。"

孔子的意思是说，剥卦就是阴剥阳，把阳一点一点的剥落掉。这个时候是小人道长、君子道消，小人得势、君子失势的时候，所以不利于君子有所作为。看看卦象就知道，君子这个时候应该是"顺而止"。顺不是顺从小人，而是顺应大趋势；止也不是停在那里不动，而是不要还想着有所作为。看看天象就知道，天地盈虚、寒来暑往，这是大自然的规律，作为君子，就要崇尚这个规律，遵从这个规律，顺时而行，顺势而为。

初六：剥床以足，蔑贞，凶。
象曰：剥床以足，以灭下也。

【注解】床：为人安居之所，床毁则人无可赖以生存。所以六爻皆以床为象。蔑：蔑视。

【释义】先看卦象，初六阴爻阳位，处坤之初，剥之始。阴爻，说明他是个地地道道的小人，具备所有小人应有的恶劣品质；阳位，说明他气势汹汹、张牙舞爪、蠢蠢欲动，是一个很嚣张的人；处坤之初，说明他现在正是顺风顺水的时候，前进的路上没有任何阻力；处剥之始，说明阴性势力的破坏活动刚刚开始，他破坏的是阳性势力的最下层，也就是基础层面。爻辞说"剥床以足"，比方说床是阳性势力安身立命之所，那么此时，小人就把君子的床足剥落掉了。"以灭下也"，这是在挖统治阶级的墙脚呀，"蔑贞，凶"。这是对正义的蔑视，对正统的蔑视，虽然有些得势，但此时的破坏活动，对于小人来说，仍然是很凶险的，搞不好会有性命之忧。《易》为君子谋，不为小人谋。就是说，为统治阶级谋，不为被统治阶级谋。《易》把君王大臣、各级官吏，以及社会贤达等统称为君子，把奴隶、邑人、国人，这些社会底层人民统称为小人。对下层人民反抗、起义、革命等均持仇视、蔑视、鄙视态度，这是作《易》者的阶级立场所决定的。作为学术研究，必须尊重原著，照原义来解释。

这一爻告诉我们，争夺社会基础，对统治阶级和被统治阶级都很重要。统治阶级失去群众基础，就失去了赖以生存的根基；被统治阶级得到群众基础，就等于站稳了脚跟。所以双方必须争夺，而且对双方来说都很危险。

六二： 剥床以辨，蔑贞，凶。

象曰： 剥床以辨，未有与也。

【注解】辨：床足以上，床身以下，床足与床身分辨之处，与：应援。

【释义】先看卦象，六二阴爻阴位，得中得正。阴爻，说明他是个小人，具备小人应有的品质；阴位，说明他是个深藏不露的小人，阴险、狡猾、凶残，是个绝不盲目冒进的人；得中，说明他虽是小人但也得中庸之道，战术上重视君子；战略上蔑视君子，对付君子无过无不及，进可攻，退可守，立于不败之地；得正，对于小人来说，他认为自己是正确的，走的是正道，目的也是纯正的，手段也是正当的；此时小人势力越来越强大，如水之泛滥，如火之燎原。"剥床以辨"，已经危及床足以上、床身之下的地方。统治阶级的江山不是不稳，而是开始动摇，江山危矣，社稷危矣，君子危矣！这个时候对于小人来说，也是最危险的时候。孔子认为，这是六二上边没有应援的缘故。若是上边有应，则六二有可能被怀柔、安抚、招安、或投降，不至于搞到这种地步。

这一爻告诉我们，持中守正，不是君子的专利，小人也可以做得到。谁能做到这一点，谁的力量就会无比强大，就会立于不败之地，就会取得最终的胜利。

六三： 剥之，无咎。

象曰： 剥之无咎，失上下也。

【注解】上：指六四。下：指六二。

【释义】先看卦象，六三阴爻阳位，不中不正，与上九正应，处坤之极。阴爻，说明他是小人，具备小人应有的品质；阳位，说明他是个不守本分的人，是个立场不稳定的人，是个心眼很活泛的人；不中，说明他思想过于偏激，不是特别悲观，就是特别乐观；不正，说明他动机不纯正，总想走歪门邪道，是个机会主义分子；上应，说明他与君子有联系，已经成为君子的内应。对于君子来说，他这是弃暗投明；对于小人来说，他这是叛变投降；处坤之极，说明他顺极则不顺，在小人内部的不顺利，也是他改邪归正的因素之一。不管怎么说，六三因有应援而"失上下也"，脱离了小人队伍，暂保"无咎"。上九得此内应，虽然势单力薄，但毕竟削弱了敌人的力量，君子暂时也得"无咎"。

这一爻告诉我们，任何时候，敌人内部都不是铁板一块，总会有缝隙，总会有矛盾，抓住敌人的内部矛盾，分化瓦解敌人，也是消灭敌人有生力量的重要手段。

六四：剥床以肤，凶。

象曰：剥床以肤，切近灾也。

【注解】肤：皮肤。

【释义】先看卦象，六四阴爻阳位，失中得正，处艮之初。阴爻，说明他是个小人，是穷凶极恶的小人；阴位，说明他已经深入到君子内部，与君子近距离接触，处于肉搏战的状态了；失中，说明他已失去理智，处于疯狂状态，不再考虑退路了；得正，说明他现在是光明正大地革君子的命，堂堂正正地行走在朝堂之上，认为自己是无比的英明、正确和伟大；处艮之初，说明他现在完全具备阻止君子反扑的能力，已经控制了朝堂之上的总体局面。爻辞说："剥床以肤，凶"，就是说江山已经夷为平地，切肤之灾就在眼前，人君随时随地都会有生命危险，真的是大难临头了。此时阴长已盛，阳消已甚，君道无存，其凶可知，不言蔑贞，直接言凶。作为君子，此时应该顺应局势，不可轻举妄动，反抗是最愚蠢的表现。应该保持头脑清醒，伺机而动。就像《象传》里说的，遵从消息盈虚的天道，顺时而行，顺势而为，化险为夷，保存实力，方为上策。

这一爻告诉我们，危急时刻不能自乱方寸，在强大的敌人面前，如何自保，才是首要问题。第一认清当前形势；第二顺应时局变化；第三通权达变，适当妥协，最终达到保存实力的目的。

六五：贯鱼，以宫人宠，无不利。

象曰：以宫人宠，终无尤也。

【注解】贯：连续、连贯。宫人：后宫之人。

【释义】先看卦象，六五阴爻阳位，上卦得中，上承上九。阴爻，说明他是小人，具备小人应有的品质；阳位，说明他能主动与君子接触，是个积极上进，有所作为的人；得中，说明他具备中庸之德，能行中庸之道，看问题不偏激，做事情不极端，对待君子也不会过分；承刚，说明他对刚明的君子是顺承的，会服从并听命于上九。六五是群阴之首，又处至尊之位，下面群阴自然会听命于他。从初六到六四，各爻均称"剥"。发展至此，改"剥"为"贯鱼，以宫人宠"，意思是六五带领四个阴爻，按次序排列成串，鱼贯而入，像后宫嫔妃那样，接受君王的恩宠。六五于上顺承上九，于下反制群阴，这对自己有利，对仅存的一个阳爻来说，也没有什么不利的。如果上九能像宠幸宫人那样对待五个阴爻，则"终无尤也"。

这一爻告诉我们，小人就是小人的胚子，他们最大的追求，就是权势、地位、名誉和利益。不会有什么主义和信仰，只要满足他们的需求，并加以恩宠，他们就会卑躬屈膝、匍匐在地，继续做他的奴才。

上九：硕果不食，君子得舆，小人剥庐。

象曰：君子得舆，民所载也，小人剥庐，终不可用也。

【注解】硕果：指仅存的上九，是最大的一个阳爻。不食：就是不能吃掉。不是不想食，也不是尚未食，而是不能食。阳不可剥尽，阴长阳退，而不是被消灭。舆：大车。庐：房屋。

【释义】先看卦象，上九阳爻阴位，处艮之极、剥之终。阳爻，说明他是刚明正直的君子，具备君子所有的美德；阴位，说明他进无可进，退无可退，只能守住这块阵地，以观形势的发展变化；处艮之极，说明君子和小人都停止在这里，谁也没有进攻之力，谁也没有阻止之力；处剥之终，说明阴剥阳结束了，剩下的上九，像一颗仅存的硕大的果实，是不会被阴爻全部剥落的。这和大自然的规律一样，阳长阴存，阴长阳存。小人得势的时候，君子是杀不净的；君子掌权时，小人也是灭不绝的。剥卦发展到上九，只有一阳，"硕果不食"，剥还是不剥，会有两种结果。如果不剥，君子在位，如得大舆，"君子得舆"仍可继续载民；如果继续剥，小人当权，就会房倒屋塌，"小人剥庐"，覆巢之下，安有完卵？剥卦认为，君子可以庇护君子，也可以庇护小人；而小人不可能庇护君子，也没能力庇护小人。小人就是打下江山也不能坐江山。所以说"终不可用也"。

这一爻告诉我们，无论什么时候，小人都不能坐头把交椅。小人当家，房倒屋塌，家将不家，国将不国。届时，无论君子还是小人，均无庇护之所。小人当政，昏聩无能，丧权辱国，会把国家和民族拖向深渊。为什么？因为她违背了阳为主、阴为从的自然规律。

简单总结一下，上一卦是贲卦，贲卦讲的是文质关系，是对外表的装饰，表面繁华过后，便开始剥落，所以有了剥卦。剥卦是阴剥阳，一层一层地往上剥，剥到最后只剩下一个阳爻。一开始是"剥床以足"，直接挖掉统治阶级的根基；紧接着"剥床以辨"，撼动整个江山，统治阶级摇摇欲坠；这个时候，小人内部出了问题，有分化瓦解现象，紧张局面稍有缓和；然而大势所趋，小人势力过于强大，"剥床以肤"，直接打到了君王的身边。对于君王而言，已经是大难临头，性命难保了。就在这个时候，由于君王处置得当，小人放弃追杀，选择了荣华富贵，"贯鱼，以宫人宠"。鱼贯而入，接受君王的恩宠。最后剥到上九，就不能再剥了，再剥连国家都没有了。至此，这个政权就成了一堆烂摊子。好在留有一阳，就像留下一颗种子，待来年慢慢恢复，还会有新的希望。

我们古代先民，通过"山在上，地在下"这么一种自然现象，设卦立言，总结出一套"剥落"的客观规律，揭示出各个阶段阴剥阳的内在联系和必然结果。这是古人的智慧，我们后人应该认真学习、思考和借鉴。

复 ䷗ 坤上 第二十四卦 回复返复
震下　　地雷复　　复归复来

【卦辞】复：出入无疾，朋来无咎。反复其道，七日来复，利有攸往，亨。

【象曰】雷在地中，复；先王以至日闭关，商旅不行，后不省方。

【注解】复：返也，还也。出入：生于内，长于外。无疾：茁壮、健康。朋：同类。反复其道：阴阳消长之道。七日：即七变，自姤卦阳消始，经遁、否、观、剥、坤、到复，历七变而成复，是一个完整的阴阳消长过程。后：君王。

【释义】《序卦传》说："物不可以终尽，剥穷上反下，故受之以复。"剥卦讲的是阴剥阳，阳被剥穷之后，又返到下边生出一阳，就像太阳从西边消失，又从东边升起一样，这是所有事物发展的必然规律。所以，剥卦之后，紧接着就是复卦。地雷复，雷在地下，有一元复始之象；古人认为，春天雷出于地下，秋天雷入于泽中，春为一年之始，也是一元复始之象；全卦五阴在上，一阳在下，还是一元复始之象；在消息卦里，复卦是十一月，十月是全阴，十一月有一阳来复，也是一元复始之象。此一阳生于内而长于外，"出入无疾"，健康茁壮地成长。所谓有苗不愁长，用不了多久，"朋来无咎"，这一阳的同类就会纷至沓来，阳性事物越来越壮大，就不会有灾祸。"反复其道"，这是阴阳消长之道，会有一定的反复，但总的趋势是阳长阴消。"七日来复"，从一阳消，到一阳长，历七变而成复。这一时期，正是阳性事物健康发展时期，万事亨通。"利有攸往"，大胆前进，无所不利。但目前毕竟只有一阳，力量微弱，需要静静地等待和畜养，这才符合自然规律。古代君王从复卦中得到启示，在冬至这一天封闭关卡，不让商旅通行，自己也不到四面八方去巡视，与天地同行，才不会引起天灾，待阳气上升，利于行动的时候再开始行动。

孔子在《象传》里是这么说的："复亨，刚反，动而以顺行，是以出入无疾，朋来无咎。反复其道，七日来复，天行也。利有攸往，刚长也。复其见天地之心乎！"

孔子的意思是说，复卦之所以亨通，是因为一元复始，阳气上升，这是谁也阻挡不了的。阳气上升，是顺时而行，符合自然规律，所以它的成长是健康的，待同类来了以后，力量会更大，不会有灾难。阳长阴消、阴长阳消、反反复复，经过七变才到了复卦，这是天体运行的规律。复卦最能体现出阴阳消长、周而复始、生生不息的规律性，难道这个自然规律，是天地精心安排的吗？

初九：不远复，无祗（zhī）悔，元吉。
象曰：不远复，以修身也。

【注解】祗：恭敬、尊重。

【释义】先看卦象，初九阳爻阳位，上应六四、处震之初、复之始。阳爻，说明他是个君子，具备君子的品德；阳位，说明他是个积极进取的人，是一个志向远大而又能主动践行的人；得正，说明他是个正气十足的人，全身上下充满了正能量；上应，说明他前有感、后有援，绝非孤军作战，表面看似孤单，实则并不孤单；处震之初，说明他能动不能静，让他老老实实待在那里，肯定不行，必须得动起来，一刻也停不下。处复之始，说明阳性势力已开始恢复，阳长阴消的时期已经到来。初九是复卦之主，具备卦辞所说的所有特点，也就是健康、茁壮、亨通、无往而不利，等等。因为一元复始，是阳性事物逐渐恢复时期，恢复之初，元气还不太足，得慢慢地培养元气。所以"不远复"，不要走得太快、太远。太快了后边跟不上，太远了就是孤军深入，这是对客观规律的不恭敬、不尊重，就会有悔。只有遵从事物发展的自然规律，才能大吉。所以现在要反身修德、积累能量，等待同类，顺时而行，方可远复。

这一爻告诉我们，建国之初，百废待兴，国力不足，需要培养元气；创业之初也是一样，不要着急，坐下来等一等。先看看自己有没有足够的实力。如果实力不足，就不要往远走，一边走，一边充实自己，一边等待时机。待有后援跟上，便可以去实现自己的理想了。

六二：休复，吉。
象曰：休复之吉，以下仁也。

【注解】休：休养生息，与民休息。也有吉祥美好、喜庆意，如休戚与共。

【释义】先看卦象，六二阴爻阴位，得中得正。阴爻，说明他是偏温和的人，是个谦虚包容的人；阴位，说明他是个保守的人，是个无为而治的人，是个能够安于现状的人；得中，说明他具备中庸之德，能行中庸之道，坚守不退，但也绝不冒进；得正，说明他观念正统，行为端正，是个一身正气两袖清风的人。爻辞说"休复"，就是不着急复，休息休息。恢复一下元气。这个时候，与老百姓休戚与共最重要，在上者无为而治，在下者休养生息。这就是"以下仁也"，就是行仁政，施恩泽。只有这样，才能培养元气，使阳性事物恢复健康，茁壮成长。对于阳性事物来说，这么做是最吉祥的。

这一爻告诉我们，大到一个国家，小到一个企业，处在弱小或恢复时期的时候，要知道休养生息的重要性。切不可急发展，急发财，更不可胡作为，乱作为。要耐得住性子，无为而治。耐得住性子，不是忍耐，而是修德养性，厚积而薄发；无为而治也不是无所作为，而是施行仁政，奋发而图强。

六三：频复，厉无咎。

象曰：频复之厉，义无咎也。

【注解】频：屡次，连续，反复。

【释义】先看卦象，六三阴爻阳位，不中不正，处震之极。阴爻，说明他是个看上去很柔弱的人，但却是个韧劲十足的人，是个倔强而有耐力的人；阳位，说明他绝不会安于现状，是个积极进取的人，是个意志坚强，勇于冲锋陷阵的人；不中，说明他是个性子急的人，是个思想和行为都有些过分的人；不正，说明他不能正确认识当前形势，不能正确评估自己的力量；处震之极，震极则止，说明他受到了很大的阻力，被阻止在这里，不能前行。爻辞说"频复，厉无咎"。就是说，阳位则冒进，阴爻则受挫；性刚则屡进，质柔则屡挫。虽然屡战屡败，但六三却屡败屡战，决不气馁。艰难困苦在所难免，但是不会有什么灾祸。"义无咎也"，因为处在阳性事物的发展时期，前进总是没有错的，从道义上讲，就不会有什么灾祸。

这一爻告诉我们，大到一个国家，小到一个企业当处在发展时期的时候，就不能左顾右盼，畏手畏脚，要敢闯敢干，敢打敢拼，不怕失败，失败是成功之母，害怕失败就永远不会成功。失败是暂时的，发展是硬道理，前进是大趋势，成功就在不久的将来。

六四：中行独复。

象曰：中行独复，以从道也。

【注解】中：这里的中不是居中的中，不是中庸的中，而是群阴之中的中，是中途的中。

【释义】先看卦象，六四阴爻阴位得正，下应初九，处坤之初。阴爻，说明他是个小人，具备小人多变的特质，是个没有节操的人；阴位，说明他不退反进，志在下沉，朝着与群阴相反的方向走；得正，说明他是个观念正统的人，是个愿意走正道的人；下应，说明他与君子有感应，有联系，愿意追随君子，共同发展；处坤之初，说明他正处在顺风顺水的时候，当其他众阴爻不得不被逼退的时候，他却有一条保命的后路，更是顺心如意。六四上下各有两个阴爻，处在群阴的正中，所以叫"中行"。五个阴爻就他一个返回来与阳爻结合，所以叫"独复"。六四追随初九，不是追随初九这个人，而是追随初九的君子之道，所以叫"以从道也"。复卦六四与剥卦六三的意思一模一样，对于君子来说，六四是弃暗投明；对于小人来说，六四是叛变投降。《易》为君子谋，不为小人谋。所以说六四这么做是从君子之正道。

这一爻告诉我们，在大是大非面前，从道不从众。日常生活中，从众的现象非常普遍，别人都这么做，我便也这么做，是一种盲目跟从，就是随大溜，跟风。也不知道对不对，好不好，跟着做就是了。小是小非面前，这么做也无所谓，但遇到大是大非问题，就不能盲目从众了，要有自己的观察、思考和判断，果断地做出决定，从道而不从众。总而言之，小事越糊涂越好，大事越明白越好。

六五：敦复，无悔。
象曰：敦复无悔，中以自考也。

【注解】敦：敦实、厚重。自考：自我反省。
【释义】先看卦象，六五阴爻阳位，上卦得中，为坤之主。阴爻，说明他是宅心仁厚之君，是谦虚柔顺之君，是虚怀若谷之君；阳位，说明他是大有作为之君，是把阳性势力恢复发展到最大限度的君王；得中，说明他具备中庸之德，能行中庸之道，对于小人的态度，无过无不及，随时随刻提醒自己，君子的势力不能无限度地发展壮大，要给小人留活路，留退路，逼得过紧、过急，对双方都不好；为坤之主，说明他具备大地的品质，敦实厚重、宽厚包容。爻辞说"敦复"，是说六五把阳性势力恢复到这种敦实厚重的程度，别人是做不到的。"无悔"，是说他做到了，而且没有太过分。如果达不到这个程度，肯定后悔；如果做过分了，也肯定有悔。那么为什么六五能做到"无过无不及呢"？因为他具备中庸之德，"中以自考也"。能够时刻以中庸的原则反省自己，所以最终"无悔"。

这一爻告诉我们，凡事都要适可而止。做企业的，做大以后，就不要无限度地往大做，否则你一定会后悔的。这个时候，就要考虑把企业做实的问题，把与企业相关的各个环节，都做得实实在在，保证不出问题，才是你应该做的事情。企业如此，其他所有事情都是这个道理。

上六：迷复，凶，有灾眚，用行师，终有大败。以其国，君凶；至于十年，不克征。

象曰：迷复之凶，反君道也。

【注解】迷：迷失，迷途。灾：外来曰灾。眚：自找之病曰眚。
【释义】先看卦象，上六阴爻阴位，处坤之极，复之终。阴爻，说明他是个小人，具备小人特质，是个昏暗不明的人；阴位，说明他是个误入迷途的人，是个走投无路的人；处坤之极则不顺。往前走，前边已经无路可走，已经到头了，再走就会有外来之灾。往后走，后边已被君子拦住退路，硬往回走那是自己找病。处复之终，说明复道已终，阳性事物得到全面恢复，天下是君子的天下，此时唯一的阴爻应该退出历史舞台，及时返阳，顺承君子。但他却身处迷途，不知返，不能返。"反君道也"，这是反天之道、反君之道、反复之道，既违反自然规律又违反客观规律，自然会招来天灾人祸。以上六目前的状况，用兵则大败，治国则君凶。如果继续负隅顽抗，"至于十年，不克征"，永远都不会有什么作为。

这一爻告诉我们，当我们从事的事情大势已去，注定要失败的时候，我们要敢于面对失败，勇于承认失败，坦诚地接受失败。一切挽救措施，都是徒劳无益的。继续走下去，等待你的不是天灾就是人祸，永远都不会有什么作为。倒不如翻过这一页，一切从头开始，重新来过，或许又是一番新的天地。

简单总结一下，上一卦是剥卦，剥卦讲的是阴剥阳，阳被剥穷之后，又重新返阳，出现了一元复始的新局面，所以有了复卦。复卦讲的是阳性势力，从一阳开始，不断地恢复、发展、壮大，直至敦实厚重。一开始是"不远复"，一阳很单薄，走远了危险，后边也跟不上。所以"不远复"。接下来是"休复"，处恢复时期，要有好的政策，休养生息，培养元气，以图后强。接下来是"频复"。元气恢复以后，就到了发展时期，这时期就要敢冲、敢闹。要有屡败屡战的精神，频繁进攻，收复失地。这个时候，阴性事物当中，有一股力量，投入到阳性事物当中，使阳性事物的势力，进一步发展壮大。至六五，凭借自己的中庸之德，把阳性势力发展壮大到敦实、厚重的程度，完成了阳复、阴退的历史使命。最后一阴是灭不掉的，就像剥卦阴剥阳，最后必留一阳是一样的。这一阴就不用去管他了，十年或更久也成不了什么大气候。

我们古代先民，通过"地在上，雷在下"这么一种自然现象，设卦立言，总结出一套阳性事物恢复、发展、壮大的客观规律，揭示出每个阶段的客观性和必然性。这是古人的智慧，我们后人应该认真学习、思考、借鉴。

无妄 ䷘ 乾上　第二十五卦　毫不虚伪
震下　天雷无妄　本该如此

【卦辞】无妄：元、亨、利、贞。其匪正有眚，不利有攸往。

【象曰】天下雷行，物与无妄；先王以茂对时，育万物。

【注解】无妄：妄者虚假也，无妄者，真实而无虚假也。匪：非。眚：眼疾，引申为人祸。茂：草木繁盛。时：四季。

【释义】《序卦传》说："复则无妄矣，故受之以无妄。"《易》以阴为虚，以阳为实。复卦阳长阴消，最后全阳则为实，实则无妄。所以，复卦之后，紧接着就是无妄卦。天雷无妄，天下行雷，遵循天之正道而动，就是无妄之象。动而健，实而不虚，也是无妄之象。上边是天，具备元亨利贞四德；下边是雷，雷主动，动之不同则结果不同。如果顺天道而动，也就是顺应自然规律而动，则元亨利贞，则无往而不利；如果不顺应天道而动，而是因人而动，因私欲而动，因某种不纯洁的政治目的而动，那就不正了。不正则是自找灾祸，这时就不利有所往。万物无妄，生死枯荣，无不当时，该打雷时打雷，该下雨时下雨；人类无妄，就是按照天道，亦即自然规律办事，该种地时种地，该收获时收获，不做虚妄之事，不存非分之想。古代君王受到无妄卦的启示，制定并施行朔政制度。按照春种秋收，夏长冬藏的四时规律，安排农事活动，养育飞潜动植等万物。

孔子在《彖传》里是这么说的："无妄，刚自外来而为主于内，动而健，刚中而应，大亨以正，天之命也。其匪正有眚，不利有攸往，无妄之往，何之矣。天命不佑，行矣哉。"

孔子的意思是说，雷是从天上来的，天的阳刚之气，到下边形成了雷，它行动迅速而矫健，天和雷相互呼应，持中而守正，光明正大地来，堂堂正正地走，谁也阻挡不了，这就是天道，这就是大自然的规律。就人事而言，如果搞一个打雷这样的政治运动，动机不纯正，肯定自找灾祸，干什么事都不会有利。不该动而动，怎么能动得了呢？因为你违反了自然规律，天不保佑，根本就行不通。

初九：无妄，往吉。

象曰：无妄之吉，得志也。

【注解】 得志：能够实现自己的愿望。

【释义】 先看卦象，初九阳爻阳位，初爻得正，处震之初、无妄之始，为下卦之主。阳爻，说明他是君子，具备君子的美德；阳位，说明他积极进取，上进心强，是一个干大事业的人；得正，说明他观念正统，行为端正，是一个走正道的人；处震之初，说明他行动迅速而矫健，是个性子有点急、有点爆，说话声音很大的人；处无妄之始，说明他是个很真实的人，一开始就没有虚妄之想；为下卦之主，说明他能够顺时而动，顺势而为，是个遵守自然规律的人。爻辞说"无妄、往吉"。像初九这么纯正的君子，处无妄之时，上遵天道，下行君子之道，则无往而不利。往必得志也，往必得吉也。

这一爻告诉我们，做一个真诚、实在的人很重要。为人处事，都要讲究实事求是，一就是一、二就是二，不妄言、不妄为。不说虚伪话、不做虚伪的事，不存非分之想。然后，顺时而为，按着客观规律去办事，你的事业就会有成。

六二：不耕获，不菑（zī）畲（yú），则利有攸往。

象曰：不耕获，未富也。

【注解】菑：第一年开垦的荒地称菑。畲：连垦三年，成为熟地，称畲。

【释义】先看卦象，六二阴爻阴位，下卦得中得正，上与九五正应，下乘初九。阴爻，说明他是一个不富裕的穷人，是个靠种地而生存的普通人；阴位，说明他是个安守本分的人，是个不妄想、不妄动、不妄为，没有很高期求的人；得中，说明他比上不足，比下有余，是个很容易满足的人；得正，说明他土里刨食，靠劳动吃饭，走的是正道，也不会动歪心思；上应，说明他靠天吃饭，顺其自然。丰年多收，欠年少收，一切全靠天照应；乘刚，说明他日子过得很艰难，很不舒服，但他绝不动非分之念。正像爻辞里所说的"不耕获，不菑畲"。不在耕种的时候，就期望有很大的收获；不在第一年开垦土地的时候，就期望它很快成为熟田；不指望通过务农成为多么富有的人。心里没有非分之想，没有不劳而获的欲望，便可以"无往而不利"。只要顺应天理，合乎天时，勤劳而作，努力而为，就会有意想不到的收获。

这一爻告诉我们，普通人不要有非分之想。一个人的欲望和自己的能力成正比，超出能力的欲望就是梦想、幻想，就是虚妄之念、非分之想，换句话说就是痴心妄想，就是胡思乱想。人的命、天注定，胡思乱想不管用，只有踏踏实实、本本分分，靠本分吃饭，才是正理、正道。

六三：无妄之灾，或系之牛，行人之得，邑人之灾。

象曰：行人得牛，邑人灾也。

【注解】无妄之灾：是无缘无故而得灾，是无妄也得灾。

【释义】 先看卦象，六三阴爻阳位，不中不正，与上九相应，处震之极。阴爻，说明他是个小人，具备小人特质，人品不怎么好；阳位，说明他不是一个安分守己的人，行为乖张，爱出风头，是个惹是生非的人；不中，说明他思想偏激、言行过分，是个把持不住自己的人；不正，说明他歪毛淘气、不走正道、偷偷摸摸、鬼鬼祟祟，不是一个光明正大的人；上应，说明他与鬼神有感应，是个神神秘秘的人，与无妄之极有感应，是个虚妄过重的人，总想着一夜暴富、一夜成名；处震之极，震极则止，说明他是个不爱劳动，整天待在家里，是个游手好闲、不劳而获的人。爻辞说，像他这种人，会有"无妄之灾"，会无缘无故地惹祸上身。"或系之牛，行人得之，邑人之灾"。意思是村里人把牛拴在那里，被过路的人偷走了，这个时候，六三就成了被怀疑的对象。虽然你确实没有偷，但被认定就是你，也没办法脱离干系。谁让你平时行为不端呢？怎么不赖别人，专赖你呢？这就是无妄之灾。

这一爻告诉我们，人凭素行。平时要端正自己的言行，"谨言慎行"，是对君子的要求，小人做不到，稍加收敛即可。否则，即使你不干坏事，没有犯罪行为，也会给自己招来无妄之灾。

九四：可贞，无咎。
象曰：可贞无咎，固有之也。

【注解】 可贞：本不正，但可以正。

【释义】 先看卦象，九四阳爻阴位，不中不正，处乾之初。阳爻，说明他是刚健的君子，具备君子之德，能行君子之道；阴位，说明他能够固守本位，不会轻举妄动，是个不会胆大妄为的人；不中，说明他能力不及，处无妄之时，有些过分地禁锢自己的欲望；不正，说明他位置不正，处多惧之位，不敢正视君王，不敢正襟危坐，不敢堂堂正正地表达自己的愿望；处乾之初，说明他本来就具备元亨利贞四德"固有之也"。九四不中不正，不正则不贞，不贞则有咎。但九四是阳爻，是君子，又处乾之初，本来就具备贞德。又以乾之健，应震之动，本身就是正的，正则"可贞"，贞则"无咎"。

这一爻告诉我们，君子守正非常重要。君子也有身处尴尬境地的时候，表面看不阴不阳，不中不正，不人不鬼的。但无论何时何地，君子都要坚守自身固有的贞正之德，才能够远离灾祸。

九五：无妄之疾，勿药有喜。

象曰：无妄之药，不可试也。

【注解】疾：小而轻曰疾；大而重曰病。引申为缺点，毛病。

【释义】先看卦象，九五阳爻阳位，得中得正，下应六二，处乾之中，无妄至尊位。阳爻，说明他是君子，具备君子之德，是一位刚明强健的君王；阳位，说明他大有作为而不妄为，治国理政，为所当为；得中，说明他具备中庸之德，能行中庸之道，国家大事，无过无不及，裁量定夺，恰到好处；得正，说明他作为一国之君，能够做到正大光明，生杀予夺，公平公正；下应，说明他的无妄之政，感应天下。君无妄，则天下无妄矣！处乾之中，说明他具备元亨利贞四大天德，是最完美的大德之君。而问题恰恰出在"最完美"这三个字上，世界上根本就没有绝对的完美，任何事物都是相对的。再完美的事物，或多或少都会有点小缺点、小毛病。即便是天体结构，那么完美，都会有小的缺陷，不过这点小毛病可以忽略不计。一个健康的天体、社会、人体，都有很强大的自洁、自愈能力。切不可用外药施治，更不可以国试药，引起不必要的麻烦。待其自愈后，会更加完美。无妄至此，天下之幸，万民之喜。

这一爻告诉我们，大行不顾细谨，大礼不辞小让，总体是好的，无关痛痒的小问题，可以不去管它。小病大治，无病乱投医，简直就是庸人自扰，于事无补，反却徒增烦恼。

上九：无妄，行有眚，无攸利。

象曰：无妄之行，穷之灾也。

【注解】眚：外来曰灾，自致曰眚。穷：穷尽；终极。在这里是无妄之道穷也。

【释义】先看卦象，上九阳爻阴位，失中不正，下应六三，处乾之极，无妄之终。阳爻，说明他是个刚明强健之人；阴位，说明他是个虚妄之人，处在这个位置上，不由自主地妄为、妄行；失中，说明他看问题是偏激的，行为是过分的；不正，说明他不能正确认识自己的处境，还存在一些不正当的欲望、需求，明知不再拥有的东西，却还存非分之想；下应，说明他还有一些残存势力，这也是支撑他胆大妄为的基础；处乾之极，说明他已是强弩之末，是个穷途末路之人；处无妄之终，终则无妄之道穷也，穷则思变，无妄变成有妄，变成了不真实的虚假的人，欲望过重的人。爻辞说"行有眚"，意思是继续折腾，就是自己找病，当然也就"无攸利"。孔子说"无妄之行，穷之灾也"。意思是说，无妄已经到头了，再往前走就会招来外患。

这一爻告诉我们，无论什么时候，都要面对现实。不管你做多大的官，退休以后，都是普通老百姓一个，切不可贪恋过去的权力和地位，切不可存有半点非分之想。如果贪欲过重，继续胆大妄为，那是自己作死，谁也救不了你。

简单总结一下，上一卦是复卦，复卦讲的是阳性势力恢复、发展、壮大，最后达到敦实厚重的程度。敦实厚重就是无妄，所以有了无妄卦。无妄讲的是真实而不虚假，不妄想，不妄为。一开始就是"无妄往吉"，不妄想，不妄为，往而得吉。接着是"不耕获，不菑畲，则利有攸往"，没有任何非分之想，靠劳动吃饭，踏踏实实过自己的小日子，则无往而不利。接下来是"无妄之灾"，无妄怎么会有灾呢？原来六三是个有"妄想症"的人，虽然没有妄为，但仍会给自己招来意想不到的灾祸。接下来是"可贞，无咎"。光不妄想、不妄为还不够，还必须得守正。无妄最忌不正，这在卦辞里已经强调过了"其匪正有眚，不利有攸往"。君子在"无妄之时，固守贞正"，才能免于灾祸。接下来就是"无妄之疾，勿药有喜"。像天下行雷，这么大的动静，有点小毛病，在所难免。只要具备元亨利贞四大天德，行雷过后，天下大喜，切不可节外生枝，因小失大。最后就是"行有眚"了，无妄之终就是有妄，就是虚妄，就是不切实际的妄想、妄为。路已穷而硬往，往而无利还在其次，内忧外患会接踵而至，这是必然。

我们古代先民，通过"天下行雷"这么一种自然现象，设卦立言，总结出一套"无妄"的客观规律，揭示出各种无妄的客观性和必然性。这是古人的智慧，我们后人应该认真学习、思考、借鉴。

大畜 ䷙

艮上　第二十六卦　大止大畜
乾下　　山天大畜　　大有作为

【卦辞】大畜：利贞，不家食，吉，利涉大川。

【象曰】天在山中，大畜；君子以多识前言往行，以畜其德。

【注解】畜：畜止，积蓄。大畜：以小畜大，健而能止，止于至健。大畜是通过阴止阳，使阳性事物积蓄大德。

【释义】《序卦传》说："有无妄然后可畜，故受之以大畜。"这句话有两层意思，其一，无妄是动而健，大畜是健而止。一个动、一个止，有动必有止。其二，无妄是使刚、用刚，是释放能量；大畜是藏刚、畜刚，是积蓄能量。所以，无妄卦之后，紧接着就是大畜卦。山天大畜，山在上，天在下，天被山所阻止，有大畜之象。健而能巽是小畜，小的阻止，畜养小德；健而能止是大畜，大的阻止，畜养大德。大畜是通过阻止，使君子止于至健、至真、至善、至美，把君子打造成最完美的形态。总之，大畜卦的意思就是让君子藏德、畜德、养德而止于大德。大畜时代"利贞"，就是利于养正、养贤。"不家食，吉"就是利于出仕。"利涉大川"，就是利于干大事业。君子应该从大畜卦中得到启示，以先哲、先贤为榜样，把自己培养成为道德高尚的人。

孔子在《彖传》里是这么说的："大畜，刚健笃实辉光，日新其德。刚上而尚贤，能止健，大正也。不家食吉，养贤也。利涉大川，应乎天也。"

孔子的意思是说，天体的刚健，与山体的笃实交相辉映、相互渗透，使刚健变得更笃实，使笃实变得更刚健，君子如此修身，则德必日新、积蓄不已，日益充实。上九阳刚在上，亲比六五，既崇尚贤能，又能止健，这是在为国家畜养贤能之人，是天下最大的正事。不在家里吃闲饭，报效国家，食天子俸禄，也是为国家储备、培养人才。畜养贤能，积蓄能量，是为了攻坚克难，干一番大事业。这么做，才顺应天道，符合自然规律。

初九：有厉，利已（yǐ）。

象曰：有厉利已，不犯灾也。

【注解】厉：危厉，危险。已：止。

【释义】先看卦象，初九阳爻阳位，初位得正，上应六四，处乾之初。阳爻，说明他是个君子，具备君子之德；阳位，说明他是个积极进取的人，上进心强，不会安于现状，是个"不家食"，出门求仕的人；得正，说明他观念正统，言行端正，是个追求真理的人；上应，说明他受到六四强有力的阻止。处大畜之时，正应就变成了名正言顺的阻止，分工明确，谁应便阻止谁。处乾之初，说明他是健行之人，前进的愿望很强烈。但大畜卦贵止不贵动，宜静处，不宜往进，六四是专门阻止初九的，如果初九硬要进的话，不但进不了，还会有危险，就是"有厉"。最好的办法就是"利已"，主动停止前进才有利。"不犯灾也"。不招灾，不惹祸，才是初九的正道。

这一爻告诉我们，君子健行而贵止。越是有本事，越要知道停止。遇到困难，知难而进是君子本色，应发扬光大；但遇到危险，知险而止，更是难能可贵。正所谓"君子不落险地"，讲的就是这个道理。

九二：舆说輹（fù）。

象曰：舆说輹，中无尤也。

【注解】舆：大车。说：同脱。輹：车下连接车轴的曲木。

【释义】先看卦象，九二阳爻阴位，下卦得中，上与六五正应。阳爻，说明他是个君子，具备君子之德，是个刚明强健的人；阴位，说明他是个沉稳持重的人，是个能够自止修德而不急于冒进的人；得中，说明他具备中庸之德，能行中庸之道，修德进业，无过无不及；为人处事，尽得其宜；上应，说明他受到六五的有效阻止，主动停下来，积蓄能量。爻辞说："舆说輹"，是说九二居阴处中，懂得当止则止的道理，不但能够自止，而且止得果断，止得干净利落，就像是为了让车停下来，干脆让车轴与车身分离开来，车便戛然而止。"中无尤也"，这样做，六五没有阻之忧。九二也没有进之忧，就可以安心地修德养性了。

这一爻告诉我们，君子做事情，要坚决而果断。当遇到阻力，明确地知道，是不可能前进的，这个时候就不要拖泥带水，要毅然决然，采取有效措施，立刻、马上停下来，去做自己该做的事情，这才是君子之所为。

九三：良马逐，利艰贞。日闲舆卫，利有攸往。
象曰：利有攸往，上合志也。

【注解】日：每天。闲：通娴，熟习。舆：驾车。卫：护卫。

【释义】先看卦象，九三阳爻阳位，下卦得正，处乾之极，与上九敌应。阳爻，说明他是君子，具备君子之德；阳位，说明他不能静处，是个志在必进的人；得正，说明他能守君子之正，能行君子之道，是个堂堂正正的君子；处乾之极，说明他是一匹良马，虽然跑乏了，休息一天便仍可日行千里；敌应，说明没有人阻止他。大畜卦正应为阻止，敌应不但不阻，反而会成为志同道合的朋友。九三和上九都是阳爻，都是君子，君子与君子之间互讲诚信，可共图大业。此时就像两匹良马，前后相逐，合志共进。大畜卦贵止不贵进，要进需具备几个条件。就是"利艰贞。日闲舆卫""上合志也"。一是不怕艰难，敢于涉险；二是固守纯正，行不失正；三是平时要训练车夫和护卫，使其熟练地掌握驾车技术和保卫能力，也就是说，要做好策应万全的准备工作；
四是上下合志，志同道合。只有这样才可以"利有攸往"，无往而不利。

这一爻告诉我们，君子做事，当止则止，当进则进。君子之进不是盲目
地进，不是贸然地进，更不是侥幸地进。而是在各种先决条件都具备，各种
准备工作都做得相当充分的情况下，才能做出进的决定。君子不进则已，进
则无往而不胜。

六四：童牛之牿（gù），元吉。
象曰：六四元吉，有喜也。

【注解】 牿：在牛角上系一横木谓之牿。

【释义】 先看卦象，六四阴爻阴位，上卦得正，下与初九相应，处艮之初。
阴爻，说明他是个柔弱之人，在大畜之时，他是止阳畜阳之人，所以他是个
以柔克刚的人；阴位，说明他能够静处，是个思不出位的人，是个不敢僭越
的人；得正，说明他止阳畜阳的目的是纯正的，手段是正当的；下应，说明
他畜止的对象很明确，专门负责对初九的培养；处艮之初，说明他完全具备
阻止初九的能力。况且初九在最下，又是最初，也可以说是最小。也就是说，
六四畜止的对象是最小的，畜止的时间是最早的，畜止的手段是最有效的。
"童牛之牿"，就像是畜止一头小牛犊，在它还没有长大的时候，就给它角上
加个牿，让君子从小就学会隐藏锋芒，做个含而不露的真君子，自然大吉大
利。能为国家培养出这样的贤能，对于自己来说是一件天大的喜事。

这一爻告诉我们，君子持刚、居刚、用刚，这是最大的毛病。本身就是
刚明强健的人，长期发展下去，如果得不到有效的管教和抑制，早晚是会出
事的。《易》贵中，君子必须具备中德。所以要从小就抑制君子刚强的一面，
培养柔韧的一面，使之成为中道而行的人。

六五：豮（fén）豕（shǐ）之牙。吉。

象曰：六五之吉，有庆也。

【注解】豕：猪。豮：给猪去势。

【释义】先看卦象，六五阴爻阳位，得中处尊，下应九二，上承上九。阴爻，说明他是以德治国的人，用柔而不用强；阳位，说明他是有为之君，是个治国理政、亲力亲为的人。处大畜之时，是个主动止阳畜阳的人；得中，说明他具备中庸之德，能行中庸之道，对君子的畜止，无过无不及，拿捏分寸，恰到好处；下应，说明他畜止的对象也很明确，专门负责对九二的阻止和畜养；承刚，说明他上承天意，顺势而为，遵从天道，符合自然规律。爻辞说："豮豕之牙，吉。"意思是说，六五畜止九二的办法是四两拨千斤，以柔克刚，以巧取胜。如果是辆车，去掉连接车轴与车身的曲木，车则不能前行；如果是一头凶猛的公猪，去势即可。公猪去势后，就不具备超强的攻击能力了，这种阻止方式不费吹灰之力，就能得到满意的结果，自然吉祥。君王畜养人才是为我所用，而不能对我造成威胁，所以采取公猪去势的办法，使君子驯服而无害。六四元吉有喜，虽大吉，一己之喜也；六五得吉有庆，乃天下之吉、天下之庆。

这一爻告诉我们，领导培养人才是为领导所用的，领导需要的是德才兼备之人，如果你才高而无德，那么作为下属，你的能力越强，势力越大，对领导的威胁也就越大，领导都是劁猪的高手，小心哪天你就被劁了。

上九：何天之衢（qú），亨。

象曰：何天之衢，道大行也。

【注解】何：同荷，负荷。衢：四通八达的道路。

【释义】先看卦象，上九阳爻阴位，处艮之极，大畜之终。阳爻，说明他是百炼成钢的真正君子，具备君子最完备、最美好的道德修养和优秀品质；阴位，说明他积蓄厚重，性格沉稳，是个不会轻易冒进的人；处艮之极，说明止极则不止，从此以后，再也没人能够阻止他的前进；处大畜之终，说明畜道已成，被畜养的人才脱颖而出，可以"利涉大川"了。爻辞说"何天之衢，亨"。到了上九之时，人才已百炼成钢，变阻止为无阻，海阔凭鱼跃，天高任鸟飞，通天大道，四通八达，君子可以任意驰骋，没有任何力量可以阻止君子前进的步伐。"道大行也"，这个时候，正是君子大行其道的时期，有志之人"不家食"，入世为官，正当其时；临险犯难，干一番大事业，定有美好的前程。

这一爻告诉我们，经过畜止，君子被培养成德才兼备、刚柔并举的大德大贤之人，可以服务于社会了。当然君子出仕、入世，要审视天下大势。小人大行其道的时候，君子要遁世、避世，不侍奉于小人，不执事于昏君；当君子大行其道的时候，则积极出仕，入世为官，造福于天下百姓。

简单总结一下，上一卦是无妄卦，无妄卦讲的是天下行雷、动而健；是动、是释放能量；有动就有止，有释放就有畜养，所以就有了大畜卦。大畜卦讲的是通过阴止阳，来畜养君子的能量。一开始，初九就被六四有效阻止，只好待在原地，积蓄能量。接着九二又被六五有效阻止，九二主动停下来，修德养性，以图后强。到九三的时候，就已经畜养成千里马了，做好万全准备，就可以"利有攸往"了。六四作为畜止初九的人，因"童牛之牿"而得"元吉"，因畜养有功而得喜。六五作为畜止九二的人，给九二简单地做了个外科手术，

"豮豕之牙"便不再具备攻击能力，不但得吉，而且还值得庆贺。到最后，君子通过畜止，修成大德，踏上通天大道，"利涉大川"去了。

我们古代先民，通过"天在山中"这么一种自然现象，设卦立言，总结出一套畜止养德的客观规律，揭示出各种畜止的内在联系和必然结果。这是古人的智慧，我们后人应该认真学习、思考、借鉴。

颐䷚ 艮上　第二十七卦　养人被养
震下　　山雷颐　　正当则吉

【卦辞】颐（yí）：贞吉，观颐，自求口食。

【象曰】山下有雷，颐；君子以慎言语，节饮食。

【注解】颐：养也。

【释义】《序卦传》说："物畜然后可养，故受之以颐。"大畜卦是通过畜止，培养大德之人，有了大德之人，就可以养育天下万民了，而颐卦正是养育的意思。所以大畜卦之后，紧接着就是颐卦。山雷颐，山在上，雷在下，整个卦形是上下实，中间虚，上止而下动，就像人的一张嘴在吃饭。颐卦就是以口饮食养人之身的意思。养之意引申开来，可以是天地养育万物；君王养贤、养君子；君子养德、养万民；普通人养父母、养子女，等等。"贞吉"，就是养贵正，正则吉；不合乎天道就是不正，不正则不吉；"观颐"就是观察他养人或被养是否正；颐卦鼓励"自求口实"，就是最好自己养活自己。君子应该从颐卦中得到启示，慎言语以养德，节饮食以养身。

孔子在《彖传》里是这么说的："颐，贞吉，养正则吉也。观颐，观其所养也。自求口食，观其自养也。天地养万物，圣人养贤以及万民。颐之时义大矣哉。"

孔子的意思是说，关于养育的问题，关键是看正与不正，正则吉，不正则不吉；你所养育的人或者说被你养育的人是正当的是该你养的，就吉；是不正当的，是不该你养的，就不吉；能够自养而自养的就吉，能够自养而不自养的就不吉。天地养万物，圣人养贤以及万民也是一样，合乎天道就是正，正则吉；不合乎天道就是不正，不正则不吉。这里的"时"就是"春夏秋冬"四时，就是天道，就是自然规律。养与被养，是否符合天道，这个意义太大了。

初九：舍尔灵龟，观我朵颐，凶。
象曰：观我朵颐，亦不足贵也。

【注解】舍：放弃。尔：代指初九。灵龟：不食而寿者，灵龟也。借指初九具备自养的能力和智慧。朵：大块的。颐：腮帮子。

【释义】先看卦象，初九阳爻阳位，初位得正，上与六四正应，处震之初，颐之始。在颐卦里，阳爻是自养、养人者；阴爻是求养、被养者。初九阳爻，说明他应该是能够自养而养人的人，是个四肢健全而有生活能力的人；阳位，说明他是个贪欲之心很强的人，本来靠自己的聪明、智慧可以自养、养人，却把心思都放在如何盘算别人上面了；得正，说明他自认为求人养是正当的，是合乎伦理的，是应当应分的，所以就堂堂正正地求养，光明正大的求养；上应，说明六四和初九有母子之象，母亲又在高位，有荣华富贵之象，初九在最底层，是个穷小子，所以就赖在母亲身上，寻求母亲的供养；处震之初，说明他还不是死等，不是静静地等着养，而是时不时地搞出点动静，引起六四的关注或同情，以求得供养；处颐之始，说明他一开始就违背了养育之道，明明是可以自养、养人的人，却偏偏求养、等养，违反天道，必凶无疑。爻辞说"舍尔灵龟，观我朵颐"，这里借六四的口吻说，"你是灵龟，不用求养就能活得长命百岁，为什么要放弃自养的能力和智慧，而看着我嘴里的大块食物流口水呢？""亦不足贵也"，可惜了初九这个阳刚之才，也未免过于低贱了。

这一爻告诉我们君子自养、养人，这是对君子最基本的要求，而君子自养那是最起码的要求，如果连最起码的要求都做不到，那就不能称其为君子。如果确确实实有能力自养，也有智慧养人，却偏偏求养、等养，那是君子的悲哀和耻辱，那是作死的节奏，是会大难临头的。

六二：颠颐，拂（fú）经于丘颐，征凶。

象曰：六二征凶，行失类也。

【注解】颠：颠倒，即以上求下。拂经：违背常理。丘：山顶之上，即上九。类：同类。

【释义】先看卦象，六二阴爻阴位，得中得正，下乘初九。阴爻，说明他是个柔弱之人，是个不能自养的人，是个必须依靠别人才能生存的人；阴位，说明他自己不做任何努力，什么都不干，就死等着别人来供养；得中，说明他上求上九，下求初九，不偏不向，同样的理由，同样的需求，没得说，就是求养；得正，说明他求养也是正确的，因为自己是阴爻，不能自养。"颠颐"，求初九养活自己，也很正常；乘刚，说明他欺人太甚，初九也不是好惹的，根本不会好好供养他。爻辞说"颠颐，拂经于丘颐，征凶"，六二既颠倒过来求初九供养，又违背常理去求上九供养，这是"行失类也"，他的行为，失去了同类应有的品德，既无理取闹，又贪得无厌。初九和上九都没有供养他的义务，他这样做就是违背天道。"征凶"，无论前去求谁，都是凶险的，绝对没有什么好结果。

这一爻告诉我们，求养不能太贪，而且必须要有正当的理由。自己生活不能自理，没有生存能力，去求人供养，也是一件很正常的事情。但你不能到处去求，逮着谁就让谁养活。况且人家跟你没有任何关系，凭什么要供养你呢？盗亦有道，求养有求养的道，违反这个道，结果肯定凶险。

六三：拂颐，贞凶，十年勿用，无攸利。

象曰：十年勿用，道大悖也。

【注解】拂：违也。悖：逆也。

【释义】先看卦象，六三阴爻阳位，不中不正，与上九正应，处震之极。阴爻，说明他是个小人，具备小人特质，是个不能自养，也不能养人的人；阳位，说明他不能安分守己，是个胡作非为的人，是个胆大妄为的人；不中，说明他求人供养行为过分、要求过分、欲望过分，是个贪得无厌的人，是个欲壑难填的人；不正，说明他求养的动机不纯正，手段不正当，行为不端，作风不正；上应，说明他理直气壮地赖在上九身上，名正言顺地请求供养；处震之极，震极则止，说明他一动不动地躺在那里，死等着上九来养活他。本来六三求养于上九是应该的，也是正常的，但六三不中不正，爻辞说"拂颐"，就是违背了颐之正道。正则吉，不正则凶。六三悖逆了大道，"贞凶"，即便动机纯正，也会被上九遗弃。像六三这种不中不正之才，不仅仅是求养无门，而且是永远不会被录用，何谈利往。

这一爻告诉我们，君子养贤，养的是有德、有才、有用之人，不是拜在门下，就是吃喝无忧的门人了。在被养期间，发现你品行不端是个小人，既无德、又无才；既贪婪又懒惰；既能惹事，又不能成事。那么留你何用？逐出师门，永不录用，已经是最好的结果了。

六四：颠颐，吉，虎视眈眈，其欲逐逐，无咎。

象曰：颠颐之吉，上施光也。

【注解】眈眈：注视。贪婪迷恋的样子。欲：欲望。逐逐：连续不断地追逐，紧追不舍的样子。

【释义】先看卦象，六四阴爻阴位，上卦得正，下与初九正应，处艮之初。阴爻，说明他不能自养，是个靠别人供养的人；阴位，说明他能向下施仁政，施德政，是个无为而治的人；得正，说明他求养的动机纯正，手段正当，是个堂堂正正求养的人；下应，说明他求初九供养是理所当然的，是名正言顺的，是理直气壮的；处艮之初，说明他不用劳动，就待在那里，等着初九供养。六四阴爻阴位，上卦得正，又与初九正应。颐卦所要求的正，六四全都具备了，所以他要求初九供养是应该的、正常的、合情合理的，天经地义的。六四是大臣位，在颐卦里，相当于为国敛财的税官；初九是庶民位，在颐卦里相当于税源。国家收税是合乎天道的，百姓纳税，也是理所应当的。爻辞说"虎视眈眈，其欲逐逐"，说六四就像老虎注视食物那样，一副贪婪迷恋的样子，而且这种求食的欲望连续不断，抓住不放，永远也没有满足的时候。六四之所以如此贪婪还能得吉而无咎，有两个原因。第一个是符合颐道，合乎天理；第二个就是"上施光也"，就是上对下施德政，施恩泽。意思就是说，百姓之所以有税可纳，是因为沾了上边的光，如果不是统治阶级领导得好，哪有下边百姓的幸福生活呢？所以"颠颐"得吉，贪婪也"无咎"。

这一爻告诉我们，君子爱财，取之有道。钱财是有用的东西，对谁都很重要，但如何获取，就大不一样了，不义之财万不可取，无论多少，只要沾上，祸必随之；从正道来的钱财，多多益善，符合天道、颐道，只要取之有道，吉而无咎。

六五：拂经，居贞吉，不可涉大川。

象曰：居贞之吉，顺以从上也。

【注解】拂：违。经：常理。居：守。

【释义】先看卦象，六五阴爻阳位，上卦得中，上承上九。阴爻，说明他是国库空虚，又没有实权的君王，是个不能自养，又不能养贤的君王；阳位，说明他不是被动求养的人，而是尽最大努力，争取自养、养贤；得中，说明他求养并不过分，在不能自养的情况下，自己也努力了，这个时候求养，不算是过分的要求；承刚，说明他"顺以从上也"，能够顺从上九。在顺承的基础上，违反常理，寻求上九的供养，也就变得合情合理了。只要居中守正，还会得吉。此时"不可涉大川"，因为你自养问题都得靠上九解决，怎么可以犯难涉险干大事业呢？

这一爻告诉我们，求人供养，求的在理，也可得吉。关键要做到两点：一是客观上要合情合理，你确实不能自养，你也确实是努力过了，客观上也确实需要别人供养；二是主观上要通情达理，没有过分的想法，没有过分的要求，能够低下头来顺从别人。能够做到这两点，求也得吉。

上九：由颐，厉吉，利涉大川。

象曰：由颐厉吉，大有庆也。

【注解】由颐：由他来养。

【释义】先看卦象，上九阳爻阴位，下应六三，处艮之极，颐之终。阳爻，说明他是君子，具备君子之德，是个既能自养，又能养人的人；阴位，说明他是沉稳厚重的人，是谨言慎行、安守本分的人；正应，说明他是养育天下的人，"由颐"，天下人都由他来养育；处艮之极，说明全国养育体制，至此已很完备，全国上下，畅通无阻，养与被养，各得其所；处颐之终，说明养育之道，至此大成。上九是阳爻，天下万民全由他来养育。初九负责纳税，六四负责征税，上九负责财务分配和支出。虽然深得六五的信任、依赖和顺从，但毕竟是人臣，必须"厉吉"，常怀危厉戒惧之心，才可得吉。至此，天下万民得养也，国家可以历险涉大川也，难道这还不值得庆贺吗？

"大有庆也"！

这一爻告诉我们，当你重权在握的时候，即便领导很依赖你，很倚重你，你也要知道凶险，懂得畏惧，严格按照君子的标准要求自己，一言一行合乎天道，方可得吉。

简单总结一下，上一卦是大畜卦，大畜卦讲的是通过畜止，培养君子的大德。君子有了大德之后，就可以养育天下了，所以有了颐卦。颐卦讲的是养育之道，告诉你什么人该养，什么人不该养。一开始就是一个不该养的人，他自己本身是一个能自养的人，也是应该养别人的人，却寻死觅活地求别人供养，"舍尔灵龟，观我朵颐"，爻辞直接言"凶"。接下来是"颠颐，拂经于丘颐"下求初九供养，上求上九供养，贪得无厌，违背颐道，自然"征凶"。接下来是"拂颐"，不中不正，人品极差，无德无才，还欲壑难填，即便贞正，也必凶险，最后逐出师门，永不录用。接下来是"颠颐"，六四深得颐卦之德，具备颐卦所需之正，符合供养之道，即便是"虎视眈眈，其欲逐逐"，也会因得吉而无咎。接下来是"拂经，居贞吉"，虽然违反常理，但是他以顺从求供养，既合情合理，又通情达理，能够居中守正，所以得吉，只是"不可涉大川"而已。最后是"由颐"，财权在握，能行君子之道，又得君王信赖，担负着养育天下的重任。只要能知道轻重，懂得畏惧，就会得吉。至此颐道大成，国富民强，就可以"利涉大川"了。

我们古代先民，就通过"山在上，雷在下"这么一种自然现象，设卦立言，总结出一套颐养的规律，揭示出养人与被养如何趋吉避凶的客观规律和必然结果。这是古人的智慧，我们后人应该认真学习、思考、借鉴。

大过 ䷛ 兑上 第二十八卦 大的过度
巽下　泽风大过　非常行动

【卦辞】大过：栋桡（ráo），利有攸往，亨。

【象曰】泽灭木，大过；君子以独立不惧，遁世而无闷。

【注解】大过：大者，阳也。过者，逾越其所处也。栋：房屋之主梁也。桡：木之弯曲者也。闷：心情不舒畅。苦闷、烦闷、郁闷。

【释义】《序卦传》说："颐者养也，不养则不可动，故受之以大过。"小畜养文德，大畜养大德，颐卦既养德又养身，既养贤又养民，为国家发展奠定了坚实的人才基础和经济基础。养则大、大则动、动则过。所以颐卦之后，紧接着就是大过卦。泽风大过，泽为水，巽为木，水下有木，木生长在水中，是正好不过的，但淹没在水下，就有点太过了。这就是大过之象。以此推而广之，凡事物超过一般水平，达到非常程度，比一般常见者大，皆可谓之大过。大过卦的基本卦义是：经过颐养以后，君子会有一次大的过渡性的行动。从这个基本卦义衍生出：经过、渡过、通过、超过、过往、过分、过失等诸多含义。大过时期是采取大的行动，实施大举措的最佳时期。虽然两头的势力弱一些，会造成"栋桡"，就是中坚栋梁之材会弯曲，但由于君子的力量过于强大，而且全部居中，卦德又是谦逊而喜悦，所以这次行动是亨通的，前往是有利的。君子应该从大过卦中得到启示，隐遁世外的时候不苦恼、不郁闷，出仕救世的时候，就要有所担当，无所畏惧。

孔子在《彖传》里是这么说的："大过，大者过也。栋桡，本末弱也。刚过而中，巽而说行，利有攸往，乃亨。大过之时大矣哉。"

孔子的意思是说，大过卦讲的是君子干大事的过程。在干大事的过程中，支撑在重要岗位的栋梁之材会变得弯曲，是因为做基础工作的人和做善后工作的人太弱。君子的势力虽然过刚过强，但都具备中德，能够把握事态的平衡，况且能够谦逊和悦地运作整个事情，对于事态的进展十分有利，所以会畅通无阻。像（迁都、立君）这样的大事，需择时而行，非得天时、地利、人和不可为也，这对于事情的成败太重要了。

初六：藉（jiè）用白茅，无咎。
象曰：藉用白茅，柔在下也。

【注解】藉：衬垫。白茅：洁净的茅草。

【释义】先看卦象，初六阴爻阳位，上应九四，上承九二，处巽之初，大过之始。阴爻，说明他是个柔弱的人，是个小心谨慎的人，是个仔细认真的人；阳位，说明他是个有所作为的人，是敢于担当重任的人，是积极主动参与大事的人；上应，说明他是被委以重任的人，得到九四的充分信任，就必须尽心尽力地完成自己的任务；承刚，说明他的压力特别大，凡事不能自作主张，必须顺承上意，积极配合；处巽之初，说明他是个谦逊的人，思维缜密，虑事周详，是个申命行事的人，是个令行禁止的人；处大过之始，说明万事开头难，他必须做好充分的准备工作。初六面临重大行动之初，以柔履刚，以柔弱之躯承担如此之重的责任，需要加倍谨慎小心。干大事，开始最重要了，非准备万全，是不可以行动的。所以必须仔细认真，慎之又慎。爻辞说"藉用白茅，无咎"，就好像在野外祭祀，平时简单地把供品放在地上就可以了。但这次不行，要极其慎重地对待，要把洁净的茅草铺在下面，然后再摆放供品。这种薄物重用，审慎之至的做法，才是干大事的态度。正因为初六在大过之初能够敬慎善处，才可以自己柔弱之躯支撑九四之栋不至于倾。"无咎"，初六如此谨慎，怎么会有灾祸呢？

这一爻告诉我们，一个人能否干好一件事，虽然看能力，但主要看态度。能力再强，没有一个正确的态度，工作马马虎虎，终将一事无成；能力弱一点，但态度端正，工作认真负责，尽心尽力，敬慎善处，同样可以干成大事。

九二： 枯杨生稊（tí），老夫得其女妻，无不利。

象曰： 老夫女妻，过以相与也。

【注解】稊：杨柳新生的枝叶。

【释义】先看卦象，九二阳爻阴位，下卦得中，亲比初六。阳爻，说明他是个君子，具备君子之德；阴位，说明他不是很活跃，对这次大的行动，不积极、不主动，是个倚老卖老的人；得中，说明他具备中庸之德，能行中庸之道，在这次行动中不前不后，不紧不慢，不够主动，但也不会消极；亲比，说明他与初六关系密切，九二阳刚在上，初六阴柔在下，有老夫少妻之象。在这次大的行动中，因工作关系，阴阳相遇。俗话说，男女搭配，干活不累，初六激发出九二新的活力，使九二青春焕发，将在行动中发挥更大的作用。爻辞说"枯杨生稊，老夫得其女妻，无不利"，意思是说，夫虽老，得女妻可孕育新的生命，就好比杨虽枯，逢春就能生出新的枝叶。从枯老过渡到新生，则无往而不利。这是阴阳相济的功劳啊！

这一爻告诉我们，阴阳相济永远大于一加一。阴阳搭配是最佳搭配，强于阴和阴的联手，也胜于阳和阳的合作。因为阴和阳除了互补之外，还可以相互激发对方的热情、激情，产生出新的力量，这种新的力量，会远远大于他们自身相加的力量。这就是"男女搭配，干活不累"的原因。

九三：栋桡（ráo），凶。

象曰：栋桡之凶，不可以有辅也。

【注解】栋桡：栋梁弯曲。辅：助也。

【释义】先看卦象，九三阳爻阳位，失中得正，与上六相应，处巽之极。阳爻，说明他是个君子，具备君子之德，处大过之时，说明他是个栋梁之材；阳位，说明他是个刚愎自用、逞强好胜的人，是个使强用强、强出风头的人；失中，说明他柔韧不足，强硬有余，是个缺乏韧劲，死扛硬顶的人；得正，说明他得君子之正，动机是纯正的，态度是端正的，手段也是正当的，道路也是正确的；上应，说明他的应援太不给力了。上六阴爻阴位，处无位之位。阴爻柔弱无力，帮不动他；阴位不想动弹，不想帮他；无位之位，无权无势，没有能力帮他。所以，看似有应，却"不可以有辅也"，没有人辅助他；处巽之极，说明巽极则不逊，九三对上六出言不逊，上六就更无心相助了。爻辞说"栋桡，凶"，在这大过之时，九三是栋梁之材，主观上，自身也存在一定问题；客观上责任太重又无人相助，所以栋梁弯曲，大厦将倾，其凶险程度，自不待言。

这一爻告诉我们，"一个篱笆三个桩，一个好汉三个帮"。凭一己之力，靠一己之勇是干不成大事的。干大事需要团队精神，既要各自充分发挥自己的作用，又要团结协作，形成合力，才能攻坚克难，共图大业。

九四：栋隆，吉。有它吝。

象曰：栋隆之吉，不桡乎下也。

【注解】栋隆：栋梁向上隆起，与栋桡相反。吝：兑初之吝，言辞羞辱也。

它：指九三和初六。

【释义】先看卦象，九四阳爻阴位，不中不正，下应初九，处兑之初。阳爻，说明他是个君子，具备君子之德，有阳刚强健的一面；阴位，说明他是沉稳持重的人，有坚韧柔顺的一面；不中，说明他在这次重大行动当中，表现有些过分，有点过于展示自己才能之嫌；不正，说明他不能正确对待自己所起的作用，也不能正确看待别人所发挥的作用，有贪功之嫌；下应，说明他得到了很好的应援，没有初六的鼎力相助，就没有九四的"栋隆之吉"，处兑之初，说明他对自己在大过之时的表现很满意，也很高兴。但同时也招来别人的闲言碎语。九四阳爻阴位，以刚履柔，确实是一个刚柔兼具、德才兼备的栋梁之材。在这大过时期，勇担重任，不负众望，不但不桡，反而"栋隆"，自然得吉。九三在九四之下，同样也是栋梁之材，虽因过刚无援而下桡，但对大厦不倾终有支撑之功；初六在下，虽然柔弱，但做了大量准备工作，总有奠基之劳。这些功劳不可全部归于九四所有。"有它吝"，因为有九三和初九之功，九四虽因高高隆起而得吉，但终有贪功之嫌，所以会遭到一些言语上的羞辱。

这一爻告诉我们，君子不可贪他人之功。推功揽过，才是君子之所为，贪天之功为己功，小人也。作为君子，随时随刻都要注意这一点，有了功劳，是大家共同努力的结果；有了过错，是自己没有考虑周全，这样大家才能跟着你干。反之，则会遭到羞辱，事关君子之名节，不可不慎。

九五： 枯杨生华，老妇得其士夫，无咎无誉。

象曰： 枯杨生华，何可久也，老妇士夫，亦可丑也。

【注解】华：花。士夫：壮夫。

【释义】先看卦象，九五阳爻阳位，得中得正，亲比上六。阳爻，说明他是个君子，具备君子之德；阳位，说明他是个有所作为的人，是个使强用强、逞强好胜的人；得中，说明他具备中庸之德，能行中庸之道，在大过之时，没有过激的言论，也没有过分的行为；得正，说明他动机纯正，行为端正，是个堂堂正正的君子；亲比，说明他与上六关系密切。在大过之时，大的行动到九五这里就结束了，上六负责善后工作，在这里阴阳相遇，得刚柔相济之宜。上六以柔体处大过之终，所以称"老妇"；九五以刚履刚，又能持中守正，正当壮年，所以称"士夫"。过于阳刚的九五，与已经衰老的上六结合，虽然刚柔相济，但毕竟是壮男娶老妇。这次大的行动结束了，阳性势力的后劲还挺足，就突然没事干了，爻辞说"枯杨生华，老妇得其士夫，无咎无誉"。意思是说，就像老树开花，有其名，无其实，就这么干耗着，"何可久也"，怎么能长久呢？老妇少夫，等于是君子正是有为的时候，却什么也干不了，"亦可丑也"，不也是很丢脸的事吗？这样的过渡，虽然没有什么灾祸，但也不是什么美事，不值得赞誉。

这一爻告诉我们，君子不可以无为也。君子具备连续作战的精神和能力，如果一件事完成以后，就再也无事可做，这对小人来说，也许是求之不得，但对于君子来说，那是一种煎熬。有才无人用，有劲无处使，空怀壮志，报国无门，受不了这份罪，更丢不起那个人。

上六：过涉灭顶，凶，无咎。
象曰：过涉之凶，不可咎也。

【注解】灭：淹没。

【释义】先看卦象，上六阴爻阴位，下应九三，处兑之极、大过之终。阴爻，说明他是个柔弱的人，在大过之时，他是个善后之人；阴位，说明他是个老实人，是个安分守己的人；下应，说明他遭报应的时候已到，当初在九三危难之际，他没有伸出援手，现在大的行动结束，九三肯定会跟他算总账；处兑之极，说明乐极生悲，他的好日子已经到头了；处大过之终，说明大过卦到上六才算真正结束。本来这次阳性事物大的行动，大的过渡，到九五就算完成了，但由于事物发展的惯性，不是说完就完，说停就停的，所以大过有些"过涉"。这一"过涉"不要紧，却把上六淹没了。这里的淹没是阳性势力淹没了阴性势力，对于上六而言，虽有凶险，但无灾祸。上六是大过行动的参与者，是为大过而遭灭顶之凶，所以"不可咎也"，是不会有什么灾祸的。

这一爻告诉我们，在大事面前，小人物是不足挂齿的。时代洪流滚滚向前，有多少小人物被淹没在洪流之下，即便他们是推波助澜的，也难逃灭顶之凶，因为他们太渺小，在大潮面前，左右不了自己的命运，这是时代的必然，也是历史的必然。

简单总结一下，上卦是颐卦，颐卦讲的是养育，养则壮，壮则动，所以就有了大过卦。大过卦讲的是大的过渡性行动，讲的是从准备工作开始，到行动结束的全过程。一开始就"藉用白茅"，采取慎之又慎的态度，为这次大的行动做好充分的准备工作。接下来是"枯杨生稊"，激发君子的活力，充分调动君子的积极性，为这次大的行动做出更大贡献。接下来是"栋桡"，由于自身的问题，再加上缺乏助力，把这次行动的中坚力量都压弯了。从另一个角度讲，也说明这次的任务相当重大。接下来就是"栋隆""有它吝"，在初六和九三的帮助下，九四超水平发挥，不桡反隆，出色地完成了任务。但因贪功之嫌，遭到一些言语上的羞辱。再接下来就是"枯杨生华"，大的行动基本结束，从生龙活虎，一下子过渡到兴趣索然，作为君子，还真是有点不太适应。最后是"过涉灭顶"，由于大行动的惯性，大过变成过涉，把上六淹没了。好在他是大过的参与者，虽有凶险，但无灾祸。

我们古代先民，通过"泽在上，风在下"这么一种自然现象，设卦立言，总结出一套"大过"的客观规律，揭示出整个过程，各个环节的必然性。这是古人的智慧，我们后人要认真学习、思考和借鉴。

坎 ䷜ 坎上　第二十九卦　处处陷阱
坎下　　水为坎　　重重艰险

【卦辞】坎：习坎，有孚，维心亨，行有尚。

【象曰】水洊（jiàn）至，习坎；君子以常德行，习教事。

【注解】习坎：坎者陷也，习坎者陷之又陷也。孚：信心。维：连系。尚：崇尚。

【释义】《序卦传》说："物不可以终过，故受之以坎；坎者陷也。"事物发展总是这样的，这事过了，那事又来了。前进道路永远不会是平坦的，总是充满坎坷和陷阱。所以，大过卦之后，紧接着就是坎卦。坎上坎下，两个坎摞在一起，取坎陷之象。水的特性是遇沟填沟，遇坑填坑，不断填满，不断前行。水的卦形，内刚而外柔，两卦叠加，便有不断前行的意思。外柔则有耐心，内刚则有信心，两卦中实，则心心相连，坎卦把水的特性表现得淋漓尽致。水永远崇尚前行，所以是亨通的，是谁也阻挡不了的。但坎卦是通过水的特性，来揭示前进道路上的困难，也就是水在前进的时候，会遇到连续不断的坎陷。君子应从坎卦中得到启示，德行有常而不随意改变，教事贵习而不可间断。

孔子在《象传》里是这么说的："习坎，重险也。水流而不盈，行险而不失其信。维心亨，乃以刚中也。行有尚，往有功也。天险不可升也，地险山川丘陵也。王公设险以守其国，险之时用大矣哉。"

孔子的意思是说：坎卦就是一重又一重的险陷。水流而不待盈满便继续前行，前进中，不管遇到多少险陷，都不会失去信心。从卦象上看，水的中

227

心是连续不断的，是坚定的，是刚强的，是充满信心的，所以水流是亨通的。水的特性是崇尚前行的，向前流动，总能到达目的地。天有险陷，所以水不能流到天上去；地有险陷，所以水会被山川丘陵阻碍。古代王公，受天地有险的启发，人为设置险陷，阻止军队的流动，来守卫国家。坎陷本来是困难，是对我们不利的，如果我们反其道而用之，只要用得是时候，不但有用，而且会有大用处。

初六：习坎，入于坎窞（dàn），凶。

象曰：习坎入坎，失道凶也。

【注解】窞：陷中之陷。

【释义】先看卦象，初六阴爻阳位，上承九二，处下坎之初，坎卦之始。阴爻，说明他弱小，如果是水，便是潺潺细流，如果是人，便是软弱无能之人；阳位，说明他是个积极主动的人，是个勇往直前的人；承刚，说明不是一个固执的人，是个顺从而随和的人；处下坎之初，说明他是走在最前面的人，是最先遇到困难的人；处坎卦之始，说明他是陷入困境最深的人，陷入了坎中之坎的最下面，要想脱离这种险境，那是难上加难。坎之道贵缓、贵后，而初六质柔、性急而又是勇往直前者，已失坎道，所以必定凶险。

这一爻告诉我们，小人物不可为天下先。敢为天下先，那是有胆有识，有能力，有担当的君子所为；小人物，从众、随大溜即可。否则，便会跌入深渊，再想爬出来，那比登天还难。

九二：坎有险，求小得。

象曰：求小得，未出中也。

【注解】小得：小有成绩。

【释义】先看卦象，九二阳爻阴位，下卦得中，上下亲比。阳爻，说明他是个君子，具备君子的美德；阴位，说明他沉着稳重，思不出位，是个不冒进、不妄为的人；得中，说明他具备中庸之德，能行中庸之道，为脱险所做的努力，无过无不及；上下亲比，说明他和周边的关系非常亲密，是一个团结的集体，战斗的集体。九二阳爻阴位，以刚履柔，险而不凶，自身具备刚毅、正直、中庸、有诚心、有恒心、有毅力、有信心等诸多优点，已经脱离了下位，来到了中位，可以说通过孜孜不倦的追求，已经小有所得，但现在尚"未出中也"，还没有离开中位，离完全脱险还有一定的距离，仍需要耐心地等待。

这一爻告诉我们，脱困，没有捷径可走。一个人处在困境、逆境、险境，要脱离出来，不要指望别人来帮你、救你。办法只有一个，那就是靠自己，靠自己方方面面的努力，靠自己锲而不舍的努力，团结一切可以团结的力量，集腋成裘，积土成丘，最后才能战胜逆境，脱离险境。

六三：来之坎坎，险且枕。入于坎窞，勿用。

象曰：来之坎坎，终无功也。

【注解】坎坎：前面是坎，后面还是坎。险且枕：坎在前曰险，坎在后曰枕。

【释义】先看卦象，六三阴爻阳位，不中不正，下乘九二，处下坎之极，上坎之下。阴爻，说明他是个小人，具备小人特质；阳位，说明他不安于现状，急于脱险，是个盲目冒进的人；不中，说明他已失去耐心，缺乏恒心，没有信心，是个操之过急的人；不正，说明他不能正确认识当前处境，不能正确选择脱困途径，是个没有正统观念的人；乘刚，说明他目前处境对他极为不利，下面容他不下，前面又十分凶险，处于进退无路的绝境；处下坎之极，说明他已经脱离了下坎，但倒霉的是，又处上坎之下，前边仍是坎陷。虽说下已出坎，尚未入坎，不是挺好吗？偏偏原地又待不住，这不是倒霉催的吗？爻辞说"来之坎坎，险且枕，入于坎窞，勿用"。意思是说，从坎险中来，到坎险中去，前面是坎，后面是坎，进是坎，退是坎，紧走三步赶上坎，慢走三步坎赶上，不紧不慢正好掉在坎穴里。这么倒霉还能有什么作为呢？"勿用""终无功也"，好不容易逃离下边的坎，又要坠入前面更深的坎。劳其心、竭其力，所有的努力都是徒劳的，唯一的办法就是等待、等待、再等待。

这一爻告诉我们，人要是倒霉，喝凉水都会塞牙，放个屁都会砸脚后跟。人的一生，谁都有马高镫短的时候，关键是不能着急，急也没有，还得静下心来，冷静观察，建立自信，顺势而为，耐心等待，终有否极泰来、鸿运当头的时候。

六四：樽酒簋（guǐ）贰，用缶，纳约自牖（yǒu），终无咎。
象曰：樽酒簋贰，刚柔际也。

【注解】樽：酒器。簋：盛食物的竹编圆盘。缶：没有文饰的陶器。纳：纳入接纳。约：绳索。牖：窗户。

【释义】先看卦象，六四阴爻阴位，臣位得正，处上坎之初，上承九五。阴爻，说明他是个臣子，具备为臣之德；阴位，说明他沉稳冷静，安分守己，谨守为臣的本分；得正，说明他观念正统，能够正确认识当前形势，能够正视目前处境；处上坎之初，说明他与君王同陷坎穴之中，他比君王陷得还要深一些；上承九五，说明在逆境之中，仍能顺承君王，不是那种大难临头各自飞，或趁火打劫、落井下石的乱臣贼子，而是患难见真情的保国忠臣。

六四阴爻阴位，臣位得正，以柔履柔，知道在逆境中如何自处，也知道如何对待身处险陷之中的君王。本来君臣之间的分际非常严格，但在险陷时刻，"刚柔际也"，刚强的君与柔顺的臣，就不得不省去一切繁文缛节，而以诚相待了。爻辞说"樽酒簋贰，用缶，纳约自牖，终无咎"。意思是一樽酒，两盒饭，装在朴素的瓦罐里，用绳索从窗户递给君王。在这危难时期，只有君臣相依为命，才能最终渡过难关。这时就不讲什么君臣礼仪了，之所以最终无咎，是因为刚柔相济的缘故。

这一爻告诉我们，患难见真情。无论是亲戚、朋友，还是同事、夫妻，平时关系不错，看不出谁好谁坏；只有到灾难来临的时候，才能认清一个人的真品质和真性情。大灾大难是检验所有关系的试金石，能够患难与共的，才是真正可以信赖的人，可以托付的人。

九五：坎不盈，祇既平，无咎。

象曰：坎不盈，中未大也。

【注解】 盈：满，充满。祇：只，仅仅。

【释义】 先看卦象，九五阳爻阳位，中正至尊。阳爻，说明他是刚明强健的君王，沧海横流，方显英雄本色，他就是在乱世险境中，脱颖而出的君王；阳位，说明他是大有作为的君王，处坎之时，是位积极主动寻求脱险的君王；得中，说明他具备中德，能行中庸之道，对当前形势的分析、研判恰到好处，思想不偏激，行为有分寸，所有的脱险手段，无过也无不及；得正，说明他地位正、名分正、观念正、作风正，脱险的道路也是正确的。在这坎陷时期，君王虽然抱负远大，以天下为己任，救万民于水火，但目前自己还处在坎陷之中，尚未脱险。爻辞说："坎不盈，祇既平"，就是坎中的水将盈未盈，和坎穴的边缘整好持平，已经满了，但还没溢出来。就是说马上就要脱险了，但还没有脱险。为什么呢？"中未大也"，说明自己的力量还不足以强大，还不到脱险的时候。只待后续援兵一到，即可脱离坎险，那时便可大展宏图，实现夙愿了。

这一爻告诉我们，在险境中，什么是真正的君子。真正的君子处险不惊，保持英雄本色；处变不乱，保持头脑冷静；脱险有道，能够持中守正；临危不惧，等待援兵。处险中、脱险后，均无自怨自艾之态，而是大有所为，这才是真正的君子。

上六：系用徽纆（mò），寘（zhì）于丛棘，三岁不得，凶。

象曰：上六失道，凶三岁也。

【注解】系：捆缚，绑缚。徽纆：绳索。三股为徽，两股为纆。寘：置，放置、弃置。

【释义】先看卦象，上六阴爻阴位，下乘九五，处上坎之极，坎卦之终。阴爻，说明他是个阴险的小人，具备小人所有的特质；阴位，说明他裹足不前，固守本位，原地不动，这就等于是人为设置坎险，客观上有效地阻止了九五脱险，失去了坎卦的脱坎之道，是个有罪之人；处上坎之极，说明他自己已经脱离了险境；处坎卦之终，说明他是最先脱坎的人，对于他来说，困难已经结束，危难已经过去，是个自己解脱困境，反过头来阻止别人解脱困境的人。所以爻辞说"系用徽纆，寘于丛棘，三岁不得，凶"。意思是用绳索，五花大绑地捆起来，放置在植满荆棘的监狱里，多年不得赦免，几乎就没有生还的希望了，其凶定矣！为什么呢？"失道，凶三岁也"。

这一爻告诉我们，身处险境的时候，如果小人率先脱险，那是一件很危险的事情。小人是见不得别人好的，同处险境，心里还平衡一些，一旦他先脱险，心理马上发生变化，他们都出来，我怎么办？这不是天赐良机吗？于是便乘人之危，落井下石，设置障碍，百般阻挠，恨不得一个人都出不来。

这就是小人之心，这就是小人行径。我们日常生活中难免会遇到，不得不防。

简单总结一下，上一卦是大过卦，大过卦讲的是大的行动过程。有过得去的时候，就有过不去的时候，所以就有了坎卦。坎卦讲的是险陷，是讲前进路上，一个又一个的困难，或者说是陷阱。一开始就是"入于坎窞"，陷入陷中之陷。因为他着急，又跑在最前面，所以就成了第一个垫底的那位。接下来是"求小得"，靠自己多方面孜孜不倦地追求，取得一些小小的成绩，离开了坎陷的最底层。接下来这位就有点惨了，他是"来之坎坎，险且枕，入于坎窞"。从坎来，到坎去，前是坎，后是坎，离开稍浅的坎，进入更深的坎，"终无功也"，是个最倒霉的家伙。再接下来，是一位朝中大臣，他和君王同陷坎中，因为在患难之中仍能见真情、尽臣道，所以"终无咎"。再接下来是"坎不盈，祇既平"，坑已填满，水与坑沿儿持平，虽未脱险，但马上就会脱险，所以也是"无咎"。最可恨的是最后这位，他已经出坎了，已经脱离了坎陷，但他返回头来，阻止别人出坎，这可是违反天道的大罪，被"系用徽纆，寘于丛棘""凶三岁也"。别人都是天灾，他这个地地道道是人祸。

我们古代先民，通过"水坑连着水坑"这么一种自然现象，设卦立言，总结出一套坎陷的客观规律，揭示出不同人在坎陷中的不同表现，以及其必然结果。这是古人的智慧，我们后人要认真学习、思考、借鉴。

离 ䷝ 离上　第三十卦　附着依附
离下　　火为离　光明文明

【卦辞】离：利贞，亨。畜牝牛，吉。

【象曰】明两作，离；大人以继明照四方。

【注解】离：丽也，附着；光明而美丽。牝牛：母牛。

【释义】《序卦传》说："坎者陷也，陷必有所丽，故受之以离。"人在难处，必然要有所依附，要想脱险，必然要追随能帮你脱险的人。离卦有依附的意思，所以坎卦之后，紧接着就是离卦。火为离，离为日，为光明，于象为日继一日。中虚为火，火有两个特性，一是光明，发光，发亮；二是附着，不能独立存在，必须附着于他物而明。依附是普遍现象，自然界和人类社会，万事万物，都存在着物与物、事与事、人与人的依附关系。日月星辰依附于天，百谷草木依附于地，妻子依附于丈夫，人民依附于国家，等等。这种依附关系能否成立，能否存在，能否持久，关键是一个"贞"字。"利贞"，贞就是正，就是动机要纯正。不管是依附者还是被依附者，都要坚守正道，才可以亨通。另外，离卦以柔为贵，"畜牝牛，吉"，牛为性顺之物，母牛乃顺之顺者也。要想依附于人，必须长期畜养自己母牛一样的柔顺性格和德性，只有这样才可以得吉。离卦总的意思是说，要想依附于光明而伟大的人物，正则亨通，顺则吉祥。伟大的人物应该从离卦中得到启示，应该日继一日地、连续不断地用自己思想的光辉，影响万民，照耀四方。

孔子在《象传》里是这么说的："离，丽也，日月丽乎天，百谷草木丽乎土。重明以丽乎正，乃化成天下。柔丽乎中正，故亨，是以畜牝牛吉也。"

孔子的意思是说，离卦的含义是依附，依附的现象普通存在于天地万物之中。日月星辰依附于天空，动而明；百谷草木依附于土地，生而长。太阳每天都出来，靠的是天道正规的运行，才衍化出天下万物。从卦象上看，柔爻既中且正，所以亨通。离卦贵柔，所以畜养母牛一样温顺的性情就会吉祥。

初九：履错然，敬之无咎。

象曰：履错之敬，以辟咎也。

【注解】履：践礼曰履。即践行礼制。错：同措，放下。这里是举止得体的意思。之：指代词，这里指礼制。辟：避。

【释义】先看卦象，初九阳爻阳位，初位得正，上比六二。处下离之初，离卦之始。阳爻，说明他是个君子，具备君子之德；阳位，说明他积极上进，是个有理想、有追求的人；得正，说明他动机纯正，手段正当，是一个光明正大走正道的人；亲比，说明他能够依附于光明伟大的人物；处下离之初，说明他处于文明之初。从卦象上看，是第一个太阳刚刚升起，是一日之初，是一天的开始；于人事而言，则为文明之初。那么，什么是人类文明之初呢？那就是有了制约人类行为的制度，这个制度就是按照阴阳法则制定的人的行为准则，概括为礼制。有了礼制，标志着人类进入新的文明时期。处离卦之始，说明他开始了一天又一天的文明旅程，开始践行礼制。爻辞讲"履错然，敬之无咎"。是说初九是个君子，符合践礼条件，处离之时，一举手一投足都符合礼制，行为也端正，作风也正派，举止得体，唯一不足的是以刚履刚，不够柔顺。卦辞中讲，正则亨，顺则吉，单正不行，还得顺。所以爻辞中戒之以敬。这里的敬不是敬畏你要依附的人，而是敬畏礼制。"以辟咎也"，有了对礼制的敬畏之心，言行自然就柔顺了，既正且顺，就可以避免灾祸。

这一爻告诉我们，君子谋始。从早晨开始，就要谨言慎行，言必及道，言必及德，行必践礼，行必有规，举止得体，中规中矩，按照法律、法规和各种规章制度严格要求自己，践薪履职，合法合规，这样就可避免所有的灾祸。

六二：黄离，元吉。

象曰：黄离之吉，得中道也。

【注解】黄：地之色，地居中，又为中色。

【释义】先看卦象，六二阴爻阴位，得中得正。阴爻，于太阳而言，是温柔的，美丽的，光明的，鲜亮的；于人事而言，他是仁慈的君王，是文明的君王，是带有人性光辉的君王；阴位，于太阳而言，是相对稳定的，是待在那里不动的；于人事而言，君王的地位是稳固的，是任何人也动摇不了的；得中，于太阳而言，正当中午，处于天空的中央；于人事而言，君王具备中庸之德，能行中庸之道，正是如日中天，文明盛世的时候；得正，于太阳而言，能行天道之正；于君王而言，能行人道之正；"黄离"，于太阳而言，黄色既是太阳的光芒，也是大地的本色。大地附丽于太阳的光芒，才赋予万物新的生命；于人事而言，天下万民依附于文明的君王，才能使新的文明大行其道，人间才能欣欣向荣。六二又柔又顺，既中且正，诸多优点集于一身，具备卦辞要求的所有条件，全卦六爻，独此一家。正则亨、顺则吉，既柔顺又中正，故得大吉。

这一爻告诉我们，追随领导，寻求美好的新生活，需要双方都具备两个条件，一是中正，二是柔顺。领导中正，就能带领你走正道，干正事；自己中正，就能跟随领导走正道，干正事；领导柔顺，你就愿意追随；自己柔顺，领导就愿意带领。正且顺，则亨通而又吉祥。

九三：日昃（zè）之离，不鼓缶而歌，则大耋之嗟，凶。

象曰：日昃之离，何可久也。

【注解】 日昃：日已偏斜，天将向晚的时候。缶：陶器。耋：垂老之人。嗟：哀叹。

【释义】 先看卦象，九三阳爻阳位，失中得正，处下离之极。阳爻，说明他是个君子，具备君子之德；阳位，说明他与时俱进，勇往直前，不会有片刻的停留；失中，于太阳而言，已不在中央位置，于时代而言，处于文明的衰落时期，于个人而言，已过中年，不再年富力强；得正，于太阳而言，能行天道之正；于个人而言，能行人道之正，能够正确认识当前形势，能够正确对待当前处境；处下离之极，于太阳而言，日已偏西，天将向晚，是日落西山的时候；于时代而言，已过鼎盛时期，由盛及衰，到了文明没落阶段；于个人而言，已经步入暮年，垂垂老矣，是个行将就木的人。爻辞说"日昃之离，不鼓缶而歌，则大耋之嗟"。面对日之将落，人之将亡，有两种不同的态度：一是听天由命，顺其自然，以乐观豁达的态度迎接死亡的到来，那就是击缶而歌。二是面对死亡，贪生怕死，恐惧悲伤，发出垂老之人悲哀的嗟叹之声，那就是大耋之嗟。面对死亡，不乐观则悲观，不击缶而歌，则大耋之嗟。其实，天有日出日落，人有生老病死，这是自然规律，任何人无法抗拒，也无法回避，有所不同的是如何面对。对于乐观的人来说，死亡无所谓凶吉。

这一爻告诉我们，君子和小人，对于"凶"，是两种不同的理解，和两种不同的态度。君子认为，违反天道，违反客观规律，招来的灾祸，才能叫作凶；顺应天道，顺应自然规律，即便是死亡，也不能称之为凶，也应该击鼓而歌，乐观面对。而小人则不同，不管是否顺应天道，只要形势对自己不利就是凶，只要是死亡，无论寿终正寝还是就地正法，统统都是凶，无关乎规律，更无关乎道义。这是君子与小人最本质的区别。

九四：突如其来如，焚如，死如，弃如。
象曰：突如其来如，无所容也。

【注解】焚：焚烧。死：处死。弃：抛弃。

【释义】先看卦象，九四阳爻阴位，不中不正，处上离之初，居朝臣之位。阳爻，说明他是个刚毅强硬的人，是一个专横残暴的人，是一个行动迅速，而又独断专行的人；阴位，说明他是个阴险之人，是个位高权重之人，是个心怀鬼胎、暗藏杀机的人；不中，说明他语言偏激，行为过分，是一个有僭越言行的人；不正，说明他动机不纯正，手段不正当，没有正统观念，是个不走正道的机会主义者；处上离之初，于太阳而言，是昨天的太阳已经降落，今天的太阳刚刚升起；于人事而言，则是前君已经驾崩，新君刚刚继位之际。此时君弱臣强，君位尚且不稳。爻辞说"突如其来如，焚如，死如，弃如"。九四突然前来逼宫，企图以一己之强，挟掌朝纲。因为九四既不中正，也不柔顺，违背了离卦的要义，又属大逆不道，违天规、背臣德，狼子野心，众所不容，篡逆之罪，必然是焚烧之、处死之、抛弃之。

这一爻告诉我们，任何时候不走正道都没有好下场。当重大利益摆在你面前，唾手可得的时候，不要伸手，先问问自己，是不是正道所得；当你重权在握，能力超群，而领导又软弱无能，你想取而代之的时候，不要行动，先问问自己，走的是不是正道。如果动机不纯，手段不正，即便是暂时得手，最终也不会有什么好下场。

六五：出涕沱若，戚嗟若，吉。

象曰：六五之吉，离王公也。

【注解】出涕沱若：泪流如雨的样子。戚嗟若：忧伤哀叹不止的样子。离：依附。王公：朝廷贵族。

【释义】先看卦象，六五阴爻阳位，上卦得中，下乘九四，上承上九。阴爻，说明他是一位软弱无能的君王，靠自己的德能，很难掌控朝纲；阳位，说明他虽自身软弱，但仍不失为有为之君，他会积极主动想办法，重振朝纲；得中，说明他具备中庸之德，能行中庸之道，治国理政，有尺度，有分寸；乘刚，说明下面的大臣对他仍然存在威胁，君位不稳的问题依然存在；承刚，说明他对上顺承，能够依附于王公贵族，依赖于对他忠诚的朝中老臣。爻辞说"出涕沱若，戚嗟若"，是说六五作为新继之君，一方面因父死而哀，因继位而忧；另一方面，以柔履刚，以柔乘刚，不能胜其位，不能制其下。所以整日泪流如雨、忧伤哀叹，一副悲悲戚戚、长吁短叹的样子。然而离卦贵正、贵柔，六五得中，不正也正，柔爻承刚，柔顺有余。处离之时，能够依附于上九，上九是王公位，得到整个王公贵族的支持，新君定能稳坐王位，不但没有灾难，还会亨通、吉祥。

这一爻告诉我们，不管你多么软弱无能，只要你依附于可靠的力量，就会立于不败之地。当然，依附于人，是有条件的，条件就是中正、柔顺，能够做到这两点，就会有人帮助你，你就会重新站立起来，不但立于不败之地，还会亨通、吉祥。

上九：王用出征，有嘉折首，获其匪丑，无咎。

象曰：王用出征，以正邦也。

【注解】嘉：嘉奖。折：折服。首：首领。匪：同非。丑：同类，这里指随从。

【释义】先看卦象，上九阳爻阴位，处上离之极，离卦之终。阳爻，说明他是刚明强健的君子，具备君子美德，能行君子之道；阴位，说明他是恪守本分的人，是谦虚谨慎的人，是宽厚稳重，可以依赖的人；处上离之极，说明他是刚明至极的人；处离卦之终，则说明离道已成，该依附的都已依附，没有依附的，便可以出征讨伐，使其折服。爻辞说"王用出征，有嘉折首，获其匪丑"。意思是君王用上九去出征讨伐，为什么用上九呢？因为他阳刚居上，刚明至极，明则能照，刚则能断；能照则足以察邪恶，能断则足以行杀伐。上九不辱君命，折服了首恶，对非其同类的随从，则获而不杀，免于追究，上九因有功而得到嘉奖。离卦至此，已"正邦也"，邦正则国安，国安则"无咎"。

这一爻告诉我们，什么人可以依赖，什么人不可以依赖。巧言令色者，终究是害，老实持重者，急则可相依。一般而言，君子是可以信任，可以依赖，可以委以重任的人；而小人则多为成事不足，败事有余之人，任何时候都不能委以重任。

简单总结一下，上一卦是坎卦，坎卦讲的是险陷，人在难处必然要有所依附，所以就有了离卦。离卦讲的是依附，一开始就讲，新的文明必须依附于礼制。"履错然，敬之无咎"，言行举止，中规中矩，敬畏礼制，严格按照礼制规范自己的行为，则无灾祸。接下来是"黄离"，是大地依附于太阳，人民依附于君王，是一天中最明亮的时候，是四季中最繁茂的季节，是新的文明最鼎盛时期。接下来是"日昃之离"，无论是太阳，还是文明，还是人的生命，统统依附于天道轮回。太阳有日出日落，文明有鼎盛衰落，生命有生老病死，这是自然规律，谁也阻挡不了。接下来是"突如其来如"，是说大臣依附于权势，趁新君继位，君弱臣强之时，逼宫篡位，犯上作乱，大逆不道，自然没有好下场。接下来是君王依附于王公贵族，重振朝纲。最后是刚明之臣依附于君王，出征讨伐邪恶，以正国邦。

我们古代先民，通过"日继一日"这么一种自然现象，设卦立言，总结出一套依附的客观规律，揭示出各种依附关系的客观性和必然性。这是古人的智慧，我们后人要认真学习、思考、借鉴。

周易下经

咸 ䷞ 兑上　第三十一卦　男女之道
艮下　　泽山咸　　无心之感

【卦辞】咸：亨，利贞，取女吉。

【象曰】山上有泽，咸；君子以虚受人。

【注解】咸：感。即感应，世间万事万物皆有感应。人与人之间，无论君臣、父子、亲人、朋友、邻里，或是上下级之间，都会有感应。而最具代表性的感应，是男女之间的感应。

【释义】《序卦传》说："有天地然后有万物，有万物然后有男女，有男女然后有夫妇，有夫妇然后有父子，有父子然后有君臣，有君臣然后有上下，有上下然后礼仪有所措。"整个世界自天地始，天地乃万物之本，所以六十四卦上经自天地始；人类社会自男女始，男女乃人伦之初，所以周易下经自男女始，突出了男女在人类历史上的作用，也更直观地表述了《周易》的宇宙观和社会历史观。咸就是感应，就是一种很微妙的感觉。不是有心的，不是故意的，是天然的，自然的，同性相斥，异性相吸的那种物理感应；这种感应是纯粹的，是没有任何杂念的，跟感应以外地位、金钱等任何事物都没有关系的。有了这个基础，婚嫁才是最吉祥的。从卦象上看，泽山咸。泽在上，山在下，泽是少女，山是少男，有女尊男卑，女跑男追之象。《易》的原则是阳主动，阴被动。在男女问题上，男主动但不能强迫，女被动但可以选择不从。所以要想结合，男女双方必须都有感应。男女之间的感应是谁也阻挡不了的，所以"亨"。男女之间的感应不能有邪念，所以"利贞"。男女之间有了感应就应该婚配，所以"取女吉"。君子应该从咸卦中得到启示，人与人之间气息相通才相感，要想与人感应，必先虚其心，使自己变得宽容大度，对任何人没有成见，这样别人才能感应到你的谦虚和真诚。

孔子在《象传》里是这么说的："咸，感也。柔上而刚下。二气感应以相与。止而说，男下女，是以亨利贞，取女吉也。天地感而万物化生，圣人感人心而天下和平。观其所感，而天地万物之情可见矣。"

孔子的意思是说，咸卦就是男女之间相互感应。温柔的少女在上，而阳刚的少男在下。阴气下行，阳气上行，阴阳二气有感而相遇。这时，男的卑下，女的尊贵，是男的主动追求女的，而这种追求只停留在男欢女爱的程度。所以谁也阻止不了，没有邪念，有利于感情的发展，发展到一定程度，婚嫁才吉祥。天地之间相互感应，才繁育衍化出万物众生；圣人之心与万民之心相互感应，才有天下的和平。天地间万事万物都有联系，观察它们相互之间的感应，就能发现、认识它们的自然规律。

初六：咸其拇。
象曰：咸其拇，志在外也。

【注解】拇：足之大指。外：指外卦的九四。

【释义】先看卦象，初六阴爻阳位，上应九四，处艮之初、咸之始。阴爻，说明她是一个少女，具备少女的美德，是个温柔、美丽、善良的女孩子；阳位，说明她向往美好的爱情，是个能够积极主动争取爱情的人；上应，说明她与九四有感应，"志在外也"，立志要嫁给外卦的九四；处艮之初，说明她受传统观念的影响，矜持自重，行动上不会主动去追求；处咸之始，说明她这段恋情刚刚开始，感在初、感在下，感应很微弱，不是那么很强烈，只是朦朦胧胧的，有点美好的感觉。爻辞说"咸其拇"，意思是有感在心，反映在大拇脚趾上，只是有前往的欲望，并没有采取任何行动。

这一爻告诉我们，少女对美好爱情的向往是最纯真的。是原始的心灵感应，对未来充满想象，是对美好生活的追求，一切都是高尚的、纯粹的、不受外界的物质影响，不受外界压力的影响，而且这种追求是执着的、大胆的，是任何力量也阻止不了的。

六二：咸其腓（féi），凶，居吉。
象曰：虽凶，居吉，顺不害也。

【注解】腓：小腿肚。

【释义】先看卦象，六二阴爻阴位，下卦得中得正，上与九五正应。阴爻，说明她是个姑娘，具备姑娘的美德，是一位温文尔雅，落落大方的姑娘；阴位，说明她深藏闺阁，安分守己，是个大门不出，二门不迈的姑娘；得中，说明她追求爱情无过无不及，说话有深浅，行为有分寸，言行举止，恰到好处；得正，说明她观念正统，作风正派，行为端正，是个正正经经的好姑娘；上应，说明她与九五有感应，这种感应是男女之间相互都有好感。六二是大家闺秀，可九五是一国之君。六二认为，自身各方面条件都不错，再加上双方互有好感，嫁入皇宫是板上钉钉的事，所以就有些躁动。爻辞说："咸其腓"，有感在心，反映在腿肚子上，心里一着急，拔腿就想走。六二有点沉不住气，急于嫁入皇宫，这是很凶险的。爻辞告诫说："居吉"，必须安安静静地待在家里等着，"顺不害也"，顺其自然，顺应上意，不但无害，反会得吉。

这一爻告诉我们，面对好事不要着急。急着说，容易说错话，急着做，容易做错事，心急吃不了热豆腐，凡事欲速则不达。平时做最大的努力，做好最充分的准备工作。这个时候，就要安安静静地等待结果，属于你的，跑不了；不是你的，急也没用。

九三：咸其股，执其随，往吝。

象曰：咸其股，亦不处也。志在随人，所执下也。

【注解】股：大腿。执：操执。随：跟随。

【释义】先看卦象，九三阳爻阳位，失中得正，与上六正应，处艮之极。阳爻，说明他是个男子，具备男子汉的气质，是个刚正执着的人；阳位，说明他积极主动地追求爱情，勇敢地迈出第一步，是一个为了爱情，不顾一切的人；失中，说明他对爱情偏于执着，行为也有些过分；得正，说明他动机纯正，手段正当，追求爱情，光明正大，是个堂堂正正的男子汉；上应，说明他与上六互有感应，自己正当壮年，而上六则是徐娘半老的姑娘，两个人的爱情并不为世人看好；处艮之极，说明他们的爱情没有人阻拦。爻辞说："咸其股，执其随，往吝。"意思是说，感应在心里，反映在大腿上，大腿一动，就操执着腓和拇，跟随着一起动。九三阳位、有应、又处艮之极，无论从哪个角度讲，都是"不能自处"的人，"志在随人"，就是志在追求上六。"所执下也"，就是带领初六和六二共同与上三爻结合。"往吝"，就是说九三这种急躁冒昧的追求行为，这种携众求婚的行为，简直太过分了，况且他在追求的，又是比他还大的半老徐娘，一定会遭到世人的羞辱。

这一爻告诉我们，就是再正当的事，也不能我行我素，为所欲为。男女之间的事，萝卜白菜各有所爱，你爱上什么人，确实跟别人没有任何关系，别人也不会阻拦你；你带着众人一起求婚，这也没什么大错；你急点，过分点，动静大点，那也没什么，光明正大的事，有什么错呢？可是，你管不了别人的嘴，世人说什么的都有，口舌之辱在所难免。事关名节，作为君子，不可不慎。

九四：贞吉悔亡，憧（chōng）憧往来，朋从尔思。

象曰：贞吉悔亡，未感害也。憧憧往来，未光大也。

【注解】憧憧：心意不定，往来不定，摇曳不定的样子。尔：代指九四。未感害：这种感应没有害处。未光大：没有公开，不能光明正大。

【释义】先看卦象，九四阳爻阴位，不中不正，下应初六，处兑之初。阳爻，说明他是个男人，具备男子汉的品德，是个刚明正直的男人；阴位，说明他是个安分守己，本本分分的人，是个老实稳重的人；不中，说明他心意摇摆不定，忽左忽右，左右为难，难以定夺；不正，说明两个人的关系还没有正式确定下来，还不能光明正大地公开恋情；下应，说明他和初六确实互有好感，但两个人的悬殊太大。一个是高高在上的王公贵族，一个是生活在最底层的平民百姓；处兑之初，说明他们两个人相互取悦，男欢女爱，又属初恋，感情甚笃。两个人虽然地位悬殊，但真有感情，真心相爱，此时正处在恋爱阶段，迫于世俗的压力，放弃这段感情，那么将来可能会后悔；如果树立正确的婚姻观，正确处理与初六的关系，就可以无悔。如果以感情为基础而结合，那就是"贞"，就是纯正的，就符合咸卦的卦义，就会得吉而无悔。这就是爻辞说的"贞吉悔亡"。虽然"憧憧往来"，心意左右摇摆不定，但最终还是感情战胜了理智。至于世俗的看法，不去理会也罢，有"朋从尔思"就够了，有真正了解你的朋友，能够理解你、跟你的想法一样就够了。没必要让所有人都理解你、支持你、祝福你。男女之事，两个人真心相爱才是最最重要的。

这一爻告诉我们，以感情为基础的婚姻观，才是最正确的婚姻观。两人之间是否有真感情，是衡量婚姻幸福与否的唯一标准。真正的感情与金钱、地位、年龄、长相、职业、距离、高矮、胖瘦都没有关系，跟世俗观念更没有关系。鞋大鞋小，只有脚知道，两个相亲相爱的人，就是吃糠咽菜，也是最幸福的日子。相反，没有感情的婚姻是不道德的婚姻，同床异梦，相互伤害，度日如年，才是婚姻的最大悲哀。

九五：咸其脢（méi），无悔。
象曰：咸其脢，志未也。

【注解】脢：心的正背面，后背的肉。最没有感知能力的地方。未：不。

【释义】先看卦象，九五阳爻阳位，得中得正，下应六二。阳爻，说明他是个男人，具备男子汉的品德，是个刚明强健的男人；阳位，说明他是个大有作为的男人，是个事业有成的男人；得中，说明他具备中庸之德，能行中庸之道，为人处事既有原则，又很灵活，看问题不偏激，做事情有分寸；得正，说明他是个公平公正的人，是个说正理、办正事、走正道的人；下应，说明他和六二有感应，相互有好感，六二是个大家闺秀，九五不是皇家也是豪门，按说两家门当户对，郎才女貌，再合适不过，可爻辞偏偏却说"咸其脢，无悔"。九五用最没有感知力的地方，去和六二感应。或者说感应在心，反应在后背上，有感应而没有行动。那么为什么这么优秀的人，对男女之事反映这么迟钝呢？为什么失去六二这么好的感应对象而不后悔呢？原因是他"志未也"，他志在不感应。不是不感，而是不专感，作为这么优秀的人，专感一人，则会失去所有的人，那就得不偿失了。

这一爻告诉我们，领导与下属之间的感应，一定要戒除私心。人与人之间的感应，非常微妙，领导与下属之间的感应，就更加微妙，你对谁有好感，对谁有恶感，你自认为没有表现出来，但人们都能感觉得到。如果你有一个或几个专宠，那么其他所有人便会自动疏远你，其结果就是，因为一根木头，而失去整个森林，那就得不偿失了。作为领导，不得不慎。

上六：咸其辅，颊，舌。

象曰：咸其辅，颊，舌，滕口说也。

【注解】辅：上牙床。颊：面颊。滕：张口放言的样子。说：同悦。

【释义】先看卦象，上六阴爻阴位，下应九三，处兑之极、咸之终。阴爻，说明她是个女人，按卦位说，应该是个半老徐娘；阴位，说明她是个深居简出的人，是个见不得光的人；下应，说明她和九三有感应，双方互有好感，九三正值壮年，上六则年老色衰，两个人交往，全凭上六这张能说会道的嘴；处兑之极，说明上六以口舌之能，极尽取悦九三之能事，没有半点真感实应，全靠语言挑逗；处咸之终，说明咸道已穷，感应结束，到这里已经没有了少男少女那种微妙的、美好的、妙不可言的感应。爻辞说"咸其辅，颊，舌"，作易之人不惜笔墨，用三个字来描述上六在感应时的表现，那就是辅、颊、舌，"滕口说也"。信口开河，滔滔不绝，摇唇鼓舌，甜言蜜语，花言巧语，挤眉弄眼，表情丰富，就是没有半点真情实意。也有人解释说，咸卦至此，咸道已成，两个人又接吻，又挨脸，说不完的悄悄话，相互取悦了对方。我觉得也不是没有道理，但我更倾向于我自己的理解和解释。

这一爻告诉我们，没有真情实感的爱情，是没有发展前途的；靠耍嘴皮子维系的爱情，也是没有结果的。另外，君子敏于行而讷于言。任何时候，话多都不是什么好事，孔子说"'巧言令色'鲜矣仁"，俗语说言多语失。一般而言，说话多的人比较轻浮、浅薄，有卖弄之嫌，是惹祸的根苗，君子不可不戒。

简单总结一下，周易上经自天地始，至水火终；周易下经自男女始，至成败终。本卦是下经第一卦，泽山咸，讲少男少女的感应。人类社会就是从男女感应开始的。咸卦取象于人体的各个部位，自下而上，从脚趾到口面部，所感不同，反映的部位也不同，其结果也不一样。一开始是"咸其拇"，心动则趾动，表现出少女对美好爱情生活的向往。接下来是"咸其腓，凶，居吉"，这是个各方面条件都不错的大家闺秀，想嫁入皇宫豪门，过于积极主动会有凶险，在家里安安静静地等着，反会得吉。接下来是"咸其股，执其随，往吝"。心有所动，大腿就跟着动，而且还带着小腿肚，和大脚趾一起动，由于多种原因，最后遭到别人的羞辱。再接下来是"贞吉悔亡，憧憧往来"，是个拿不定主意的人，一方面是感情甚笃；另一方面世俗压力挺大。最后还是理智输给了感情，因符合咸卦要义，得吉而无悔。再接下来是"咸其脢"，不是用心，而是用后背的肌肉来接受别人的真心感应，就是故意放弃别人的好心好意，其目的是放弃一个人的好感，而得到所有人的好感。最后是"咸其辅颊舌"，其感表现在口舌和面部表情上，咸卦发展到最后，就没有真实的感应了，只能靠口舌来取悦对方，这是咸道已穷的缘故。

我们古代先民，通过"泽在上、山在下"这么一种自然现象，设卦立言，总结出一套男女感应的客观规律，揭示出各种不同感应的必然结果。这是古人的智慧，我们后人应该认真学习、思考、借鉴。

恒　震上　第三十二卦　夫妇之道
巽下　　雷风恒　　恒久恒长

【卦辞】恒：亨，无咎，利贞，利有攸往。

【象曰】雷风恒；君子以立不易方。

【注解】恒：恒久、恒长、长久。易：变化、更改。

【释义】《序卦传》说："夫妇之道不可以不久也，故受之以恒。恒者，久也。"咸卦说的是男女之道，男女有感应之后，便会结合为夫妻，夫妻之道贵为恒久。所以，咸卦之后，紧接着就是恒卦。雷风恒，雷为震，震为长男；风为巽，巽为长女。男女在婚前是女尊男卑，婚后就变成了男尊女卑。男处上尊位而主外，女处下卑位而主内。这是一夫一妻制家庭关系最稳固的状态，所以能够恒久。雷和风是一对最好的搭档，有雷就有风，有风便有雷，雷和风不离不弃，雷行风从，也是恒久的夫妇之象。恒卦六爻皆应，阴阳之气相和，所以亨通。二和五皆当位中正，所以利贞。又中正又亨通，所以无咎，且无往而不利。君子应该从恒卦中得到启示，君子以中正立身，守恒不变。

孔子在《彖传》里是这么说的："恒，久也。刚上而柔下。雷风相与，巽而动，刚柔皆应，恒。恒亨无咎，利贞，久于其道也。天地之道，恒久而不已也。利有攸往，终则有始也。日月得天而能久照，四时变化而能久成，圣人久于其道而天下化成。观其所恒，而天地之情可见矣。"

孔子的意思是说，恒卦，讲的是恒久。阳刚在上，阴柔在下，这种关系就可以恒久。长男和长女相互作用，入而且动，全卦阴阳之间都能相应相通，相交相融，所以恒久。男女之间的事，谁也阻挡不了，也没有灾祸，只要动机纯正，手段正当，就可以恒久地发展下去。这和天地运转的规律一样，恒久而停不下来。之所以往而有利，是因为男女间的两性关系，维系了婚姻的恒久。日月得天道，按照天道运行，所以能恒久地照耀大地，时间因四季的变化，才能一年一年恒久地发展下去；圣人因为长久地保持与民众相互作用的关系，所以天下百姓教化而成。去观察什么关系是恒久的，就会知道天地间万事万物是按照什么规律发展的。

初六：浚（jùn）恒，贞凶，无攸利。

象曰：浚恒之凶，始求深也。

【注解】浚：深。

【释义】先看卦象，初六阴爻阳位，不中不正，上应九四，上承九二，处巽之初、恒之始。阴爻，说明她是个女人，是个已婚的女人；阳位，说明她在婚姻生活中，过于积极主动，是个性格急躁的女人；不中，说明她思想偏激，行为有些过分；在男女关系方面，缺乏分寸感；不正，说明她动机不够纯正，手段也不正当，观念不正统，行为不端正，作风不正派；上应，说明她和九四是夫妻关系，年龄、地位都有很大差距；承刚，说明她既和九四是夫妻关系，又顺从九二，显然不够忠贞；处巽之初，说明她和九四的婚姻也才刚刚开始；处恒之始，说明她刚结婚就追求婚姻的永恒。恒贵正，唯正可使恒；恒贵久，久自渐中得，初六为恒卦之初，本应以渐为常，遇事款来，循序渐进，日子慢慢过，感情慢慢培养。而初六呢，首先自身不正，其次操之过急。所以爻辞说："浚恒，贞凶，无攸利"，她想一铁锹就挖出个井来，"始求过深"，大违恒道。即便能够守住妇道，也是凶险的，对两个人的婚姻极为不利。

这一爻告诉我们，婚姻从一开始就要注意两个问题，一是贵正，二是戒急。两个人都正，这是个大前提，这是个原则问题，有一方不正，婚姻便难以维系，更谈不上恒久了。有了这个前提，剩下的所有问题，都交给时间来解决，关系慢慢处，毛病慢慢改，习惯慢慢适应，感情慢慢培养，有误会慢慢解释，有矛盾慢慢解决，只有这样，婚姻关系才会恒久。

九二：悔亡。

象曰：九二悔亡，能久中也。

【释义】先看卦象，九二阳爻阴位，下卦得中，上应六五。阳爻，说明他是个男人，是个刚明正直的男人；阴位，说明他是安守本分的人，是个沉稳厚重的男人；得中，说明他具备中庸之德，能行中庸之道，做人做事不偏激，婚姻生活讲究个中正公道，没有过分的行为；上应，说明他与六五是夫妻关系，两个人都得中道，在处理夫妻关系问题上，都比较理智，婚姻能够保持恒久。九二以刚履柔，因位不正而有可能生悔。另外，男主内，女主外，有违恒卦之义，也有可能生悔。幸亏两个人都有中德，如果"能久中也"，自然"悔亡"，长期以中庸之道经营婚姻生活，谁主内、谁主外就不那么重要了，应有的后悔也就消除了。

这一爻告诉我们，婚姻生活中，双方都具备中德，这是最最重要的。平时也好，遇到事情也罢，无论何时何地何事，不说过头话，不办过分的事，思想不偏激，做事有分寸，夫妻感情无过无不及，夫妻相处恰到好处。只有这样，才能保持婚姻恒久。

九三：不恒其德，或承之羞，贞吝。

象曰：不恒其德，无所容也。

【释义】先看卦象，九三阳爻阳位，失中得正，与上六相应，处巽之极。

阳爻，说明他是个男人，是个阳刚强健的男人；阳位，说明他不是个安分守己的人，不是个安于现状的人，且有严重的大男子主义倾向；失中，说明他已失去中庸之德，思想偏激，行为过分，婚姻状态严重失衡；得正，说明他以刚履刚，居刚用刚，光明正大地施家暴，堂堂正正地耍威风；上应，说明他和上六是夫妻关系，九三年富力强，上六年老色衰，夫妻关系不和谐也属正常；处巽之极，巽是逊顺，巽之极就是不逊顺，变成一个桀骜不驯的人。巽为入，巽极则不入，变成一个不回家的人。爻辞说："不恒其德，或承之羞，贞吝。"意思是说，九三随着年龄的增长，不能恒守其男人的品德，一旦品德出现了问题，就不得不时常承受来自对方的指责和羞辱。一旦失去了做人的原则，突破了婚姻的底线，就将"无所容也"，对方不容，双方父母不容，家庭不容，社会不容，法律不容，最终因"不恒其德"而得"贞吝"之道，就是想改悔都来不及。

这一爻告诉我们，在婚姻生活中，男人不可做始乱终弃的事。对于男人而言，结婚是担当，是责任，是契约。不管发生什么变化，只要不是原则问题，男人都得承担责任，履行契约，维持婚姻的恒久，这是一个男人最基本的品德，不能恒守其德，则无所容也。

九四：田无禽。

象曰：久非其位，安得禽也。

【注解】田：畋猎。禽：同擒，擒获。

【释义】先看卦象，九四阳爻阴位，不中不正，为震卦之主，与巽卦之主初六相应。阳爻，说明他是个男人，是个阳刚强健的男人；阴位，说明他是个深居简出的人，是个深藏不露的人；不中，说明他不具备中德，夫妻关系不稳定、不平衡、不和谐；不正，说明他观念不正统，行为不端正，作风不正派，所处的位置也不正当；下应，说明他与初六是夫妻关系，初六是巽卦之主，九四是震卦之主，震为雷，巽为风，雷无定位，风无定向，可以相随相伴，但各自飘忽不定，无以为家，以打猎比拟，没法瞄准儿，肯定是无所收获。初六不中不正，九四也是不中不正，两个不中不正的人在一起，感情方面无所获，生儿育女方面更无所获。而且男人占女人位，女人占男人位，"久非其位，安得禽也？"如果变成泰卦，就各归其位了，就能相交、相融、相遇、相通了。处恒之时，两个人的位置不对，这样的婚姻是不会恒久的。

　　这一爻告诉我们，两地分居的婚姻是不会恒久的。两个飘忽不定的人，谁也瞄不准谁，谁也找不到谁，谁也逮不着谁，怎么过日子？怎么培养感情？长久没有固定的家，怎么生儿育女？见个面都难，时间长了，两个不中不正的人，不定干出什么出格的事来，这样的婚姻怎么能够长久呢？

　　六五：恒其德，贞，妇人吉，夫子凶。
　　象曰：妇人贞吉，从一而终也。夫子制义，从妇凶也。

　　【注解】制义：受制于义，服从于义。
　　【释义】先看卦象，六五阴爻阳位，上卦得中，下应九二。阴爻，说明她是个女人，具备女人美好的品德；阳位，说明她是个积极主动的人，是个在婚姻生活中比较强势，占主导地位的人；得中，说明她具备中德，为人妇中规中矩，严格遵守封建礼制，不敢有半点过分行为。《易》得中必得正，说明她观念正统，作风正派，是个纯正的女人；下应，说明她和九二是夫妻关系，两个人都具备中德，只是六五地位高，在夫妻关系方面占有一定优势。爻辞说："恒其德，贞，妇人吉，夫子凶。"意思是六五能够恒守妇人之德，守身如玉，从一而终，夫唱妇随，言听计从，不失妇道，不失恒道，只要固守纯正，就会得吉。但对于九二来说，如果也这么做，就不是吉而是凶了。九二在强势的六五面前，如果做个"妻管严"，妇唱夫随，言听计从，不失恒道，可保婚姻恒久。按说这没什么问题，不是挺好的吗？不好！《周易》认为，九二虽不失恒道，但却有失天道。天之道是妇从夫，夫从义，男人从义不从妇，从义则吉，从妇则凶。好在九二有中德，悔都能除，岂会有凶！

这一爻告诉我们，男人从义不从妇。日常生活琐事，或夫妻感情方面，男人听从女人的，不会有什么大错，听老婆的话，夫妻和睦，家庭和谐，是件好事。但在大是大非面前，男人就得有自己的主见，从道、从德、从义而不从妇。不管女人有多么强势，男人也必须要守住这个底线，否则必然凶险。

上六：振恒，凶。
象曰：振恒在上，大无功也。

【注解】振：动也，动荡不安。

【释义】先看卦象，上六阴爻阴位，下应九三，处震之极、恒之终。阴爻，说明她是个女人，是个非常柔弱的女人；阴位，说明她是宅在家里的女人，是个在婚姻生活中处于劣势，非常被动的女人；下应，说明她和九三是夫妻关系，九三是个居强用强的人，上六是居柔用柔的人，一个过于强健，一个过于柔弱，婚姻状态甚忧；处震之极，说明婚姻基础极其不稳，婚姻生活动荡不安，没有一天安生的日子好过；处恒之终，说明恒道已穷，再也不能守恒，因为闹得厉害，两个人的婚姻到此为止，不会再延续下去了。"大无功也"，就是上六再努力，再忍受，再退让，再挽救，做出最大的让步，也无回天之功。如此婚姻，其凶必然。

这一爻告诉我们，以强凌弱的婚姻是不会长久的。婚姻贵平等、贵中正、贵安宁、贵祥和，一个没有平等的婚姻有违人道，不中不正的婚姻有违恒道，不安宁的婚姻有违家道，不祥和的婚姻有违天道。以强凌弱的婚姻，有违此四道，怎么会长久呢？

简单总结一下，上一卦是咸卦，咸卦讲的是男女谈恋爱、处对象，男欢女爱之后就要结婚，所以就有了恒卦。恒卦讲的是夫妻之道，论说夫妇恒久之道。一开始是"浚恒，凶"，浚恒是"始求深也"，始求深有什么错呢？刚结婚就追求婚姻的永恒，这确实没有错。之所以凶，是因为她不正，又过于着急，这才是婚姻生活中最要命的东西，所以初六的婚姻凶险，不会恒久。接下来是"九二悔亡"，九二在婚姻生活中阳居阴位不正，不正则有悔；但自身具备中德，中则自然正，正则悔亡。男女双方都具备中德，不说过头话，不办过头事，你恩我爱，恰到好处，夫妻生活和谐，婚姻便会恒久。接下来是"不恒其德"，是个不能恒守男人品德的人，居刚用刚，桀骜不驯，以强凌弱，在婚姻生活中，施威施暴，"无所容也"。这样的婚姻自然不会恒久。接下来是"田无禽"，"久非其位，安得禽也"。长期两地分居，甭说是生孩子，就是两个人的感情也难以维系，这样的婚姻，也自然不会恒久。再接下来是"恒其德"，是能守妇道，能守恒德，这样做"妇人吉，夫子凶"，对于妻子而言，守妇道就可得吉，对于丈夫而言，光守恒德还不够，还得守天德，男人从义不从妇，从妇则凶。最后是"振恒，凶"。作为女人，过于软弱，是婚姻中的受害方，夫妻强弱悬殊，家庭动荡不安，婚姻摇摇欲坠。这样的婚姻也自然不会恒久。幸福的婚姻大致相同，不幸的婚姻各有各的不幸。

　　我们古代先民，通过"雷在上，风在下"这么一种自然现象，设卦立言，总结出一套婚姻恒久的客观规律，揭示出各种婚姻的自然状态和必然结果。这是古人的智慧，我们后人应该认真学习、思考、借鉴。

遁 ䷠ 乾上 第三十三卦 退避三舍
艮下 天山遁 隐遁世外

【卦辞】 遁：亨，小利贞。

【象曰】 天下有山，遁。君子以远小人，不恶而严。

【注解】 遁：退也。退避，隐遁。

【释义】《序卦传》说："恒者久也，物不可以久居其所，故受之以遁。遁者退也。"任何事物都不可以永久不变，当阴性事物占上风，阴长阳消，阴盛阳衰的时候，君子不与小人正面交锋，而是退避三舍，敬而远之，以避灾祸。所以恒卦之后，紧接着就是遁卦。天山遁，天在上，山在下，山高天退，山永远也不会接近天。是君子远离小人，有隐遁之象。遁卦二阴生于下而上长，四阳居上而退，也是君子远离小人的隐遁之象。当此隐遁时期，君子仍可进退由己，所以亨通。但这一时期君子不可以有大的作为，特别是政治方面，少问为佳，只是在小事上，举止不失正道，使小人无机可乘，尚可有利。君子应该从遁卦中得到启示，对待小人，不能让他感觉到你憎恶他，否则他必然加害于你。但与小人的界限要严格划清，在原则问题上绝不让步，让小人知道你是不可侵犯的。所谓"不恶而严"，就是外圆内方，在远离小人的前提下，待小人以礼，守自己以坚。

孔子在《彖传》里是这么说的："遁亨，遁而亨也。刚当位而应，与时行也。小利贞，浸而长也。遁之时义大矣哉。"

孔子的意思是说，君子隐遁，是谁也阻挡不了的。目前的时局是君子当位，而下面还有应援在积极响应，遁与不遁，什么时候遁，怎么遁，得按照时局变化而定。君子在守正的前提下，做点小事还有利。之所以不可以有大的作为，是因为小人的势力不断蔓延、增长，已经不是干大事的时候了。君子因时而隐，顺时而退，这是按照规律行事，意义特别重大。

初六：遁尾，厉，勿用有攸往。

象曰：遁尾之厉，不往何灾也？

【注解】尾：最后。六爻都代表君子。往遁，上为先，下为后，初就是最后。

【释义】先来看卦象，初六阴爻阳位，上应九四，处艮之初、遁之始。阴爻，说明他很弱小，虽是君子，但地位低下，是个卑微的小人物；阳位，说明他是个不甘落后的人，见别人都隐退了，自己也想跟着隐退；上应，说明他不是孤军奋战，上面有联系人，有应援；处艮之初，说明他想隐退，却遭受到有效的阻止，堵住了退路；处遁之始，说明他被远远地丢在了最后边，成为最后隐遁的人。爻辞说："遁尾，厉，勿用有攸往。"意思是说，在君子隐遁的时候，别人都纷纷隐遁了，初六却落在了最后面，做了尾巴，处境相当危险。如果这个时候，再明目张胆地隐遁，就会更加危险，不如停下来，原地不动，更有把握避灾。初六以柔居下，位卑名微，没有人注意，不往也就等于隐遁了。往有危厉，"不往何灾也"，不往遁，而是就地隐匿，还会有什么灾祸呢？

这一爻告诉我们，当我们遇到危险的时候，要么在第一时间逃离险境，要么原地不动，因地制宜，采取自我保护措施，耐心等待危险的解除，千万不要盲目跟从，把自己暴露在危险之中，处于进退两难之地，那才是最危险的。

六二：执之用黄牛之革，莫之胜说。

象曰：执用黄牛，固志也。

【注解】 黄：中色。牛：温顺之物。革：坚韧之物。说：同脱。

【释义】 先看卦象，六二阴爻阴位，下卦得中得正，上与九五正应。阴爻，说明他是温和柔顺的人，是君子当中，随和谦让，内方外圆，善于权变周旋的人；阴位，说明他是个低调内敛的人，是个隐忍固守、坚韧不拔的人；得中，说明他具备中庸之德，能行中庸之道，在这隐退之时，守退有度，与小人关系，不远不近，与小人周旋，恰到好处；得正，说明他在小人势力蔓延增长的时候，能够固守君子之正，以正压邪，坚守正道；上应，说明他和九五是君臣关系，两个人都具备中正之德，在这阴盛阳衰的时候，他们志同道合，形成了共进、共退、共患难的利益共同体。遁卦六爻，五爻言遁，唯独六二不言遁，为什么呢？爻辞说"执之用黄牛之革，莫之胜说"。说明他与阳刚中正的九五不是一般的关系，其牢固的程度，就像是用黄牛皮制成的革，把他们牢牢地捆绑在一起。"固志也"，使他们的意志更加的坚固，牢不可破。君臣同心，志同道合，进退相依，保家卫国。"莫之胜说"，没有任何力量把他们分离开来。

这一爻告诉我们，君臣同心，其利断金。团结就是力量，这力量是铁，这力量是钢，比铁还硬，比钢还强，团结是战胜所有困难和危险的基本手段，也是最有效的保障。

九三：系遁，有疾厉，畜臣妾吉。

象曰：系遁之厉，有疾惫也。畜臣妾吉，不可大事也。

【注解】 系：牵系。疾：小病。惫：疲惫。

【释义】先看卦象，九三阳爻阳位得正，处艮之极。阳爻，说明他是个君子，具备君子之德；阳位，说明他具备干大事业的能力，处遁之时，有往遁的想法和行为；得正，说明他能够正确认识当前的形势，能够正确对待自己的处境，能够固守君子之正，能够用正确的方式，躲避危险；处艮之极，说明他此时往遁已无阻拦，艮止在后，被小人从后面纠缠、拖拽而不得往遁。遁卦上三爻皆能遁，下三爻皆不可遁，各有各自的处境，各有各自的命运，各有各自不能隐遁的原因。初六是遁晚了，六二是和九五捆绑在一起了，而九三呢？却被下面的两个阴爻牵系住了，想遁也遁不了了。因为他离两个阴爻最近，被拴住往后拖。爻辞说"系遁，有疾厉，畜臣妾吉"，由于小人的牵系和纠缠，九三就像得了病一样，很疲惫，也很危险。这个时期，九三的手脚都被小人束缚住了，不可能也不可以干大事业，官场遁不了，只好遁到家里，养奴纳妾，不问政事，在小人眼里，九三的意志消沉了，对他们没有威胁了，所以九三"畜臣妾吉"。

这一爻告诉我们，君子与时偕行。凡事因时而为，顺时而行。时当遁则遁，时不当遁则不遁；时当为则为，时不当为则不为。随时随地，因时局的变化，调整自己的行为，不做违反客观规律的事，使自己永远立于不败之地。

九四：好（hǎo）遁，君子吉，小人否。
象曰：君子好遁，小人否也。

【注解】好：最好的。否：不。

【释义】先来看卦象，九四阳爻阴位，不中不正，下应初六，处乾之初。阳爻，说明他是个君子，具备君子之德，能行君子之道；阴位，说明他本来就是个安分守己的人，在这阴盛阳衰的时期，不可能有什么大作为，又处大臣多惧之位，不敢越雷池半步。两头受堵，早有隐退之意；不中，说明他不能调和君王与小人之间的平衡关系，也不能在两者之间保持中立，最好的办法就是及时隐退；不正，说明他的位置不正，此时不能用正当的手段，堂堂正正地行君子之正，逼得他不得不隐退；下应，说明他是最早感知到小人侵逼的人，知道形势不可逆转，早有隐退的准备；处乾之初，说明他是健行之人，遇事绝不拖泥带水。当此隐遁时期，九四不待小人逼近，便审时度势，果断决定，迅速行动，毫不犹豫，隐遁世外。九四隐遁最早，时机是最好的；不与小人纠缠，态度是最好的；果断地切除与初六的联系，措施是最好的；好遁而得吉，结果是最好的。能够不被小人牵系，主动放弃大臣的地位，视名利如粪土，只有君子能够做到，"小人否也"。小人是绝对做不到的。

这一爻告诉我们，君子有所为，有所不为。当时势适合君子有所作为的时候，君子便全力以赴，施展才华，轰轰烈烈，干一番事业；当各方面条件都不允许你有所作为的时候，君子便急流勇退，归隐山林，反身修德，观望时局，等待时机，以利再战。非不为也，顺势而为也。

九五：嘉遁，贞吉。

象曰：嘉遁贞吉，以正志也。

【注解】嘉遁：嘉美的遁，比好遁更好的遁。也就是隐于世俗之中。

【释义】先看卦象，九五阳爻阳位，得中得正，下应六二，处至尊君王之位。阳爻，说明他是具备刚明之德的君王；阳位，说明他是有为之君，处遁之时，仍能为所当为，为所能为，尽自己最大努力，绝不轻言放弃；得中，说明他具备中庸之德，能行中庸之道，与小人相处不卑不亢，协调君子与小人关系，无过无不及，把握进退，恰到好处，为与不为，深浅有度；得正，说明他仍然是堂堂正正的君王，光明正大地与小人周旋，能够正确认识和判断当前形势和自己的处境，能够固守君子之志，君子之道，君子之正。下应，说明他仍有群众基础，并非孤军作战，民众需要他的保护，他也需要民众的支持。他和人民群众的关系，像是用黄牛皮捆绑在一起，坚固无比。在这君子隐遁时期，别人都可以隐遁，唯独君王不能隐遁。因为他肩负着国家的重任，平民百姓需要九五的庇护，不但不能隐遁，而且还要坚固心志，持中守正，与六二同心同德，共济国难。九五不是不隐，而是隐其志，隐其正，隐其锋芒，隐于朝、隐于民、隐于世俗之中。外示以圆，内守以正，身处世俗小人之中，胸怀救国保民之志。不退而隐，不逃而遁，非但不凶，还可得吉，是谓"嘉遁"。

这一爻告诉我们，小隐隐于山，中隐隐于市，大隐隐于朝。隐居山林，闲云野鹤，貌似遁世，实则反身修德，谓之小隐；隐居市井，风月场中，貌似玩物丧志，实则洞察时变，谓之中隐；隐于朝中，歌舞升平，貌似池中之物，实则卧薪尝胆，谓之大隐。君子之隐，待时而已。

上九：肥遁，无不利。

象曰：肥遁，无不利；无所疑也。

【注解】肥：宽裕，也有作飞解。

【释义】先看卦象，上九阳爻阴位，下卦无应，处乾之极、遁之终。阳爻，说明他是刚明正直的君子，具备君子之德，能行君子之道；阴位，说明他是个无为而治的人，处遁之时，也无心与小人恋战只求自保而已；无应，说明他跟小人没有任何关系，离小人最远，无牵无挂，和小人互无所疑。心无牵系，身无约束，忧患不能累其心，矰缴不能及其身；处乾之极，说明他已不是强健之人，年事已高，又无权无势，早已失去了斗志；处遁之终，说明他才是最终真正隐遁的人，从哪个角度讲，他都是最该隐退的人。爻辞说"肥遁，无不利。"是说上九的政治环境最宽裕。处遁之时，上九可以最早、最快，最从容、最名正言顺地隐退，可以带着优厚的政治、经济待遇隐退。没有任何人会怀疑他隐退的动机，所以没有什么不利。

这一爻告诉我们，只有年老体弱，退居二线的隐退才是真正的隐遁。人在仕途，所有的隐遁都不是真正意义上的隐遁，而是暂时的回避，是权宜之计，隐遁的方式各有不同，但隐遁的目的是出仕、救世，是君子顺应时变的自保方式。只有退休，才是真正意义上的隐退。不在其位，不谋其政，不问世事，不操其心。平平静静地过好退休生活，"无不利"。

简单地总结一下，上一卦是恒卦，恒卦讲的是夫妻恒久之道，万事不可恒久，当阴长阳消的时候，君子就得隐退，所以就有了遁卦。遁卦讲的是君子隐遁，上三爻皆能遁，下三爻皆不能遁。一开始就是"遁尾"。别人都隐遁了，他落在最后面，来不及隐遁了，幸亏他是个不起眼的小人物，就地隐遁在民间，不会有灾祸。接下来是"执之用黄牛之革，莫之胜说"，他也不能隐遁，他和九五用黄牛皮革捆在了一起，誓与国家共存亡，是主动不隐退的。接下来是"系遁"，主观上想遁，客观上被小人缠住了，就像得了三分病一样，又疲惫，又危险，只好"畜臣妾"，韬光养晦，远离政治，暂可得吉。下三爻皆不得遁。接下来是"好遁"，是最好的遁，无论从哪个角度讲，他都是最好的隐遁，只不过需要放弃身外之物，这一点，小人学不来也做不到。再接下来就是"嘉遁"，是比好遁还好的隐遁，就是直接隐于朝内，圆柔于外表，方正于内心，持中守正，以待时变。最后是"肥遁"，是最宽裕、最从容的隐遁，是真正意义上的隐遁。无论经济上、还是政治上，都会得到最优厚的待遇，而且"无所疑也""无不利"。

我们古代先民，通过"天在上，山在下"，这么一种自然现象，设卦立言，总结出一套君子隐遁的客观规律，揭示出各种隐遁的必然性。这是古人的智慧，我们后人要认真学习、思考、借鉴。

大壮 ䷡ 震上　第三十四卦　阳盛阴衰
乾下　雷天大壮　壮大隆盛

【卦辞】大壮：利贞。

【象曰】雷在天上，大壮；君子以非礼弗履。

【注解】大壮：阳之壮。弗：不。履：践行。

【释义】《序卦传》说："遁者退也，物不可以终遁，故受之以大壮。"遁是阴长阳消，大壮是阳长阴消，事物衰则必盛，消则必长，遁则必壮。所以遁卦之后，紧接着就是大壮卦。雷天大壮，雷在天上，声势壮大，有大壮之象；乾为健，震为动，刚健而动，还是大壮之象；二阴在上而退，四阳在下而长，阳盛阴衰，还是大壮之象。大壮是阳性事物强盛壮大，这个时候，最大的问题是能否守正。正则造福天下，不正则祸及苍生。正则吉，不正则凶。所以大壮卦的卦辞，别的都不说，只言"利贞"二字。可见"贞"之于大壮卦的重要意义。君子应该从大壮卦中得到启示，当阳性事物强盛壮大的时候，不要忘乎所以，为所欲为。要以礼制来约束，规范自己的言行，非礼勿视，非礼勿听，非礼勿言，非礼勿动。正确处理好"大""壮""正"，这三者之间的关系，以避免大壮变成残暴。

孔子在《象传》里是这么说的："大壮，大者壮也。刚以动，故壮。大壮利贞，大者正也。正大而天地之情可见矣。"

孔子的意思是说，大壮卦，就是阳性事物强盛壮大。因为阳性事物刚健而且动而往，所以能够强壮。阳性事物强盛壮大，必须守正才有利，因为阳性事物本身就应该是正的。最大的事物莫过于天和地，因为它行得正，我们才看见昼夜和四季的变化规律。

初九：壮于趾，征凶，有孚。

象曰：壮于趾，孚其穷也。

【注解】 趾：脚趾，主行动。孚：诚信。这里有孚是指与九四之间互有诚信。穷：指九四，大壮之道已穷。

【释义】 先看卦象，初九阳爻阳位，初爻得正，处乾之初、大壮之始。阳爻，说明他是个君子，具备君子之德，能行君子之道，是个刚明强健的人；阳位，说明他奋发向上，勇于进取，是个积极主动，大有作为的人；得正，说明他能行君子之正，是个作风正派，行为端正的人；处乾之初，说明他是个刚强而健行的人；处大壮之始，说明阳性事物一开始就是强壮的，一开始就具备了"大""壮""正""动"，这四个要素，按说动而往应该得吉，可爻辞却说"壮于趾，征凶，有孚"。意思是说，阳性事物一开始就壮大、健行，但不能前往，前往必然凶险，原因是"有孚"。初九有孚于九四，两个都是君子，一个是阳之始，一个是阳之终，一个志在必往，一个壮道已穷。阳性事物是一个整体，箭在弦上还未发，便感知到了强弩之末，所以前往必然凶险。另外，还有一个更重要的原因，就是大壮卦因壮而贵柔，初九阳爻阳位，居刚用刚，又处乾之初，又壮于趾，各方面都过于刚强，自身失柔，往必有凶。

这一爻告诉我们，一个人过于强壮未必是好事。强壮容易有恃无恐，容易刚愎自用，容易盲目自信，容易争勇斗狠。强壮会失去敬畏之心，会有轻敌之举，反倒成了坏事。恃强用强，君子不为也。

九二：贞吉。

象曰：九二贞吉，以中也。

【释义】先看卦象，九二阳爻阴位，下卦居中，上应六五。阳爻，说明他是个君子，具备君子之德，是个刚明强健的人；阴位，说明他谦虚柔顺，断然不是逞强好胜的用刚之人；得中，说明他具备中庸之德，能行中庸之道，在这大壮时期，自己虽强，但不用强，思想不偏激，行为不冒进，时刻保持清醒头脑，中道而行；上应，说明他的主要敌人是六五，敌人很强大，目标很明确，任务很艰巨，操之不可急。《易》贵中，大壮贵柔，九二以刚健之体而处柔位，且能居中，得中必得正，既中且正而又柔，完全符合大壮卦的要义。阳性事物凭借这样的条件，往逼阴退，才是正道，往必得吉。

这一爻告诉我们，做一件事情，自身实力很重要，没有实力什么也干不了。但有实力不能蛮干，得用柔，会用巧劲，所以用柔更重要。有实力、会用柔，路走偏了，所有努力全都白费。所以中正最重要。只要具备这三个条件，就能把所有的事情做好。

九三：小人用壮，君子用罔（wǎng），贞厉。羝（dī）羊触藩，羸（léi）其角。

象曰：小人用壮，君子罔也。

【注解】罔：勿，不。羝羊：黑色的公羊。藩：藩篱。羸：疲惫。使动用法，因缠绕被困，使其疲惫。

【释义】先看卦象，九三阳爻阳位，失中得正，与上六正应，处乾之极。阳爻，说明他是个刚勇强健的人，处大壮之时，是个大壮之人；阳位，说明他是恃强用强，有恃无恐，争强斗狠之人，是个脾气暴躁、有勇无谋之人；

失中，说明他思想激进、行为过分，是个盲目冒进、不计后果的人；得正，说明他正气十足，动机纯正，光明正大地与小人正面交锋，是个堂堂正正的人；上应，说明他的敌人是上六，敌人很阴险，目标很明确，任务很艰巨，以阳刚对付阴柔，有些操之过急；处乾之极，说明他虽然刚强，但已属强弩之末，对敌人没有压倒性的优势，只有无关痛痒的冲撞。爻辞说"羝羊触藩，羸其角"。九三就像是一头有勇无谋的公羊，用羊角去顶触敌人；而阴险的上六，就像是一堵柔软的藩篱，以柔克刚，羊角被藩篱牵挂缠绕，不能摆脱，因被困而越来越疲惫。爻辞说"小人用壮，君子用罔"，意思是说，如果小人处在大壮时期，就会利用自己的强大与健壮，去攻击对方，而君子是不会这样做的。九三的行为，根本就不是君子所为。爻辞戒之以"贞厉"，就是你的动机再纯正，这么做也是相当危险的。

这一爻告诉我们，君子不可用强。君子不可不强，自身必须足够强大，但不可以随便用强。君子用强正中小人下怀，小人用柔，便能以柔克刚。柔是小人之长，刚是君子之长。以己之长，攻人之长，是有勇无谋的表现，小人常用引诱之法、激将之法，逼迫君子用强，真正的君子是不会上当受骗的。

九四：贞吉悔亡，藩决不羸，壮于大舆之輹。

象曰：藩决不羸，尚往也。

【注解】輹：将车身与车轴固定在一起的曲木。

【释义】先看卦象，九四阳爻阴位，不中不正，处震之初。阳爻，说明他是个君子，具备君子之德，能行君子之道，是个刚明强健的人；阴位，说明他是沉稳持重的人，是个谦虚柔顺的人，是个自身强大而能用柔的人；不中，说明他和小人之间没有调和的余地，敌我力量对比，悬殊较大，已不再寻求与小人之间的平衡；不正，说明他观念不正统，九四是臣位，六五是君位，臣逼君退，大逆不道，传统意义上讲，动机不纯正，手段不正当，属于歪门邪道而非正途；处震之初，为震卦之主，是健而动者，呈箭在弦上，不得不发之势。爻辞说："藩决不羸，壮于大舆之輹。"从初九到九四，四个阳爻就像一列战车，九四是将车身与车轴固定在一起的曲木，使战车变得无比坚固和强大，前面的藩篱不触自决，根本无羸角之虞。在强大的君子面前，小人不堪一击，君子不往，小人自溃，尚且往也，小人定会遁于无形。爻辞说"贞吉悔亡"，九四唯一的缺点是不正，不正则有悔。但他毕竟是个君子，如果能守君子之正，则可得吉，得吉则悔可亡矣。

这一爻告诉我们，君子没有必要和小人纠缠。任何时候，君子都不要和小人打口水仗，更不能打肉搏战，不要近距离接触，更不能为点小事纠缠在一起。那样你也变成了小人。正确的做法是远离小人，不恶而严。当君子自身足够强大的时候，小人自然会退避三舍，遁匿于无形。

六五：丧羊于易，无悔。

象曰：丧羊于易，位不当也。

【注解】丧：丢失。羊：壮物也，故大壮卦取象于羊。也有羊同阳之说。易：阴阳相接之际，变化之所。

【释义】先看卦象，六五阴爻阳位，上卦得中，下乘九四，与九二相应。阴爻，说明他是小人，处尊位，说明他是小人势力的代表，是不愿意退出历史舞台的人；阳位，说明他还负隅顽抗，主动并有效地阻击君子的进攻；得中，说明他努力寻求与君子之间的平衡，不会过分退让，也不会过分嚣张；乘刚，说明他的地位十分不稳，如坐针毡，坐卧不安，随时都有被推翻的感觉；下应，说明他的对手非常强大，有勇有谋，是他的掘墓人。爻辞说"丧羊于易，无悔"。九四和六五是阴阳相接之处，易是阴阳变化之所。君子进攻到这里的时候，失去了先锋，也就是丧失一羊（阳），这是君子与小人势力作斗争时不可避免的损失，于君子而言，也没有什么可后悔的。之所以损失一阳，是因为"位不当也",这地方是阴阳交锋之所,是战场,牺牲是正常现象。

这一爻告诉我们,敌人是不会自己退出历史舞台的,扫帚不到,灰尘照例不会自己跑掉。要革命就会有牺牲,死人的事是经常发生的,只不过有的人死轻如鸿毛,有的人死重于泰山。为反动势力而死,则轻如鸿毛;为革命事业而牺牲,则重于泰山。丧羊于易,则比泰山还重。

上六:羝羊触藩,不能退,不能遂,无攸利,艰则吉。

象曰:不能退、不能遂,不详也。艰则吉,咎不长也。

【注解】遂:进,穿过。详:同祥。

【释义】先看卦象,上六阴爻阴位,下应九三,处震之极,大壮之终。阴爻,说明他是小人,具备小人的品质;阴位,说明他暗藏杀机,是个阴险的小人,具有一定的隐蔽性和柔韧性,是个很难对付的角色;下应,说明他的对手是个恃强用强的人,是个有勇无谋,横冲直撞的人;处震之极,说明他动极则止,不进不退,死看死守。客观上,上六退无退路,进则有四阳相逼,这是小人最后一道防线,上六誓与阵地共存亡;处大壮之终,说明君子此时也是强弩之末,在小人的防线面前,毫无优势可言。爻辞说:"羝羊触藩,不能退,不能遂,无攸利,艰则吉。"意思是君子像公羊一样触顶小人,小人却像藩篱一样缠住羊角,公羊再有蛮力,也发挥不了作用。藩篱是柔韧有弹性的,起到了以柔克刚的作用,这让公羊穿又穿不过去,退又退不回来,等于把君子困在那里,对君子十分不利,是一种不祥的征兆。但也不会有什么灾祸,只要不再用强,懂得以柔处艰,耐心地等待,就可得吉。为什么呢?因为已处大壮之终,马上就要变卦,"咎不长也"。一变卦,君子就解脱了,所以咎害不会太长。

这一爻告诉我们,两军对垒、旗鼓相当的时候,要审时度势,准确估量和分析敌我力量的对比,在没有绝对优势、没有必胜把握的情况下,绝不能盲目出击，悍然用强。否则将陷入胶着状态，使自己处于尴尬境地而不能自拔。

　　简单地总结一下，上一卦是遁卦，遁卦讲的是君子隐退。遁是阴长阳消，消则必长，到阳长阴消的时候，就是大壮卦。大壮卦讲的是阳性事物强盛壮大，这个时期利贞、贵柔。总的看，两个阴爻在上而退，四个阳爻在下而长，最终把两阴推出去。怎么推？大壮用柔。然而，一开始就是"壮于趾"，阳爻，阳位，乾初，趾壮，有孚，哪方面都是用强。所以，爻辞告诫"征凶"。接下来是"贞吉"，这是大壮卦里最好的一爻，自身强健，能用柔，有中德，唯一不足就是不正。所以，爻辞告诫"贞吉"，正则吉。接下来就是"贞厉"了，跟初九犯一个毛病，阳爻、阳位，失中、处多凶之位，又处乾之极，与柔绝缘。就像是一头莽撞的公羊，被篱笆缠住了羊角，累得疲惫不堪，也没占着半点便宜。他唯一的优点就是正，即便正，也是将自己处于危险境地，爻辞说"君子罔也"，真正的君子才不这么做呢！再接下来是"壮于大舆之輹"，把四个阳爻连接成强大无比的战车，不费吹灰之力，就突破了敌人的第一道防线。他唯一的毛病也是不正，所以爻辞告诫："贞吉悔亡。"守住君子之正，就会得吉，得吉则悔亡。再接下来就是"丧羊于易"了，两军对垒，损失一阳，这是必要的牺牲，所以爻辞说"无悔"。最后是"羝羊触藩，不能退，不能遂"，此时小人进退无路，君子也是强弩之末，公羊被篱笆缠住，穿不过去，也退不回来，处于胶着状态，对于君子来说很危险。所以爻辞告诫"艰则吉"，别再用强了，以柔处艰，则可得吉。为什么呢？因为马上就要变卦了，一变卦，君子马上就能得到解脱。

　　我们古代先民，通过"雷在天上"这么一种自然现象，设卦立言，总结出一套大壮用柔的客观规律。揭示出君子在大壮时期的各种表现及其必然结果。这是古人的智慧，我们后人应该认真学习、思考、借鉴。

晋 ䷢ 离上　第三十五卦　前进晋升
坤下　　火地晋　　飞黄腾达

【卦辞】晋：康侯用锡马蕃庶，昼日三接。

【象曰】明出地上，晋；君子以昭明德。

【注解】晋：进也，进升而到光明盛大。康侯：安国之侯。锡：同赐。蕃：多也。庶：众也。

【释义】《序卦传》说："物不可以终壮，故受之以晋。晋者进也。"大壮就是阳性事物不断发展壮大。既壮则必进，所以大壮卦之后，紧接着就是晋卦。火地晋，离为日，坤为地，是日出地面，越往上升越光明的景象。坤是众、是顺；离是依附、是光明。所有的土地，都顺从地依附于光明的太阳；犹如所有的臣民，都顺从地依附于文明之君。臣是安国之臣，君是赐马之君。这样的国家，就如同旭日东升，前景光明而盛大。卦辞描述了这么一个景象：安国之侯打了胜仗，来进见天子，天子为表彰诸侯治国安邦之功，奖赏安国侯众多马匹，并在一日之内接见他数次。这是君明、臣顺的真实写照，有这样的君和这样的臣，国家定会如日之升，走向光明而盛大。君子应从晋卦中得到启示，把自己固有的明德昭示出来，像太阳照耀大地那样，充分发挥自己明德的作用，造福于人类。

孔子在《象传》里是这么说的："晋，进也。明出地上，顺而丽乎大明，柔进而上行。是以康侯用锡马蕃庶，昼日三接也。"

孔子的意思是说，晋卦讲的是晋升。太阳从地面升出，大地柔顺地依附并追随着光明的太阳，太阳带着地球慢慢地向前、向上运行。所以，天子以赐马为明，诸侯以安国为顺，诸侯像大地依附、追随太阳一样，依附并追随着天子。天子"昼日三接"，引领着诸侯缓慢地向前、向上发展。这就是"推天道、明人事"，"人法地、地法天"的典型实例。

初六：晋如，摧如，贞吉。罔孚，裕无咎。

象曰：晋如，摧如；独行正也。裕无咎，未受命也。

【注解】晋如：升进。摧如：抑退。裕：宽裕。

【释义】先看卦象，初六阴爻阳位，上应九四，处坤之初，晋之始。晋卦是进升，进升以柔顺为要，《象传》里讲得很清楚，"柔进而上行"。所以晋卦贵柔、贵顺、贵缓。以柔为正，得柔者便是得正，六爻中凡是阴爻，都是得正者，都是能行晋升之正者。初六阴爻，说明他是得正者，在晋升的道路上，能做到柔、顺、缓；阳位，说明他上进心强，能够积极进取，是个主动出门求仕的人，但同时也说明他有些急躁；上应，说明他的顶头上司是个不中不正的人，"罔孚"，双方缺乏应有的互信；处坤之初，说明他就是普通的老百姓，是个温柔、善良、顺从的人；处晋之始，说明他开始步入仕途，是个追求进步的好青年。爻辞说"晋如，摧如"，是说他屡屡晋升，又屡屡被抑退。为什么呢？因为"罔孚"，因为他没有行贿，没有得到顶头上司的理解和信任，所以屡遭失败。在这种情况下，初六不改初衷，坚持走正道，特立独行，一身正气，两袖清风，因"贞"而得"吉"。因为没有得到九四的信任，没有得到九四的受命，没有真正地步入官场。所以"裕无咎"，无官一身轻，无应酬之乱，无案牍之劳，无忧无虑，宽裕自在，这样的日子怎么会有灾祸呢？

这一爻告诉我们，初登仕途，不管经受多么大的挫折，都要坚持走正道，动机永远纯正，手段永远正当，不走歪门邪道，不受世俗影响，保持自己的纯洁和清白，能进则进，不能进就做个干干净净的平头百姓，也能过上无忧无虑、自由自在的好日子。君子无欲，何患之有？

易经通俗讲稿

六二：晋如，愁如，贞吉。受兹介福，于其王母。

象曰：受兹介福，以中正也。

【注解】兹：此。介：大。王母：祖母。

【释义】先看卦象，六二阴爻阴位，得中得正，上与六五有姊妇之象。阴爻，说明她具备柔、顺、缓的晋升之德，是个温柔善良的人；阴位，说明她含蓄、内敛，是个不会主动求人的人；得中，说明她具备中庸之德，能行中庸之道，在这进升之时，没有过分的行为，各方面的表现都恰到好处，举止得体，进退有据，是个中规中矩的人；得正，说明她动机纯正，观念正统，作风正派，行为端正，是个能行君子之正的人；与六五有姊妇之象，说明她与六五是祖母和孙女的关系。爻辞说"晋如，愁如"，六二自身柔弱而内向，上边又无应援，无应就是没人援引，不能升迁，正在为自己难以晋升而忧愁。殊不知六二的柔顺中正之德，早就被六五看在眼里，放在心上。爻辞说"受兹介福，于其王母"，祖母见孙女具备中庸之德，便赐予她莫大的福禄。六二得此大福，仍能居中守正，自然得吉。

这一爻告诉我们，但行好事，莫问前程。首先要做好自己的事情，按照各种规章制度，严格要求自己，规范自己的言行，该自己做的事，无过无不及，处理好各方面的人事关系，具备柔顺、中正的依附条件，即便没有人引荐，也会被领导发现。提拔、重用那是早晚的事。

六三：众允，悔亡。

象曰：众允之志，上行也。

【注解】众：坤为众，指下三爻。允：信也。

276

【释义】先看卦象，六三阴爻阳位，不中不正，与上九正应，上承九四，处坤之极。阴爻，说明他温柔顺从，具备晋升之正德，是个符合晋升标准的人；阳位，说明他急于晋升，有违晋道，可能会生悔；不中，说明他客观上已经失去了中立地位，主观上，心里也已失衡。处晋之时，自己再不升迁，压制着下面的人，没有发展空间，自己也觉得是该升迁的时候了；不正，说明他不能光明正大地表达自己升迁的愿望，身处阳位，已有主动求官的行为，主动就是不正，有违晋道，有伸手要官之嫌；上应，说明有人引荐，可以上行；承刚，说明他对上顺从，为官的态度，符合晋升之道；处坤之极，说明他在众人之上，代表着下三爻的共同意志。处晋之时，下三爻是共进退的利益共同体，只有六三进，大家才能同步跟进，所以六三升迁是下三爻的共同愿望。爻辞说"众允，悔亡"，大家都信任六三，也都相信六三一定会升迁，也都盼望着六三尽快升迁。就六三自身而言，除了有点主动以外，其他各方面都符合晋升条件，现在是下边有人支持，上边有人引荐，万事俱备，升迁有望，悔可亡矣。

　　这一爻告诉我们，官职升迁不是个人努力那么简单。个人努力固然重要，但那不是主要因素，只是一个最基本的条件。相对而言，能不能得到领导的赏识会更重要一些，赏识有个过程，首先是认识，其次是了解，最后才是赏识。个人够努力，领导也欣赏，这就够了吗？还不行，还得有机会，好像这个机会更重要一些，这就靠时也、命也、运也。等到机会来的时候，万事俱备，还欠东风，这个东风就是群众基础，好不容易等到领导提名，结果民主测评过不了；好不容易民主测评过了，最后公示出了问题，实名举报，带病提拔，一切努力，到这里全部清零。所以官职升迁非常复杂，绝不是个人努力那么简单。

九四：晋如鼫（shí）鼠，贞厉。

象曰：鼫鼠贞厉，位不当也。

【注解】鼫鼠：又称硕鼠，贪食五谷，又称"五技鼠"。

【释义】先看卦象，九四阳爻阴位，不中不正，下应初六，上与六五亲比，处离之初。晋卦以柔为正，所以四个阴爻都好，两个阳爻都不好，一个"贞厉"，一个"贞吝"。九四阳爻，说明他是一个刚健强硬的人，不具备柔、顺、正、缓等依附晋升之德；阴位，说明他阴险狡猾，善于伪装隐藏，是个贪欲过重，没有道德底限的人；不中，说明他对上过分虚伪，对下过分欺诈，是个欺下瞒上，从中牟利的人；不正，说明他朝中为臣的目的不纯正，谋取权位利益手段不正当，是个不务正业、不走正道的贪腐之人；下应，说明他专门阻止初登仕途的人晋升，目的是从他们身上捞取好处，以公养私以自肥；亲比，说明他和君王的关系不错，至少在外人看来，他和君王的关系非常亲密，在这种假象的掩盖下，使他贪腐更容易得手；处离之初，说明他的外表是光鲜亮丽的，肮脏的内心却披着一张文明的外衣，这使他更具隐蔽性。爻辞说："晋如鼫鼠，贞厉"，是说他身为朝中大臣，却像"五技鼠"那样贪得无厌，使尽浑身解数，贪腐不义之财。慢说取之不正，即便是取之以正，也是很危险的。为什么呢？"位不当也"，是因为他德不配位的缘故。

这一爻告诉我们，自古以来，贪污腐败都没有好下场。不管你的官职有多高，不管你的权势有多大，不管你如何善于伪装，善于隐藏，也不管你身上有多少光环，更不管你和顶头上司的关系有多密切，根子有多硬，只要走上贪腐之路，就注定是死路一条。

六五：悔亡，失得勿恤，往吉无不利。

象曰：得失勿恤，往有庆也。

【注解】勿：不须，不要。恤：忧也，患也。

【释义】先看卦象，六五阴爻阳位，柔而得中，离卦之主。阴爻，说明他是以柔治晋之君，能够坚持"柔、顺、正、缓"的提拔原则和用人原则，是位仁德之君；阳位，说明他是有为之君，处晋之时，能够主动提拔任用德才兼备之人，为有志之士提供更多的升迁机会；得中，说明他具备中庸之德，能行中庸之道，识人不偏激，提拔不过分，德才配位，恰到好处；离卦之主，说明他过于明察，水至清则无鱼，人至察则无徒。在这晋升时期，大家都希望得到六五的信任和提拔，而六五明察秋毫，患得患失，有求全责备之嫌。所以爻辞诫之以"失得勿恤，往吉无不利"。意思是不要患得患失，大胆提拔任用就会得吉，没有什么不利的。处晋之时，作为大明之君，在选贤任能方面，既不失察，又能大胆提拔，乃国家之福，万民之幸，难道这还不值得庆贺吗？至察之悔自然亡矣。

这一爻告诉我们，不聋不瞎，不能当家。作为一把手，心里越明白越好，表面越糊涂越好。大事越明白越好，小事越糊涂越好。水至清则无鱼，人至察则无徒。有些事要装聋作哑，有些事要睁一只眼、闭一只眼。不是原则问题又不影响大局，没必要管理针粗线细的，陷于鸡毛蒜皮的具体事务当中，不能自拔，自己累，别人烦，于事业无补，于大局无益。种了别人的地，荒了自家田，自己该干的事反倒没精力，没时间。堂堂一把手，费力不讨好，何苦来哉！

上九：晋其角，维用伐邑，厉吉无咎，贞吝。

象曰：维用伐邑，道未光也。

【注解】角：兽类之角。维：同唯。邑：私有领地。

【释义】先看卦象，上九阳爻阴位，下应六三，处离之极，晋之终。阳爻，说明他是个刚硬强健的人，没有柔顺、中正之德，是个没有人依附的人；阴位，说明他是个没有作为的人，处晋之时，自己无处可晋，也不能帮助别人晋升，待在那里，堵住了所有人的晋升之路；下应，说明他原来的诸侯国是他的私有领地，但由于自己过刚过硬，有违晋道，那里也不稳定；处离之极，说明他光辉灿烂的时期已成过去，现在已经是黯然失色，自己不明，更无察人之能；处晋之终，则进升之道已穷。爻辞说"晋其角，维用伐邑"。自己已经晋升到了极点，到了进无可进的地步。此时只有一条路可走，就是退回到自己原来的领地。晋卦的原则是"柔进而上行"，而上九却像刚硬的兽角一样高高在上。所以他必须是"刚退而下行"。爻辞说"厉吉无咎，贞吝"。意思是说上九只能退回到自己原有的领地，但那里也并不稳定，需要他平叛内乱，加强管理，实现自治。这样做虽然会有危险，或经历一定的磨难，但最终会得吉，没有灾难。上九毕竟没有把晋升之道发扬光大，最后混到只能在自己的小邑里自治的地步，对于有过辉煌历史的明君而言，也是一种耻辱。

这一爻告诉我们，为官总有到头的时候，要早点为退下来做准备。进入仕途就会不断升迁，官越当越大，但不管多大，都有退下来的时候。所以，要早有思想准备，早有生活安排。回到家里，不再有人伺候了，要学会自理，会有一段时间不太适应，但很快就能找回自我。把退休生活安排好，一样是吉祥如意的好日子。

简单总结一下，上卦是大壮卦，大壮卦是阳性事物不断发展壮大，壮则必进，所以就有了晋卦。晋卦讲的是晋升，升迁，是"柔进而上行"，只要符合柔、顺、正、缓这几个条件，就可以得到晋升。一开始是"晋如，摧如"，屡次晋升，屡次被抑退，问题出在两个方面，一是阳位主动，过于着急，有违晋道；二是"罔孚"，没遇着好人，受到了上面的压制。接下来是"受兹介福，于其王母"。他的条件是晋卦里最好的，各个方面全部符合晋升标准。这种情况，即使没人引荐，也会得到晋升。接下来是"众允"，毛病也是急了点，但他和初六不一样，除了自身条件好以外，上有引荐，下有推荐，水到渠成，必得升迁。再接下来是"晋如鼫鼠"，依仗自己的权力、地位，伪装成正人君子，欺下瞒上，像"五技鼠"那样，玩弄各种伎俩，贪敛财物，是个贪得无厌的吃国贼，最后的结果是"贞厉"。再接下来就是"失得勿恤"，晋卦之君，行晋升之道，是选贤任能的最佳时期。由于君王明察秋毫，难免有得失之虑，所以爻辞告诫，不要患得患失，大胆提拔任用，就可得吉而无不利。最后就是"晋其角，维用伐邑"。晋升到了极点，到了"刚退而下行"的时候，只能退到家一样的小邑里，去过退休生活。

我们古代先民，通过"日出地面"这么一种自然现象，设卦立言，总结出一套晋升的客观规律，揭示出各种晋升的必然性。这是古人的智慧，我们后人应该认真学习、思考、借鉴。

明夷 ䷣ 坤上 第三十六卦 光明负伤
离下 地火明夷 韬光养晦

【卦辞】明夷：利艰贞。

【象曰】明入地中，明夷；君子以莅众，用晦而明。

【注解】明夷：夷者伤也。明夷者，明者伤也。莅：临也。晦：暗也。

【释义】《序卦传》说："晋者进也，进必有所伤，故受之以明夷。夷者伤也。"晋是日出地面，明夷是日落地面。日出必然日落，有日进而盛，必然有日伤而藏。所以晋卦之后，紧接着就是明夷卦。地火明夷，地在上，火在下，太阳被埋藏在地下，是光明负伤，韬光养晦之象。以人事比拟，正是昏君在上，世道黑暗，明者见伤，群贤受害时期。这一时期，"利艰贞"，君子只能在艰难的环境中固守正道，才有利于保存实力，以待时变。君子应该从明夷卦中得到启示，君子在临民治众的时候，不要表现得特别精明、英明，要表现得傻一点，笨一点，藏巧而用拙，藏明而用晦，这也符合君子内方外圆的处事品德。

孔子在《象传》里是这么说的："明入地中，明夷。内文明而外柔顺，以蒙大难，文王以之。利艰贞，晦其明也。内难而能正其志，箕子以之。"

孔子的意思是说，太阳被埋在地下，是光明受到了伤害。从卦德上看，内卦是离，外卦是坤，有文明于内心，柔顺于外表之象。这是大明之人蒙受大的灾难，周文王被囚于羑里，就是这个样子的；这一时期，处境艰难而能守正，时代晦暗而能藏明，对君子才会有利。当年商纣王对箕子发难的时候，箕子能够守正而藏明，就是这个样子的。在商纣王的黑暗统治下，周文王做到了内方外圆，箕子做到了守正藏明。

初九：明夷于飞，垂其翼。君子于行，三日不食，有攸往，主人有言。

象曰：君子于行，义不食也。

【注解】 飞：借飞鸟为喻，迅速飞离之意。垂其翼：收敛翅膀。主人：指与初九相应的六四。有言：闲言碎语，非议。

【释义】 先看卦象，初九阳爻阳位，初爻得正，上应六四，处离之初，明夷之始。阳爻，说明他是刚明强健的君子，具备君子之德，能行君子之道；阳位，说明他不是安于现状的人，而是见机行事、随机应变、敏捷而健行的人；得正，说明他是个堂堂正正的君子，观念正统，行为端正，是个能行君子之正的人；上应，说明他的顶头上司是个小人，是个有权有势的小人，应该对初九有各种物质利益方面的关照；处离之初，说明他具有明察之德，能洞察事理之机微；处明夷之始，说明黑暗时期马上就要到来，君子很快就会受到伤害。爻辞说"明夷于飞，垂其翼"，初九不待祸患发作，伤及自身，便像飞鸟一样，迅速离开，而且收敛翅膀低飞，以藏匿自己的行迹，偷偷地逃离。"君子于行，三日不食，有攸往，主人有言。"意思是，在逃亡的路上，初九志于急行，三天无暇顾及饮食。六四对初九这种不辞而别的行为表示不理解，还在那里闲言碎语瞎议论呢，初九早就有所往适了。作为君子，在这明夷之初，能够主动放弃既得利益，于飞、于行、攸往、不食，都是为了道义。所谓小人见利忘义，君子舍身而取义，其此之谓乎？同样是逃离，明夷之初九，之所以优于遁之初六，是因为一个柔而止，一个刚而明，易理之精微可见一斑。

这一爻告诉我们，君子见机而作。当知道危险就要来临的时候，不要有任何犹豫，更不要有任何顾虑，当即立断，马上行动，不要有半刻的停留。不为情困，不为物绊，不为保命，为道而行，为义而往，只为保留光明的种子，只为保存君子的实力，值此黑暗即将到来之际，这是正直而有德的君子，明智之举。

六二：明夷，夷于左股，用拯马壮，吉。

象曰：六二之吉，顺以则也。

【注解】 左：文臣。古时天子坐北朝南，朝臣站位是文东武西。股：股肱之臣。这里指周文王。拯：保护，拯救。马：指九三。

【释义】 先看卦象，六二阴爻阴位，下卦得中得正，上承九三，下乘初九，为光明之主。阴爻，说明他是个谦虚、谨慎、柔弱、顺从的文臣；阴位，说明他是一个安分守己、思不出位、低调内敛的人；得中，说明他具备中庸之德，能行中庸之道，处明夷之时，言行举止、中规中矩，时刻保持与小人的平衡关系，不敢有任何过激的行为，分内之事，无过无不及，君臣之礼，行止有节，恰到好处；得正，说明他能够坚守正道，威武不屈，富贵不移，出污泥而不染，负阴而抱阳，持中而守正；承刚，说明他对上顺承，事事依从，逆来顺受，忍辱负重，绝无怨艾之色；乘刚，说明他地位不稳，坐卧不宁，提心吊胆，总感觉有威胁和危险的存在；离卦之主，说明他是文明的代表，是光明的主体。在明夷卦中，上六是昏君，代表着黑暗，六二是明臣，代表着光明，除上六外，其余五爻皆被上六所伤。爻辞说："明夷，夷于左股，用拯马壮。"是说此时光明受到了伤害，受伤害的是文弱的股肱之臣，这里指的就是周文王被囚禁在羑里。由于下卦离是一个整体，初九和九三都是六二的人马。在这明夷时期，光明之主受到伤害，刚健的九三，像一匹强壮的马，站出来保护六二，使六二免遭更大的伤害。六二之所以没有性命之忧而得吉，除九三保护外，更主要的是他能够顺从昏君，而不失中正的原则。"顺以则也"，以顺从为处事原则，所以得"吉"。六二之吉，保命而已。

这一爻告诉我们，当敌强我弱，特别是沦为阶下囚的时候，第一是顺从，第二是坚持原则。顺从是灵活，是权变，是隐忍，是保命；坚持原则是守道、守正、守义，是保护光明。外界的帮助是有限的，能够确保全身而退，主要靠自己的德性与才能，巧妙地与敌人斡旋，忍辱负重、卧薪尝胆，顺应天命，以待时变。

九三：明夷于南狩，得其大首，不可疾贞。

象曰：南狩之志，乃大得也。

【注解】南：前方，也是明方。狩：畋猎以除害。大首：暗方之魁首。疾：速也。

【释义】先看卦象，九三阳爻阳位，失中得正，与上六正应，处离之极。阳爻，说明他是刚明强健的君子，具备君子之德，能行君子之道；阳位，说明他积极主动，剑拔弩张，跃跃欲试，是个大有作为的人；失中，说明此时阴阳势力已经失衡。太阳马上就要出来驱赶黑暗，明夷伤愈之时，便是黑暗退却之日；得正，说明他能行君子之正，光明开始堂堂正正地与黑暗正面交锋；上应，说明他的对手是代表黑暗的罪魁祸首上六，九三到来之时，上六将无处可逃；处离之极，说明他是最早的光明，上六处坤之极，说明他是最后的黑暗，以明之极克暗之极，天经地义。爻辞说："明夷于南狩，得其大首。"就像在光明的地方狩猎黑暗，必然会战胜黑暗，并擒获上六这个罪魁祸首，此乃"大得志也"。这时爻辞告诫"不可疾贞"。暗首既获，其他问题均可暂缓。毕竟处于明夷时期，民迷日久，不可卒正，应施之以德，改之以缓，慢慢教化。以免操之过急，使百姓骇惧而不安。

这一爻告诉我们，新的事物一开始，不可骤变。所有事物都有新旧更替的时候，就像昼夜交替一样，先天亮再说，至于升温，那是需要慢慢地、一点一点地升，如果骤然而升，所有的动植物都不适应，也都受不了。一个国家是这样，一个时代是这样，改革是这样，就是一个单位更换领导也是这样，一切按部就班，该延续的延续，所有问题都有待于以后慢慢解决。这是按照客观规律办事，顺之者吉，逆之者凶。

六四： 入于左腹，获明夷之心，出于门庭。

象曰： 入于左腹，获心意也。

【注解】 左：文臣。腹：心腹之人。

【释义】 先看卦象，六四阴爻阴位，失中得正，下应初九，处坤之初。阴爻，说明他是昏君的人，从卦象上看，此时已经进入坤体腹部，如果说六二是股，是支撑昏君半壁江山的股肱之臣，那么六四就是昏君的心腹之人；阴位，说明他坚守本位，尽职尽责，是个安分守己的本分人；失中，说明他的内心已经失去了平衡，对昏君的作法实在是看不惯，在规劝昏君的时候，言语上会有些过分；得正，说明他虽是昏君的人，但良心未泯，心怀正义，固守纯正，是个走正道的人；下应，说明他身处黑暗，却向往光明，是个深明大义的人；处坤之初，说明他是个顺应自己内心，顺应当前形势，顺天应时之人。在这里，作《易》者暗以微子去商适周的故事，揭示此卦爻义。爻辞说"入于左腹，获明夷之心，出于门庭"。微子是纣王的近臣，堪称是心腹之人，当他获知纣王残害光明之心已定，屡屡规劝无用，便走出商国的门庭，远远地离开商国，投奔到周国那里去，远离黑暗，投奔光明，既躲避了灾祸，也保住了自己的光明之心。

这一爻告诉我们，识时务者为俊杰。无论在什么时候，都要审时度势，洞察时局走向，把握时代脉搏。不当亡国马前卒，不做时代殉葬品。良鸟择木而栖，知强而守弱，负阴而抱阳，顺应时势，弃暗投明是最明智的选择。

六五：箕子之明夷，利贞。

象曰：箕子之贞，明不可息也。

【注解】箕子：《史记》说，箕子者，纣亲戚也。息：熄灭。

【释义】先看卦象，六五阴爻阳位，上卦得中。阴爻，说明他是昏君的人，从卦象上看，他处于黑暗正中，被黑暗包裹，是个无法逃离黑暗的人；阳位，说明他内心是光明的，并能积极主动地规劝君王，是个忠心耿耿的人；得中，说明他具备中庸之德，能行中庸之道，处明夷之时，既不愿背叛君王，又不愿伤害光明之臣，既要遵从内心，保护光明，又不能失君臣之礼，是个左右为难，进退维艰的人。此卦象，与箕子当年的处境暗合，所以爻辞说"箕子之明夷，利贞"。箕子是纣王的亲戚，纣王让他用象牙做的筷子，箕子以淫奢谏之，不听。纣王说："可以去矣！"箕子说："为人臣，谏不听而去，是彰君之恶而自悦于民，吾不忍为也。"于是披发佯狂而为奴。他明知纣王是彻底无可救药了，但怕暴露了纣王的昏暗，而显出自己的明智，不忍离去而自晦其明。既保持了对商王朝的忠贞，也保住了自己内心的光明。六五得中，能守中道。不是自己黑暗，是所处朝代黑暗；不是自己不明，而是有意把光明掩藏起来。为了保住自己内心的光明，不惜装疯卖傻，自残自虐，也要固守内心的纯正，由此可见，"明不可息也"，光明之火是永远不可能熄灭的。

这一爻告诉我们，世界上的所有事物没有绝对。就像太极图所展示的那样，阴中有阳，阳中有阴，光明中有黑暗，黑暗中有光明，好中有坏，坏中有好。说某某事物有百害而无一利这话就绝对了，不符合自然规律。凡事都是相对的。在商王朝绝对的黑暗中，还有着相对的光明，所以我们要摒弃非黑即白的思维方式，看问题要相比较而言，才能做到实事求是、客观公正。

上六：不明晦，初登于天，后入于地。

象曰：初登于天，照四国也，后入于地，失则也。

【注解】不明：指上六。晦：指国家。

【释义】先看卦象，上六阴爻阴位，得正失中，下应九三，处坤之极，明夷之终。阴爻，说明他是个昏君，是个昏暗不明、失德无道的不仁之君；阴位，说明他居位不退，负隅顽抗，是个既阴险又冥顽不化的人；得正，说明他虽然失德，仍是正统之君，虽然无道，仍有正统之名；失中，说明他已失中德，凡事无所不用其极，极端昏庸，极端残忍，是个穷凶极恶的人；下应，说明他的掘墓之人已经到来，上六在九三的追逼之下，已无藏身之处；处坤之极，说明他毫无温顺可言，极其凶狠残暴，逆流而动，垂死挣扎；处明夷之终，说明他伤害光明的时期已经结束，光明复活，满血而归，给黑暗送终的时候已经到来。爻辞说"不明晦，初登于天，后入于地"。上六为君昏暗不明，以致国家暗无天日。想当初也曾如日中天，光照四国，现如今气数已尽，坠入地下。这是因为他"失则也"，失去了为君的准则，无德、无道的结果。

这一爻告诉我们，改朝换代，是历史发展的必然趋势，是任何力量也阻挡不了的。天有寒暑，地有荣枯，国有盛衰，事有成败，世界上万事万物都得遵循这个自然规律。如果我们在日常生活中，能够正确认识掌握、使用这一规律，就能审时度势，顺时而为，有所不为，为所当为。

简单总结一下，上一卦是晋卦，晋卦讲的是晋升，有升必有落，晋是日出地面，明夷是日落地面，所以就有了明夷卦。明夷卦讲的是光明受到伤害，如何保护光明，是明夷卦要解决的问题。一开始是"明夷于飞"，初九最先感知到黑暗将对光明进行伤害，所以迅速转移，以远离黑暗的方式，保护了光明。接下来是"夷于左股，用拯马壮"。黑暗伤害到代表光明的股肱之臣，此时除了九三的保护外，主要靠自己与黑暗周旋，以持中守正、内方外圆、负阴抱阳的方式，保住了光明。接下来是"明夷于南狩"，此时光明与黑暗短兵相接，以至明克至暗，大获全胜，用以攻为守的方式，保住了光明。接下来是"入于左股获明夷之心，出于门庭"。作为昏君的心腹之人，当他获知纣王残害光明之心已定，而且不可更改的时候，便怀揣着光明之心，离开殷商，投奔西周去了，他以去商适周的方式，保住了光明。接下来是"箕子之明夷"，箕子是纣王的亲戚，他既不想做不忠不孝的叛逆之臣，又不想做伤害光明、背叛自己良心的无耻小人，所以他只好用装疯卖傻、自戕自残的方式，保护自己内心的光明。最后是"不明晦，初登于天，后入于地"，昏君纣王，自己不明以致国晦，曾经是无限的辉煌，现在却到了入土的时候，真是天道有轮回，顺之者昌，逆之者亡啊！

我们古代先民，通过"太阳落入地下"这么一种自然现象，设卦立言，总结出一套光明负伤的客观规律，揭示出各种保护光明的方式，及其结果的必然性。这是古人的智慧，我们后人要认真学习、思考、借鉴。

家人 ䷤

巽上　第三十七卦　家庭伦理
离下　风火家人　道德之本

【卦辞】家人：利女贞。

【象曰】风自火出，家人；君子以言有物，行而有恒。

【注解】家人：一家之人，即家庭。

【释义】《序卦传》说："夷者伤也，伤于外必返其家，故受之以家人。"外面受伤，回家养伤，合情合理，顺理成章。所以，明夷卦之后，紧接着就是家人卦。风火家人，风在上，火在下，有风火起炊烟之象。从卦象上看，男人得中得正而主外，女人得中得正而主内，正是家人之象。家人卦表现的是治家之道，也就是男女、夫妇、长幼之序。在家庭关系中，夫妇关系是主体，是根本；在夫妇关系中，男主外则正，女主内则正；在一个家庭中，"妻贤夫祸少，子孝父心宽"，所以家人卦以女子居正为贵。女子坚守正道，则家道正、家风正，正则和，家和万事兴。家庭是社会的细胞，每个家庭和睦，则全社会才能和谐。君子应该从家人卦中得到启示，社会和谐靠家庭和睦，家庭和睦靠夫妻和气，夫妻和气靠自身修养，自身修养主要表现在言行两个方面。所以君子必须言之有物，行之有恒。

孔子在《象传》里是这么说的："家人，女正位乎内，男正位乎外。男女正，天地之大义也。家有严君焉，父母之谓也。父父子子兄兄弟弟夫夫妇妇，而家道正。正家而天下定矣。"

孔子的意思是说，女人的正位是主内，男人的正位是主外，男女各得其位，各司其职，这就是家人卦。男女之正和天地之正是一样的，天在上、地在下，天主外，地主内，天保护地，地围着天转，这是天地之大义，天地之正是不能改变的，所以男女之正也是不可以改变的。家中的父母，就如同一国之君，对家人的管理一定要严格。在家里，父亲要有父亲的样子，儿子要有儿子的样子，长兄要有长兄的样子，小弟要有小弟的样子，丈夫要有丈夫的样子，妻子要有妻子的样子，各自都按照礼制严格规范自己的言行，这样家道才能正。每个家庭都能行正道，天下就能安定了。

初九：闲有家，悔亡。
象曰：闲有家，志未变也。

【注解】闲：（1）防范，（2）平时。

【释义】先看卦象，初九阳爻阳位，初爻得正，上应六四，处离之初，家人之始。阳爻，说明他是男人，刚明、正直、强健，是个能治家的男人；阳位，说明他积极主动，治家有为，治家有方，事事能够想在前面，是个注意防范的人；得正，说明他作风正派，行为端正，是个以身作则的人；上应，说明他的管理对象是六四，六四处巽之初，是个刚娶进家门的长女，初九对她有管教之责；处离之初，说明他是个文明之人，也是个明察之人；处家人之始，说明家人卦从他开始，从治家开始。爻辞说："闲有家，悔亡"，平时就有治家的概念，防范在先，以后就不会后悔。治家贵在早、贵在始、贵在严、贵在正、贵在明察、贵在以身作则。这些治家理念和条件，初九全部具备，他能够在家庭矛盾没有发生之前，便进行严格的管理，防患于未然。就像《颜氏家训》中说的："教导媳妇，应当在刚来的时候；教导儿女，应当从婴儿时开始。"平时防范在先，便不会有后悔的事情发生。"志未变也"，这是初九始终不变的治家理念。

这一爻告诉我们，一家之主，对于一个家庭负有管教之责。有什么样的家长，就有什么样的家庭。如果家长懂教育，会教育，就能治家以早、治家以严、治家以正，如此治家，家风就正，家道就会和谐、兴旺、发达；如果家长不懂教育，不会教育，等出现问题，有了矛盾，再相互指责、埋怨，甚至出言不逊，侮辱谩骂，必然导致家庭不和。家风不正，家道必衰，家庭不和，家门不幸。家教对于家庭至关重要，必须高度重视。

六二：无攸遂，在中馈（kuì），贞吉。

象曰：六二之吉，顺以巽也。

【注解】遂：专也。馈：食也。

【释义】先看卦象，六二阴爻阴位，得中得正，正应九五，上承九三，下乘初九。阴爻，说明她是个女人，是个美丽、温柔、善良的女人；阴位，说明她安分守己，是个大门不出、二门不迈的女人；得中，说明她具备中庸之德，能行中庸之道，尽妇道，无过无不及，言行举止大方得体、中规中矩，处理家庭关系，恰到好处，说话办事，拿捏分寸，绝无过分之举；得正，说明她观念正统，作风正派，行为端正，家庭地位正，处理家庭事务公平公正；上应，说明她是名正言顺的家庭女主人，男人在家庭的地位中正而负责主外；女人在家庭的地位中正而负责主内，夫唱妇随，是个典型的和睦家庭；承刚，说明她对长辈和丈夫都能顺从，逆来顺受，不敢违拗；乘刚，说明她不敢安安稳稳地享清福，内心有些恐惧不安，生怕哪一点做得不对、不好、不到位，没有尽到妻子的义务和女主人的职责。爻辞说"无攸遂，在中馈，贞吉"。是说家里大小事情都由丈夫做主，从来不敢自专。自己只负责家里的一日三餐和祭祀的食品。因为六二能够持中守正，而又"顺以巽也"，既柔顺又谦逊，所以得吉。

这一爻告诉我们，封建社会的家族对女性的要求就两条，一个是贞，一个是顺。在古代，男女绝不能平等，男人是天，女人是地，地球必须围绕着太阳转，无论是体积、质量，还是运行规则，都不能平等，也绝不能平等，否则违反天道，必遭祸秧。所以，男人可以像太阳一样，有八大行星围着转，不必忠贞于一个地球；而地球则必须忠贞于太阳，只可以带个月亮这样的闺蜜，围绕着太阳转。顺从那就更不必说了，这是天则，天经地义，要么顺从，要么被抛弃，没有别的选择。试想，地球被太阳抛弃，会是什么结果？当然我们可以认为这是封建社会统治阶级束缚妇女的歪理邪说，如今时代不同了，男女都一样，对《周易》的东西，可以批判地继承。

九三：家人嗃（hè）嗃，悔厉吉；妇子嘻嘻，终吝。
象曰：家人嗃嗃，未失也；妇子嘻嘻，失家节也。

【注解】嗃嗃：严酷的样子。嘻嘻：轻浮的样子。

【释义】先看卦象，九三阳爻阳位，失中得正，上下亲比，处离之极。阳爻，说明他是个男人，是个刚明、正直、强健的男人；阳位，说明他居刚用刚，在治家方面过于严厉，语言强硬，手段严酷，是个粗暴用强的人；失中，说明他急于治家，言行有些过分，宁可过严，不可稍松，宁可太过，不可不及，是个望子成龙而又恨铁不成钢的人；得正，说明他一身正气，正襟危坐，自带尊严，观念正统，作风正派，堂堂正正地管教家人，让家人都走正道；上下亲比，说明都是他的亲人，不是媳妇就是孩子，关系都很亲密；处离之极，说明他原本是明察之人，现在经常有失察的时候，误会、错怪时常发生，就显得更加严厉。爻辞说"家人嗃嗃，悔厉吉"，是说九三治家粗声大嗓门，过于严厉。如此严酷，家人会有火燎之苦，这样治家很危险，于家人而言，是一种磨难，长此以往，可能会有让人后悔的事情发生。但这毕竟是治家有方，失之过严而已，未失治家之道，最终会因严厉而得吉。爻辞又说"妇子嘻嘻，终吝"。如果治家不严，媳妇和孩子无拘无束，无所顾及，无所畏惧，整天嘻嘻哈哈，打打闹闹的，最终会因为举止轻浮而遭到外人的羞辱，"失家节也"，这是家中失去节制的结果。

这一爻告诉我们，封建社会治家如治国，是家长制、独裁制，严格按照封建礼制，治理家族，宁可过严，绝不过松。如今社会发生巨大变化，家族观念也不可同日而语，家庭讲民主，成员讲平等，父母教育子女是在相互尊重的前提下，启发、引导，管控有节，宽严适度。切不可盲目效法古人，生搬硬套，逆历史潮流而动，做复古之人。

六四：富家，大吉。
象曰：富家大吉，顺在位也。

【注解】富家：非金玉满堂之富，实为子孙满堂之富。

【释义】先看卦象，六四阴爻阴位，上卦得正，下应初九，上承九五，处巽之初。阴爻，说明她是个女人，具备女人美好的品质，是个温柔、贤惠的女人；阴位，说明她成熟稳重，安分守己，是个持家守成之人；得正，说明她观念正统，行为端正，是个名正言顺的正室妻房；下应，说明她膝下有应，子女繁多，是个生儿育女的好母亲；承刚，说明她对丈夫及长辈，能够驯服顺从，承担着家族的重任，任劳任怨，毫无怨言；处巽之初，说明她是家中年长之女，负有生育之责。爻辞说"富家，大吉"。在一个家族里，男主治家，女主养家；男主教养，女主生养；六四在他卦臣道也，在家人卦妻道也。正值年富力强，以柔居柔，顺从而居妻位，故有子孙满堂，人丁兴旺之象。男人富家，外出挣钱，女人富家，生儿育女。各行其道，各司其职，所以爻辞说，这是家人之"大吉"。六四之所以大吉，是因为"顺在位也"。

这一爻告诉我们，封建社会的家族观念是多子多福。女人承担着为男人传宗接代的重要职责，从某种意义上讲，是男人传宗接代的工具。能生养，则是旺夫之象，在家里占有一席之地；若不能生养，轻则续贤纳妾，重则被休还家。即使不被休，在家里也没有任何地位可言，在屈辱中隐忍度日，苦不堪言。我们现代人，要彻底摒弃旧的传统观念，树立男女平等，尊重妇女的新观念，做一个现代文明人。

九五：王假有家，勿恤吉。

象曰：王假有家，交相爱也。

【注解】假：借。恤：忧。

【释义】先看卦象，九五阳爻阳位，居中得正，下应六二，亲比六四。阳爻，说明在小家里他是个男人，是一家之主，在国家里，他是君王，是一国之君；阳位，说明他无论是一家之主，还是一国之君，都是有能力、有作为的人，既是治家之能手，也是治国之高手；得中，说明他具备中庸之德，能行中庸之道，管理大家小家都能恩威并施，既不会约之过严，也不会失之于宽；得正，说明他能以天地之正，治小家于正，能以小家之正，治国家于正，使天下人都像一家人一样，各正其位，各行其正；下应，说明他与臣民像家人一样有感而应，相亲相爱，心灵相通；亲比，说明他与朝中大臣关系密切，就像夫妻一样亲密无间，和睦相处。家人卦论治家之道，多言门内之事，但却关系到家国天下。在家人卦里，九五居君位，既是一家之主，也是一国之君，所以称王。爻辞说："王假有家，勿恤吉。"是说君王借助治理小家之道，来治理国家，就不必担忧国家治理不好。如果君王和臣民能像九五和六二那样，因相互感应而"交相爱也"，则必天下大吉。

这一爻告诉我们，要像治理家族那样去治理一个单位，则单位肯定能治理好。小到一家，大到一国，治理的道理是一样的。不是有句话叫爱民如子吗？如果你把单位的人真的当作亲人看待，视领导为父母，视同僚为兄弟姐妹，视下属为儿女子孙，那么这个单位就真的变成一个充满爱的大家族。风雨同舟，荣辱与共，一定会走向繁荣、兴旺发达。

上九：有孚威如，终吉。

象曰：威如之吉，反身之谓也。

【注解】孚：诚信，信服。威：威严、权威。

【释义】先看卦象，上九阳爻阴位，处巽之极，家人之终。上位，说明他是一家人中辈份、年龄最长者，虽不是一家之主，却是真正意义上的一家之长；阳爻，说明他是刚明强健的男人，是家族中德高望众的人；阴位，说明他的地位是稳定的，是不可撼动的；处巽之极，巽有豚鱼之信，说明他是特别讲诚信的人。巽为申命行事，说明他有令行禁止的威信；处家人之终，说明家人之道至上九已成，上九代表着治家之道的最高境界。爻辞说"有孚威如，终吉"，是说一家之长讲诚信、有威望，则这个家就会永久吉祥。具体讲，治理一个家族，并维持家道不衰，有两点非常重要：一是一家之长必须有绝对权威；二是家长做出的所有决策，都让全家人信服。怎么才能做到这两点呢？"反身之谓也"，反求诸己，加强自身道德修养，提高自己综合素质，以身作则，言传身教，不怒自威，上行下效。这样的治家之道，世代传承，无不得吉。

这一爻告诉我们，治家之道，身教重于言教。自古以来，龙生龙，凤生凤，老鼠儿子会打洞。有什么样的家长，就有什么样的家风，有什么样的家风，就有什么样的后代。孩子不记得你说过什么，只记得你做过什么。你的所作所为，就是孩子学习的最好榜样。中国的文化是家文化，而家文化，就是这样代代相传的，所以，以身作则，言传身教，才是治家的最高境界。

简单地总结一下，上一卦是明夷卦，明夷卦讲的是光明负伤，受伤于外，必养伤于内，所以有了家人卦。家人卦讲的是治家之道，一家人各安其位，各司其职，各尽其责，则家道兴旺，家运久长。一开始是"闲有家"，讲提前防范，以后就不会后悔。所以治家贵早、贵始、贵正、贵严、贵明察，这是始终不变的治家理念。接下来是"无攸遂，在中馈"，是说作为女人，家里大事小情都由丈夫做主，不能私下里自作主张。做好自己该做的事情，守正而顺从，即可得吉。接下来是"家人嗃嗃"，治家过于严酷，有时不近情理，可能会有悔，但总的来说，不失治家之道，也算治家有方，最终得吉。再接下来是"富家大吉"，为人之妻，温顺端庄，生儿育女，子孙满堂，传宗接代，能尽妻道，自然大吉。再接下来，就是"王假有家"，作为一家之主，一国之君，借助治理小家之道，治理国家，就不用担心国家治理不好。老吾老以及人之老，幼吾幼以及人之幼，以博爱之心，普施仁德，则必天下大吉。最后是"有孚威如"。作为一家之长，讲诚信，有威望，绝对权威，全家信服，能够以身作则，上行下效，家道成风，世代传承。这是治家之道的最高境界，可永远得吉。

我们古代先民，通过"风在上，火在下"这么一种自然现象，设卦立言，总结出一套治家的客观规律。揭示出家族成员的治家之责和必然结果。这是古人的智慧，我们后人要认真学习、思考、借鉴。

睽 ䷥ 离上　第三十八卦　离合之道
兑下　　火泽睽　　同异之变

【卦辞】睽（kuí）：小事吉。

【象曰】上火下泽，睽；君子以同而异。

【注解】睽：目不相视，违背、背离的意思。

【释义】《序卦传》说："家道穷必乖，故受之以睽；睽者乖也。"家道不可以终治，久必穷也，家道失和，必然乖离。所以，家人卦之后，紧接着就是睽卦。火泽睽，兑为泽，泽水润下；离为火，火焰炎上，是相互背离之象。兑为少女，离为中女，二女同处一室，有同居而相背之象。在这人心相背之时，不可做大事，但小事无碍，仍可得吉。君子应该从睽卦中得到启示，为人处事，求同存异，与小人相处，和而不同。

孔子在《彖传》里是这么说的："睽，火动而上，泽动而下，二女同居，其志不同行。说而丽乎明，柔进而上行，得中而应乎刚，是以小事吉。天地睽而其事同也。男女睽而其志通也。万物睽而其事类也。睽之时用大矣哉。"

孔子的意思是说，火苗跳动而向上烧，泽水流动而向下淌，两个女人同居一室，但却永远走不到一起，这就是睽。睽有动而相背的一面，但也有动而相向的一面，从卦德、卦才上看，喜悦附丽于光明是相向而行；柔进而上行是相向而行；柔得中而应于刚也是相向而行，这三种情况都是阴爻在起作用，所以说小事得吉。天在上、地在下，是最大的睽，但是他们养育万物，做的事是一样的；男女有别，有一定的距离，但他们的心是相通的，不然就没有人类的繁衍。万物因为有分有合，才会有如此品类繁多的事物。世界上所有的事物，分离是常态，聚合是暂时的，雷雨交媾是暂时的，男女同床是暂时的，朋友相聚是暂时的，两国交兵是暂时的，所以睽卦因时而离合的作用太大了。

初九：悔亡，丧马勿逐，自复；见恶人无咎。

象曰：见恶人，以辟咎也。

【注解】丧：丢失。逐：追逐，寻找。复：回来。

【释义】先看卦象，初九阳爻阳位，初位得正，与九四敌应，处兑之初，睽之始。阳爻，说明他是君子，具备君子之德，是个刚明强健的人；阳位，说明他积极主动，是个有担当、有作为的人；得正，说明他观念正统，作用正派，行为端正，是个光明正大的人；敌应，说明他和九四是互不相干的人，但两个人都是君子，只不过九四不中不正，是初九比较厌恶的那种人；处兑之初，说明他是个乐观的人，自己是快乐的，也能给别人带来快乐；处睽之始，说明睽离时期已经到来，分分合合是很正常的事，有合就有分，有分必有合，这是自然规律，君子应该正确认识，正确对待。爻辞说"丧马勿逐，自复"。马是人类的朋友，整天和主人在一起。处睽之时，跑掉了，与主人分离了，不用去找它，老马识途，它会自己回来的。跟主人在一起是常态，分离是暂时的，所以不必担心。爻辞说"见恶人无咎"，恶人就是九四，平时是见不着面的，处睽之时，碰面了。初九是个乐观的人，对自己厌恶之人也能正确对待。现在两个不相干的人分离是常态，见面是偶然，说不定哪天会走到一起，"以辟咎也"可以帮助自己躲避灾难。虽然是自己不喜欢的人，也要对人家好一点。所以懂得合久必分、分久必合的道理，即可"无咎"而"悔亡"。

这一爻告诉我们，对自己平时不喜欢的人，切不可恶意相向，恶语相加。常言道：虎不辞山，人不辞路；多个朋友多条路，多个敌人多堵墙；山不转水转，水不转人转；两座山碰不到一起，两个人说不定哪天就会走到一起。因为一句话、一个表情、一个态度伤害到本不相干的人，实在是不值得。说不定哪一天，就会求助到你曾经伤害过的人，到时候后悔就晚了。所以要早点懂得睽离之道，做一个善待别人的人。

九二：遇主于巷，无咎。
象曰：遇主于巷，未失道也。

【注解】遇：不约、不备谓之遇。主：指六五。巷：宫中小道。

【释义】先看卦象，九二阳爻阴位，下卦得中，上应六五。阳爻，说明他是个君子，具备君子应有的品德；阴位，说明他沉稳内敛，忠厚老实，是个安守本分的人；得中，说明他具备中庸之德，能行中庸之道，处睽之时，分离不会离得太远，聚合也不会过于接近，对自己喜欢的人不会过于亲近，对自己厌恶的人也不会过于疏远，保持一个恰到好处的距离；上应，说明他和六五是君臣关系，互有感应，平时君臣相聚是常态，处睽之时，君臣分离是常态。爻辞说："遇主于巷，无咎。"在这乖离时期，君臣之间不能在朝堂之上执礼相见，却在宫中的小道上不期而遇。这是因为在乖离之时，九二没有远离六五。"未失道也"，既没有失去中庸之道，也没有失去君臣之道，所以虽处睽时，仍能相遇而"无咎"。

这一爻告诉我们，人和人之间的相处，要保持一定的距离。任何关系都一样，保持恰到好处的距离，是相处之道。关系再好，也不能过于亲近，过于亲近就会产生矛盾，招来不必要的麻烦，哪怕夫妻之间，也是距离产生美，整天黏在一起，久必生厌。关系再不好，也不要太疏远，远必生怨，怨必生恨，恨必成仇，没有必要把关系不太好的人变成仇人。所以，保持适当的距离，才是最好的相处之道。

六三： 见舆曳，其牛掣（chè），其人天且劓（yì），无初有终。

象曰： 见舆曳，位不当也。无初有终，遇刚也。

【注解】曳：往后拖，牵制。掣：阻止，控制。天：额头刺字之刑。劓：削鼻之刑。

【释义】先看卦象，六三阴爻阳位，不中不正，与上九正应，上承九四，下乘九二，处兑之极。阴爻，说明他是个小人，具备小人特质，自身柔弱，当属无能之辈；阳位，说明他绝不会安于现状，急于前行，是个盲目冒进的人；不中，说明他不具备中德，处睽之时，不知道保持适当的距离，言行无规矩，举止没分寸，是个行为过分的人；不正，说明他心无正念，言无正理，人无正形，是个不走正道的人；上应，说明他要去与上九会合，处睽之时，分离是常态，聚合需要时间和机遇，不能操之过急；承刚，说明他对上顺从，逆来顺受，言听计从，得到九四的有效控制；乘刚，说明他的位置很难受，想尽快逃离，即被九二有效地牵制，动弹不得；处兑之极，说明他乐极生悲，不得进是悲哀，不得退是悲伤，待在原地是悲惨，简直就是个倒霉透顶的人。爻辞说"见舆曳，其牛掣，其人天且劓"，六三就像是一辆牛车，后面被九二牢牢地拖住车尾，前面又被九四死死地控制住牛头。六三其人就像是受了刺字、削鼻之刑。"位不当也"，所处的位置实在是太不好了。爻辞还说"无初有终"。开始不好是因为位置不好，而且处睽之时，应者不得应，甚至对他还有所怀疑。但是，按照事物的发展规律，最痛苦的时候，也是即将见到光明的时候。六三所应的上九，也到了睽极之时，睽极之后，必然会合。六三受尽了折磨，但最终的结果还是不错的。为什么呢？"遇刚也"，六三是柔，上九是刚，柔遇刚会发生什么？到上九爻的时候就知道了。

　　这一爻告诉我们，人在江湖混，所有的病都是自找的，怨不得别人。自己软弱无能没本事，那是自己不争气、不学习，能怨别人吗？自己不中不正，那是自己品德差，能怨别人吗？自己愿意顺从别人，任由别人摆布，那是自己没主见、没骨气，怨得了别人吗？自己骑在别人头上往上爬，被拽下来是活该，怨得了别人吗？总是被别人怀疑，那是自己品行不端，都不能怪罪别人。所以，自己混得没个人样，别怪别人，别怨环境，不要找客观原因，脚上的泡都是自己走出来的。

九四：睽孤，遇元夫，交孚，厉无咎。
象曰：交孚无咎，志行也。

【注解】孤：孤立，无应援。元夫：大丈夫。

【释义】先看卦象，九四阳爻阴位，不中不正，上下亲比，没有应援，处离之初。阳爻，说明他是个君子，具备君子之德，是个刚明正直的人；阴位，说明他被陷在那里，不能自拔，是个等待救援的人；不中，说明他不具备中德，处睽之时，本来和小人应该保持一定的距离，可他现在与小人过于亲近，犯了君子之大忌；不正，说明他不能摆正自己的位置，不能正确认识当前形势，有违睽之正道；上下亲比，说明他和小人关系密切，处睽之时，亲密的人变成了敌对的人，九四被小人团团包围，孤立无援，处境相当危险；敌应，说明他和初九本来没有应援关系，但处睽时，却走到了一起。两个人都是君子，君子之交，互讲诚信。虽然初九厌恶九四，但自己毕竟是男子汉大丈夫，还是伸出了援手；处离之初，说明他是个有自知之明的人，也是个明事理的人，远离是非之地，是他最大的心愿。爻辞说："睽孤，遇元夫，交孚，厉无咎。"意思是说，处睽之时，九四陷入了孤立无援的境地，正好遇到初九这个大丈夫，因为君子之交，互讲诚信，就帮助他脱离了这个危险的地方，所以只有危厉，没有灾祸。

这一爻告诉我们，无论什么时候，都不要和小人走得过近。远离小人，这是对君子最基本的要求，但要真正做到，却是何其难也。小人有一整套接近君子的法术，甜言蜜语，糖衣炮弹，威逼利诱，挑拨离间，恭维吹捧，进献谗言，造谣诽谤，伪装良善，等等，无所不用其极。远离小人，说来容易，做到实难。小人接近君子没有底线，伤害君子也没有底线。作为君子，要铸牢心理防线，再难也要拒小人于千里之外。

六五：悔亡，厥宗噬肤，往何咎。
象曰：厥宗噬肤，往有庆也。

【注解】厥：代词，相当于其。宗：指九二。九二称六五为宗主，六五称九二为宗臣。噬：咬合。肤：软肉。

【释义】先看卦象，六五阴爻阳位，上卦得中，下应九二，上承上九，下乘九四。六五处至尊君位。阴爻，说明他是一位仁德之君，由于自身柔弱、善良、仁慈，以致于君臣睽离；阳位，说明他仍不失为有为之君，处睽之时，能够主动出击，重振朝纲；得中，说明他具备中德，能行中道，能够一改"亲小人，远贤臣"而为"亲贤臣，远小人"，恢复正常的社会秩序；下应，说明他和九二是君臣关系，都具备中庸之德，在这治睽时期，君弱臣强，他需要九二的鼎力扶持；承刚，说明他能够顺承天意，结束睽离时代；乘刚，说明他身边的小人势力仍很强大，把君臣隔离开来，始终不能会合。但彼一时也，此一时也。当初睽离之始的时候，君臣只能在巷中相遇，发展到六五这个阶段，到了会合的时候了。爻辞说"厥宗噬肤，往何咎"。六五称九二宗臣，九二称六五为宗主。此时刚明强健的宗臣来与宗主会合，一路上清除六三、九四这些障碍，就像咬软肉一样容易，大踏步前往会合，能有什么灾祸呢？至此，君臣相聚、悔恨消除，"往有庆也"，对一个国家而言，结束睽离时代，不是一件值得庆贺的事吗？

这一爻告诉我们，君子当政是常态，小人祸乱朝纲是暂时的。历朝历代都有小人作祟的时候。小人得势，天昏地暗，朝野上下，一片混乱，君也不君，臣也不臣，人人自危，无法无天。但是纵观历史，没有小人乱政可以长治久安的，其兴也勃焉，其亡也忽焉。在正义面前，邪恶势力只不过是跳梁小丑而已，不是不报，时辰未到，时辰一到，全部报销。

上九：睽孤，见豕负涂，载鬼一车，先张之弧，后说之弧，匪寇婚媾，往，遇雨则吉。

象曰：遇雨则吉，群疑亡也。

【注解】豕：猪。负：背。涂：涂上颜色。弧：弓箭。说：脱。

【释义】先看卦象，上九阳爻阴位，下应六三，处离之极，睽之终。阳爻，说明他是个君子，是个刚明正直的人；阴位，说明他沉着稳重，是一个头脑冷静的人；下应，说明他应该与六三会合，但处睽离时期，相应不能应，也不敢应；处离之极，说明他眼神还不好，有失察之虞，看不清楚，看不明白，不知道六三是人是鬼；处睽之终，说明睽道已终，睽离时期马上结束，上九与六三会很快聚合。爻辞说"见豕负涂，载鬼一车"，上九看不清六三的真实面目，本来是拉了一车涂有喜庆颜色的猪，是和上九求婚媾来的，结果被上九看成是一车鬼。"先张之弧，后说之弧"，几次张弓欲射。又几次把弓箭放下，因为吃不准，所以没射。"匪寇婚媾，往，遇雨则吉"。此时六三已和上九相遇，讲六三爻时，曾留下一个问题，柔遇刚时会发生什么情况呢？那就是阴阳和合而致雨。一场大雨，把猪身上涂的颜色冲洗干净了，这才看清，六三不是鬼，也不是寇，而是带着彩礼前来求婚的。当初又是刺字，又是削鼻，弄得人不人、鬼不鬼，根本不敢相信他是好人。现在好了，一切都看清楚了，"群疑亡也"，所有的疑惑全都解除了，因重新和好而得吉。

这一爻告诉我们，误会早晚有解除的时候，需要时间和机会。人与人之间产生误会是常有的事，特别是有小人从中作梗的时候，关系再好，也能产生误会。误会是缺乏沟通，或没有机会沟通。有了误会，不要着急。有时，越急于解释，误会就越深、就越重。时间是最好的良药，专治关于误会的各种疑难杂症。恰当的时间，恰当的地点，遇到恰当的机会，所有的误会都会彻底消除。

简单总结一下，上一卦是家人卦，家人卦讲的是治家之道。家道不可终治，久必失和，失和必然乖离，所以就有了睽卦。睽卦讲的是离合之道，如何把握离与合，是睽卦需要解决的问题。一开始，就是正确认识离与合，"丧马勿逐，自复，见恶人无咎"。丧马是离，见恶人是合，丧马和见恶人都是暂时的，正确的态度是：丧马勿逐，能自复；见恶人勿恼，以辟咎。接下来是正确把握离与合，"遇主于巷，无咎"，处睽之时，君臣不得不离，但离得远、离得近，自己把握，正确的做法是不远、不近，恰到好处。接下来是不能急于求合，欲速则不达。"见舆曳，其牛掣，其人天且劓"，越是急于见面，越是受到各种的制约，牵扯和羁绊，且让朋友生出许多疑惑。接下来是不该合的合在一起，想离的时候却离不开。"睽孤，遇元夫"，本不该和小人走得太近，却一头扎进小人堆里，被小人层层包围，处境非常危险，若不是遇到诚信仗义的大丈夫，怕是很难脱离小人的纠缠。再接下来，就是铲除小人，重振朝纲，结束睽离时代。"厥宗噬肤"，宗臣九二进见宗主六五，打着"清君侧"的旗号，一路杀来，犹如啃食嫩肉，不费吹灰之力，就在朝堂之上摆宴庆功了。最后是所有的误会全部解除。原来是"见豕负涂，载鬼一车"，现在是"遇雨则吉，匪寇婚媾"，睽离时代从此结束，各种人际关系，重新回到正常轨道。

我们古代先民，通过"火在上，泽在下"这么一种自然现象，设卦立言，总结出一套分分合合的自然规律，揭示出各种离合现象的客观性和必然性。这是古人的智慧，我们后人应该认真学习、思考、借鉴。

蹇 ䷦ 坎上　第三十九卦　跛脚而行
艮下　　水山蹇　　困难重重

【卦辞】蹇：利西南，不利东北；利见大人，贞吉。

【象曰】山上有水，蹇；君子以反身修德。

【注解】蹇：跛脚。艰难、困顿。

【释义】《序卦传》说："睽者乖也，乖必有难，故受之以蹇。蹇者难也。"乖离时期，人心不合，意志背离，行动必然困难。就像水从山上往下流，跌跌撞撞的，遇山则止，遇壑填满，一路的艰难困顿。所以睽卦之后，紧接着就是蹇卦。水山蹇，水从山上往下流，有跛足之象。水为险陷，山为艮止，前有险陷，后有峻阻，裹足不能前，也是蹇象。陷于险中，进退两难，是蹇卦的本义。处蹇之时，利行坤道，不利于行艮道，用坤道柔而顺，用刚不利；行艮道，遇阻则止而不利。陷于险，柔而进才是蹇之正道，走正道才能得吉。蹇难之时，结交伟大的人物才有利。以德聚贤，可以成就伟大的事业。蹇难之时，固守正道才能避凶趋吉。君子应该从蹇卦中得到启示，君子陷入险中，"行有不得者，反求诸己"，加强自身的道德修养，以德聚贤，方可脱险。

孔子在《彖传》里是这么说的："蹇，难也，险在前也。见险而能止，知矣哉。蹇利西南，往得中也。不利东北，其道穷也。利见大人，往有功也。当位贞吉，以正邦也。蹇之时用大矣哉。"

孔子的意思是说，蹇难之难，是因为前面有危险。见到危险而能停止，这是明智的选择。蹇利西南，因为西南是坤卦的方位，是平坦的土地，水流到那里便可以得中道而行，连弯都不用拐。不利东北，因为东北是艮卦的方位，是起伏的群山，水流到那里就无路可走了，那里是穷途末路。处蹇难之时，追随伟大人物才有利，前往可以建功立业。蹇卦除初六外，全部当位得正，这是吉兆，正是正本清源，治理国家的好时候。处蹇之时，虽然险在前也，但如果利用蹇难，顺势而为，顺时而行，对于治国安邦的作用也是巨大的。

初六：往蹇，来誉。

象曰：往蹇来誉，宜待也。

【注解】往：前往、前进。来：退回来。

【释义】先看卦象，初六阴爻阳位，无应，处艮之初，蹇之始。阴爻，说明他是个柔弱的人，是个没有能力往济蹇难的人；阳位，说明他既有前进的愿望，又有前进的冲动，是个不甘落后的人；无应，说明他前面没有接应，就水而言，流不多远就会干涸，就人而言，走不多远就会因粮草不济而陷入绝境；处艮之初，说明他受到了有效的阻止；处蹇之始，说明蹇难才刚刚开始，真正的蹇难还在后面。爻辞说"往蹇，来誉"。初六虽然离险难最远，但他以柔履刚，柔弱而急进，又无应援，进必陷于绝境，退回来待在原地，是他最明智的选择。"宜待也"，退回来不是止，而是待时、待援，等到时机成熟了再前往。这样做一定会得到赞誉、美誉和荣誉。

这一爻告诉我们，任何时候都不可以轻易涉险。涉险必须具备几个基本条件，一是自己有足够强大的力量，有能力涉险；二是前面得有接应，了解基本险情；三是做好充分的准备工作，做到万无一失再出发；四是需要后援力量，随时跟进，以防不测，及时援救。如果能做到这几点，确保无性命之忧，就可以涉险了。现在不是涉险的时候，条件不具备，必须退回来，待在原地，等待后援。

六二：王臣蹇蹇，匪躬之故。

象曰：王臣蹇蹇，终无尤也。

【注解】王：指九五。臣：指六二。躬：自身。尤：遗憾。

【释义】先看卦象，六二阴爻阴位，得中得正，上应九五，上承九三。阴爻，说明他是个柔弱的人，自身并不具备独自济蹇的能力；阴位，说明他安守本分，是个尽职尽责、守志不移的人；得中，说明他具备中德，能够中道而行，处蹇之时，进退适中，既不冒险而进，也不畏险而退；得正，说明他观念正统，是个品行端正的人；承刚，说明他对上顺承，唯命是从，是个忠君保国的人；上应，说明他们是君臣关系，都在正位，都有中德，都处在蹇难之中，相互援应，共济蹇难。爻辞说"王臣蹇蹇，匪躬之故"。六二居中履正，志匡王室，自己身处蹇难，还要往济君王之蹇难。这种奋不顾身的行为，不是为了自身的缘故，而是忠君报国，以实际行动，践行自己的臣德。这样做自己没有什么怨恨，也可保君王无忧，自己也不会有什么遗憾了。

这一爻告诉我们，患难之中见真情。共富贵者易，共患难者难，夫妻本是同林鸟，大难来时各自飞。险难面前，是检验每一个人的试金石，特别是君子小人，立见分晓。君子可以为国捐躯，为君献身，为道殉葬，为义牺牲，死都不怕，何惧国难时艰。而小人则完全不同，不管是什么关系，灾难来临，自保性命，根本没有道义、真情可言。所以我们要多交君子，远离小人。

九三：往蹇来反。

象曰：往蹇来反，内喜之也。

【注解】来、反、内，是同一个意思，均指下卦两个阴爻。之：代词，指九三。

【释义】先看卦象，九三阳爻阳位与上六应，处艮之极。阳爻，说明他是个君子，具备君子之德，能行君子之道。阳位，说明他具有冒险精神，有前往济蹇的愿望和冲动；上应，说明他的应援软弱无力，与上六会合非常危险；处艮之极，说明他受到了很大的阻力，他是直接面对危险的人，往前迈一步就会掉进险陷之中，幸亏处于艮体，见险而能止，这也是君子应有的品质。爻辞说"往蹇来反""内喜之也"，再往前就是蹇难，反回来，内卦的两个阴爻会非常喜欢你、欢迎你。

这一爻告诉我们，在强大的敌人面前，保存实力，积蓄力量才是最主要的任务。就像山里的涓涓细流，靠自身的力量是冲不出山谷的，要像堰塞湖那样，不断积蓄力量，发展壮大自己的势力，纳百川之细流，形成巨大的势能。一旦时机成熟，便决堤而下，以万夫不挡之势，冲出山谷。

六四：往蹇来连。
象曰：往蹇来连，当位实也。

【注解】来连：与下三爻连合。实：大家均正。
【释义】先看卦象，六四阴爻阴位得正，上承九五，下乘九三，处坎之初。阴爻，说明他自身柔弱，势单力薄，没有济蹇的实力；阴位，说明他位置低，包容性强，能够积蓄更大的能量；得正，说明他济蹇的目的纯正，手段正当，积累的也是正能量；承刚，说明他能够顺承于伟大的人物，紧紧追随在伟人身后，为济时艰，做出自己最大的努力；乘刚，说明他身后的力量是强大的，九三带领六二和初六，形成了强大的后备力量，而且各个当位得正，包括初六，柔爻在下，也算得正。济蹇的目的纯正，大家志同道合，愿意同舟共济、共赴国难。六四虚位以待，也愿意来和大家连合，壮大实力，共同辅佐九五，成就伟大的事业。处坎之初，说明他已经踏入险地，没有退路，开弓没有回头箭，只能带领部众，追随伟人，冒险前行了。"往蹇来连"，就是连合下三爻，一起前往，共济蹇难。

这一爻告诉我们，在强大的敌人面前，只有联合起来，才有实力与敌人抗衡。每个个体都是渺小的、软弱的、微不足道的，甚至是不堪一击的。但是，把一盘散沙铸成一只铁拳，力量就会无比强大。团结就是力量，团结一切可以团结的力量，就是巨大的力量。形成强大的统一战线，就没有战胜不了的敌人。

九五：大蹇朋来。
象曰：大蹇朋来，以中节也。

【注解】朋：与六二应，故六二为朋；与九三同为阳，故九三为朋；诸爻皆来相助，故诸爻皆为朋。节：节制。

【释义】先看卦象，九五阳爻阳位，居中得正，下应六二，上下亲比。阳爻，说明他是刚明之君，自身硕大强健，品德高尚，具有人格魅力；阳位，说明他志向远大，勇于进取，积极主动，是个有为之君；得中，说明他具备中庸之德，能行中庸之道，处蹇之时，有所为，有所不为。积蓄力量，无过无不及。身处险境，既不畏险，也不冒险；得正，说明他独得济蹇之正道，是个堂堂正正的济蹇领袖；下应，说明他有群众基础，能够一呼百应，六二代表基层，是他忠实的追随者；上下亲比，说明他和王公大臣关系亲密，是一个团结的、战斗的领导集体。爻辞说："大蹇朋来"，在这大灾大难面前，四面八方的朋友，都来投奔他、支持他、援助他。六二与他相应，自然是朋友，九三与他同阳，当然是朋友，各爻都追随他，固然都是朋友。九五得济蹇之道，所以得道多助；得中庸之道，所以能节制各路人马；得为君之道，所以能把天下贤能达人聚拢在自己身边。就像水在坎中，水多了，坑满了，力量大了，自然可以济蹇之难，脱险而去了。

这一爻告诉我们，得道者多助。得天道者天助，得地道者地助，得人道者人助。得治国之道则民从之，得御臣之道则臣从之，得中庸之道则皆从之。天下大位，德者居之，道德高尚之人，从者必众。总而言之，谁顺应了天下时变的大规律，谁就是得道者，谁是得道者，谁就会得到各方面的佑助。

上六：往蹇来硕，吉，利见大人。

象曰：往蹇来硕，志在内也，利见大人，以从贵也。

【注解】硕：硕大。大人：指九五。贵：指九五。

【释义】先看卦象，上六阴爻阴位，下应九三，处坎之极、蹇之终。阴爻，说明他体柔质弱，本身不具备济蹇脱险的能力；阴位，说明他自陷于位，不能自脱；下应，说明他应该有强有力的应援，但九三志在追随九五，无心应援上六，有应等于无援；处坎之极，说明他已经到了坎陷的边缘，应该是脱险的时候，但由于自身力量不足，仍不能脱险；处蹇之终，说明蹇难到此结束，而自己却仍在蹇难之中，往前走肯定没有出路，也没有那个能力，只能反回来与九五会合。爻辞告诫说："往蹇来硕，吉；利见大人。"往前是蹇难，回过头来，与九五会合，可以变得更加强壮硕大，共挽时艰，才是脱离蹇难的唯一出路。所以上六"志在内也"，"利见大人"，这个"内"和"大人"都指九五，"以从贵也"，也是从九五，只有追随伟大的九五，才会有利而得吉。

这一爻告诉我们，当你走投无路的时候，回头看看，有没有可以入伙、合作的人。如果有，而且很强大，便可以考虑见一见领头的人，争取加入人家的队伍，接受改编，服从统一指挥，这样做，既壮大了别人的队伍，也挽救了自己的人马，肯定会有更好的出路。

简单地总结一下，上一卦是睽卦，睽卦讲的是相背而行，难以聚合。睽离必然导致行动困难，所以就有了蹇卦。蹇卦讲的是蹇难，解决如何济蹇脱险的问题。一开始就是"往蹇，来誉"，最好的济蹇就是不入蹇，远离危险，就不会有危险。接下来是"王臣蹇蹇，匪躬之故"。君臣同处蹇险之中，既然处险，就不畏险，不但自己不畏，还要往济君王之蹇，不是为了自己，而是为了民族大义，国家的安危。接下来是"往蹇来反"，见险而能止，是明智之举，反回来积蓄力量，是智慧的选择。接下来是"往蹇来连"，团结一切可以团结的力量，壮大队伍，积蓄实力，才能共济时艰。再接下来是"大蹇朋来"，九五独得济蹇之道，各路人马纷纷前来相助。至此，蹇得济，险可脱矣！最后是"往蹇来硕"，上六带着自己的人马，加入九五的队伍，既给九五壮大了力量，也给自己找到了出路，得以安全脱险。蹇难既济，时局又是新局面。

我们古代先民，通过"山上有水"这么一种自然现象，设卦立言，总结出一套"济蹇"的客观规律，揭示出各种济蹇脱险的必然性。这是古人的智慧，我们后人要认真学习、思考、借鉴。

解 震上　第四十卦　化解和解
　　坎下　　雷水解　　解除困难

【卦辞】解：利西南，无所往，其来复吉。有攸往，夙吉。

【象曰】雷雨作，解；君子以赦过宥罪。

【注解】解：化解。夙：早也，速也。

【释义】《序卦传》说："蹇者难也，物不可以终难，故受之以解。"蹇是被困住，事物是发展的，再大的困顿也有化解的时候。所以，蹇卦之后，紧接着就是解卦。雷水解，坎为水，震为雷。雷震于上，雨降于下，阴阳二气，由郁结难分，转为化解散开，在天上的坎水化解而下，就其自身有化解之象。雷雨交作，时雨润物，有旱情缓解、解除之象。雷雨对大地有利，所以卦辞说"利西南"。旱情解除以后就不要再来了，所以说"无所往"。再旱再来，什么时候需要什么时候来，反复困、反复解，这就是"其复来吉"。当需要雨的时候，来得越早、越快越好，所以说"夙吉"。对于大地来说，最大的困莫过于久旱，最大的解莫过于雷雨，当天地两困都得到解除以后，最好是云消雨散，恢复如初，这就是"有攸往"。君子应从解卦中得到启示，冤家宜解不宜结，对于别人的过失，该赦免的就赦免；对待别人的罪过，该宽宥的就要宽宥。这样做也有利于培养君子之德。

　　孔子在《象传》里是这么说的："解，险以动，动而免乎险，解。解，利西南，往得众也。其来复吉，乃得中也。有攸往夙吉，往有功也。天地解而雷雨作，雷雨作而百果草木皆甲坼。解之时大矣哉。"

　　孔子的意思是说，险在内、动在外，遇到危险要动，朝相反的方向动就能免于危险。这就是解卦，解卦的意思就是化解危险。雷雨对大地有利，可以养育众生。反反复复地下雨是件好事，因为它不会过于干旱，也不会过于湿涝。雷雨时行，来得早、去得快，功德无量。雷雨大作，化解了天和地的困顿，同时百果草木破壳而出，也化解了百果草木的困顿。所以应时而雨的化解作用太大了。

初六：无咎。

象曰：刚柔之际，义无咎也。

【注解】际：交会，会合。义：道义。

【释义】先看卦象，初六阴爻阳位，与九四相应，上承九二，处坎之初、解之始。阴爻，说明它具备阴性事物的功能，就自然而言，它是冷空气，是云雨。就人事而言，她是个女人，是个静如处子的女人；阳位，说明她是能动者，是个动如脱兔的女人；上应，说明阴阳相遇。就自然而言，冷气流与暖气流相遇，云雨和雷相遇。就人事而言，女人和男人相遇；承刚，说明女人对男人是顺从的，是主动配合的；处坎之初，说明坎水开始下流。就自然而言，雨水开始降落，就人事而言，男女交合刚刚开始；处解之始，说明开始化解，雷动则雨下，男欢则女爱。雷动释放天的能量，下雨缓解地的干旱，男欢释放男人的能量，女爱，缓解女人的"旱情"，天地，男女开始化解，是自然现象，从道义上讲是不会有灾祸的。

这一爻告诉我们，化解所有矛盾，都是通过互动，达到一种新的平衡。矛盾是双方的，解决矛盾必须双方共同努力，可以是一方主动，但另一方必须积极配合，通过互动，来满足双方的各自需求，反复动，直至双方都满意为止，矛盾自然就化解了。

九二：田获三狐，得黄矢，贞吉。

象曰：九二贞吉，得中道也。

【注解】田：通畋，打猎。矢：箭。

【释义】先看卦象，九二阳爻阴位，下卦得中，上应六五。阳爻，说明他是个君子，具备君子之德，能行君子之道，是个刚明正直的人；阴位，说明他沉稳厚重，安守为臣之本分，是个尽职尽责的人；得中，说明他具备中庸之德，能行中庸之道，处解之时，解救君王的危困，无过无不及，解困手段恰到好处，既到位，又不过分；上应，说明君弱臣强，但心灵相通，有呼必应。爻辞说"田获三狐，得黄矢，贞吉"。从卦象上看，六五为一国之君，却被三个阴爻和一个阳爻所困。三个阴爻像三只狐狸一样迷惑君王，一个阳爻像箭头一样瞄准了君王，这应该是天下最大的困局。幸亏有刚明强健的九二，得中庸之道，像打猎一样，射杀了三只祸乱朝纲的狐狸，缴获了那支瞄准君王的毒箭，匡正了朝纲，困局解除，自然得吉。

这一爻告诉我们，解除困局，必须采取果断措施。面对三女一男四人帮，为非作歹，迷惑君王，祸乱朝纲，甚至还有军事威胁，使用正常的斗争方式是不行的。听之任之，安抚怀柔，妥协让步更不行。只有使用非正常的霹雳手段，在对方毫无准备的情况下逐一猎杀。这才是解除困局最有效的方法。

六三：负且乘，致寇至，贞吝。

象曰：负且乘，亦可丑也，自我致戎，又谁咎也。

【注解】负：肩扛背负。乘：乘车。

【释义】先看卦象，六三阴爻阳位，不中不正，上承九四，下乘九二，处

315

坎之极。阴爻，说明他是个小人，具备小人特质；阳位，说明他不是一个安分守己的人，处解之时，别人动而脱险，他却动而入险；不中，说明他言行没规矩、没分寸，甚至有些过分，是个做事没谱的人；不正，说明他观念不正确，行为不端正，是个不走正道的人；承刚说明他身负重压，像是背负着很沉重的东西；乘刚，骑乘在阳爻之上，像是乘坐一辆豪华的轿车；处坎之极，说明他本该脱坎却又入坎，虽是下坎之极，却是上坎之初，虽应解困，却再入困局；敌应，说明上六是外寇，是专门盯着他的贼人。爻辞说："负且乘，致寇至，贞吝。"意思是说六三背着很重的东西，乘坐一辆豪华轿车。负重，小人之事也；轿车，君子之器也。以小人之身，乘君子之器，"亦可丑也"，是一种丑陋的行为。"自我致戎，又谁咎也"，那是你自招寇至，又能怪咎谁呢？这样做即使能走正道，也会遭到别人的羞辱。

这一爻告诉我们，不是什么人都可以走出困局。解困是需要条件的，首先得合时宜，具备解困的条件；其次得动，见险而动，方可脱困；最后是动之以正，往正确的方向动，才可脱困。如果不合时宜，不按规矩动，朝着危险的方向动，虽处解困之时，也会走出这个困局再进入另一个困局。君子可以解困，小人是不可以解困的。

九四：解而拇，朋至斯孚。

象曰：解而拇，未当位也。

【注解】而：同尔，指九四本爻。拇：大脚趾，指初六。斯：连词，则。孚：信任。

【释义】先看卦象，九四阳爻阴位，不中不正，正应初六，处震之初，上下亲比。阳爻，说明他是个君子，具备君子之德，是个刚明正直的人；阴位，说明他陷于困顿之中，是一个寻求解脱的人；不中，说明他必须采取极端措施，保持中立的态度，才能脱困；不正，说明他和小人的关系不正常，有不正当的来往，也说明他没有摆正自己的位置，立场不正确；下应，说明他和小人初六，有着千丝万缕的联系，受小人的牵累，失去了朋友的信任；处震之初，说明他有动而脱困的愿望和能力。上下亲比，说明他被小人纠缠、包围。如果没有朋友的帮助，靠自身力量，很难解困。爻辞说："解而拇，朋至斯孚"，在这种情况下，九四只有像切除大脚趾一样，断然地与初六这个小人解除关系，朋友们才能看到你的诚意，才能来到你身边，才能从心里信任你，才能帮你走出困局。

这一爻告诉我们，必须彻底断绝与小人的联系，朋友才能真正地信任你，而且断绝与小人的关系，必须坚决、果断。日常生活中，君子被小人纠缠是常有的事情。有时被情所困，有时被物所困，有时被利所困，有时被繁杂的事务所困，总之都是一些凡情俗物。君子困于道，小人困于利。所以，君子必须要有壮士断腕的精神，坚决、果断地切断与小人的联系，才能从世俗的困局当中解脱出来，去做君子该做的事情。

六五：君子维有解，吉；有孚于小人。

象曰：君子有解，小人退也。

【注解】维：同唯，只有。孚：相信，确信。

【释义】先看卦象，六五阴爻阳位，上卦得中，下应九二。阴爻，说明他自身柔弱，虽是一国之君，但自身没有能力解脱困境；阳位，说明他不是被动处困，而是积极主动地寻求解困之道；得中，说明他具备中庸之德，能行中庸之道，处解之时，解困手段无过无不及，解困办法，恰到好处，解困策略张弛有度；下应，说明九二是唯一能帮他解困的人，所以六五充分信任九二，完全依赖九二，把解困的希望全部寄托在九二身上。爻辞说："君子维有解，吉；有孚于小人。"只有君子能够帮助六五解困，只有解困才能得吉。六五把生杀大权交给九二，就是要让小人相信，重用君子的决心已定，万难改变。小人要么改恶从善，要么自行退去，绝没有第三条路可以走。在这种情况下，"小人退也"。小人看不到希望，自然退去，君王自然得解，天下自然大吉。

这一爻告诉我们，在中国漫长的封建社会中，正邪两道是交互为用的。当国家处上升状态的时候，君王多重用君子。则小人隐退，国家兴，民族旺，社稷稳，百姓安；当国家处于衰退时期，君王多重用小人。则君子隐、国家衰、民族退、社稷危、百姓苦。所以，有正就有邪，有君子就有小人，二者相互依存，此消彼长，交互为用，缺一不可。

上六：公用射隼（sǔn），于高墉之上，获之，无不利。
象曰：公用射隼，以解悖也。

【注解】公：臣之极也，指上六。隼：贪残之恶鸟，鹯（zhān）鹞之属，指六三。墉：高墙。悖：叛逆。

【释义】先看卦象，上六阴爻阴位，得正，敌应六三，处震之极，解之终。阴爻，说明他自身柔弱，原本没有解困的能力，不是解困之人；阴位，说明他不在其位，原本也不该谋其政，但处解之时，上六是全卦唯一一个得正的人；得正，说明他观念正统，对邪恶势力深恶痛绝，是个正气十足的人；敌应，说明从道义上讲，上六对六三有监督挟管之责；处震之极，说明他有雷震之动，挽弓之能，止鸟之功；处解之终，说明困局到此结束，所有困顿全部得解。在解卦，君子能解，正可解，动才解，最终得解。上六虽不是君子，但具备正、动、终三个条件，实为最能解者。爻辞说："公用射隼，于高墉之上，获之，无不利。"六三是个不中不正的小人，将要越过九四这堵高墙，对六五产生危害，就像是一只贪婪凶残的恶鸟，飞上来伤害君王，上六与之敌应，有监管之责，于是站在高墙之上，引弓射杀之。斩获恶鸟，清除了叛逆，危局得解，于国于君，于臣于民都有利。

这一爻告诉我们，家有一老，如有一宝。老年人阅历多、见识广，经验丰富。家里如果遇到大是大非问题，疑难问题，或重大变故，年轻人没有主意，就得问计于长辈，老年人就能发挥重要作用。一个国家也一样，那些开国老臣，不在其位，不谋其政，但他们政治经验丰富，洞察力强，沉稳睿智，独具智慧，遇有突发事变，他们会以自己独特的方式，铲除小人，保护君王，其作用是别人无法替代的。所以说，家有一老，如有一宝。

简单地总结一下，上一卦是蹇卦，蹇卦讲的是困于蹇难，事物不能总是被困，得有化解的时候，所以有了解卦。解卦讲的是解困，研究如何解困的问题。一开始就是阴阳相交，动而脱困。雷雨动，解天地之困，男女动，解人欲之困，这是自然现象，没有灾祸。接下来是"田获三狐，得黄矢"，是解君王之困。九二是刚明强健的保国之臣，猎杀了迷惑君王的三个狐狸精和一支武装力量，解除了朝廷之困。接下来是个不中不正的人，行为不端，"负且乘，致寇至"，背着东西坐豪车，明显是自己招贼，这是出险又入险的节奏。像这样的小人，根本没法解困。再接下来是"解而拇，朋至斯孚"。虽然是个君子，却被小人团团围住，自己不中不正，又与一个不中不正的小人勾勾搭搭，难免让人产生误解。只好断然解除与小人的关系，得到朋友的信任，才得以解脱小人的围困。再接下来是"君子维有解"，"有孚于小人"，只有君子能解除君王的困局，所以君王重用君子，绝了小人的念想，小人幻想破灭，只好隐退，君王得以解脱，走出困局。最后是"公用射隼"，已经退了休的王公大臣，以自己敏锐的洞察力和独特的方式，解除了威胁朝廷的武装力量，化解了君王的危局。至此，所有的危困全部解除，时局又是一个新的局面。

我们古代先民，通过"打雷下雨"这么一种自然现象，设卦立言，总结出一套化解困顿的客观规律，揭示出各种解困的必然性。这是古人的智慧，我们后人要认真学习、思考和借鉴。

损 ䷨ 艮上 第四十一卦 减损之道
兑下 山泽损 损下益上

【卦辞】损：有孚，元吉，无咎，可贞，利有攸往。曷（hé）之用，二簋（guǐ）可用享。

【象曰】山下有泽，损；君子以惩忿窒欲。

【注解】损：减损。曷：何。簋：古代盛黍稷祭品的方形器具。

【释义】《序卦传》说："解者缓也，缓必有所失，故受之以损。"所有事物在缓解困局的时候都会有一些损失。所以，解卦之后，紧接着就是损卦。山泽损，艮为山，兑为泽，山在泽上，以泽养山。泽水越是减损，山体就越显高大，此为损下益上，损泽水之低而益山体之高的卦象。老百姓是泽水，国家政权是高山，老百姓手里的钱越少，国库里的钱就越多。山靠泽养，国靠民养，天经地义，符合自然规律，所以"元吉"。但前提是"有孚"，就是国家得取信于民，百姓对国家也信任，愿意缴纳各种捐、赋、税等。国家敛财的动机和手段，都必须正当，才可以收缴，这叫"可贞，利有攸往"。国家在用钱的时候要知道节俭。比如祭祀的时候，能用两簋不用八簋，越简单、越节约越好。君子应该从损卦中得到启示，百姓是衣食父母，不可与之动怒；当思一粥一饭来之不易，不可放纵贪欲。君子做到这两点可谓进德，反之则为损其德。

孔子在《象传》里是这么说的："损，损下益上，其道上行。损而有孚，元吉无咎可贞利有攸往。曷之用，二簋可用享，二簋应有时，损刚益柔有时，损益盈虚，与时偕行。"

孔子的意思是说，损卦就是损下益上，按照这个原则，一级一级地损下，一级一级地益上。损益的前提是相互信任，有了信任的基础就会元吉、无咎、可贞、利有攸往。祭祀的时候用多少祭品才合适呢？有两盒黍子就够了。但不是每次祭祀都是两盒，这得因时而定，该两盒两盒，该八盒时就得八盒。给国家纳税也是一样，平时两盒就够了，当国家需要的时候，让交八盒就得交八盒。交多交少，这得根据国库的盈虚，因时而定。

初九：已（yǐ）事遄（chuán）往，无咎，酌损之。

象曰：已事遄往，尚合志也。

【注解】已：止，罢了。事：自己从事的事，如农、牧、渔、猎等。遄：速也。尚：上。

【释义】先看卦象，初九阳爻阳位，上应六四，处兑之初、损之始。阳爻，说明他是殷实之人，是当损之人；阳位，说明他是靠劳动讨生活的人，能够积极主动上交租税；在初位，是最底层的普通老百姓，是国家的税源，是应该纳税的人；上应，说明他和六四是损益关系，损初九而益六四，六四是收税的人；处兑之初，说明他交了税，大家都喜欢，不交税，大家都不高兴；处损之始，说明他是第一个交税的人。爻辞说"已事遄往，无咎，酌损之"。初九把自己所从事的事情完成以后，应该迅速去完成税赋任务，这样做就不会有灾祸。初九可以根据自己拥有多少，来决定拿出多少，在自己能够承受的前提下，"酌损之"，"尚合志也"，尽量满足六四的需求，而且越早越好，越快越好。

这一爻告诉我们，养儿当兵、种地纳粮，自古以来，天经地义，理所当然。历朝历代如此，现在也一样。依法合理纳税，是我们每个公民应尽的义务。国家是人民的国家，国富才能民强，国强才能民安。我们每个公民必须牢牢树立"缴税纳税光荣，偷税漏税耻辱"的观念，为国家建设出一份力，为中华民族的伟大复兴，为实现中国梦，做出自己应有的贡献。

九二：利贞，征凶，弗损益之。

象曰：九二利贞，中以为志也。

【注解】弗损益之：九二无须损，六五无须益。

【释义】先看卦象，九二阳爻阴位，下卦得中，上应六五。阳爻，说明他是能够创造财富的人，是应该纳税的人；阴位，说明他并不富裕，是个囊中羞涩的人；得中，说明他具备中德，能行中庸之道；处损之时，能够量入为出，保持收支平衡；上应，说明他和六五是损益关系，应该减损自己，补益六五。可现在是，自己虽然能挣钱但手头并不富裕，而六五虽然自己不能挣钱，但国库充实。爻辞说"弗损益之"，九二无须损，六五也无须益。为什么呢？因为在损卦里有个原则，即损有余而补不足，使之中和均衡。九二阳爻阴位，并非有余；六五阴爻阳位，并非不足，九二无须损，六五无须益。"利贞，征凶"，双方都居中位，守中固正对双方都有利。如果九二硬要前往，去补益六五，反而打破了损益平衡的原则，这不是什么好事，反而是凶兆。因为"中以为志也"，中庸守衡，是双方的志愿，也是损卦的最高原则。

这一爻告诉我们，损益平衡，是损益的最佳境界。凡事都有损益，凡是损益都有一个平衡问题，这就是度，把握好这个度，损益才有实际意义。无论是自然界，还是人类社会，只存在损有余而补不足的现象，不存在损不足而补有余的现象，只有水填壑的道理，没有壑填水的道理，只有富帮穷的道理，没有穷帮富的道理。富帮穷达到共同富裕，就实现了损益平衡，损益平衡之后，就无须再相互损益，这就是损益的最高境界。

六三：三人行，则损一人；一人行，则得其友。

象曰：一人行，三则疑也。

【释义】先看卦象，六三阴爻阳位，与上九应，不中不正，处兑之极。阴爻，说明他不能创造财富，是靠税收吃皇粮的人；阳位，说明他府内殷实，无须补益，能够保持自身的收支平衡；不中，说明有他的存在，失去了上下卦之间的均衡，所以他不能保持中立地位；不正，说明他所处的位置不正，下三爻本来都应该是财富的创造者，是纳税人，结果变成了受益者，动机不纯正，手段也不正当；上应，说明他和上九是损益关系，按照损下益上的原则，六三应该补益上九，而上九是财富创造者，按照以实补虚的原则，上九又应该补益六三。而现在实际情况是，六三阴爻阳位无须益，上九阳爻阴位无须损，处于损益平衡状态；处兑之极，乐极而生悲，不劳而获是挺高兴，但遭人质疑，被人看不起，就高兴不起来了。爻辞说"三人行，则损一人；一人行，则得其友"。根据损益平衡的原则，下三阳同行，过于富足，所以就损一阳到上卦去，补益上卦，这就是"三人行，则损一人"。上三阴过于空虚，就换一阴到六三，来减损下卦。对于上卦来说，多出一个阳爻。对于下卦来说，多出一个阴爻。正好上九是一人行，把六三配给上九，正好成双成对。对于上九来说，就是"一人行，则得其友"。

这一爻告诉我们，损者益之，益者损之，这是所有事物必须遵从的自然规律，概莫能外。世界上万事万物，都遵循一个损益平衡的原则，有损就有益，有益就有损，今天损，明天益；这里损，那里益；损身体，益事业；损贪欲，益身体，包括一个家族也一样，这方面有所减损，那方面就有所补益，大致都要保持一个平衡，这是自然法则，所以我们现实生活中，不必患得患失，损益得失，都是正常现象。

六四：损其疾，使遄有喜，无咎。

象曰：损其疾，亦可喜也。

【注解】疾：小病曰疾，这里指缺点、弊病、不足、弱点等。遄：速也。

【释义】先看卦象，六四阴爻阴位，失中得正，下应初九，处艮之极。阴爻，说明他不能创造财富，靠税收生存，是个吃国家俸禄的人；阴位，说明他库存空虚，余粮不足，是个急需补益的人；不中，说明他不能维持收支平衡，已经出现了亏损局面；得正，说明他要求补益的动机是纯正的，手段是正当的，是光明正大的；下应，说明他和初九是损益关系，初九当损，六四当益，这是天经地义的事；处艮之初，说明他知道适可而止，不会贪得无厌，无休无止地索取。六四阴爻阴位，阴柔有余，阳刚不足；与之相应的初九，是阳爻阳位，阳刚有余，阴柔不足。爻辞说"损其疾"，是说初九损阳刚而益六四之阴柔，对六四而言，就是吐阴而纳阳。吐阴就是"损其疾"，就是损其多余的阴；纳阳就是收缴税赋，以补不足。也可以理解为初九物质有余，精神不足；六四精神有余，物质不足。初九以物质换精神，六四以精神换物质，各取所缺，各得所需。"使遄有喜"，一个遄来，一个遄往，最后双方都得到阴阳平衡，双赢之喜，岂有祸哉！

这一爻告诉我们，国家和人民的关系，是相互损益的关系。国家负责出台政策，制定规划，提供各方面公共服务，帮你转变观念，解放思想，为你创造财富，营造良好的环境；而你，则只需要劳动、就业、或开办公司企业，为自己、为国家创造财富。国家、人民，各自付出，各自受益，良性互动，损益双赢，国家之喜，人民之喜。

六五：或益之，十朋之龟弗克违，元吉。

象曰：六五元吉，自上佑也。

【注解】朋：古代货币单位，有两贝一朋之说，也有十见一朋之说。龟：占卜用的灵龟。弗克：不能。违：违背。或：不定词。

【释义】先看卦象，六五阴爻阳位，上卦得中，下应九二。阴爻，说明他不是直接创造财富的人，所有开销，全靠国家税收；阳位，说明国库充实，国家富足，暂时不用补益；得中，说明他能够掌握收支平衡，能够把握国家和纳税人之间的损益平衡；下应，说明他和九二是损益关系，一个掌握中央财政，一个掌握地方财政，两个人都得中道，都能调节损益多寡，保持国家财政均衡运行。爻辞说"或益之，十朋之龟弗克违，元吉"。损卦的原则是"损下益上"，而六五上卦居中，正是受益之地，虽然暂时不需要补益，但随时需要，随时都会得到补益，确保六五不会失衡。这就是"或益之"。这个大的趋势，就是用十朋之龟来占卜，也不能违背。为什么改变不了呢？"自上佑也"，因为它遵从天道，符合自然规律，得到上天的保佑，这是天经地义的事，谁也改变不了，只有这样，才能国家大吉，人民大吉。

　　这一爻告诉我们，只有国富，才能民强；只有民强才能国富。二者相互依赖，相互促进，相互发展。国家税收，取之于民，用之于民，小河有水大河满，大河有水小河就不会干。国家富裕，百姓的负担就轻，就会积累更多的财富；百姓的财富越多，国家就越富裕，国家进一步富裕，又可以放水养鱼，藏富于民。如此良性循环，国可富，民可强，民族复兴指日可待，中国之梦定能实现。

上九：弗损，益之，无咎，贞吉，利有攸往，得臣无家。

象曰：弗损，益之，大得志也。

【注解】 得臣：得臣者，得民众也。无家：无家者，以国为家也。

【释义】 先看卦象，上九阳爻阴位，下应六三，处艮之极，损之终。阳爻，说明他是财富创造者，是最终掌握财富的人；阴位，说明他自身收支平衡，也没有更多的富余；下应，说明他和六三是损益关系，上九阳爻阴位无须损，六三阴爻阳位无须益，相互之间不需要损益；处艮之极，止极则动，还要有所作为；处损之终，说明损终则益，非但不需要六三减损，还要给六三以补益。上九不损下，反而益下，大得民心。百姓因受益而更爱国家。"得臣无家"，以六三为首的臣民，放弃一家之私而以国为家。民心如此，于君而言，可谓"大得志也"。不但"无咎"，还会因守正而得吉，无往而不利。

这一爻告诉我们，当上下无须损益的时候，放水养鱼，是最明智的举措。这样做，可以调动全国百姓的生产积极性，刺激国民经济发展，扩大经济规模，壮大经济实力，增加财富总量，涵养国家税源，使国家逐步走向繁荣昌盛。这是利用损益规律的最高境界。

简单总结一下，上一卦是解卦，解卦讲的是解除困顿，所有事物在解困时必有所失，所以就有了损卦。损卦讲的是"损下益上""损阳益阴"，解决损益平衡的问题。一开始就是当损之人，"已事遄往，酌损之"，秋收以后，根据自己的收成，迅速去交租纳税，可保"无咎"。接下是"弗损益之"，无需损也无需益，保持收支平衡才有利。"征凶"，损下益上反而是凶兆。接下来是保持上下卦的平衡，下卦损一阳给上卦，上卦损一阴给下卦，保持上下卦的总体均衡。接下来是损有余而补不足，六四阴有余，则损阴而补阳；初九阳有余，则损阳而补阴，最终达到双方阴阳平衡。再接下来，是"或益之"，什么时候需要，都能得到及时补益，这是谁也改变不了的现实，而且大吉大利。因为他遵从天道，符合自然规律。最后是"弗损，益之"，按说六三和上九相互之间无需损益，如果损，也应该是损下益上，可上九却偏偏让利于民，放水养鱼，涵养税源，大得民心，使得臣民以国为家，所以"无咎，贞吉，利有攸往"。

我们古代先民，通过"山下有泽"这么一种自然现象，设卦立言，总结出一套损益的客观规律，揭示出种种损益的合理性和必然性。这是古人的智慧，我们后人要认真学习、思考、借鉴。

益 ䷩ 巽上　第四十二卦　增益之道
　　　　震下　　风雷益　　损上益下

【卦辞】 益：利有攸往，利涉大川。

【象曰】 风雷益；君子以见善则迁，有过则改。

【注解】 益：增益。

【释义】《序卦传》说："损而不已必益，故受之以益。"损为减损，益为增益，损极必益，自然之理。所以损卦之后，紧接着就是益卦。风雷益，巽为风，震为雷，风助雷势，雷助风势，风烈则雷迅，雷激则风怒，风雷激荡，有两相助益之象。增益之道是损上而益下，国家减损，百姓增益，大得民心。百姓往则有利，这个时期，君王可以"犯难涉险过大川"，可以轰轰烈烈干一番大事业。君子应该从益卦中得到启示，改过如雷之厉，迁善如风之行。连起来就是，改过迁善，雷厉风行。君子修身如此，则可日进其德。

孔子在《象传》里是这么说的："益，损上益下，民说无疆。自上下下，其道大光。利有攸往，中正有庆。利涉大川，木道乃行。益动而巽，日进无疆。天施地生，其益无方。凡益之道，与时偕行。"

孔子的意思是说，益卦就是损上益下，老百姓就会无限地喜悦。自上而下，一级一级地把益民之道发扬光大。因为统治阶级有中正之德，所以百姓前往有利，并因得利而相庆。因为巽是木，木可为舟，有舟可乘，便可"利涉大川"。国家益民，动如雷，迅如风，那么国家发展就会日新月异，前景不可限量。天施阳光雨露，地才生长万物；国家施行益民之道，老百姓才能创造更多的财富。这对国家和人民的益处，都是无限的，是没法衡量的。凡是增益之道，必须因时而为，顺时而行。

初九：利用为大作，元吉，无咎。

象曰：元吉无咎，下不厚事也。

【注解】为大作：大作为。不厚事：负担轻，少。

【释义】先看卦象，初九阳爻阳位，初位得正，上应六四，处震之初，益之始。阳爻，说明他是财富创造者，是个应该纳税的人；阳位，说明他家境殷实，是个吃穿无忧的富足之人；得正，说明他的财富是正道而来，为人正派，办事公正，是个走正道的人；上应，说明他和六四是损益关系，六四是授益者，初九是受益者；处震之初，说明他是好动之人，处益之时，机会难得，当有所作为；处益之始，说明他是第一个开始受益的人。爻辞说"利用为大作，元吉，无咎"。意思是说，初九可以利用这个大好时机，干一番大事业，肯定是大吉大利，没有灾祸。为什么呢？因为处益之时，损上益下，补益的方式是"下不厚事也"，就是没有那么厚重的苛捐杂税了，六四减损初九的税赋，就等于益下了；初九不纳捐、少交税，也就等于受益了。自己能干、家底雄厚，又没有捐税负担，不正是可以大有作为的时候吗？

这一爻告诉我们，发家致富，必须赶上好时候。所有人的命运都是和时代紧紧联系在一起的。时代好，你便跟着好；时代不好，你便跟着不好。时代发展，你便会跟着时代一起发展。如果你处在乱世、颓世、衰世、败世，即便你有天大的本事，也不能成就自己的事业、改变自己的命运。就像孔子在《象传》里说的，凡事都要因时而为，顺势而行。

六二：或益之，十朋之龟克违，永贞吉。王用享于帝，吉。

象曰：或益之，自外来也。

【释义】先看卦象，六二阴爻阴位，得中得正，上应九五，下乘初九。阴爻，说明他自身柔弱，不是创造财富的人，是吃国家俸禄的人；阴位，说明他府库空虚，是等着接受补益的人；得中，说明他能够做到量入为出，把握收支平衡，不是个胡乱花钱的人；得正，说明他要钱动机纯正，手段正当，花钱是为了办正事，都是正当支出；上应，说明他和九五是损益关系，处益之时，减损九五，增益六二；乘刚，说明他的下属是富足之人，随时可以补益他，而不需要六二减损。益卦的原则是阳益阴、上益下、外益内，无论从哪个方面讲，六二都是受益者。爻辞说"或益之，十朋之龟弗克违，永贞吉"。意思是说，六二什么时候需要补益，就什么时候得到补益；六二受益，是天经地义的事，就是用十朋之龟来占卜，也不会改变这个结果。六二永远居中守正，就会永远得吉。"王用享于帝，吉"，君王所用，是君王祭祀天帝，由天帝赐予的；六二所用，是六二效忠君王，由君王赐予的。"自外来也"，是说六二的补益，是从外卦九五那里来的，属于中央财政拨款，是绝对有保障的。

这一爻告诉我们，国家税收，取之于民，用之于民。古今中外，任何一个国家和政权，都不会只顾自己敛财，而不顾人民的利益。否则，它便失去存在的合理性、合法性。保护国民生命财产安全，维护社会秩序，确保公平公正，提供基本的公共服务，保障公民基本福利待遇，这是国家基本职责。所以取之于民，用之于民，损上益下，是天经地义，理所当然的事。

六三：益之用凶事，无咎，有孚中行，告公用圭。

象曰：益用凶事，固有之也。

【注解】之：代指六三。凶事：战乱灾荒之类。中行：中道而行。公：指上九。圭：玉制品，古代表明身份的信物。固：本来。

【释义】先看卦象，六三阴爻阳位，不中不正，与上九应，处震之极。阴爻，说明他不是创造财富的人，也是个靠税收过日子的诸侯；阳位，说明他府库充实，自给自足没问题，本不需要上面的补益；不中，说明他现在出现了财政赤字，不能保持收支平衡了；不正，说明他急需用钱，而且不是正常的开销，靠正当手段，解决不了问题；上应，说明他和上九是损益关系，上九是减损者，六三是受益者。但上九和六三阴阳均衡，双方无须相互损益；处震之极，说明他动荡不安的灾难时期刚刚过去，造成财政巨大缺口，急需用钱。爻辞说"益之用凶事，无咎。有孚中行，告公用圭"。意思是说，六三请求补益，是遇到了凶事，需要临时救济。对于上九来说，应该益之；对于六三来说，应该上取信于君，下取信于民，君民之间中道而行。到上九那里请求开仓赈灾的时候，要手执表明自己身份的信物。如此求益，不会有灾祸。"固有之也"，因为灾荒之年，本来就该求益；只要用于凶事，本来就该益之。自古以来，统治阶级一直是这么做的。只要有孚、中行、用圭，就能无咎。

这一爻告诉我们，赈灾是国家的事，执行赈灾是地方官员的事。当有凶事发生的时候，地方官要如实上报灾情，对上必须诚实，绝不可以瞒报、漏报或虚报；获得救灾款项，要全部用于灾民，不能有一分一毫的挪用、截留或贪腐。上对君负责，下对民负责。只有这样，才可无咎。否则，贪污赈灾款，发国难财，自古以来都是不赦之大罪。

六四：中行，告公从。利用为依迁国。

象曰：告公从，以益志也。

【注解】公：指九五。告：请求。

【释义】先看卦象，六四阴爻阴位得正，下应初九，上承九五，处巽之初，居臣之位。阴爻，说明他不是财富的创造者，是个食朝廷俸禄的人；阴位，说明他自己两袖清风，是一个并不富裕的人；得正，说明他能行正道，处益之时，考虑如何办正事，办大事；下应，说明他和初九是损益关系，自己阴爻阴位，不能创造财富，也拿不出财富补益初九。而初九阳爻阳位，不需要六四补益。但处益时，损上益下，六四作为朝中大臣，必须得为基层老百姓干点什么；承刚，说明他顺承君王，处益之时，君王有益民之德，六四便有益民之志；处巽之初，说明他能申命行事，而且是个雷厉风行的人。六四是一人之下，万人之上的国之重臣，在这损上益下的时代里，志在益下，有所作为。爻辞说"中行，告公从，利用为依迁国"。在古代，迁徙国都的主要目的是益民居。六四下边为百姓着想，上边为君王着想，君民之间，中道而行。在这损上益下的时候，去请示君王迁国益民，君王一定会准奏的。

这一爻告诉我们，顺时而为，才可以大有作为。处益之时，便可做益民之事。天下万事万物皆因时变，春不至不能种，夏不至不能长，秋不至不能收，冬不至不能藏。处在什么时候干什么事，时不至则徒劳而无益，事倍而功半；时若至则心想而事成，事半而功倍。顺时，就是顺应自然规律，就是顺应潮流，顺应大趋势，君子处于世，不可不察。

九五：有孚惠心，勿问元吉。有孚惠我德。

象曰：有孚惠心，勿问之矣。惠我德，大得志也。

【注解】有孚：诚心，诚意。（1）惠：仁慈，仁爱。（2）惠：感谢。问：问卜。

【释义】先看卦象，九五阳爻阳位，得中得正，下应六二，上处至尊之位。阳爻，说明他是最大的财富创造者，天下之财富，都是由他创造出来的；阳位，说明国库充盈，国富民强，正是大有作为的时候；得中，说明他具备中德，能行中庸之道，处益之时，既能损上益下，又能保持国家财政的收支平衡；得正，说明能行君王之正，确保国家沿着正确的方向发展，使天下归正；下应，说明他和六二是损益关系，九五是中央财政，六二是地方财政，处益之时，中央财政能够及时满足地方财政的需求。爻辞说"有孚惠心，勿问元吉。有孚惠我德"。意思是说，九五作为一国之君，能够诚心诚意地以仁爱之心益下，而天下百姓，也诚心诚意地感谢君王的恩德，这样的政治局面，还需要占卜问卦吗？肯定是大吉大利的。对于统治者而言，"大得志也"，这种局面是最得志，最理想，最成功的。

这一爻告诉我们，在封建社会里，一个君王的好坏，直接关系到一个国家的命运。君王昏庸，则国家暗无天日，百姓水深火热；君王圣明，则国家天晴气朗，百姓安居乐业。君王有德，则国家繁荣富强；君王无道，则国家衰败贫弱。在漫长的独裁统治中，百姓无权选择什么样的君王，只能默默地祈祷，期盼明君的出现，这是中华民族几千年来最大的悲哀。

上九：莫益之，或击之，立心勿恒，凶。

象曰：莫益之，偏辞也。或击之，自外来也。

【注解】莫：不。偏辞：固执己见。

【释义】先看卦象，上九阳爻阴位，下应六三，处巽之极，益之终。阳爻，说明他是财富占有者，也是国家财富的支配者；阴位，说明他自己并不富裕，是个吃皇粮的人；下应，说明他和六三是损益关系，但双方阴阳均衡，无须相互损益；处巽之极，说明他不再谦逊，变得自以为是，悖逆不顺；处益之终，说明益道已终，益极则损，不但不补益六三，还要求六三减损。爻辞说"莫益之，或击之，立心勿恒，凶"。此时六三再以凶事求益，上九却偏执一词，固执己见，没有补益六三。这是上九益民之心不够恒久，益极则损，民间的灾难得不到补益，必定引起内乱，内乱必定引来外患，说不定哪天，上九就会遭到外来的袭击，结果肯定凶险。

这一爻告诉我们，再好的政策也有个时限。损不能长损，益不能长益，凡事都有始有终，因时而始，因时而终，时过则境迁。以此卦为例，处益之初时，百姓可以大有作为，处益之盛时，迁国大事都可以实现，处益之终时，赈灾都难。这就是事物发展的必然规律，我们只能认识它，顺应它，利用它，却不能臆想去改变它。

简单地总结一下，上一卦是损卦，损卦讲的是损下益上。损而不已必益。所以就有了益卦。益卦讲的是损上益下，研究解决如何益下的问题。一开始就是"下不厚事也"，用减租免税的方式，补益基层老百姓，让他们在殷实的基础上，进一步殷实。让他们"利用为大作"，创造更多的财富。接下来是"或益之，十朋之龟弗克违"。采取中央财政支援地方财政的办法，补益基层老百姓。什么时候需要什么时候拨款，确保地方财政的需求。这个政策是谁也改变不了的。接下来是"益之用凶事，有孚中行"，以赈灾的形式，补益灾民，要求地方官如实上报灾情，如数发放赈灾款项，救灾民于水火。再接下来是"利用为依迁国"。采取迁徙国都的方式，损上益下，使全国百姓安居乐业。再接下来，就是"有孚惠心，有孚惠我德"。君王诚心诚意地施仁德，惠民、益民；百姓诚心诚意地表示谢意，感恩戴德。形成了补益时代，大好的政治局面。最后是"莫益之"，益卦发展到最后，走向反面，不益而损，连赈灾这点事都解决不了，以黯然的方式，无奈地结束了曾经辉煌的补益时期。

我们古代先民，通过"风在上，雷在下"这么一种自然现象，设卦立言，总结出一套损上益下的客观规律。揭示出各种补益方式的客观性和必然性。这是古人的智慧，我们后人要认真学习、思考、借鉴。

夬 ䷪ 兑上　第四十三卦　断绝决裂
　　　　乾下　　　泽天夬　　　刚决柔也

【卦辞】夬：扬于王庭，孚号，有厉，告自邑，不利即戎，利有攸往。

【象曰】泽上于天，夬。君子以施禄及下，居德则忌。

【注解】夬：决也，刚决柔也。扬：宣扬，公开之意。孚：威信。号：号召。厉：危险。即：马上。

【释义】《序卦传》说："益而不已必决，故受之以夬。夬者决也。"益是损上益下，处益之时，阳气必长，阴气必衰，益而不已，早晚有一天会把阴气逼尽，到了五阳一阴的时候，就是阳气下决心除掉阴气的时候。所以，益卦之后，紧接着就是夬卦。泽天夬，泽上于天，有泽水过满而决堤之象。五阳在下，长而将极，一阴在上，消而将尽，众阳向上决去一阴，所以叫夬卦。夬者决也，刚决柔也，君子道长，小人道忧也。从卦象上看，是强大的阳，与仅有的阴决断。这个阴在五阳之上，虽然很嚣张，但已经被逼到外卦之外，逼退最后的小人是大势所趋。这个时候，"扬于王庭"，先在朝廷之上，宣布其罪状，然后"孚号"，靠君王的威信号令天下，让小人无以遁形。尽管如此，"有厉"，仍有一定的危险。所以"告自邑，不利即戎"，先告知自己领地的人，获得民众的支持，使小人更加孤立。不可以立即动用武力，应有万全的准备，才可以发动攻击，从而一举歼灭之。"利有攸往"，无论怎么说，这个时候乘胜前进都是有利的。君子应该从夬卦中得到启示，君子能够广施俸禄于天下，这很好。但是居德不施，不能把恩德广施于天下，这是君子之大忌。

　　孔子在《彖传》里是这么说的："夬，决也，刚决柔也。健而说，决而和。

扬于王庭，柔乘五刚也。孚号有厉，其危乃光也。告自邑，不利即戎，所尚乃穷也。利有攸往，刚长乃终也。"

孔子的意思是说，夬卦就是断决，是阳刚断决阴柔。君子强健而喜悦，与小人决断而又不失阴阳之和。之所以在朝堂之上，宣布小人的罪状，是因为小人骑乘在君王的头顶上，欺人太甚。之所以号令天下，防止来自小人的危险，是要把小人的危害曝光于天下，让小人无以遁形。之所以告知自己领地的人，不可以立即动武，是因为小人处上，其道已穷，用不着靠武力解决。之所以君子前往有利，是因为最终刚决柔也。

初九：壮于前趾，往不胜为咎。
象曰：不胜而往，咎也。

【注解】前：前犹进也。趾：脚趾。

【释义】先看卦象，初九阳爻阳位得正，处乾之初、夬之始。阳爻，说明他是个君子，是个刚明强健的君子；阳位，说明他主动前往，是个急躁的人，是个冒进的人；得正，说明他心怀正义，是个堂堂正正的正人君子；处乾之初，说明他是健行之人，但力量不够强大，是个不怕虎的初生牛犊；处夬之始，说明他离小人最远，要想除掉小人，还需要一个漫长的过程。爻辞说"壮于前趾，往不胜为咎"，初九处在最下位，居刚用刚，相当于强壮的脚趾，刚健、躁动，急于前往，欲以一己之力，决掉上六。但初九毕竟处乾之初，只壮到前趾，力量明显不足。决柔之心有余，决柔之力不足，独自前往，不能取胜，反招灾祸。与小人决裂，需要等待时机，不能打草惊蛇。夬之初准备不足，且为时尚早，没有十足的把握取胜，便前去决阴，自然是招灾惹祸。

这一爻告诉我们，与小人断绝关系，不可操之过急。任何时候，都不可低估小人的能力，战略上可以藐视小人，但战术上必需重视小人。首先必须壮大自己的实力，敌我力量对比，要占绝对优势；其次要做好万全的准备工作，不可掉以轻心；最后要等待时机，待时机成熟，便一鼓作气，一举歼灭，以除后患。

九二：惕号，莫（mù）夜有戎，勿恤。
象曰：莫夜有戎，得中道也。

【注解】惕：恐惧，警惕。号：号召。莫：暮。戎：兵戎。恤：担忧。

【释义】先看卦象，九二阳爻阴位，下卦得中。阳爻，说明他是个君子，具备君子之德，是个刚明、强健、正直的人；阴位，说明他沉稳、内敛，不动声色，是个城府很深、藏而不露的人；得中，说明他具备中庸之德，能行中庸之道，处夬之时，不激进、不冒险，和小人的关系不远不近、不卑不亢。爻辞说"惕号，莫夜有戎，勿恤"，面对上六骑乘五刚的嚣张气焰，号召大家平时要警惕戒惧，而在夜幕降临之时，发生兵戎之事，也不要担忧害怕，因为九二刚柔居中，处有事若无事，胸中自有制胜之道。

这一爻告诉我们，任何时候，对小人都不可以掉以轻心。小人是狡猾诡诈的，也是凶恶残忍的，平时对小人必须有戒惧之心，时时刻刻提高警惕，处无事若有事，谋虑周全，布署缜密，策应万全；到了关键时刻，即使发生突发事变，也不会担惊受怕，而是处变不惊，处有事若无事，一切尽在意料之中，一切尽在掌握之中。这才是应对小人的制胜之道。

九三：壮于頄（kuí），有凶。君子夬夬，独行遇雨，若濡有愠，无咎。
象曰：君子夬夬，终无咎也。

【注解】頄：颧骨。夬夬：坚决的态度。濡：濡染。愠：恼怒。

【释义】先看卦象，九三阳爻阳位，失中得正，与上六相应，处乾之极。阳爻，说明他是刚明正直的君子，具备君子之德，能行君子之道；阳位，说明他积极主动，冒险前往，是个特立独行，勇往直前的人；失中，说明他不具备中庸之德，行为偏激，没有分寸，有些过分，是个刚愎自用的人；得正，说明他观念正统，作风正派，是个光明正大的人；上应，说明他对上六有监管之责，对决断上六负有直接责任和主要责任；处乾之极，说明他把自己的强健，表现得淋漓尽致，毫不掩饰，是个没有城府的人。爻辞说："壮于頄，有凶"，是说他把自己力量的强大，和要亲自除掉小人的决心，统统都表现在脸上。颧骨是脸上最明显的地方，容易暴露给小人，所以非常凶险。"独行遇雨，若濡有愠"，九三独自前往，当和上六相遇时，有阴阳调和而致雨之象，在别人眼里，九三被上六濡染了，怀疑他和上六关系暧昧，于是大家都恼怒于他。其实"君子夬夬"，"无咎"。事实并非像大家想象的那样，九三清除上六的态度，始终是特别坚决的。所以九三最终不会有灾祸。

这一爻告诉我们，对付小人，应该讲究策略。小人是狡猾的，在君子决断小人之前，万不可提前暴露战略意图，更不可暴露自己的真正实力，以防小人有备而战，造成不必要的伤亡。在与小人近距离接触时，要置身于光天化日之下，以防小人使用离间之计，使自己人产生不必要的误会，给小人以可乘之机。决断之前，高度重视，小心谨慎，方为上策。

九四：臀无肤，其行次且。牵羊悔亡，闻言不信。

象曰：其行次且，位不当也。闻言不信，聪不明也。

【注解】次且：趑趄。形容前进很困难。

【释义】先看卦象，九四阳爻阴位，不中不正，处兑之初。阳爻，说明他是个君子，具备君子之德，有清除小人之责；阴位，说明他安守本位，因处多惧之大臣位，不敢越雷池半步，是九五限制了他的作为；不中，说明他不能保持中立，前面是无比强大的君王，后面是无比强大的三阳，进则受阻于君王，不可逾越；退则有三阳相逼，无法自处。陷入两难境地，空有清除小人之心，而无清除小人之能；不正，说明他所处的位置不正，不能做出正确的选择，以君子之正，前去决断小人，则有僭越之嫌；以为臣之正，联合下三阳，则有结党之嫌，左右不能正其位，不能择其正；处兑之初，兑为言，为羊，说明有人给他进言，所进之言，应该和羊有关系。爻辞说"臀无肤，其行次且"。《易》以阳为骨，以阴为肤，九四阳爻阴位，且处臀位，所以说臀无肤。意思是说，九四就像屁股没有皮肉，坐又坐不下去，立又立不稳，走起路来，趑趄趔趄，可谓坐立不安，进退两难。"位不当也"，这一切都是他位置不当造成的。爻辞又说："牵羊悔亡，闻言不信"，意思是说，有人劝他联合牵领下三阳，共同辅佐君王，去决断上六这个小人，你将来就不会后悔。可九四处多惧之位，别人说的话他不敢相信，为什么呢？"聪不明也"，听是听到了，但是莫辨其明，不知道别人说的对还是不对。最终还是左右为难，举棋不定。

这一爻告诉我们，优柔寡断之人，干不成什么大事。日常生活中不乏其人，他们遇事犹豫不决。前怕狼，后怕虎，瞻前顾后，左顾右盼，就是下不了决心，拿不定主意。这种人按现在话说，就是选择困难症。实际上是私心在作怪，凡事先考虑自己的得失，没有从大义出发，去权衡利弊。君子舍身取义，连命都可以抛舍，还有什么不可选择的呢，当断不断，必遭其乱，优柔寡断，绝非君子所为。这种人是干不了大事的。

九五：苋（xiàn）陆夬夬，中行无咎。

象曰：中行无咎，中未光也。

【注解】苋：马齿苋。陆：陆地。夬夬：决也决不断。

【释义】先看卦象，九五阳爻阳位，居中得正，亲比上六。阳爻，说明他是刚明强健之君；阳位，说明他是有为之君，居刚用刚，是位至刚至强之君；得中，说明他具备中庸之德，能行中庸之道，处夬之时，能够权衡利弊，把握君子与小人的平衡关系，既有决断小人的坚决态度，又不会动用武力，彻底铲除。卦辞说"健而说，决而和"，就是指这个时候。君王既强健而又和悦；既要决断小人，又不失阴阳之和；得正，说明君王以阳为正，以阴为用，才是治国理政的正道，"不利即戎"也是正确的决择；亲比，说明他直接面对小人，一个至高至尊，一个至卑至贱；一个阳爻阳位，以强制弱，一个阴爻阴位，以柔克刚。目前是留也不能留，除又除不净，暂时处于一种制衡状态。爻辞说"苋陆夬夬"，是说仅存的一阴，就像长在陆地上的苋菜一样，蔓延四溢，连绵不断，看似柔弱，但根系发达，生命力极强，很难一下子就铲除干净。"夬夬"就是决也决不断。"中行无咎"，九五的原则是把握中庸，不急不躁，不温不火，不懈怠，不偏激，文攻武卫，保持现有的和谐局面。象卦辞里所说的，处于"决而和"的状态。站在君王的角度来看，一下子把小人铲除掉了，也失去了制约下四阳的砝码，这是君王的权衡之术。这样做虽不会得吉，但至少没有灾祸。下四阳以为九五与上六亲比，关系暧昧才这样做。所以说九五的中庸之道，没有被所有人普遍理解，所谓"中未光也"。

这一爻告诉我们，小人是永远也杀不光的。道理很简单，小人和君子一样，都具有存在的合理性，君子和小人是相对而言，有君子才有小人，有小人才有君子。就像白天和黑夜一样，没有黑夜哪来的白昼，没有女人哪来的男人，没有小人哪来的君子，消灭一方，对方也就不存在了。一阴一阳谓之道，生生不息谓之易，阴阳、昼夜、男女、君子与小人是此消彼长的关系，而不是消灭与被消灭的关系，所以小人是永远也杀不光的。

上六：无号，终有凶。

象曰：无号之凶，终不可长也。

【注解】号：呼号，号啕，哭号，大喊，大叫。

【释义】先看卦象，上六阴爻阴位，下应九三，处兑之极、夬之终。阴爻，说明他是个小人，具备小人所有的品质；阴位，说明他负隅顽抗，垂死挣扎，死不离位；下应，说明九三逼迫甚急，到了不退不行的时候了；处兑之极，说明他乐极而生悲，好日子已成已往，悲从中来，不免号啕大哭；处夬之终，说明刚决柔的时候到了，小人退出历史舞台的时候到了。上六阴爻阴位乃极阴之物，以柔履柔则柔弱无力，处兑之极则乐极生悲，处夬之终则夬道已成。君子之道长极，小人之道衰尽，以刚决柔，大势所趋。爻辞说"无号，终有凶"，上六不用哭号，无须号啕，无论你号啕大哭，还是大喊大叫，都已经无济于事，最终有凶，势在必然，怎么可能会长久呢？

这一爻告诉我们，无论小人有多么不情愿，到时候必须退出历史舞台。历史车轮滚滚向前，是谁也阻挡不了的。小人得势的时候，君子隐遁，君子得势的时候，小人必须隐退，这就和昼夜更替、寒来暑往一样，是自然规律，是不以人类的愿望和意志所转移的。只不过面对时变，君子和小人的表现不同而已。君子好遁、肥遁、嘉遁，反身修德；小人悲伤，悔恨，号啕，负隅顽抗，这就是君子和小人的区别。

简单地总结一下，上一卦是益卦，益卦讲的是损上益下，益则阳长，益之不已，则阳长至极，就到了刚决柔的时候，所以就有了夬卦。夬者决也，刚决柔也，是研究如何决断最后一个小人的问题。一开始是"壮于前趾，往不胜为咎"，是个急躁冒进的人，欲以一己之力前去决断小人。自不量力、不能取胜，反招灾祸。接下来是"惕号，莫夜有戎，勿恤"，是个能行中道的人，平时处无事如有事，关键时刻处有事若无事，始终与小人保持一定的距离，是个城府很深、处变不惊的人。接下来是"壮于頄，有凶"，把自己的强大与决心都写在脸上，自然凶险。等与小人接触时，又"若濡有愠"，让人觉得他与小人有染，使自己人恼怒于他。这是一个没有城府的人。再接下来是个"臀无肤"的人，坐立不安，进退两难，自己没主意，又不相信别人，最终是举棋不定，是个干不了大事的人。再接下来，就是"苋陆夬夬，中行无咎"。谁也没有君王靠谱，健而悦，决而和，既要决断小人，又不失阴阳之和，留着它，还可以制约君子，权衡阴阳。最后"无号，终有凶"。

到了刚决柔的时候，不管小人多么不情愿，也不管他如何号啕，到退的时候，就必须得退出历史舞台。

我们古代先人，通过"泽在上，天在下"这么一种自然现象，设卦立言，总结出一套刚决柔的客观规律，揭示出不同人、不同的决柔方式，及其必然结果。这是古人的智慧，我们后人应该认真学习、思考、借鉴。

姤　乾上　第四十四卦　邂逅相遇
　　巽下　　天风姤　　柔遇刚也

【卦辞】 姤（gòu）：女壮，勿用取女。

【象曰】 天下有风，姤；后以施命诰四方。

【注解】 姤：遇也，柔遇刚也。后：王也。

【释义】《序卦传》说："夬者决也。决必有遇，故受之以姤。姤者遇也。"夬是决，决是分；姤是遇，遇是合。凡天下大事分久必合，合久必分。所以夬卦之后，紧接着就是姤卦。天风姤，乾为天，巽为风，天下有风，风行天下，普遍接触万物，与万物不期而遇，这就是姤。从卦象上看，一阴生于下，与五阳不期而遇，也是邂逅的意思。姤卦一阴始生，是强劲的发展趋势，会不断地发展壮大。虽一阴，却茁壮，阴长则阳消，女强则男弱。强壮的女人，不可以娶回家做老婆，否则男尊女卑、夫刚妻柔的正常关系将被颠倒，那就不符合《易》之大理了。姤卦的卦象是风行天下，古代君王效法这一自然现象，把自己的命令发布天下，像风一样传遍四方告知天下所有的人。

　　孔子在《彖传》里是这么说的："姤，遇也，柔遇刚也。勿用取女，不可与长也。天地相遇，品物咸章也。刚遇中正，天下大行也。姤之时义大矣哉。"

　　孔子的意思是说，姤卦就是相遇，是阴遇阳、柔遇刚、女遇男。这个女人不可以娶回家做老婆，因为阴长阳消阴盛阳衰，不可以长久相守。天地相遇，品类齐全的万物，都会变得流光溢彩，有秩序地发展。刚明的君王遇到中正，则天下大治，万事亨通。阴阳相遇，既是坏事也是好事，不合时宜就是坏事，应时、顺时而相遇，就是好事。所以，时的意义太大了。

初六：系于金柅（nǐ），贞吉；有攸往，见凶，羸豕孚蹢（zhí）躅（zhú）。

象曰：系于金柅，柔道牵也。

【注解】金柅：车闸，磨杠。羸豕：瘦弱的猪。孚：通浮，浮躁。蹢躅：躁动而跳踯。

【释义】先看卦象，初六阴爻阳位，上应九四，上承九二，处巽之初、姤之始。阴爻，说明他是个阴性事物，或女人，或小人。我们就把他当作小人吧，具备小人特质；阳位，说明他是不断发展壮大的，是积极主动来与阳姤合的；上应，说明他志在上行，目的是和九四相姤；承刚，说明他顺承九二，紧紧地跟在九二的后面。从卦象上看，一阴来姤五阳，按照顺序，最先姤于九二；处巽之初，说明他是个阴伏之人，是个无孔不入，善于钻空子的人；处姤之始，说明他刚刚开始姤于阳，对阳的伤害不大。爻辞说"系于金柅，贞吉"，初六就像是两个木块，紧紧地贴在九二这个金属的车轴上，一阴一阳，关系密切。"柔道牵也"，初六以柔道牵制阳道，是典型的以柔克刚。此时对于初六而言，行为是正当的，不会有伤害还会得吉。"有攸往，见凶"，如果继续前往，就会出现凶象。"羸豕孚蹢躅"，初六就像一头瘦弱的猪，任由发展，就会不断壮大，因为他是阴躁之物，内心浮躁，行为躁动，在发展中上蹿下跳，于阴于阳都是凶象。

这一爻告诉我们，小人一旦抓住机会，就会不断地发展壮大。这个机会就是天时，按照自然规律，到了小人出现、发展、壮大的时候。这是谁也阻挡不了的，君子只能正视他的存在和发展，以君子之道，制约小人之道，把小人的危害控制在最低程度，从而实现和平共处。

九二：包有鱼，无咎，不利宾。

象曰：包有鱼，义不及宾也。

【注解】包：包容。鱼：阴滑之物，指初六。宾：指其他四阳爻。

【释义】先看卦象，九二阳爻阴位，下卦得中，亲比初六。阳爻，说明他是君子，能够承担君子的责任和义务，是个有担当的人；阴位，说明他谦虚、坚韧，是个有包容之心和包容能力的人；得中，说明他具备中德，能行中道，处姤之时，能够恰当地处理与小人的关系；亲比，说明他和初六最近，关系密切，对初六负有辖管之责。爻辞说"包有鱼，无咎，不利宾"。是说九二能够包容初六这条阴滑的鱼。因为初六对九二没有什么危害，但对其他四阳爻极为不利。九二对小人采取包容的态度，不使矛盾激化，制阴之义和容阴之义，都通过这个包字表达出来。制阴是主要的，根本的目的，容阴是为了制阴。九二这样做，一是对初六有辖管之责，二是从道义上讲，是怕它伤害到其他阳爻。所以，包容、限制，使他不靠近其他四个阳爻。

这一爻告诉我们，君子对小人要包容。既然承认小人的存在，就没有必要针锋相对，势不两立，你死我活。所谓包容，就是制定宽松政策，允许小人在一定范围内活动。表面上是包容，而实际上是对小人加强管辖和限制，以君子之道，制约小人之道，才是君子应有的智慧。

九三：臀无肤，其行次且（jū），厉，无大咎。

象曰：其行次且，行未牵也。

【注解】次且：趑趄。行动艰难的样子。

【释义】先看卦象，九三阳爻阳位，失中得正，处巽之极。阳爻，说明他是君子，具备君子之德；阳位，说明他积极主动地参与对小人的制约和管辖，是一个责任感很强的人；失中，说明他过于强硬，不能把握与小人之间的平衡关系，行为有些过分；得正，说明他正义感极强，是个一身正气，疾恶如仇的人；处巽之极，说明他对小人态度傲慢，但没有机会和小人接触。姤卦一阴五阳，五阳对一阴都有相遇、管辖、控制的责任。九二与之亲比，九四与之相应，唯独九三，与之无比无应，想遇不能遇，想管管不着，处境非常尴尬。爻辞说"臀无肤，其行次且，厉，无大咎"。九三就像臀部没有皮肤，坐立不安，行动艰难。在这种情况下，本不该管却非要去管，肯定会有危险。但最终九三没有和初六相遇，既然没有相遇，就是"行未牵也"，就没有被柔道所牵；既无所牵，就不会被阴邪所伤；既无所伤，就不会有大的灾祸。

这一爻告诉我们，君子思不出位，行不越界。君子应该各安其位，各司其职，各尽其责。该自己干的，必须干好；该自己管的，必须管好。不能越级管理，更不能越界管理。不该你管的，到处乱插手，种了别人地，荒了自家田，既影响了别人的正常工作秩序，也没有尽到自己的职责。君子所不为也。

九四：包无鱼，起凶。
象曰：无鱼之凶，远民也。

【注解】起凶：生凶。民：指初六。

【释义】先看卦象，九四阳爻阴位，不中不正，下应初六，处乾之初。阳爻，说明他是个君子，处多惧之位，上惧君，下惧民，是个胆小怕事的朝臣；阴位，说明他上不能僭越君位，下不能主动与初六相遇，忝居臣位，无所作为；不中，说明他对小人有偏见，不能把握与小人之间的平衡关系，不是走得太近，而是离得太远，显然有些过分；不正，说明他不能正确对待小人，不能正确处理与小人的关系；下应，说明他是管辖、制约小人的直接责任人，理应担负起包容之责，把小人监管起来；处乾之初，说明他是健行之人，离小人渐行渐远，表面上看，是他瞧不起小人，没把小人放在眼里；实际上是他惧怕小人，怕惹上没必要的麻烦。九四虽处大臣之位，下应初六，对小人负有监管之责，但他不中不正，又处多惧之位，所以爻辞说"包无鱼，起凶"，说他既无包容之心，也无包容之力。高高在上，拒小人于千里之外。初六有一种被抛弃的感觉，遂起歹心，官逼民反民不得不反。这都是九四惹的祸，不是民远官，而是官"远民也"。牧民之道，先容而后制，九四既不能容，也不能制，所有的凶险，都是因他而起。

这一爻告诉我们，官逼民反，民不得不反。当官的不作为，胡作为，乱作为；老百姓的合理诉求得不到关注，得不到回应，官民之间沟通渠道闭塞，不能得到有效沟通。当官的怕招事、怕惹事，怕麻烦；老百姓呼天天不应，呼地地不灵，求助无路，状告无门，渐行渐远。最后逼得百姓无路可走，只能揭竿起义，上山造反。牧民之道，君子不可不察。

九五：以杞包瓜，含章，有陨自天。

象曰：九五含章，中正也。有陨自天，志不舍命也。

【注解】杞：杞柳。瓜：指初六。含：隐含。章：花纹。陨：落也。

【释义】先看卦象，九五阳爻阳位，得中得正，位处至尊。阳爻，说明他是阳刚圣明之君；阳位，说明他是有为之君，能够主动姤于初六，采取积极有效的办法，处理好与小人的关系；得中，说明他具备中德，能行中道，处姤之时，能够平衡君子与小人的关系。能和小人保持不远不近的距离，处理小人事务，掌握分寸，恰到好处；得正，说明他能行君王之正，正大光明，公平公正，治国理政，皆能遵循天道之正。当一阴来姤之时，九五的态度是，既不放弃，也不放松，而是采取独一无二的，最具智慧的办法，"以杞包瓜，含章，有陨自天"，就是用柳条编成的筐子，把他装起来，把瓜的花纹，隐含在杞柳的纹路之中。这样做，既包容了初六，也管制、限制了初六。对于九五而言，这样做既防止了瓜的诱惑，也防止了瓜的腐烂。对于初六而言，既有美好的归宿，又有令人羡慕的待遇。为什么要这样做呢？因为九五具备中正之德，既不以命废志，也不舍弃天道之常；既尊重客观规律，又不放弃自己的主观努力。阴盛阴衰，自有天命，天命至则阴必衰损。圣人虽有抑阴之志，也不会舍命而为。我且好自待之，生死交由天定。

　　这一爻告诉我们，不与小人仇，小人自有小人仇。与小人结仇是一件很麻烦的事情，争是小人之间的事，君子不争，会离小人远一点，对小人敬一点。小人好利，可以利安之；小人好名，可以名慰之。不争夺，不纠缠，不结仇，不拼命。小人多行不义必自毙，子姑待之。

上九：姤其角，吝，无咎。
象曰：姤其角，上穷吝也。

【注解】角：最顶端。

【释义】先看卦象，上九阳爻阴位，处乾之极，姤之终。阳爻，说明他是君子，从道义上讲，所有的君子对小人都有监管之责，所以上九也不例外；阴位，说明他安于现状，无所作为，不会主动姤于初六；处乾之极，说明他已是世外之人，不在其位，不谋其政，主动放弃了对小人监管之责。爻辞说"姤其角"，是说他躲在最上边坚硬的外壳里，就是初六想和他相遇，也不可能相遇。上九离初六最远，不易相遇；与初六无比无应，也无承乘，什么关系都没有，没机会相遇；上九处姤之终，姤终则不姤，根本就不能相遇；况且上九高高在上，躲进坚硬的外壳里，采取了自我保护措施，就更不可能相遇了。爻辞说"吝，无咎"，是说上九作为君子，终以不能济世而可耻，别人也会有这样或那样的非议。但也正因为没有和初六相遇，才不会受到初六的伤害。所以不会有什么灾祸。

　　这一爻告诉我们，君子无论何时何地，都有监管小人之责。君子是做人而不是为官，当官的退休后，可以不管职内之事。作为君子，就没有退休的时候，任何情况下，遇到小人为非作歹，祸国殃民，都必须挺身而出，维护正义。否则，就不能称之为君子，被真正的君子所不齿。

简单地总结一下，上一卦是夬卦，夬卦讲的是刚决柔也，有刚决柔就有柔遇刚。所以就有了姤卦。姤卦讲的是一阴来姤五阳，研究五阳如何对待一阴的问题。一开始就"系于金柅"，一阴来姤，紧紧贴在阳爻的后面，像刹车的磨杠，以柔克刚。此时小人因行为正当而得吉。但小人像瘦弱的猪一样，不断地发展壮大，而且躁动不安，最终露出小人的凶恶嘴脸，这对君子来说是凶兆。接下来是"包有鱼"，君子以包容为手段，把小人管控起来，免得到处乱跑，伤害别人。接下来是"臀无肤，其行次且"，本来他和小人没有任何关系，也不归他管，但他硬是想管，又硬是管不着，弄得他坐立不安，进退两难，处境非常尴尬。再接下来，就是"包无鱼"，一个是不该管却非要管，一个却是正该管却又不管。小人本该是他主管的，但他一推六二五，拒小人于千里之外，自己躲远远地讨清静去了。直接引起农民起义，造成了非常恶劣的后果。再看看君王是怎么处理的，他"以杞包瓜，有陨自天"。好好地把他养起来，让他过着别人都羡慕的生活，至于死活那就看他的天命了。最后是"姤其角"，彻底与小人绝缘，虽然没有什么灾祸，但是被世人戳脊梁骨，也终究不是君子之所为。

我们古代先民，通过"风行天下"这么一种自然现象，设卦立言，总结出一套柔遇刚的客观规律，揭示出不同君子对待来姤小人的不同态度和做法，及其各自的必然结果。这是古人的智慧，我们后人要认真学习、思考、借鉴。

萃 兑上　第四十五卦　聚集荟萃
坤下　　泽地萃　　无往不利

【卦辞】萃：亨。王假有庙，利见大人，亨，利贞。用大牲吉，利有攸往。

【象曰】泽上于地，萃；君子以除戎器，戒不虞。

【注解】萃：聚也。假：借。牲：牛。虞：预料。

【释义】《序卦传》说："姤者遇也，物相遇而后聚。故受之以萃。萃者聚也。"姤是阴阳相遇，人人相遇便是相聚。所以，姤卦之后，紧接着就是萃卦。泽地萃，兑为泽，坤为地，泽水在地上聚集，便是汇萃之象。上卦是喜悦，下卦是顺从，上悦则下从，下从则上悦，也是聚萃之象。地上有沼泽，各种动植物聚集在这里，也是汇萃之象。聚萃时代贵正，只要固守纯正就能亨通，就能无往而不利。这个时期，普通人要追随有德能的伟大人物；君王则应该借助宗庙，用大牲畜祭祀，以此来凝聚天下民心，把民众的精神聚集在一起，就能万事亨通，无不得吉。君子应该从萃卦中得到启示，当人们聚萃的时候，要及时整治兵器，加强戒备，以防范国家发生预料不到的事情。因为聚则必众，众则必争，争则必乱，君子谋始，不得不防。

孔子在《象传》里是这么说的："萃，聚也。顺以说，刚中而应，故聚也。王假有庙，致孝亨也。利见大人亨，聚以正也。用大牲吉，利有攸往，顺天命也。观其所聚，而天地万物之情可见矣。"

孔子的意思是说，萃卦就是聚合，下面顺从，上面喜悦，君王刚明中正，民众一呼百应，所以能够聚合在一起。君王借助宗庙，把上天的旨意传达给民众，以忠孝聚集民众的精神。这个时候，只有追随君王才有利，才亨通，因为聚集在君王身边才是正道，追随别人就是歪门邪道了。处萃之时，物产丰厚，用大牲畜祭祀可得吉，无往而不利，因为顺应自然规律，处萃之时，本来就可以大有作为。人以群分，物以类聚，观察品类之所聚，就可以了解天地之间，万事万物的变化规律了。

初六：有孚不终，乃乱乃萃，若号一握为笑，勿恤，往无咎。

象曰：乃乱乃萃，其志乱也。

【注解】孚：信赖。终：始终如一。乃：你。号：号啕。志：心志。

【释义】先看卦象，初六阴爻阳位，上应九四，处坤之初，萃之始。阴爻，说明他是个小人物，自身柔弱，是个比较幼稚，没有主见的人；阳位，说明他积极要求进步，能够主动前往，与大人物聚合；上应，说明九四是他应该追随的人，他应该前去与九四聚合；处坤之初，说明他是极为顺从的人，但处萃之始，他不知道追随谁才好。萃卦有两个阳爻，一个是君王，一个是大臣，在小人物眼里，都是伟大的人物，一时间拿不定主意。爻辞说"有孚不终，乃乱乃萃"，本来初六和九四相应，相互信赖，追随九四就是了，可初六柔无守正之节，又想与九五聚合，未能从一而终。"其志乱也"，此时初六心志已乱，不知道跟谁聚合才好。"若号一握为笑，勿恤，往无咎"。此时如果初六不改初衷，坚守与九四的诚信，哭喊着去求得九四的谅解，肯定会握手言和，破涕而笑。不要害怕，没什么可担忧的，去和九四聚合，不会有任何灾祸。

这一爻告诉我们，投靠伟人切不可三心二意。伟人聚众，以普遍为贵，小人物投靠，以专一为美。作为小人物，今天想投奔这个，明天又想投靠那个，左顾右盼，举棋不定，这样会失去所有人对你的信任。佳禽择良木而栖，认定了你要追随的伟人，便矢志不移，从一而终，这才是君子所为。

六二：引吉，无咎，孚乃利用禴。

象曰：引吉无咎，中未变也。

【注解】引：援引。禴：夏祭。夏祭之时，百物处于生长期，祭品不丰，所以禴又称薄祭。

【释义】先看卦象，六二阴爻阴位，得中得正，上应九五。阴爻，说明他是个小人物，是应该追随伟人的小人物；阴位，说明他是个静处的人，不会特别主动地去追随伟人；得中，说明他具备中德，能行中庸之道，处萃之时，既不会主动去投靠，也不会被动地等待，而是采取恰到好处的办法，实现与伟人的聚合；得正，说明他动机纯正，手段正当，观念正统，作风正派，是个能走正道的人；上应，说明他与九五互有好感，处萃之时，双方聚合是肯定的。但现在有个问题，六二不会主动投靠，九五又不好主动拉他入伙，这可怎么办呢？六二有个好办法，就是"孚乃利用禴"。就像夏祭那样，用简单的礼品，向九五表达自己的诚意。九五也不在乎东西多少，只要感觉到六二的真诚，就会"引吉无咎"。九五与六二中正而应，本来就是心灵相通的，只需要一个态度而已。六二表态后，九五就会援引六二前去聚合，不引不吉，引则吉，吉则无咎。

这一爻告诉我们，投靠伟人要讲究策略。如果你过于积极主动，冒冒失失前去投靠，还不说别人是否收留，即使是收留了，人家也会小看你，轻视你，不重用你；如果消极被动地等待，或是待价而沽，故意拿一把，很可能会失去追随伟人的机会。那么，最好的办法就是向人家表明诚意，让人家拉你入伙，这样，双方均不失体面，又达到了聚合的目的。

六三：萃如，嗟如，无攸利，往无咎，小吝。

象曰：往无咎，上巽也。

【注解】萃：聚。如：语助词。嗟：叹息。

【释义】先看卦象，六三阴爻阳位，不中不正，处坤之极，上承九四。阴爻，说明他是小人物，是应该追随伟人的人；阳位，说明他不是个安于现状的人，是个积极主动，寻求与别人聚合的人；不中，说明他已失去中立地位，要么与人聚合，要么被人消灭，不能独立存在。因为他处诸侯位，自身很弱小，又是多凶之位，处萃之时，不可能保持中立；不正，说明他没有正确的路可以走，跟谁聚合都不是正聚；承刚，说明他的压力非常大，下三阴爻唯独六三没有正应，不知道该跟谁去聚合；处坤之极，说明他开始走背字，聚途不顺利，是个投靠无门的人。爻辞说"萃如，嗟如，无攸利"。处于相聚之时，求聚而不得聚。与上六聚吧，两阴相敌不相应，不能相聚；与九五聚吧，无比无应，没有任何关系，也不能相聚，故自叹息。最后只好和九四求聚，好歹与九四还有个顺承和亲比的关系，且九四处悦体之初，态度和悦，如果六三来求聚，九四肯定会答应。"往无咎，小吝"，前往聚合，不会有灾祸。但双方毕竟不是正应，虽可以聚，却是名不正、言不顺，所聚非正，当属收编，所以小有羞吝。

这一爻告诉我们，当走投无路的时候，被人收编，也不失为明智的选择。有正当的投靠之人，当然是最好；没有正当投靠之人，自己独立存在也还可以；既没有正当可投靠之人，也不能独立存在，摆在面前的只有两条路，一是接受改编，二是被彻底消灭，怎么办？自然是选择第一条路。两害相权取其轻，君子有权宜之变，这也是不得已而为之。

九四： 大吉无咎。

象曰： 大吉无咎，位不当也。

【释义】先看卦象，九四阳爻阴位，不中不正，下应初六，处兑之初。阳爻，说明他是个大人物，处萃之时，是人人都追随的大人物；阴位，说明他不会主动与下边的人聚合，但他虚位以待，等着别人来和他聚合。对上忠于职守，不敢越雷池半步，是个守规矩的人；不中，说明他位高权重，追随者甚多，很难把握与君王的平衡关系；不正，说明他位置不正，不能堂堂正正地与下面聚合，恐有夺民之嫌；下应，说明他和初六聚合是正当聚合，同别人聚合则是苟合，属于不正当行为；处兑之初，说明他有悦民之德，符合萃卦要义，上悦之，下必从之，所以他从者甚众。此时的九四，实际上处在最危险的境地。在这聚萃之时，九四如何处理好与九五的关系，甚为关键。如果九四手握民众，与九五抗衡，则有夺民之灾；如果率领民众，唯君王马首是瞻，则有勤王之功。前者凶而必祸，后者吉而无咎。所以说，九四只有放弃欺君夺民的念头，始终遵守为臣之道，才能得吉而免灾。而且只有大吉，才能无咎。

这一爻告诉我们，为人臣者，任何时候都不能有邪恶之念。人的欲望随着自己的实力不断增长，永无止境。得银想金，得千思万，得陇望蜀，当手握重兵，独掌朝纲的时候，就会想到黄袍加身。孰不知君臣有别，各有天命，起心动念之时，便是祸及九族之日。暗室亏心，神目如电，旁门左道，成不了大气候，也不会有什么好下场。必须谨守臣道，得大吉方可无咎。

九五：萃有位，无咎。匪孚，元永贞，悔亡。

象曰：萃有位，志未光也。

【注解】位：君位。匪：非。孚：信服，亲信。

【释义】先看卦象，九五阳爻阳位，得中得正，下应六二，位在至尊。阳爻，说明他是刚明之君，过于看重自己的威严；阳位，说明他得聚民之位，天下之民都应该聚合在他的大旗之下；得中，说明他具备中庸之德，能行中庸之道，处萃之时，他和民众保持一种不远不近的关系，中规中矩，时刻保持自己至高无上的尊严；得正，说明他正殿之上，正襟危坐，正气凛然，是个正大光明的君王；下应，说明他与六二互有好感，关系特殊，对六二格外恩宠。在这聚萃之时，所有的人都应该与九五聚合，九四也应该与九五聚合。可现在的情况是，九五只宠信六二，而其他人都不信服九五，都愿意和九四聚合，九五徒有其位而无其实。问题出在哪了呢？"萃有位"，九四的问题是有萃民之德而无萃民之位；九五有萃民之位而无萃民之德。虽然"无咎"，但"志未光也"。因 受君位和中正之德的限制，亲民、悦民而萃民之志未能发扬光大，疏远了初六、六三这些人。爻辞告诫说："匪孚，元永贞，悔亡"。作为一国之君，志向要远大，不能单独宠信六二，应该反身修德，使自己更加完善，永远固守纯正，把大善、大德、大恩、大爱普施于天下，赢得广大民众的信服、信任和信赖。只有这样，民众才会来和你聚合。信则萃，萃则悔可亡矣。

这一爻告诉我们，作为单位一把手，要想让大家团结在你的周围，必须注意三点。一是不能摆官架子，不能太严肃，过于一本正经，一身正气，别人就不敢接近你；二是不能摆出一视同仁的架式，故意保持不远不近的距离，表示对谁都一样，没有亲疏远近之分，这样别人就不好意思接近你；三是不能专宠一人。否则，别人就都不愿意接近你。此三条乃为官之大忌，君子不可不察。

上六：赍（jī）咨涕洟，无咎。

象曰：赍咨涕洟，未安上也。

【注解】赍咨：嗟叹。涕洟：哭泣。

【释义】先看卦象，上六阴爻阴位，下乘九五，处兑之极、萃之终。阴爻，说明他是个无能之人，处萃之时，是个应该追随伟人的人；阴位，说明他是个无位之人，是个没有资格和别人聚合的人；乘刚，说明他坐卧不安，心神不宁，惶惶不可终日；处兑之极，说明他乐极生悲，处境凄凉；处萃之终，说明萃道已终，再也没有聚萃的可能。上六无权无位，无以可聚；无德无能，无以可聚；无援无应，无以可聚；萃终则散，无以可聚。乐极则生悲，乘刚则不安，日子实在是不好过。爻辞说"赍咨涕洟，无咎"。是说上六长吁短叹、唉声叹气，鼻涕一把、眼泪一把。这是上六"未安上也"，不敢因处上而自安，能够知危之至、惧祸之深、忧病之甚，有感而嗟，至于涕洟。从道义上讲，上六知道诚惧，就不会有灾祸。

这一爻告诉我们，人只要活着，就不能说自己是世外之人。退休了，不是世外之人；隐居了，不是世外之人；与世无争也不是世外之人。只要生活在社会里，就会被时代所裹挟。你不找事事找你，你不与人争，人与你争，躲不开、逃不掉。只有局外之人，没有世外之人，任是谁都不能生活在真空里。所以，必须永远夹着尾巴做人，懂得敬畏，方可长久。

简单地总结一下，上一卦是姤卦，姤卦讲的是相遇，相遇而后聚。所以就有了萃卦。萃卦讲的是聚合，研究和谁聚合，如何聚合的问题。一开始是"乃乱乃萃"，不知道跟谁聚合才好，一个是正应，一个是君王，都是大人物，哪个也舍不得，瞻前顾后，举棋不定。当然最后还是投靠了九四，这是正萃。接下来是"引吉，孚乃利用禴"。六二和九五，本是正应、正萃，可双方都不主动，都是个要面子的人。所以六二先给九五个面子，像夏祭一样，简单地送点小礼，表达自己的诚意。九五有了台阶下，也给六二个面子，于是双方体面地聚合在一起了。接下来是"萃如，嗟如"，处萃之时，却无以可萃，走投无路，只好投靠九四。万般无奈才出此下策，毕竟不是正萃难免遭人耻笑。接下来是"大吉无咎"，处萃之时，大臣比君王聚集的人马多，这是很危险的事，弄不好大臣就会有杀身之祸。最后的结果，只能是大吉才可无咎，小吉都不行，都会有灾祸，必须是大吉。看来这做臣子的，也着实不容易。接下来就是"萃有位"，问题就出在这个"有位"上。处萃之时，君王冷冰冰地坚守中正之道，而无悦民之德，且又专宠六二，犯了萃卦之大忌，虽无灾祸，但却有悔，必须"匪孚，元永贞"，才可"悔亡"。必须做到三条，一是不要专宠，二是完善自己，三是永远固正。做到这三条，就可以消除致悔的因素了。最后是"赍咨涕洟"。处萃之时，无以为萃，又不敢居上而自安，以痛哭流涕来表示自己的畏惧和不安，从而免除灾祸。

我们古代先民，通过"泽在地上"这么一种自然现象，设卦立言，总结出一套聚合荟萃的自然规律，揭示出各种聚合的客观性和必然性。这是古人的智慧，我们后人应该认真学习、思考、借鉴。

升 ䷭ 坤上　第四十六卦　积极向上
巽下　　地风升　　步步高升

【卦辞】升：元亨，用见大人，勿恤，南征吉。

【象曰】地中升木。升。君子以顺德，积小以高大。

【注解】升：上升。元亨：见乾卦。见：现。南征：向着光明的方向前进。

【释义】《序卦传》说："萃者聚也，聚而上者谓之升，故受之以升。"萃是聚集，人们聚在一起，便要求进步、上升，成为群体的佼佼者，这是自然规律。所以萃卦之后，紧接着就是升卦。地风升，坤为地，巽为木，木在地下，是树苗从地中生出，渐渐成长之象。风生于地下，必升于空中，也是上升之象。巽者逊也，坤者顺也，于人事而言，谦逊而柔顺的人才能升职，也是上升之象。万物生升，是追求大而完美，是任何力量也阻挡不了的。所以"元亨"。可以利用这个时期的一切有利条件，塑造出伟大的人物，所以"用见大人"。当你处于晋升的时候，便是贤者得其时，自己的才能和道德修养都已经成熟了，不必忧虑志不得遂，只管向着光明的方向前进就是了，结果肯定是吉祥的。这就是"勿恤，南征吉"。君子应该从升卦中得到启示，修身养德，要像树木成长那样，不可躁，不可逆。要顺时而为，顺势而为，积小善为大善，积小德为大德。

孔子在《象传》里是这么说的："柔以时升。巽而顺，刚中而应，是以大亨。用见大人勿恤，有庆也。南征吉，志行也。"

孔子的意思是说，看似柔弱，却一天一天地升高长大，这就是升卦。就像大树一样，风吹时，轻轻地摇摆，谦逊而顺从；坚硬笔直的树干是中通的，树冠和下边提供营养的土壤相应，所以越长越大、越完美，是谁也阻止不了的。于人事而言，可借时势，造就伟大的人物，贤能达人也不必担忧自己的发展前途，这是值得庆贺的时代。向着光明的方向前进就会吉祥，每个人的志向都能实现。

初六：允升，大吉。

象曰：允升大吉，上合志也。

【注解】允：一说"当也"，一说"信也"。也有作"允许"解。实际上，允字有其三义最为精准，也见用字者用心之妙。

【释义】先看卦象，初六阴爻阳位，上承九二，处巽之初，升之始。阴爻，说明他是个柔顺的人，谦虚而顺从，是个服从命令听从指挥的人；阳位，说明他积极进取，主动有为，上进心强，是个积极要求进步的人；承刚，说明他顺承上意，柔而从刚，是个深得领导信任和重用的人；处巽之初，巽为木，初为本，说明他能够坚守自己做人的根本；处升之始，说明他赶上了升迁的好时候，时也、命也，是个运气不错的人。初六巽主在下为木之根，其向上升长的志向，和树冠的志向是一样的，"上合志也"。谦虚而当位，承刚而信从，合志而允许，无论从哪方面讲，初六都是"允升"而"大吉"。

这一爻告诉我们，素人升迁，需要具备这么几个条件。一是自己谦虚顺从；二是积极要求进步；三是不违上级意志；四是坚守做人原则；五是政治取向一致；六是赶上恰当时机。做到这六条，不用歪门邪道，肯定能够升迁。

九二：孚乃利用禴，无咎。

象曰：九二之孚，有喜也。

【注解】孚：诚信。禴：简单的祭祀。

【释义】先看卦象，九二阳爻阴位，下卦得中，上应六五。阳爻，说明他是个刚明强健的人，是个为人正直，工作能力极强的人；阴位，说明他忠于职守，安于本分，是个踏踏实实干好本职工作的人；得中，说明他具备中德，能行中道，处升之时，不冒进、不过分，中规中矩，没有急于升迁的言行；上应，说明他和六五互有好感，但目前的形势是君弱臣强，处升之时，六五多少会有些顾虑。九二刚中而应，是六五最得力的干将，此时只需"孚乃利用禴"，即可"无咎"。就是用最简单、最直接的办法，向六五表示你的忠诚即可。只要得到六五的充分信任，不但没有灾祸，还会"有喜也"，说不定会有嘉奖、封赏、提拔、重用等意外的惊喜。众所周知，在君弱臣强的时候，忠诚和信任，更显得弥足珍贵。

这一爻告诉我们，上下级之间，忠诚和信任，缺一不可。上级对下级必须信任，下级对上级必须忠诚。只有这样，才能建立起上下级之间的良好关系。如果上级对下级没有最基本的信任，那么下级对上级再忠诚也没用，工作再好也得不到承认和肯定。如果下级对上级不够忠诚，就是上级再信任也没用，越信任，事情就会越糟，所以，无论什么时候，上下级之间的忠诚和信任，都是必要条件。

九三：升虚邑。

象曰：升虚邑，无所疑也。

【注解】虚邑：无人之邑。

【释义】先看卦象，九三阳爻阳位，失中得正，与上六相应，处巽之极。阳爻，说明他聪明能干，为人正直，是个各方面都很优秀的人；阳位，说明他不满足于现状，积极进取，勇于拼搏，上进心强，是个各方面都很活跃的人；失中，说明他表现有些过分，对升迁的追求偏于执着，不是一个循规蹈矩的人；得正，说明他追求升迁，目的纯正，手段正当，观念正统，作风正派，是个能走正道的人；上应，说明他和上六互有好感，能够得到上六的提拔和重用；处巽之极，说明巽极则不逊，态度有些傲慢，有点飘飘然的感觉。处升之时，九三居刚用刚，以刚明之躯，进入坤体，如"升虚邑"，就如同进入没有防御的城邑，前进的路上一片空虚，没有任何障碍。九三在升进的路上，可谓如履平地，平步青云。然而升卦贵中、贵柔，而九三过刚过勇，无所畏惧，"无所疑也"。如此升进，恐怕凶吉难料。升卦其他各爻都有断语，唯独九三爻，只言升虚邑，而不加凶吉之断。

这一爻告诉我们，升得太快，不见得是好事。树得一点一点地长，官得一级一级地升。这是自然规律，不可以违背。木秀于林，风必摧之，人也一样，没有经过磨炼的人，坐直升机当了大官，基础差，阅历少，没经验，一有风吹草动，便现出原形，爬得越高，摔得越惨。看似好事，最后变成了坏事，这就是违反自然规律的结果。

六四：王用享于岐山，吉无咎。

象曰：王用享于岐山，顺事也。

【注解】 王：指周文王。享：祭享。岐山：在西周境内。

【释义】 先看卦象，六四阴爻阴位得正，处坤之初。阴爻，说明他是柔顺之臣，宅心仁厚，谦恭善良；阴位，说明他安分守己，忠于职守，沉稳厚重，城府较深，思不出位，行不僭越；得正，说明他观念正统，行为端正，是个堂堂正正的朝廷大员；处坤之初，说明他具备顺从的美德，上能顺从君王，下能顺从臣民；上能顺应天意，下能顺应民心。六四处一人之下，万人之上的权臣之位。在这晋升时期，以六四所处的位置，如何处理好对上、对下的关系，至关重要。此卦恰如文王事殷，三分天下有其二，但文王仍居诸侯之位。　上顺君之意，下顺贤之进，自己则柔顺谦恭，言行举止，不出其位。爻辞说"王用亨于岐山"，按照礼制，君王行祭天之礼，诸侯行祭山之礼。而周文王仍以祭祀岐山为本分，而不敢称王去祭天帝。永远以柔顺之德，固守为臣之道，借祭岐山，表示自己上顺君，下顺贤，不敢称王的心愿，"顺事也"。爻辞说"吉无咎"，唯如此方可得吉，唯得吉方可无咎。

这一爻告诉我们，成大事者，必有大智慧。在多疑而又残暴的商纣王面前，周文王处处示弱，这就是大智慧。自己是个大德之人，却藏德而不露；自己是个大才之人，却藏才而不用；自己是朝中权臣，却事事顺从；自己的实力非常强大，即以诸侯自居；君子藏器于身，含而不露，隐忍待发，这就是大智慧。周文王有此大智慧，才成就八百年的基业。所以，欲成大事者，必须具备超人的智慧。

六五：贞吉，升阶。

象曰：六五贞吉，大得志也。

【注解】升阶：升到台阶之上，由臣位升至尊位。

【释义】先看卦象，六五阴爻阳位，上卦得中，下应九二，处至尊之位。阴爻，说明他是仁德之君，治国理政，用柔而不用强；阳位，说明他不满足于现状，处升之时，能够积极主动地选贤任能，提拔任用各路人才，是个有为之君；得中，说明他具备中庸之德，能行中庸之道，处升之时，能够把握用人标准，用人之长，避人之短，德才配位，恰到好处；下应，说明他和九二互有好感，相互信任，当此用人之际，得此心灵相通的刚明之臣，肯定会提拔重用，委以重任。这是周天子登基的真实写照，可谓"大得志也"。然而初登大宝，以柔履刚，恐有不正之嫌。但是《易》贵中，得中者自然得正。爻辞告诫"贞吉"，必须固守正道方可得吉。

这一爻告诉我们，选贤任能，以中正为本。不会用人者，天下无可用之人，就如伯乐相马，有不识马者，即使是千里马，也会骈死于槽枥之间。会用人者，则天下皆为可用之才，有如良匠相木，尺用其长，寸用其短。以中正取仕，德者用其德，才者用其才，占小善者率以禄，名一艺者无不庸，关键是把它放在恰到好处的位置，避其邪而用其正。如此用人，则天下可兴矣。

上六：冥升，利于不息之贞。

象曰：冥升在上，消不富也。

【注解】冥：昏暗不明。息：滋生，增长。消：退去。不富：指阴爻。

【释义】先看卦象，上六阴爻阴位，下应九三，处坤之极，升之终。阴爻，说明他是柔弱之人，是个昏暗不明的人；阴位，说明他进无可进，为无所为，是个抱残守缺的人；下应，说明他和九三互有好感，九三就是他提拔的，双方都升到没法再升的地步；处坤之极，说明顺极则逆，到了逆增长的时候，这是事物发展的必然规律；处升之终，说明升道已经终结，升极必降，是大自然的法则，谁也改变不了。上六已经升到了穷极之地，仍不知道升极必降的道理，再升就退出历史舞台了。爻辞说"冥升，利于不息之贞"，昏暗不明，都老糊涂了，还想着升，这是违反客观规律的。其实上六这个时候，应该停止进升，不滋生、不增长才是正道，坚守这个正道才有利。就像树木一样，长到不能再长的时候，尽量维持现状，以后就是慢慢老化，慢慢消退的过程。所谓"消不富也"，就是阴性事物慢慢消退，直至消亡。

这一爻告诉我们，有升必有降，唯一能做的是延缓政治生命。人之为官和木之为树是一个道理。树木从生到死是一个生命过程，为官从升到降是一个政治生命过程。升到不能再升的时候，不要滋生事端，到处兼职，寻求新的增长点。而是要干好自己的正业，恪尽职守，鞠躬尽瘁，尽最大努力延长自己的政治生命。退下来也是必然的，政治生命结束后，就可以慢慢享受晚年的美好生活了。

简单地总结一下，上一卦是萃卦，萃卦讲的是聚集，聚则众，众必有升，所以就有了升卦。升卦讲的是进升，研究如何才能进升的问题。一开始就是"允升"，因为他具备了所有的升迁条件，所以有升迁之大吉。接下来是"孚乃利用禴"，君弱臣强，九二得先向君王表示忠诚，才能得到君王的信任。具备了这两个条件，君王自然会提拔，重用九二这位刚明之臣。接下来是"升虚邑"，九三自身条件不错，上有引援，一路飙升，如入无人之境。但他违反了升卦贵柔、缓、顺的要义，升得太快，是好是坏就不得而知了。接下来是"王用亨于岐山"，采用祭山而不祭天的办法，消除君王的防范之心，以处处示弱的办法，消除君王的加害之心。最后以大智慧赢得了大升迁。再接下来就是"贞吉，升阶"，终于登上了至尊之位，真乃"大得志也"，选贤任能，该升迁的都升迁。以仁德御天下，天下大吉。最后是"冥升"，按照自然规律，升道终结，"利于不息之贞"，不滋生事端就是正，守住这个正，就可以延长政治生命。这是升卦对冥升之人最后的忠告。

我们古代先民通过"地在上，风在下"这么一种自然现象，设卦立言，总结出一套进升的客观规律，揭示出各种进升的必然性。这是古人的智慧，我们后人应该认真学习、思考、借鉴。

困 ䷮ **兑上　第四十七卦　深陷穷困**
坎下　　泽水困　　隐忍为要

【卦辞】困：亨、贞，大人吉，无咎，有言不信。

【象曰】泽无水，困；君子以致命遂志。

【注解】困：指君子被掩（yǎn）蔽，阳困于阴中。不信：没有人相信。致：归还。遂：实现。

【释义】《序卦传》说："升而不已必困，故受之以困。"升卦是自下往上升，上升不已，则力竭而困。困是疲惫困乏的意思。所以，升卦之后，紧接着就是困卦。泽水困，兑为泽，坎为陷，泽水陷于坎陷，泽中无水，呈干涸困乏之象。从卦象上看，上卦二阳困于二阴之中，下卦一阳也困于二阴之中，是君子被小人掩蔽围困之象。困者，君子穷困之时也。此乃一时之蔽，并无大碍，坚守君子之正，仍然吉祥。不会有什么灾难。刚而得中，君子之困，困于道而已，并没有消退，仍然可以亨通。只是在这困顿时期，尚行而不尚言，宜多做事而少说话，因为说了也没人信，多说无益。莫如反身修德，守正待时，以求济困。君子应从困卦中得到启示，君子被困也是客观规律，是天命，非人力所能避免。但君子处于被困的环境中，"以致命遂志"。宁可舍弃性命，也不改变自己的志向。当生命与信仰不可兼得的时候，要杀身成仁，舍生取义，不可苟且偷生。正所谓"三军可夺帅，匹夫不可夺志也"。

孔子在《彖传》里是这么说的："困，刚蔽也。险以说，困而不失其所亨，其唯君子乎。贞大人吉，以刚中也。有言不信，尚口乃穷也。"

孔子的意思是说，困卦，是阳刚的君子被阴柔的小人掩蔽了。君子处险而不悲观，被困而不失其亨通，只有君子能够做得到。之所以君子能够守正而得吉，是因为君子阳刚中正，能行中庸之道。之所以靠耍嘴皮子是穷道、没有出路，是因为处困之时，君子所说的话，没有人相信。

初六：臀困于株木，入于幽谷，三岁不觌 (dí)。
象曰：入于幽谷，幽不明也。

【注解】臀：屁股。行则趾在下，坐则臀在下。株木：没有枝叶的树。相当于木桩子、木墩子、木制的凳子、椅子之类。应该是座位的意思。幽谷：深谷、低洼的河谷、山谷。觌：见。三岁：多年。

【释义】先看卦象，初六阴爻阳位，上应九四，处坎之初，困之始。困卦六爻，无论阴阳皆言困，只不过小人困于利，君子困于道而已。初六阴爻，说明他是个柔弱的小人，是个不明事理的糊涂人；阳位，说明他不安于现状，急于离开这个地方，是个着急调走的人；上应，说明他和九四有着千丝万缕的联系，他唯一的指望，就是等着九四来拯救自己；处坎之初，说明他是最先入坎的人，处在坎陷的最下面，潮湿昏暗，见不到光明；处困之始，说明他的困顿才刚刚开始，要想脱困，路途遥远，遥遥无期。初六以阴柔之质，处在最卑下的地位，又居坎险之下，单靠自己的力量，难以脱离困境，需要九四来援助他。可九四自己也被小人围困，迟迟不能前来救援，初六的处境极端艰难。爻辞说"臀困于株木，入于幽谷，三岁不觌"，就像是掉在一个很深很深的大坑里，虽然有个木桩子可坐，但在这一个地方，一待就是多少年。是说他在一个很基层的小单位，有把破椅子，一待就是好多年，跟九四连面也见不着。没人帮助，看不到光明，看不到前途，没有希望，只有绝望。为什么呢？"幽不明也"，是自己昏暗不明，没本事，怨不得别人。

这一爻告诉我们，无能之辈，要想咸鱼翻身，是一件很难的事情。万事自有天理，凭什么你个无能之辈，就想比别人混得好呢？要德无德，要才无才，软弱无能，说不清，道不明，满脑子糨糊，不明事理。自己不努力，只等着别人来帮你，简直是异想天开。在基层有个座位已经很不错了，应该知足才对。上蹿下跳没有用，徒增烦恼而已。要真想混得好一点，千方百计提高自身素质，才是唯一的出路。

九二：困于酒食，朱绂（fú）方来，利用亨祀，征凶，无咎。

象曰：困于酒食，中有庆也。

【注解】朱绂：古时祭祀礼服，用皮革制成，护于膝下。天子及三公九卿用朱绂，诸侯用赤绂。

【释义】先看卦象，九二阳爻阴位，下卦得中。阳爻，说明他是个君子，具备刚明正直的君子之德；阴位，说明他安分守己，处困之时，不会主动地有所作为；得中，说明他具备中庸之德，能行中庸之道，处困之时，有所为、有所不为，保持与小人之间的平衡关系。九二和九五同为阳爻，一个是刚中之臣，一个是刚中之君，都具备君子的中庸之德。双方志同道合，所思所想，心知肚明。小人之困困于身，君子之困困于道。爻辞说九二"困于酒食，朱绂方来，利用亨祀，征凶，无咎"。九二藏道于心，采取自困酒食的办法，以丧志之象，表不争之心，避小人之害。正因如此，九五才送来祭祀用的朱绂，言外之意是，你我心灵相通，心到神知，只要你安于酒食，虔诚祭祀，藏道于心，以待时变，不但没有灾祸，还会"中有庆也"，会因守中而得喜庆之事。万不可前往，去犯小人之难，否则必然凶险无疑。

这一爻告诉我们，君子困于道，道不同不相谋，不可与小人正面交锋。要与小人保持不远不近的距离，政治上的事，不讨论、不争论、不辩解、不纠缠。君子与君子之间，多沟通、多交流，思想保持高度一致，行为保持高度统一。持中守正，等待时机，切不可一时冲动而乱大谋。

六三：困于石，据于蒺藜，入于其宫，不见其妻，凶。

象曰：据于蒺藜，乘刚也。入于其宫，不见其妻，不祥也。

【注解】 蒺藜：一种带刺的植物。

【释义】 先看卦象，六三阴爻阳位，不中不正，上承二阳，下乘一刚，外卦无应，处坎之极。阴爻，说明他是个小人，是个软弱无能的小人；阳位，说明他不是一个安分守己的人，不安于现状，上蹿下跳，胡作非为，是个很活跃的人；不中，说明他思想偏激，行为过分，是个不讲规矩的人；不正，说明他动机不纯正，手段不正当，作风不正派，是个不走正道的人；承刚，说明他压力大，负担重，是个被生活压迫得喘不过气来的人；乘刚，说明他如坐针毡，坐卧不宁，心慌意乱，惶惶不可终日；无应，说明他孤独无助，摘借无门，叫天天不应，叫地地不灵；处坎之极，说明他生活在坎陷的边缘，没有回头后退的余地，稍不留神，就会跌入坎险之中。六三穷困而无操守，柔弱而又履刚，处险而又妄动。爻辞说"困于石，据于蒺藜，入于其宫，不见其妻，凶"。说他上有二阳如磐石压顶，下有一刚如乘蒺藜。进则力不能胜，退则坐卧不安。回到家里，见不到妻子，这岂止是不祥的征兆啊，简直就是凶到家了。困卦本来是阴困阳，结果六三被阳所困。六三之困，小人之困也，所困在身，而非困于道也。

这一爻告诉我们，小人无操守，穷斯滥矣。小人之所以为小人，就是他们没有最基本的道德底线，为了一己之私，什么事情都做得出来。吃喝嫖赌抽，坑蒙拐骗偷，扒绝户坟，蹿寡妇门，打瞎子、骂哑巴，欺负小孩子，无恶不作，无所不为，毫无羞耻之心，更无悔改之意，如此小人，困而得凶，实属自然。

九四： 来徐徐：困于金车，吝，有终。

象曰： 来徐徐：志在下也。虽不当位，有与也。

【注解】徐徐：迟疑、缓慢。金车：指九二，引申为君子所乘之车为金车，金车所载者，道也，义也。与：应援。

【释义】先看卦象，九四阳爻阴位，不中不正，下应初六，处兑之初。阳爻，说明他是个君子，具备君子之德；阴位，说明他困在其位动弹不得，上有强君，下有坎陷，伸不开手脚，不能有所作为；不中，说明他处困之时急于脱困，思想有些偏激，行为有些过分；不正，说明他以刚履柔，位置不正当，脱困的手段不正当；下应，说明他和初六这个小人，有千丝万缕的联系，处困之时，便想寻求初六的应援；处兑之初，说明他会遭到言语上的羞辱。困卦三阳，唯九四不中不正，但也唯九四有初六相应。君子困于道，九四虽为君子，也困于道，但在操守上不如九二和九五。二五得中得正，九四不中不正，根本就没法比。处困之时就看出来了。九四想去援救初六，赢得初六的帮助，从而双双脱困。毕竟九四与初六相应，互有好感，心灵相通，求援于初六也是正当的。但这一举动遭到九二的阻拦。爻辞说"来徐徐，困于金车，吝，有终"。九四"志在下也"，志在来内卦找初六，之所以徐徐缓慢，是因为受到了九二的阻拦。下卦坎为车，九二所乘，九二是道义的化身，所以叫金车。九四被九二所拦，所以说"困于金车"。九二认为，君子不应该跟小人勾勾搭搭，再困也不能失去君子的操守。九四虽遭阻拦和羞辱，但最终还是"有与也"，还是得到了初六的应援。过程很不体面，结果还是不错的，虽"吝"，但"有终"。

这一爻告诉我们，君子有权宜之变，也无可厚非。处困之时，君子被小人掩蔽，大家都在那里酒食度日，烧香磕头，匍匐隐忍，等待时机，也不是个事。如果有脱困的办法，试一试，也不失为一种权宜的选择。君子为道义而求变，大行不顾细谨，大礼不辞小让，被那些卫道士说几句，也无伤大雅。

毕竟君子脱困，君子之道摆脱小人的掩蔽，彰显于世，结果才是最重要的。

九五： 劓（yì）刖（yuè），困于赤绂，乃徐有说（tuō），利用祭祀。

象曰： 劓刖，志未得也。乃徐有说，以中直也。利用祭祀，受福也。

【注解】劓：削鼻。刖：砍足。赤绂：诸侯祭祀时的服饰。说：通脱。

【释义】先看卦象，九五阳爻阳位，得中得正。阳爻，说明他是一位刚明之君，正直而强健；阳位，说明他是有为之君，处困之时，主动出击，积极脱困；得中，说明他具备中庸之德，能行中庸之道，既能主动出击，又不会把小人逼得太急，在脱困中，把握分寸，无过无不及，采取的脱困措施恰到好处；得正，说明他是正统的君王，能以正压邪，脱困手段是正当的，道路是正确的。爻辞说"劓刖，困于赤绂"，处困之时，刚明强健之君主动出击，像削掉鼻子那样，除掉了上六；像砍掉双足那样，除掉了初六。现在就剩下六三了。六三处诸侯位，按人体讲，在膝盖那个位置，赤绂是诸侯祭祀时护膝之用，而诸侯的势力比初六和上六都强大的多，一时无力铲除，所以说"困于赤绂"。三个小人除掉了两个，还剩一个不好对付的，所以说"志未得也"。爻辞说"乃徐有说，利用祭祀"。剩下的六三就不着急了，上有刚中之君，下有刚中之臣，把六三夹在中间，慢慢收拾，就会脱困。把小人消灭以后，"利用祭祀"，"受福也"。用他们的头颅来祭祀天帝，就可以享受天赐之福了。

这一爻告诉我们，小人永远也斗不过君子。君子能屈能伸，有勇有谋。当受困之时，收敛锋芒，藏道于心，忍小人所不能忍；当时机成熟时，当机立断，果断出手，不给小人以喘息之机；当与小人交锋时，勇往直前，绝不退缩，不给小人以还手之机；当遇到强敌时，绝不鲁莽，策应万全，徐而图之。所以，小人永远不是君子的对手。

上六：困于葛藟（lěi），于臲（niè）卼（wù），曰动悔，有悔，征吉。

象曰：困于葛藟，未当也。动悔，有悔吉，行也。

【注解】葛藟：草本植物，茎蔓缠绕树枝攀缘而上。臲卼：高危之地，危动之状，不安之貌，恐惧之态。有：又。

【释义】先看卦象，上六阴爻阴位，下乘九五，处兑之极。阴爻，说明他是个柔弱的小人；阴位，说明他进无可进，退无可退，被困在那里，动弹不得；乘刚，说明他如坐针毡，坐卧不安，心神不宁，来自九五的威胁，让他时时刻刻处在恐惧之中；处兑之极，说明他乐极而生悲，洋洋得意的时期已经过去，悲伤哀怨的日子已经到来；处困之终，说明被困时期即将结束，脱困时期即将到来。困卦是以阴困阳，阴爻围绕着阳爻缘援而上，把阳爻团团围住。爻辞说"困于葛藟，于臲卼"，阴困阳就像藤缠树一样，柔软的葛藤围绕刚硬的树干往上爬，没超过树干的时候，感觉很安全，洋洋得意，不断攀升。待超过树干以后，突然发现自己，已经处在危险的境地。危如累卵，摇摇欲坠，处高危之地，呈动危之状。表现出不安之貌，恐惧之态。为什么？"未当也"，没有待对地方。爻辞告诫说"曰动悔，有悔，征吉"。这个时候，动则有悔，可是不动，又会有悔。就是说如果不动，那是悔上加悔。知道悔改，也还不算太晚，危则危矣，悲则悲矣，知悔而往，便可得吉。上六征吉，困之终也。

这一爻告诉我们，小人得志，忘乎所以。但凡小人，大多贪婪成性，当他们得势的时候，无所不用其极，官位越高越好，权力越大越好，财富越多越好，房子越阔越好，车子越贵越好。当他们埋头苦干，捞得差不多了，回头一看，一副手铐子正在等着他。怎么办呢？跟着走吧。逃跑会更后悔，跟着走，又何尝不是一种解脱呢。

简单地总结一下，上一卦是升卦，升卦讲的是进升之道，升而不已必困，所以就有了困卦。困卦讲的是阴困阳，君子被小人围困，研究如何处困脱困的问题。六爻皆困，小人困于身，君子困于道；困于身者不得脱困，困于道者可以脱困。一开始就是小人之困，"臀困于株木"，是个无能之辈，被困在基层，多年不得起用。接下来是君子之困，"困于酒食"，小人得势之时，君子自困于酒食，以丧志之象，表不争之心，避小人之害。藏道于心，以待时变。接下来又是小人之困，"困于石，据于蒺藜"，是个软弱无能，又没有任何道德底线的人，被牢牢地困在两个君子之间，过着生不如死的日子，且不得脱困。再接下来是君子之困，"困于金车"，是唯一不中不正的君子，也是唯一有应的君子。处困之时，想通过旁门左道脱困，遭到卫道士的阻拦和羞辱。但最终还是脱困了，是个有争议的君子。再接下来也是君子之困，"困于赤绂"，他是刚明有为的君子，除掉了上下两个小人，却被诸侯位的六三所困，好在有刚中之臣九二相助，铲除小人，解脱君子之困，没有什么问题。最后还是小人之困，"困于葛藟"，像葛藤一样，爬得太高了，处于高危之地，惴惴不安，惊恐万状，动则有悔。好在他处于困之终，能够得到另一种解脱。

我们古代先民，通过"泽在上，水在下"这么一种自然现象，设卦立言，总结出一套阳困于阴的客观规律。揭示出各种处困、脱困的不同方式和不同结果。这是古人的智慧，我们后人要认真学习、思考、借鉴。

井 ䷯ 坎上 第四十八卦 水井养人 巽下 水风井 养贤用贤

【卦辞】井：改邑不改井，无丧无得，往来井井。汔（qì）至，亦未繘（jú）井，羸（léi）其瓶，凶。

【象曰】木上有水，井；君子以劳民劝相。

【注解】汔：几乎。繘：汲水用的绳索。羸：毁败也。瓶：瓦罐。

【释义】《序卦传》说："困乎上者必反下，故受之以井。"困卦是困在树梢之上，成为无用之才。困上必反下，反到井底之下，变成有用之才。所以困卦之后，紧接着就是井卦。水风井，坎为水，巽为木，水在上，木在下，有木桶井中取水之象，也有以木砌井之象。井卦借井水有养民之德，来说明贤能达人为君所用。用以养民的道理。天下贤人，就像井里的水一样，他们的作用是养民育民。村邑搬走了，水井还在那里；朝代更替了，贤人还在那里。这就是"改邑不改井"，贤人和井水一样，具有恒常之德，汲之而不竭，存之而不盈。这就是"无丧无得"。贤人和井水，谁来谁用，人人都用，来来往往，不断有人用，这就是"往来井井"。贤人和井水的存在就是为人所用，关键看你怎么用，能不能用。取水的时候，再长的绳子，几乎要打到水了，跟不带绳子，到井上取水，是一个道理，结果都是没有取到水。用贤也一样，差不点就用了，跟不用是一个道理，结果都是没有起用。这就是"汔至，亦未繘井"。汲水的瓦罐毁坏了，同样是打不到水；没有好的用人机制和用人办法，同样是不能用贤。这就是"羸其瓶"。这种情况，于君、于贤、于国、于民都不是什么好事，这就是"凶"。君子应该从井卦中得到启示，以井不汲不得用，民不劳不得养的道理，劝民劳作。以君养贤，贤养君的道理，劝民互助。

孔子在《象传》里是这么说的："巽乎水而上水，井。井养而不穷也，改邑不改井，乃以刚中也。汔至亦未繘井，未有功也。羸其瓶，是以凶也。"

孔子的意思是说，木桶入于水而能汲上水，这就是井。井水养育人，井水本身是无穷无尽的。村邑可以改，水井不能搬迁，小人无守节之德，可以改来改去；君子的刚中之德，是不能更改的。取水的绳子不够长，和不带绳子去取水，都会无功而返。更糟糕的是取水的瓦罐坏了，根本就取不到水，所以这是一种灾祸。

初六：井泥不食，旧井无禽，时舍也。

象曰：井泥不食，下也。旧井无禽，时舍也。

【注解】食：饮用。禽：鸟兽。舍：舍弃。

【释义】先看卦象，初六阴爻阳位。处巽之初，井之始。阴爻，说明他是个软弱无能之辈；阳位，说明他忝居贤人之位，徒有虚名，实际上是个绣花枕头，表面光鲜亮丽，一肚子败絮糟糠；处巽之初，说明他是个榆木脑袋，顽固不化，思想陈旧，浑浊不清，是个呆头呆脑的木头人；处井之始，说明急于用水不能去挖一眼新井，得找一口现成的井；急于用贤，不能去培养新人，得找一个现有的贤人。爻辞说"井泥不食，旧井无禽"。初六就是这口现成的井。结果一看，是一口陈旧的老井，只有淤泥没有水，连鸟兽都不来饮用，这样的井只能被舍弃。于人事而言，这样的所谓"贤人"，也只能"时舍也"，只能被时局所淘汰。

这一爻告诉我们，徒有虚名的人，终将会被淘汰。社会上，盛名之下，其实难副的人太多了，看着是口井，其实没水，看着光鲜亮丽，一大堆头衔。满身是光环，实际上胸无点墨，根本就没有真才实学，靠各种包装，在社会上招摇撞骗。这种人骗人一时，不能骗人一世，不能真正为民所用，早晚被时局所淘汰，落得身败名裂的下场。

九二：井谷射鲋，瓮敝漏。
象曰：井谷射鲋，无与也。

【注解】井谷：井中出水之穴窍也。射鲋：水出如射鲋之涌也。瓮：井壁。敝：破旧，损坏。与：应援。

【释义】先看卦象，九二阳爻阴位，下卦得中，上无应援。阳爻，说明他是位真正的贤人，具备真才实学，满腹经纶，有济世之能；阴位，说明他谦虚包容，成熟稳重，是个不卖弄、不张扬的人；得中，说明他具备中庸之德，能行中庸之道，学问饱满，但不外溢。言行中规中矩，举止恰到好处；无应，说明这么好的人才，却无人起用，白白地浪费掉了。爻辞说"井谷射鲋，瓮敝漏"，说这是一口基础非常好的井，水从穴出，如射鲋之涌，水量非常充足。但井壁破旧，已经损坏了，加上井水没人汲用，水便从破损处流掉了。这是说，用人制度不够完善，有漏洞，这么才思敏捷，才华横溢的贤人，就这样白白的流失掉了。为什么呢？"无与也"，是上面没有人引援，没有人起用的缘故。

这一爻告诉我们，用人制度不健全、有漏洞，就会造成大量的人才流失。人才是一个国家发展最主要的资源，人才的流失，是一个国家的最大损失。曾几何时，中国的人才大量外流，让人痛心疾首。现如今，大量人才学成回国，报效国家，此乃天佑中华。人才回流，助力大业，民族复兴，指日可待，中国之梦定能实现。

九三：井渫（xiè）不食，为我心恻，可用汲，王明，并受其福。

象曰：井渫不食，行恻也，求王明，受福也。

【注解】渫：治理，去污保洁。恻：心痛，惋惜。

【释义】先看卦象，九三阳爻阳位得正，与上六应，处巽之极。阳爻，说明他是位贤人，刚明、正直、强健，有经世济民之才，是个可用之人；阳位，说明他积极主动，勇于进取，是个有所作为的人；得正，说明他品质纯正，为人正派，处事公正，是个能走正道的贤人；上应，说明他上有应援，但所应非人，有点昏暗不明，有眼无珠，视而不见；处巽之极，说明他有点清高和傲慢，这是贤人士大夫普遍存在的，所谓的"文人风骨"。爻辞说"井渫不食，为我心恻，可用汲"，说这是一口治理好的井，污泥已清除干净，井壁完好无损，水量足，水位高，水质纯正，却没有人饮用，真是让人感到惋惜。这样的井水是可以汲用的啊！就像是一位贤德大才，文韬武略，满腹经纶，才高八斗，经世之用，却眼睁睁地放在那里没人起用。"行恻也"，过路的普通老百姓，都觉得太可惜了。爻辞说"王明，并受其福"，大家都盼望着君王圣明，慧眼识珠，封将拜相，用为栋梁，大家都受益。果能如此，国之福也，民之福也。

这一爻告诉我们，君主不明，野有遗贤。圣明的君主，无不惜才如命，求贤若渴。周公旦一沐三握发，一饭三吐哺；刘皇叔三顾茅庐，才成就了自己的大业。这是圣明君主的典型案例，昏庸的君主自然做不到这一点，既然他们无尚才之心，贤能达人也不会明珠暗投，遗贤在野就成为必然。

六四：井甃（zhòu），无咎。

象曰：井甃无咎，修井也。

【注解】甃：垒砌，修治。井甃：修治好的井。

【释义】先看卦象，六四阴爻阴位得正，上承九五，下乘九三，处坎之初。阴爻，说明他温柔顺从，是个可塑之人；阴位，说明他不张扬，不冒进，性格沉稳，是个有定性的人；得正，说明他品质纯正，行为端正，是个方方正正的人；承刚说明他对上顺从，不违上意，是个有求必应的人；乘刚，说明他有坚强的后盾，来自身后的力量和资源，取之不尽，用之不竭；处坎之初，说明他学问深，水平高，处险而不惊，是个可用的贤人。爻辞说"井甃，无咎"，说这是一口修好的井，水位稳定，水质清纯，井口方正，水量充足，深浅适中，谁来取水都不会失望。他只会给人们带来恩惠，不会有什么灾祸。以人事而言，这是经过改造的贤人，起用这样的贤人，有百利而无一害。

这一爻告诉我们，旧时代的贤人，可以经过思想改造，洗心革面之后，为我所用，造福于民。改邑不改井，但不是所有的井都可以拿来就用的。换代不换贤，也不是所有的贤人都可以用。井得修理好才能使，贤须改造后方可用。没有改造价值的所谓贤人，直接抛弃，基础特别好，有真才实学，社会名望较高的贤人，才值得改造。这是历朝历代，使用遗贤，最行之有效的办法。

九五：井冽，寒泉食。

象曰：寒泉之食，中正也。

【注解】冽：清洁、甘美。寒：寒凉。

【释义】先看卦象，九五阳爻阳位，得中得正。尊位，说明他尊贵显赫，德高望众；阳爻，说明他刚明正直，是位德才兼备的贤达之人；阳位，说明他积极进取，勤政务实，是个大有作为的人；得中，说明他具备中德，能行中庸之道，处井之时，无过无不及，德才之用，恰到好处；得正，说明他为人方正，处事公正，是位堂堂正正的贤能达人。爻辞说"井冽，寒泉食"，这是一口清冽甘甜，寒凉如泉的好井，正可饮用。初有泥，二敝漏，三既渫，四井甃，至五则井冽矣。水位得中，井位得正，井水清冽、透澈、洁净、甘美、清爽、寒凉。如此难得的好井，是邑人之福。于人事而言，九五乃大德大贤之人，以刚履刚，居中守正，德才兼备，品质优秀，方方面面都无可挑剔。有贤如此，国之大幸，万民之福。

这一爻告诉我们，国有大贤如邑有好井，可遇而不可求。好井滋养邑人，全村受益；大贤养育万民，全国受益。每个村都希望有一口甘冽清凉，取之不尽、用之不竭的好井，可每个村都不一定能挖出这样的好井。每个朝代都希望有一位德高望众，经世济民，惠及苍生的贤臣，可每个朝代不一定能得到这样的大贤。村有好井，百里挑一，国有大贤，百年不遇。若没有，求之不得，若得到，那是受益者的万幸。在封建社会里，人们把美好的幸福生活，寄托在明君贤臣的身上，总是希望有救世主来拯救自己。这是封建文化的糟粕，我们学《易》的时候，要批判地继承。

上六：井收勿幕，有孚元吉。

象曰：元吉在上，大成也。

【注解】收：收绳索。指汲水完成。幕：覆盖，遮蔽。孚：诚。

【释义】先看卦象，上六阴爻阴位得正，下应九三，处坎之极，井之终。阴爻，说明他是柔顺之人，具备柔顺之德，随叫随到，从不拒绝；阴位，说明他的能力和水平非常稳定，就像卦辞所说的"无丧无得"，为人所用时，自己也不会有什么减损；不为人所用时，也不会才华外溢；得正，说明他是个品质纯正，态度端正，处事公正，为人中正的人；下应，说明他是个有求必应的人，倾其所有，与人共之，凡有取者，必定与之，毫不吝啬；处坎之极，坎为水，极为满，说明他知识水平是丰满的，满腹经纶，足以致用，既可以恩泽乡里，又可以造福于民；处井之终，说明贤道大成，一个贤人应该具备的条件，已全部具备。就等着发挥作用，造福于民了。爻辞说"井收勿幕，有孚元吉"，汲完水，收上井绳以后，不要将井口覆盖。井为公用之物，"往来井井"，人来人往，不断有人使用。大家相互信任，才能发挥水井的最大作用，结果才会大吉大利。作为贤达之人，应该具备井的功能，不擅其美，不专其利，不自掩覆，不得吝啬，人人可取，取必与之，诚心诚意，为民造福，这才是贤道之大成。

　　这一爻告诉我们，古代圣贤，肩负着重要的历史使命和社会责任。他们是封建礼制的制定者，维护者，践行者，自身必须符合"仁义礼智信忠孝悌"等诸多道德标准的要求。穷则独善其身，达则兼济天下；乱则治国安邦，治则兴业安民；行则能及人臣之位，动则能成绝世之功。他们必须做到大爱无疆，天下为公，足智多谋，持中守正，宽厚诚信。对天下万民负有教化、管理、养育之责。于国、于民，他们就像井里的水一样重要，不可或缺。

　　简单地总结一下，上一卦是困卦，困卦讲的是阳困于阴，困于上必反于下，困卦倒过来就是井卦。井卦是通过井养人的道理，来讲贤养民。研究如何治贤、用贤的问题。一开始就是一眼废井，"井泥不食，旧井无禽"。井里全是泥，连禽兽都不来饮用的旧井，要它何用？直接废弃算了。于人事而言，是个百无一用的所谓贤人，这种不合时宜的旧文人，根本没法用，只能被时局所淘汰。接下来是一眼又好又坏的井，"井谷射鲋，瓮敝漏"。井水挺冲，也很充足，可井壁有漏洞，存不住水，自然也就没法用了。于人事而言，是一位才华横溢的贤人，可上边没人起用，挺好的人才就这样白白地流失了。接下来是一眼淘洗好的井，"井渫不食，为我心恻"。经过治理，是一眼特别好的井，方方面面都可以说是难得的好井，可就是没有人用，路人都觉得特别惋惜。于人事而言，这是一位改造好的贤人，方方面面条件都不错，是一位难得的，大德大贤之人，现在没有人用，大家都觉得可惜，就盼望着君王圣明，起用大贤，给人民带来幸福。再接下来，是一眼装修好的井，"井甃，无咎"。经过装修以后，是一眼更好的、更讲究的井，各方面条件都不错，可以放心大胆地使用，只会给人们带来益处，不会给人们带来灾祸。再接下来，就是一眼最好的水井了，"井洌，寒泉食"。井水清洌甘甜，水位中正，水量充足，是百里挑一的井中之王。于人事而言，是一位圣贤大德之人，具备圣贤所有的品质，是百年不遇的大贤。这是国家之幸，也是万民之福。最后是井道大成，"井收勿幕"。新井落成之后，提供给大家使用，要求大家相互信任，使水井发挥最大的作用，造福邑人。于人事而言，就是大贤已养成，要像水井那样，无条件地为人民服务，担负起贤人应负的社会责任，造福国人。

我们古代先民，通过"水在上，木在下"这么一种自然现象，设卦立言，总结出一套治贤用贤，以贤养民的客观规律，揭示出各种贤人的命运和其必然结果。这是古人的智慧，我们后人要认真学习、思考、借鉴。

荣　兑上　第四十九卦　盛衰之际
　　离下　　泽火革　　改革变革

【卦辞】革：巳（sì）日乃孚，元亨利贞，悔亡。

【象曰】泽中有火，革；君子以治历明时。

【注解】巳：地支中的第六位，过半之日。孚：信也。历：历法。

【释义】《序卦传》说："井道不可不革，故受之以革。"井之道，为人所用也，用不好则修改之，修不好则废弃之，替换之。革有两层含义，一是改而革之，二是取而代之。所以，井卦之后，紧接着就是革卦。泽火革，兑为泽，离为火，水火不能相容，要么你灭我，要么我灭你，为革命之象。兑是少女，离是中女，二女同居，其志不相得，也有变革之象。兑为皮草，离为火，皮草在火上，是制革之象。通过水浸火烤，使皮革改变性质，并使之焕然一新。离是文明，兑是喜悦，革命是文明取代战乱，喜悦取代怨恨，是上顺天命，下顺民心的事情，符合自然规律，所以能大亨通。上卦阳刚居中，下卦阴柔居中，持中守正是革命者必须遵守的原则。革命的目的要纯正，手段要正当，对象要正确。动以正，革而当，其悔乃亡。改革也好，革命也好，还有一个重要的前提条件，那就是民众的信任与支持。那么，什么时候改革，才能取信于民，赢得民众的支持呢？那就是上一个政权由盛及衰的时候。所有事物发展过半，都必将走向衰落，走向灭亡，这是必然规律。把握这个时机，发动革命，就能取得民众的信任，这就叫顺应客观规律。天地顺应自然规律，便有了四时更替；汤武顺应客观规律，商便取代了夏；周武王顺应民心，便以周取代了商。由此看来，革卦的关键在于是否顺天命，应民心。君子应从革卦中得到启示，察明天时运转规律，按照四季更替，制定出历法，颁告民众，让人们按照天时安排农事，不做违反自然规律的事情。

孔子在《彖传》里是这么说的："革，水火相息，二女同居其志不相得，曰革。巳日乃孚，革而信之。文明以说，大亨以正，革而当，其悔乃亡。天地革而四时成。汤武革命，顺乎天而应乎人，革之时大矣哉。"

孔子的意思是说，水火相熄是你死我活的革命；二女同居，志不相得，是相互改变的改革。这就是革卦的两层含义。大势已去，由盛及衰的时候，实行改革，才能赢得民众的信任。革命的动机纯正，手段正当，对象正确，才能顺利进行，才能得到满意的结果。天地不断变化，才有春夏秋冬。汤武革夏朝的命，之所以成功，是因为他上顺天命，下应民心。革命也好，改革也罢，时机的选择，实在是太重要了。

初九：巩用黄牛之革。

象曰：巩用黄牛，不可以有为也。

【注解】巩：巩固，加固。黄：中色。牛：柔顺之物。革：皮，制熟的兽皮。

【释义】先看卦象，初九阳爻阳位，初位得正，处离之初，革之始。革卦六爻皆为改革者，只因时位不同，作用不同而已。阳爻，说明他刚明正直，是个强健之人，自认为有能力担当改革之重任；阳位，说明他积极主张改革，勇于进取，急于改革，大有跃跃欲试之势；得正，说明他改革的动机纯正，改革的目标正确，是个光明正大主张改革的人；处离之初，说明他代表着新的文明，是向旧文明宣战的第一人；处革之始，说明改革刚刚开始，还处在准备阶段，客观上还不具备改革的条件。就其自身而言，以刚履刚，刚毅有余，柔韧不足，实际上很脆弱。况且自己初位弱小，实力不足，基础不牢，贸然采取改革的行动，势必中途半端，反被清洗，改革就会被扼杀于摇篮之中。所以爻辞告诫说"巩用黄牛之革"，要用黄牛皮加固自己，使自己在刚硬的基

础上，变得更加柔韧，坚韧，既刚且柔。目前"不可以有为也"，当自己发展
到足够强大的时候，再图改革之谋，未为晚也。

　　这一爻告诉我们，改革变制，兹事体大，不可贸然行事。任何时代，改
革都是一件大事，事关全局，牵扯到方方面面的政治、经济利益，从某种意
义上讲，是生死攸关的事情。君子谋始，必须在改革之初，做好充分的准备
工作，首先得把自己变得无比强大，刚柔兼备，才能肩负起改革的重任。在
没有准备好之前，不能有任何举动。

　　六二：巳日乃革之，征吉，无咎。
　　象曰：巳日革之，行有嘉也。

　　【注解】巳日：整体事物过半之日。就本卦而言，九四爻方才过半。
　　【释义】先看卦象，六二阴爻阴位，下卦得中得正，上应九五，离卦之主。
阴爻，说明他温和、柔顺，是个谦虚而能包容的人；阴位，说明他成熟稳重，
沉着冷静，是个城府较深的人；得中，说明他具备中庸之德，能行中庸之道，
处革之时，既能行改革之事，又不会操之过急。操持各项改革事宜，无过无
不及。各项改革举措，拿捏分寸，恰到好处，绝不冒进；得正，说明他改革
动机纯正，手段正当，能够正确认识当前形势，把握改革走向，使改革朝着
正确的方向发展；上应，说明他和九五上下呼应，君臣之间，心灵相通，志
同道合，思想一致，步伐统一；离卦之主，说明他是光明之主，文明的象征，
是改革的主体，也是 改革的生力军和践行者。此时，上有刚明中正之君，下
有文明中正之臣，按说到了改革的时候了，其实不然，本卦反复强调，"巳日
乃孚"，"巳日乃革之"。事物发展尚未过半，改革条件尚未成熟。六二柔顺，
中正而无躁动之弊，虽任改革之事，但绝不为改革之先。爻辞说"巳日乃革
之，征吉，无咎"。现在还不到改革的时候，但可以积极地行动起来，为改革
做好充分的准备工作。六二此时的任务是：光明先行，彰显文明，影响大众，

传播新政，赢得民心，便是大吉。这样做不但没有灾祸，"行有嘉也"，还会得到九五的嘉奖。

这一爻告诉我们，改革之前，舆论先行。改革是为了革除弊政，铲除弊端，消除腐败，实行新政，以新的文明代替旧的文明，给民众带来精神和物质上的利益。为了争取广大民众的理解、信任和支持，必须全面营造舆论氛围，广泛宣传新的文明，抨击旧政之弊，宣扬新政之利，让新的文明家喻户晓，深入人心。这是改革的必要阶段，也是改革不可或缺的重要措施。

九三：征凶，贞厉，革言三就，有孚。

象曰：革言三就，又何之矣。

【注解】言：言论。就：成也，合也，曰可也。

【释义】先看卦象，九三阳爻阳位，与上六应，处离之极。阳爻，说明他阳刚、正直、强健，是个比较明智的人；阳位，说明他急于改革，情绪不稳定，焦躁不安，有冒进之嫌；上应，说明他和上六有互信关系，别人的话可以不听，上六的话不可不信；处离之极，说明两点，一是改革此时到了火烧眉毛的时候了；二是明极则暗，九三此时，一心改革，听不得别人劝说。所以爻辞告诫说"征凶，贞厉，革言三就，有孚"。实际上，九三已半而未过半，这个时候，是最危险的时候。"征凶"，如果沉不住气，贸然采取行动，就会非常凶险。"贞厉"，就是动机再纯正，也会有危险。幸与上六相应，上六主言，所以能够坐下来，"革言三就"，反复讨论改革的事。事物发展到九三爻位，主观和客观条件已基本具备，经过反复多次讨论，改革的意见都能达到一致。这么慎重得出的结论，应该是可信的，"又何之矣"，还有什么可犹豫的呢？方针既已谋定，改革势在必行。现在最关键的问题，就是"有孚"，就是要争取更多人的理解、信任与支持，正可谓万事俱备，只欠东风。

这一爻告诉我们，关键时刻，必须慎之又慎。任何重大行动，都不可操之过急，出现一点点纰漏，都会影响到全局的成败。在行动之前，必须考虑到每个环节，每个细节，周密检查，缜密布署，准备充分，策应万全，有万无一失的把握，才能下定决心，采取行动。否则功亏一篑，悔之晚矣！

九四：悔亡，有孚改命，吉。
象曰：改命之吉，信志也。

【注解】改命：革命，依天命而改朝换代。

【释义】先看卦象，九四阳爻阴位，不中不正，处兑之初。阳爻，说明他具备刚明之德，有强健之能；阴位，说明他沉稳内敛，更有柔韧之功，既刚且柔，比初九那个时候强大得多，自身具备了改革所需要的能力；不中，说明矫枉必须过正，革命不是请客吃饭，不能温良恭俭让，此时行中庸之道，就等于姑息迁就，那是犯罪行为；不正，说明非常时期，不能用正常手段，按部就班地进行，必须采取非常手段，才能取得革命的成功；处兑之初，说明革命的前景是乐观的，庆祝胜利的日子就在眼前。九四阳爻阴位，刚柔兼备，且时间过半，改革的时机已经成熟，革命的条件已经具备，各种可能产生后悔的因素都已消除。爻辞说"悔亡，有孚改命，吉"。"信志也"，改革之志得到广大民众的充分信任和支持，正是"巳日乃革之"的时候，依照天命而改朝换代的革命行动，可以立即实施。革命定会成功，结果肯定吉祥。

这一爻告诉我们，改朝换代，必须具备三个重要条件。一是顺天命，就是顺应事物发展的客观规律，得等到旧势力衰败的时候，日落西山，气息奄奄的时候才能动手。二是得民心。得民心者得天下，必须得到广大民众普遍的理解、信任和支持。民心向背，决定成败，做不到这一点不能动手。三是自身实力足够强大，打铁还需自身硬，没有超强的本领、绝对优势，要想推翻一个王朝，也不是那么容易的事。具备以上三个条件，就可以问鼎中原了。

九五：大人虎变，未占有孚。

象曰：大人虎变，其文炳也。

【注解】文：花纹。炳：光明，显著。

【释义】先看卦象，九五阳爻阳位，得中得正，处至尊之位，下应六二。阳爻，说明他是刚明之君，具备强健威猛之君德；阳位，说明他是有为之君，治国理政、亲力亲为；得中，说明他具备中庸之德，能行中庸之道，处革之时，改革措施无过无不及，除旧不偏激，布新不过分，颁布新政恰到好处；得正，说明他以君之正，统国之正，御臣之正，牧民之正，使国家逐渐步入正轨；下应，说明他与臣民心灵相通，登高一呼，万民响应。九五以新君之道，革天下之事，威而不猛，井然有序。行新政，改旧制，改所当改，措施得当，改革变化，成就显著。爻辞说"大人虎变，未占有孚"。就像老虎换毛一样，脱换新毛之后，"其文炳也"，其花纹更加光鲜亮泽。借虎变之后，花纹疏朗昭著，来说明新君改革的政绩显著，条例清晰，光明而鲜亮。新君、新朝、新气象，给人耳目一新的感觉。这样的君王"未占有孚"，不用占卜，肯定会得到天下百姓的信赖和支持。

这一爻告诉我们，改朝换代之后，国家会发生巨大变化。革除弊政，一下子把老百姓从黑暗中解放出来，重新见到光明，每个人的脸上洋溢着春天般的笑脸，整个国家气象一新；推行新政，减租减税，休养生息，发展经济，让老百姓过上衣食无忧的生活，更是皆大欢喜，万民称颂；整顿吏制，铲除腐败，官吏清廉，老百姓有了说理的地方，得到了公平和公正，更是心情舒畅、感恩戴德。百官勤政爱民，百姓安居乐业，呈现出风清气正，国泰民安的新景象。

上六：君子豹变，小人革面，征凶，居贞吉。

象曰：君子豹变，其文蔚也，小人革面，顺以从君也。

【注解】豹变：虎豹的皮毛均有花纹，每到春秋，脱换新毛之后，花纹更加鲜亮光泽。蔚：文采华美。蔚然。

【释义】先看卦象，上六阴爻阴位，下应九三，处兑之极，革之终。阴爻，说明他是个柔顺的人，具备顺从之德，服从命令，听从指挥；阴位，说明他恪尽职守，尽职尽责，是个知道收敛的人；得正，说明他为官清正廉洁，一身正气，两袖清风；下应，说明他和百姓心灵相通，上有号召，下必应之，下有所求，上必应之；处兑之极，说明改革之初那种兴奋、喜悦之情已经过去，严肃认真的新政工作已经开始；处革之终，说明革道已成，革命已经成功，改革的任务已经完成。爻辞说"君子豹变，小人革面，征凶，居贞吉"。九五为大人、为君、为始创者，为虎变；上六代表君子，为臣，为执行者，为豹变。九五以大德开新风而彪炳于世；上六顺而从之，将新文明推而广之，并使之蔚然成风。老虎因天时而变，豹子跟着老虎变而变。"小人革面"，这里的小人有两层含义，一是指真正的小人，在这新的形势下，小人迫于压力，不得不对新的君王，在表面上表现出顺从的样子。所以叫小人革面，至于小人心里怎么想，就不得而知了。二是指广大民众、新君、新政带来的新气象，使民众心情舒畅，表现出扬眉吐气的样子，也可以叫作小人革面。此时革道已成，君王需要持中守正，百姓需要安居乐业，与民休息是最好的选择。居则正，正则吉；征则不正，不正则凶。

这一爻告诉我们，革命成功以后，要保持相对稳定。改朝换代也好，推行新政也罢，都是历史大事件，势必造成社会动荡不安，百姓流离失所。国家需要恢复元气，百姓需要安居乐业。值此百废待兴之时，统治阶级必须出台宽松政策，无为而治，休养生息，给老百姓创造一个宽松稳定的生产、生活环境。只有这样，国家才能从废墟中站起来，走向新的繁荣。

简单地总结一下，上一卦是井卦，井卦讲的是用贤养民之道。贤养民自然好，贤若不养民，就不好了，就必须废之、弃之，取而代之，所以就有了革卦。革卦讲的是改革和革命，研究如何进行革命的问题。一开始，革命力量不足，"巩用黄牛之革"，需要增加韧劲，用黄牛皮加固自己，使自己既刚且柔。接下来是舆论先行，传播文明，宣传新政，影响大众，争取信任和支持。接下来是反复讨论改革方案，"革言三就"，确定改革的方针、政策、措施、具体步骤都没有问题，有万无一失的把握，才可以采取行动。接下来是上顺天命，下应民心，改朝换代，革命成功，叫作"有孚改命"，得到广大民众的信任，革掉了旧势力的命。再接下来就是新君登基，推行新政，全国上下，焕然一新，叫作"大人虎变"，就像老虎脱换新毛，呈现出光鲜亮丽的新景象。最后是各级官吏和老百姓跟着变化。君为虎变，臣为豹变，民为革面，"君子豹变，小人革面"。这就是革命成功换来的全民新面貌，全国新气象，时代新局面。

我们古代先民，通过"泽在上，火在下"这么一种自然现象，设卦立言，总结出一套改革、革命的客观规律，揭示出革命的条件、步骤和必然结果。这是古人的智慧，我们后人应该认真学习、思考和借鉴。

鼎 ䷱ 离上 第五十卦 养贤用贤
巽下 火风鼎 除旧布新

【卦辞】 鼎：元吉，亨。

【象曰】 木上有火，鼎；君子以正位凝命。

【注解】 鼎：烹煮食物的器具。可供养之用，可祭祀之用。鼎之为用，所以革物也，变腥而为熟，易坚而为柔，水火不可同处，能使相合为用而不为害，是能革物也。古时，鼎乃国之重器也，得鼎者得天下。以供养之义，引申为养贤。凝：铸就也。

【释义】《序卦传》说："革物者莫若鼎，故受之以鼎。"革卦是变革之意，鼎能使生物变熟。革卦是改朝换代之意，鼎则是国之重器，传国之物，得鼎者得天下。所以革卦之后，紧接着就是鼎卦。火风鼎，离为火，巽为木，有以木生火，以鼎煮物之象。从卦象上看，有鼎足、鼎腹、鼎耳、鼎铉之形，是一个完整的鼎的形象。离为目，鼎有耳，取耳聪目明之象。离也是文明的象征，有以明养贤之意。鼎煮食物可供人食用；国家养贤，可供君王使用。这是大吉大利的事情，所以亨通。君子应从鼎卦中得到启示，君子的使命就像鼎一样，是上天铸就的，不可更改，不可增损，要端端正正地，居其所当居之位，发挥自己应该发挥的作用，无论什么情况下，都要毫不动摇地完成自己的历史使命。

孔子在《象传》中是这么说的："鼎，象也。以木巽火，烹饪也。圣人亨，以享上帝，而大亨以养圣贤。巽而耳目聪明，柔进而上行，得中而应乎刚，是以元亨。"

孔子的意思是说，鼎卦的卦形就像鼎。是以木升火，烹煮食物的形象。鼎的作用有两个，一个是煮牛犊奉养上帝；一个是煮三牲奉养贤人。巽为目，鼎有耳，以鼎养贤可以使贤人耳聪目明。从卦象上看，柔进而上行，得中而应乎刚。贤人可以不断地前进、上升；君王得中庸之道，又能和下边的刚明之贤相互感应。所以养贤之道至亨至通。

初六：鼎颠趾，利出否，得妾以其子，无咎。

象曰：鼎颠趾，未悖也。利出否，以从贵也。

【注解】颠：颠倒。否：不洁之物。悖：违背。

【释义】先看卦象，初六阴爻阳位，上应九四，上承九二，处巽之初、鼎之始。阴爻，说明他是个小人，具备小人特质；阳位，说明他不安于本位，急于上行；上应，说明他上有引援，可以上行；承刚，说明他对上顺从、听话、不违上意，服从命令，听从指挥；处巽之初，说明他有谦逊之德，逊服于人，可任人摆布；处鼎之始，说明他处于用鼎之始。爻辞说"鼎颠趾，利出否"，从卦象上看初六就像是鼎之两足，在用鼎之前，得把鼎颠倒过来，鼎趾朝上，鼎口朝下，把里面的不洁之物倒出来。"得妾以其子，无咎"。颠鼎不吉，但出否却有利。就如同娶妾生子一样，娶妾不是好事，但生一子就是好事。凡事有利有弊，凡利皆出于弊，只要不违背常理，权其利弊，取利而从贵者也。所以初六虽颠鼎但无灾祸。

这一爻告诉我们，在养贤之前，要区分良莠，先把小人驱逐出去。就像烹饪一样，在煮食物之前，先把鼎里的脏东西倒出去，清洗干净后，才能把新鲜的食材放进去。否则，一块臭肉会坏了满鼎的美食佳肴。养贤也是一样的道理，君子和小人混在一起培养，小人没培养成君子，反倒使君子沾染一身小人的臭毛病。所以，甄别良莠，清除小人，是养贤之前不可或缺的重要环节。

九二：鼎有实，我仇有疾，不我能即，吉。

象曰：鼎有实，慎所之也。我仇有疾，终无尤也。

【注解】疾：嫉妒之火。仇：指初六。即：接近。尤：忧。

【释义】先看卦象，九二阳爻阴位，下卦得中，上应六五。阳爻，说明他是君子，是鼎养之贤，需要在鼎中培养成真正的大贤之人；阴位，说明他沉着冷静，行为审慎，是个不急躁、不冲动的人；得中，说明他具备中德，能行中道，处鼎之时，不温不火，控制火候，恰到好处；上应，说明他是君王看好的人，将来必有大用。爻辞说"鼎有实，我仇有疾，不我能即，吉"。鼎中这个实就是九二，跟我有仇的就是初六。初六是鼎外之小人，他对鼎内的九二就像仇人一样，羡慕嫉妒恨，用嫉妒之火攻击九二。但因隔着鼎，怎么烧也烧不到九二，"不我能即"，反而恰恰因为小人妒火中烧，才锻造了九二，使九二逐渐成熟起来。九二在小人的助力之下，在鼎中培养成真正的贤人，"慎所之也"，也是自己行为审慎的结果。最后不但不因小人而忧，反而因小人而得吉。这不就是鼎卦所展示的养贤之道吗？

这一爻告诉我们，从某种意义上讲，君子的优秀品德，都是小人培养出来的。没有小人就没有君子；小人身上有什么样的缺点，君子身上就有什么样的优点；君子的智慧都是小人逼出来的；君子的优秀品质和各种能力，都是小人攻击出来的。小人越狡猾、越猖狂，君子成长就越快、越完美。道高一尺、魔高一丈，没有小人的激励，就没有君子的成长。所以，应该感谢对手，是他们成就了君子的伟大。

九三：鼎耳革，其行塞，雉膏不食，方雨亏悔，终吉。

象曰：鼎耳革，失其义也。

【注解】耳：指六五。行塞：上行遇阻。雉膏：用野鸡肉做成的美味佳肴。雨：阴阳交合之义。亏：吃亏。

【释义】先看卦象，九三阳爻阳位得正，与上九敌应，处巽之极。阳爻，说明他是个君子，是鼎养之贤；阳位，说明他积极要求进步，努力表现自己，争取得到六五的赏识；得正，说明他能行君子之正，是个作风正派的人；敌应，说明他受到上九的压制，不能上行；处巽之极，说明他傲慢、清高，是个洁身自好、愤世嫉俗之人。九三是鼎中养好的大贤之人，可六五作为君王，却硬是不知道。爻辞说"鼎耳革，其行塞，雉膏不食"。从卦象上看，六五就像是鼎的两只耳朵被割掉了一样，上好的野鸡肉煮在鼎里，却没人告诉六五，使六五不得食用。这是因为九三敌应，不能上行；九四又夹在九三与九五中间，形成中梗阻，堵住了言路，不能上听，所以六五吃不到野鸡肉。就是说，上好的贤人养在鼎里，没有人举荐，而九三与六五又没有任何关系，所以白白放在那里，得不到重用。爻辞说："方雨亏悔，终吉。"幸亏九三阳气有上升的功能，六五阴气有下降的功能，阴阳交合而致雨，经过雨水的冲刷，这才看到，还有这么好的野鸡肉在鼎里，不吃太亏了！也后悔发现得太晚了。不过最后是"终吉"，还是被六五任用了，结果是吉祥的。

这一爻告诉我们，真正的人才是埋没不住的。君子不患人不知，患己不能也，只要自己具备大德、大贤之能，如锥之处囊中，早晚会露出尖锐的锋芒。压制、埋没，没有伯乐，抑或自遁，都是暂时的，天生我材必有用，是金子早晚是会发光的。

九四：鼎折足，覆公铼（sù），其形渥（wò），凶。

象曰：覆公铼，信如何也。

【注解】足：指初六。公：指九四。铼：粥食。渥：沾濡，污染。

【释义】先看卦象，九四阳爻阴位，不中不正，下应初六，处离之初。阳爻，说明他是君子，是鼎养之贤；阴位，说明他必须待在那里，君王不任用，不能自己前往；不中，说明鼎中食物到他这里有些过多，负担过重，不能掌握鼎的平稳；不正，说明他不能摆正自己的位置，不能正确处理君臣、臣臣、君子与小人之间的关系；下应，说明他和初六关系密切，有着千丝万缕的联系；处离之初，说明他依附、依赖思想严重，上依赖君王，希望君王减轻鼎的负重；下依赖初六，希望初六能够承担起满鼎之重。九四虽处大臣之位，又是鼎养之贤，却不中不正。在这君弱臣强的时候，不仅下塞九三言路，还与初六勾勾搭搭，以负满鼎之重任，委以初六，而初六柔弱无力，难堪重任。爻辞说"鼎折足，覆公铼，其形渥，凶"。折足覆鼎，鼎内食物倾洒于地，弄得九四也是满身的污秽。之所以造成这个结果，是因为九四过于信任初六，负有失察之责，难辞其咎。"信如何也"，信任又怎么样呢？小人就是小人，不可委以重任，此非小人之过，实乃君子之过，于九四而言，煮好的"食物"洒在地上，这个"贤"就算是白养了，所以结果是凶。

这一爻告诉我们，小人不可委以重任。小人软弱无能，没骨气、没担当、没节操、没底线，自私、胆小、怕事，忘恩负义，明哲保身……谁都知道小人是个什么德性，难道君子不了解小人吗？可现实生活中，用小人不用君子的现象太普遍了。为什么呢？君子有用不好用，所以不用；小人无用但好用，所以都用。小人顺从，又会说话，用起来很舒服。殊不知巧言令色之小人早晚必受其害；耿介正直之君子，急则可相依。那些远离君子，重用小人的人，现在很舒服，很得意，但终将自作自受，自食其果。

六五：鼎黄耳金铉（xuàn），利贞。

象曰：鼎黄耳，中以为实也。

【注解】 黄：中色。金铉：金属的杠子，坚硬可负重。

【释义】 先看卦象，六五阴爻阳位，上卦得中，下应九二，为离卦之主，鼎卦之耳。阴爻，说明他是位仁德之君；阳位，说明他是有为之君；得中，说明他具备中庸之德，能行中庸之道，处鼎之时，养贤适度，"不会不熟，也不会过火"，掌握火候，恰到好处；下应，说明鼎里的贤人已经培养成熟，就等着君王选择使用了；离之主，离为目，离之主则目明；鼎之耳，耳得中则可兼听，兼听则耳聪。六五是鼎卦之主，既是养贤者，也是用贤者，唯耳聪目明，才可以养贤、用贤。鼎以举措移动为可用，此时鼎内食物已经煮熟，需要用杠子穿过鼎耳，抬到堂前食用。爻辞说"鼎黄耳金铉，利贞"。鼎耳是用黄铜做的，抬鼎的杠子是用金属做的，结实而又尊贵，彰显皇家气派。用这样的鼎，养出的大贤之人，才是皇家可用之人。但爻辞强调"利贞"，鼎需放正，正则利，不正则不利。鼎正，则贤正；贤正，则君可以用贤了。由此可见《易》对用贤者的要求，有两点最重要：识贤以中为贵，用贤以正为贵。

这一爻告诉我们，君王用贤，中和正是最高标准。就像鼎里的食物，调食材于中，和五味于正，方可食用。于君王而言，非中不可以选贤，非正不可以用贤；于贤人而言，唯中可御，唯正可用。《易》贵中，贵正，表现在方方面面，而在用人方面，表现得尤为突出。

上九：鼎玉铉，大吉，无不利。

象曰：玉铉在上，刚柔节也。

【释义】先看卦象，上九阳爻阴位，处离之极，鼎之终。上九就是鼎最上面的铉。铉者，穿耳抬鼎之横杠也。阳爻阴位，说明抬鼎之杠既坚又韧，既刚且柔；处离之极，说明鼎火已经熄灭，食物已经煮好。食物煮好后，将鼎移至堂上，供人食用，铉就是这个时候用的。爻辞说"鼎玉铉，大吉，无不利"。六五是金铉，刚硬且导热，因烫手而不得用。至上九，在金铉的基础上，两头镶上玉，便温润得用了。这是最完美的鼎，也是最吉祥的鼎，用起来无所不利。处鼎之终，说明鼎道大成，可以食用了。以人事比拟，就是养贤之道大成。有两个重要标志：一是人才已经培养成熟，阳爻阴位，火候适宜，生熟软硬恰到好处，也就是德才兼备，能文能武，正可使用。二是御贤之道已经成熟，恩威并用，刚柔兼备，节制有度，收放自如，君王如此用贤，则无贤不可用，无贤不能用。鼎卦至上九，无论是养贤还是用贤，均达到最高境界。

这一爻告诉我们，培养人才，德才并重，缺一不可。古人过于重视德的培养，孔子的《论语》二十章，大部分教你如何做人，官方教育，主要是仁义礼智信那一套做人的规则和标准。民间教育，诸如祠堂文化、庙堂文化、戏台文化、家族文化，也大都是劝人向善的那套道德教育。而我们今人，又过于重视才的培养，无论是官方还是民间，无论是大学还是小学，无论是学校还是家庭，普遍重视知识、技能、才能的培养，从幼儿园到大学，对如何做人没有一个具体的、规范的要求，更不用说系统的教育了。造成的恶果就是"利己而不利它"，"依靠它律而不能自律"。所以，德才并重，才是教育的真谛。

简单地总结一下，上一卦是革卦，革卦讲的是改革、革命，是变革的意思。革物者莫若鼎，所以就有了鼎卦。从另一个角度讲，革是改朝换代，改朝换代之后，需要培养人才，所以就有了鼎卦。鼎卦讲的是以鼎养贤之道，研究如何养贤，如何用贤的问题。一开始，就是"鼎颠趾，利出否"，在用鼎之前，先把鼎里的脏东西倒出去，清洗干净再用。接下来是个鼎养之贤，"我仇有疾，不我能即"，通过小人的妒火中烧，锻造了君子的品格，使鼎中之贤更加成熟。接下来，也是鼎中之贤，因为上有压制，中阻言路，"雉膏不食"，上好的野鸡肉没有被君王发现，成熟的大贤之人白白地放在那里，实在是太可惜了。不过最后还是被起用了，结果还是不错的。接下来也是个鼎养之贤，由于自身不中不正，上向君王显示肌肉，中间堵塞同僚的言路，下边对小人委以重任，结果自己沾濡了一身的污秽。这样的"贤人"肯定是不能用，结果必定凶险。再接下来就是君王"用餐"的时候了，如何选贤、识贤、用贤，得具备四个条件。一是耳聪，兼听则明；二是目明，明察秋毫；三是持中，中德为用；四是守正，用人以正。这四条君王都具备，可以用贤了。最后是鼎道大成，一是养贤之道大成，二是御贤之道大成，无论是养贤还是用贤，都达到了最高境界。

我们古代先民，通过"火在上，风在下"这么一种自然现象，设卦立言，总结出一套养贤、用贤的客观规律，揭示出鼎中之贤的不同命运和用贤的基本条件。这是古人的智慧，我们后人要认真学习、思考、借鉴。

震 ䷲ 震上　第五十一卦　震动戒惧
震下　　震为雷　　时刻反省

【卦辞】震：亨。震来虩（xì）虩，笑言哑哑。震惊百里，不丧匕（bǐ）鬯（chàng）。

【象曰】洊（jiàn）雷，震。君子以恐惧修省。

【注解】震：动也。虩虩：惊慌恐惧，周顾不安之貌。哑哑：和乐适宜，自若自如之貌。匕：古代祭祀时取食物用的勺子。鬯：古代祭祀用的香酒。

【释义】《序卦传》说："主祭者莫若长子，故受之以震。"鼎为国家之重器，得鼎者得天下，而主持鼎祭的人选，莫过于长子。震为长男，长男有主器之义。所以鼎卦之后，紧接着就是震卦。震为雷，两个雷放在一起，有震动之象。一阳生于二阴之下，阳气动而上进，也有震动之象。两个雷放在一起，或为连雷，或为巨雷，既有惊惧之象，也有振奋之象。雷之为物是亨通的，是任何力量也阻止不了的，是有可能给人们带来灾难的。所以，当震动来临之时，人们会惊慌恐惧，迅速环顾四周，表现出躁动不安的样子。但是，作为主持祭祀的，正在祭祀的时候，虽震惊百里，却能镇静自若，谈笑自如，连勺中的酒都不会洒落。这样的人可以继承王位，做宗庙社稷之主。君子应该从震卦中得到启示，社会动荡是避免不了的，而且会一个接着一个。作为君子，要对社会动荡常怀敬畏之心，客观上要知道社会动荡的恐惧；主观上要不断修德进业，时刻反省自己，知过即改，做一个真正的君子。

孔子在《象传》里是这么说的："震亨。震来虩虩，恐致福也。笑言哑哑，后有则也。震惊百里，惊远而惧迩也。出，可以守宗庙社稷，以为主祭也。"

　　孔子的意思是说，打雷，是任何力量也阻止不了的。对于打雷，常怀惊恐戒惧之心，那是对天神的敬畏，可以给人们带来福祉。主持祭祀的人，在打雷的时候，能够镇静自若，谈笑自如，雷过之后，继续按照流程规则，把祭祀活动进行下去。雷声不断，震惊百里，惊远而惧近，在这种情况下，主祭能够从容以对，连勺里的酒都不会洒落。那么他就可以替父王出面，管理宗庙社稷，做祭祀仪式的主持人了。

　　初九：震来虩虩，后笑言哑哑，吉。
　　象曰：震来虩虩，恐致福也。笑言哑哑，后有则也。

　　【注解】 恐：恐惧。则：规则。
　　【释义】 先看卦象，初九阳爻阳位，下震之主，震卦之始。阳爻，说明他是君子，具备君子的品质；阳位，说明他有所作为，是个前途无量的人；下震之主，说明他是接受雷震考验的主体，考验他在惊雷面前的表现如何；处震卦之始，说明长子一开始就要接受这样的考验，才能成为合格的继位之人。初九爻辞和卦辞基本是一样的，这在六十四卦爻辞中，是独一无二的。《序卦传》说，主器者莫若长子，故受之以震，震卦的卦辞是对长子的要求，而初九就是那位长子，所以爻辞和卦辞的要求是一样的，必须做到"震来虩虩，后笑言哑哑"。当震惊或危险来临的时候，内心要惊慌恐惧，对天神要有敬畏之心，才可以得到天赐之福。意思是说，震惊来临时，心存恐惧，才能修德改过，常怀戒备，有所敬畏，才有后福。平时，有惊恐戒惧之心，以后遇到大的震动，才能谈笑如常，才能不乱方寸，按部就班地应对各种危机。只有开始知道恐惧，以后才有所遵从，才能做到后来的不恐惧，这才是将主大器的长子应有的品质。如果能做到这两点，自然大吉大利。
　　这一爻告诉我们，常怀敬畏之心，才能无所畏惧。敬畏自然，才能掌握自然规律，不去违背自然规律，按照自然规律办事，才能无所畏惧；敬畏法律，才能了解法律，掌握法律，行为有规范，心中有底线，才能无所畏惧。总之，做人得有敬畏之心，有了敬畏之心，行为才有规则，按照规则行事，才可以为所欲为，无所畏惧。

六二：震来厉，亿丧贝，跻（jī）于九陵，勿逐，七日得。

象曰：震来厉，乘刚也。

【注解】亿：数词，多，大之意。贝：财富。跻：升也。陵：高冈。逐：追逐。

【释义】先看卦象，六二阴爻阴位，得中得正，下乘初九。阴爻，说明他是个软弱无能，胆小怕事之人；阴位，说明他处于被动地位，对形势的发展变化，没有主动应变能力；得中，说明他有中庸之德，处震之时，该跑就跑，该回就回，把握时机，掌握分寸，恰到好处；得正，说明他观念正统，品行端正，是个能走正道的人；乘刚，说明他坐在火山口上，随时都会有危险，时刻保持高度警惕。爻辞说"震来厉，亿丧贝，跻于九陵，勿逐，七日得"，初九就像炸雷一样，来势凶猛，六二危厉在即，只好丢弃大量资货家财，飘然远举，逃升到高高的九陵之上。雷的特点是来得快，去得也快。六二具备中庸之德，当避之时，迅速避之，当复之时，迅速复位。所以六二对失去的东西不必追逐。一个雷就是一个运动周期，雷停、事毕、复位，周而复始，万贯家财不用去找，定会失而复得。从六二向上数，七天后又回到原位，一切恢复如初，只不过一个脉动周期而已。

这一爻告诉我们，任何震动、运动、动荡，包括战争或各种危机，都是一个周期变化的过程。懂得这个规律，就会在各种危机中，有效地保护自己，就不会因失望而悲观，因悲观而自杀。因为飘风不终朝，骤雨不终日，狂风骤雨过后，便是风和日丽，艳阳高照。一切都将过去，一切都将恢复如初。只需在危机中抛弃所有东西，保住性命，危机过后，金钱、地位、名誉、财富，等等，该是你的，一样都不会少。

六三：震苏苏，震行无眚。

象曰：震苏苏，位不当也。

【注解】苏苏：惊恐万状，精神涣散，骨肉发麻的样子。眚：过错。

【释义】先看卦象，六三阴爻阳位，不中不正，居下震之终而临上震之始。阴爻，说明他是个软弱之人，无能之辈；阳位，说明他不是个老实人，有为非作歹之嫌；不中，说明他处震之时，不知如何是好，不是太左就是太右，已经乱了方寸；不正，说明他观念不正，行为不正，在运动中所处的位置不正当，是个换整的对象，处下震之终而临上震之始，说明他刚刚躲过这场运动，又将卷进下一场运动，一个危机接着一个危机，躲是躲不掉的。爻辞说"震苏苏，震行无眚"。由于六三不中不正，心里发虚，运动来了，被吓得惊恐万状，精神恍惚，骨肉发麻。实际上，六三之过，小人之过，无非是经济利益，生活作风之类的问题，牵扯不到政治、路线问题。只要能知过图改，去其不正而就正，就不会有什么大过错，真没必要吓成那个样子。

这一爻告诉我们，运动来临，没必要人人自危。一般运动，都是有针对性的，解决特定人群的特定问题。各种自然灾害也一样，不是大规模、毁灭性的，都不必惊慌失措，无所适从。如果不是针对你的，只要你端正态度，采用正确的方法，勇敢去面对，就不会有什么大问题。

九四：震遂泥。

象曰：震遂泥，未光也。

【注解】遂：无可反回之意。泥：滞溺也。

【释义】先看卦象，九四阳爻阴位，不中不正，处上震之初，为上震之主。阳爻，说明他是刚健之人，是个耿直倔强之人；阴位，说明他困于本位，动弹不得，不能有任何作为；不中，说明他过于消极、被动，失去了掌控平衡的能力，已经乱了方寸；不正，说明他正气不足，缺乏正能量，不能正其身，更不能正其道；为上震之主，说明他是家中最年长的长子，或是单位的掌门人。从卦象上看，虽为震之主，却深深地陷入四阴之中，爻辞说"震遂泥"，欲震而自奋，还没有发出巨大震动，就深深地陷入泥土之中，销声匿迹了。实际上是个闷雷，"未光也"，没有把震道发扬光大，连个正常雷的作用，都没有发挥出来。便自己深陷于泥沼之中，纵有无限抱负，也难于施展了。

这一爻告诉我们，龙困沙滩遭虾戏，虎落平原被犬欺。再强壮的人，被捆住手脚也动弹不得；再正直的人，被众人诬陷，也有口难辩；再健康的人，一旦病魔缠身，也无能为力；再有本事的人，环境恶劣，也将一事无成；再有权势的人，身陷囹圄，也是狗屁不如；再要强的人，条件不允许，也翻不了身。一阳陷于四阴，就像陷入沼泽地里一样，根本不能自拔，而且不能动，越动就会越陷越深，直至被彻底淹没。

六五：震往来厉，亿无丧，有事。

象曰：震往来厉，危行也，其事在中，大无丧也。

【注解】事：指祭祀。

【释义】先看卦象，六五阴爻阳位，上卦得中，下乘九四。阴爻，说明他虽软弱，但仍不失为仁德之君；阳位，说明他能主动完善自己，积极应对暴动的威胁，努力把损失降到最低；得中，说明他具备中庸之德，能行中庸之道，处震之时，不偏激，不冒险，对暴动带来的威胁，既知道戒惧，又不会恐惧，防御措施得体而有分寸，进退有度，恰到好处；乘刚，说明他就像坐在火山口上，随时面临着爆发的危险，需要时刻提高警惕。爻辞说"震往来厉，亿无丧，有事"。第一个雷过去了，第二个雷又来了，且第二个雷离自己最近，威胁最大，往则震极，来则乘刚，无论是往还是来都很危险。"危行也"，走是走不了了，还不如待在原地安全。幸亏六五有虚中之德，逢初九之震时，便知惊恐戒惧，不断地修身改过。到九四之震时，已有履刚之能，守中之德。且九四之雷闷而不响，威力不是很大。所以六五大的东西并没有丢失。六二之失是失财，六五之失是失国。六五此时还能"有事"，还能够主持宗庙社稷的祭祀活动，这就表明江山社稷还在，国家没有丢，此所谓"大无丧也"。

这一爻告诉我们，平时戒惧，关键时刻就不会恐惧。震惊来临，既然跑不了、躲不开，就要勇于面对，沉着冷静。以中庸之道，应对各种危机，虽震惊百里，不丧匕鬯。中规中矩，按部就班，该进则进，该退则退，不激进，不妥协。主动斡旋，积极应对，努力把损失降到最低。震动是个周期过程，震动过后，一切将恢复如初。只有平时懂得敬畏，而又能持中守正的人，才能做到这一点。

上六：震索索，视矍（jué）矍，征凶。震不于其躬，于其邻，无咎。婚媾有言。

象曰：震索索，未得中也，虽凶无咎，畏邻戒也。

【注解】索索：哆哆嗦嗦的样子。矍矍：惊视的样子。躬：自身。邻：指六五。

【释义】先看卦象，上六阴爻阴位，处上震之极，震卦之终。阴爻，说明他软弱无能，胆小怕事，是个意志薄弱的人；阴位，说明他困于其位，退无可退，逃无可逃，完全处于被动状态；处上震之极，说明他处于震动的边缘，根本用不着那么害怕；处震卦之终，说明震动已经结束，运动已经过去，一切都将恢复如初。爻辞说"震索索，视矍矍，征凶"。当震动来临之时，上六被吓得惊恐万状，浑身发抖，哆哆嗦嗦，目光闪烁，惊恐不安。这个时候，如果逃跑可就危险了。爻辞又说"震不于其躬，于其邻，无咎"。其实，真正受到震动的不是上六，而是上六的近邻六五。六五面对震动"不丧匕鬯"，而上六却吓成这个样子，原因是上六"未得中也"。好在上六从邻爻六五受震中吸取教训，虽然吓得够呛，但没有实质性的灾难。最后爻辞说"婚媾有言"。上六在运动还未触及到自己时，就吓成这个样子，简直就是胆小怕事，毫无担当之人，这种表现，让姻亲们很是看不起，难免对他指指点点，说三道四。上六应该自惭形秽，听点闲话也是正常的。

　　这一爻告诉我们，世上本无事，庸人自扰之。天本来塌不下来，杞人忧之，现实生活中，很多人生活在忧患恐惧之中，为那些不存在的事情而担忧；为那些自己臆想出来的事情而焦虑；为那些尚未到来的事情而害怕；为那些未知的事物而恐惧。这些人就是碌碌无为的平庸之人，既无大志，也无作为，整天为那些本来没有的事而自寻烦恼，君子当唾弃之。

　　简单地总结一下，上一卦是鼎卦，鼎卦讲的是养贤用贤，也就是用鼎之道，而主持鼎祭莫若长子，所以就有了震卦。震卦讲的是震惊、震动，包括运动、暴动、地震，等等，研究处震之时如何应对的问题。一开始就是"震来虩虩，后笑言哑哑"。当震惊来临之际，内心要懂得恐惧和敬畏，以后遇到再大的震惊，都可以谈笑自如，沉着应对了。接下来是"震来厉，亿丧贝，跻于九陵"，震惊来临，遇到危险，抛弃亿万家财也要跑到最安全的地方去，保命要紧，至于万贯家财，"勿逐，七日得"。不用去找，一个周期过后，失而复得，不会有任何损失。接下来是："震苏苏"，由于自己不中不正，心里发虚，运动一来，吓得惊恐万状。实际上，也没多大的事，自己吓唬自己而已。接下来是"震遂泥"，小人不中不正，有问题也是利的问题；君子不中不正，有问题就是义的问题了。九四自己道义上出了问题，即便有天大的本事，也难以逃脱"震遂泥"的命运。再接下来是"亿无丧，有事"。震动来临，虽然有危险，但他能中道而行，左右逢源，不逃避，不畏惧，敢于面对，积极争取。所以震动过后，宗庙还在，国家没丢，一切就像没有发生过一样，完好如初。最后是"震索索，视矍矍"。自己是个碌碌无为的平庸之人，运动来时，还没有涉及自己时，就吓得浑身发抖，目光躲躲闪闪，一副惊恐万状的样子。实际上，什么事都没有，干落个别人瞧不起，成为众人口中的笑柄。

我们古代先民，通过"连续打雷"这么一种自然现象，设卦立言，总结出一套如何应对震动的客观规律。揭示出不同人如何处震，及其必然结果。这是古人的智慧，我们后人要认真学习、思考、借鉴。

艮　艮上　第五十二卦　阻止停止
　　艮下　　艮为山　　止所当止

【卦辞】艮：艮其背，不获其身，行其庭，不见其人，无咎。

【象曰】兼山，艮；君子以思不出其位。

【注解】艮：止也。背：是控制人身心的重要部位。庭：人来人往的地方。

【释义】《序卦传》说："物不可以终动，止之，故受之以艮。艮者，止也。"震卦是动，所有事物都不可以总是动。世上没有动而不止的事物，有动就有止。所以震卦之后，紧接着就是艮卦。兼山为艮，两个山放在一起就是艮卦。水是流动的，山是静止的，所以有静止之象。阴主静，阳主动，一阳置于二阴之上，阳已升至不可再升的地步，也有停止之象。一座又一座高山挡在那里，所有事物到这里都会受到阻止，事物因受阻挡而停止，所以又有阻止之象。由此可知，艮有静止、停止、阻止等多层意思。艮卦和感卦一样，都取象于人体的不同部位。如果说动，那么人是最具代表性的动物，不但身体能动，而且心也可以动。是既有身体活动，又有思想活动的动物。艮卦的卦义是止，止则无咎。那么人怎么能止呢？艮其背则能止。背部不动，则全身不能动；与背相对的是心，背又是与外界没有感应的部位。如果心也像背部那样，不与外界感应，那么即使行走在大庭广众之中，也看不到有其他人的存在。身心若能如此静止，便深得艮卦要义，就不会有灾祸。君子应该从艮卦中得到启示，两座山各当其位，各止其所。君子所思所想，也要止于恰当的场合，适当的时候。既要思自己当思之思，又要止于合适的范围，勿过，勿不及，过了就是空想，不及就是保守。君子之思随时位而变，才能保持思不出位，切合实际。

孔子在《彖传》里是这么说的："艮，止也。时止则止，时行则行。动静不失其时，其道光明。艮其止，止其所也。上下敌应，不相与也。是以不获其身，行其庭不见其人，无咎也。"

孔子的意思是说，艮就是止。时当止则止，时当行则行，止是止于止，行是止于行。无论是动还是静，无论是行还是止，只要恰逢其时，道路都是光明的。止在当止的时候，止在当止的地方。全卦六爻，上下敌应，互不相关，各自止于各自当止的地方。所以各自的身体都动不了，心也是静止的，相互不见其人。人与人之间，身心都不能相接触，所以没有灾祸。

初六：艮其趾，无咎，利永贞。
象曰：艮其趾，未失正也。

【释义】先看卦象，初六阴爻阳位，处下艮之初，艮卦之始。阴爻，说明他知道止所当止，知道止于何时，止于何地；阳位，说明他知道当行则必行，知道何时行，行到什么地方；下艮之初，说明无论是止于止，还是止于行，都是刚刚开始；处艮之始，说明艮之道因时而行，因时而止，千里之行，始于足下。所以爻辞说"艮其趾，无咎，利永贞"。脚趾居人体最下位，人欲行则趾先行，趾不动则人不行。无论是行还是止，开始都是最重要的。初六既知道行，也知道止，"未失正也"，所以"无咎"。知行知止是为正，光开始知道守正还不够，坚持永远守正才是关键。

这一爻告诉我们，行止，进退，与时偕行。春种夏锄，秋收冬藏；日出而作，日落而息。人的一生，无时无处，无事不牵扯行止，进退问题。无论学习还是生活，无论从政还是经商，大事小情无不因时而行止，因时而进退。顺应这个规律，其道光明，万事亨通；违背这个规律，处处碰壁，一事无成。四个字看起来容易，做起来难，实际上是对人的最高要求。即使是圣人，也很难做到。所以，古人教育孩子"应答，洒扫，进退"，把知进退放在最后，是因为"知进退"是最高境界。正因为行止、进退伴随人的一生，所以从一开始，就必须高度重视。

六二： 艮其腓，不拯其随，其心不快。

象曰： 不拯其随，未退听也。

【注解】腓：小腿肚子。拯：拯救。随：跟随。退听：从下。

【释义】先看卦象，六二阴爻阴位，得中得正。阴爻，说明他是知止者，知道止于何时，止于何地；阴位，说明他是能止者，能够止于当止；得中，说明他具备中德，能行中道，处艮之时，既不会积极进，也不会消极退，动静有节，行止有度；得正，说明他时当行则行，时当止则止，是个知进退的人。六二是艮卦唯一既中且正者，无论从哪方面讲，都是深得艮之卦义者，但却身不由己。爻辞说"艮其腓，不拯其随，其心不快"。六二是腿肚子，止与不止，得听胯股的，虽然自己知道止，也想拯救胯股之失，但自身柔弱，小腿拧不过大腿。即使是胯股错了，也不得不紧随其后。"未退听也"，大腿是不会听从小腿的。处在六二这个位置，只有下从上的道理，没有上从下的道理，心里明明知道九三此时不当行，但也拯救不了九三的过失，只好跟随九三一块犯错误。所以，心里非常不痛快。

这一爻告诉我们，人在官场，身不由己。官场也好，江湖也罢，人在社会上混，不得不被领导、组织、势力或时代所裹挟，集体的意志永远高于个人的意志，任何时候都不能独善其身。

九三：艮其限，列其夤，厉薰心。

象曰：艮其限，危薰心也。

【注解】限：腰胯部位。夤：背部肌肉。列：同裂。薰：烧灼。

【释义】先看卦象，九三阳爻阳位，失中失正，处下艮之极。阳爻，说明他是知行者，只知道什么时候行，不知道什么时候止；阳位，说明他是能行者，只能行而不能止；失中，说明他不能把握行与止的平衡，急于冒进，行为有些过分；失正，艮卦的要义是止，止贵阴，以阴为正，以阳为不正。九三阳爻阳位，在其他卦中皆为正，而在艮卦为不正。说明他只知道当进则进，而不知道当止则止；处下艮之极，说明他止极则动，主观上，只有动的概念，没有止的概念。九三处上下两艮之间，以人体比拟，正是腰胯这个部位。艮卦的要义是止，"艮其限"，九三应该止于腰胯这个地方。从客观上讲，下卦是静止，上卦是阻止，无论从哪个角度讲，都应该是止。但九三阳爻阳位，失中失正，又处艮极，硬要前进，谁也阻止不了。客观要求必须止，主观愿望非要进，两股力量一较劲，结果"列其夤，厉薰心"。结果把连接上下体的背部肌肉拉断了，限分上下，夤裂左右，和卦象显示的景象一模一样。此时境况危厉，动静不宜，行止不便，内心像火烧一样，焦灼难忍，烦躁不安。

这一爻告诉我们，知行而不知止，知进而不知退，会给自己带来巨大的伤害。现实生活中，无论大事小情，都要适可而止。再好玩的东西，适可而止；再好吃的东西，适可而止；再好听、好看、好用的东西，都必须适可而止。企业发展也是如此，一味地发展、发展、发展，到最后，资金链断裂，企业受到巨大伤害，不得不倒闭。未知行，先知止；未知进，先知退，才能避免伤害，使自己立于不败之地。

六四：艮其身，无咎。

象曰：艮其身，止诸躬也。

【注解】身：人体躯干部分。躬：自身。

【释义】先看卦象，六四阴爻阴位，处上艮之初。阴爻，说明他是知止者，知道什么时候当止，止于何地，何种程度；阴位，说明他是能止者，能够止于当止；处艮之初，说明他当止，本来就应该止。爻辞说"艮其身，无咎"。除头部和四肢外，整个躯干都叫作身。这个部位静止了，就相当于卦辞所说的"艮其背"。心脏也在这个部位，艮其身相当于既艮其背，也艮其心。"止诸躬也"止于心则能止于自身。就像卦辞里说的那样，"不获其身，行其庭，不见其人"。六四深得艮卦之要义，所以没有灾祸。

这一爻告诉我们，当止之时，什么也不干，自然没有灾祸。所谓当止，两个方面，一是力不能行则当止，二是行而不得则当止。不具备干事的条件，就不去干；干不下去了，就必须停止。这就是止所当止，当然也包括遇险而止。止是对自己最好的保护，没有付出，就没有伤害；没有投入，就没有失败。不走路就不会栽跟头，不与人接触就不会有麻烦。老老实实待在那里，与外界没有身体和思想上的碰撞，怎么会有灾祸呢？

六五：艮其辅，言有序，悔亡。

象曰：艮其辅，以中正也。

【注解】辅：颊辅，即面颊两旁嘴角之肉。言：说话。

【释义】先看卦象，六五阴爻阳位，上卦得中。阴爻，说明他是知止者，知道止于何时，何地，何种程度；阳位，说明他是能行者，知道行于何时、何地、何种程度；得中，说明他具备中德，能行中道，处艮之时，能够把握行止平衡，或止或行都不会过分，都能掌握分寸，恰到好处。六五取象于颚关节和嘴角两旁的肌肉。这个部位静止，人则处于不说话的状态；这个地方运动，人则处于说话的状态。艮卦的止，不是绝对的止，而是相对的止。就是动所当动，止所当止，因时而动，因时而止。爻辞说"艮其辅，言有序，悔亡"。停止在嘴角肌肉这个地方。该说的必须要说，不该说的绝对不能说，这才符合艮卦的要义。六五具备中庸之德，说话不偏激、不过分，各方面的感受都能照顾到，且条理清楚，言而有序。六五阴爻阳位有两层意思，一是能说能不说。阴主静是能不说；阳主动是能说。二是会说话。阴主虚，讲话谦虚柔和不伤人；阳主实，讲话内容充实、真实，言之有物。六五能够做到这些，后悔的因素自然消除。

这一爻告诉我们，言而能止，对每个人都至关重要。语言是交流的工具，但同时也是惹祸的根苗。常言道，病从口入，祸从口出。凡口惹之祸，都是可以避免的，那就是言而能止。止言有多层意思，一是该说的必须说，不说也会惹祸；二是不该说的，绝不能说，说了就会惹祸；三是不到时候不能说，说了还是会惹祸；四是该说多少说多少，该说到什么程度就到什么程度，必须适可而止，多了，过了，同样会惹祸。古人说防口甚于防川，管住嘴实在不是一件容易的事情。总而言之，该闭嘴时就闭嘴，言多语失，话多烦人，多说无益，少说为佳。

上九：敦艮，吉。

象曰：敦艮之吉，以厚终也。

【注解】敦：笃实也。

【释义】先看卦象，上九阳爻阴位，处上艮之极、艮卦之终。阳爻，说明他是知行者，知道什么时候该动，什么时候不该动；阴位，说明他是能止者，止于当止之时，止于当止之位；处上艮之极，说明艮极而无所往，不止也得止，是为至止；处艮卦之终，说明艮道已成，止于最当止的时候，止于最当止的地方。艮卦六爻，前五爻都取象于人体的各个部位，至上九一卦之终，取山之本象以言"敦艮"。意思是敦实厚重如山，巍然不动，安之若泰，保持静止。其他五爻，无论取象于人体的哪个部位，都是动而止之。唯独上九，安心于静止，无须强行而止之。主观上，以阳居阴，虽知行而能止；客观上，艮终而无所往，不得不止。不仅能止，而且止于敦实厚重，止于至善至美，止于当止之时，止于当止之所。上九之止，最得卦义，所以是六爻唯一得吉者。

这一爻告诉我们，凡事不可中途半端，应该追求完美。其实我们现实生活中，每个人都在追求完美。追求敦实厚重的结果，追求完美的结局。学习追求成绩，工作追求进步，生活追求幸福，人生追求完美，无论大事小情，都要追求一个好的结果，就连装修个房子，也要追求尽量的完美。这就是止于至善至美，止于敦实厚重的结果。所以止的最高境界不是什么都不干，而是什么都得必须干好，追求一个最好的结果。

简单地总结一下，上一卦是震卦，震卦讲的是动，所有事物不可以永动，有动就有止，所以就有了艮卦。艮卦讲的是静止、阻止、停止，研究如何行止的问题。一开始就知道行止，"艮其趾"，知道什么时候行，什么时候止，也知道行于何处，止于何地。所以无咎。接下来是知道行止，但身不由己，"艮其腓"，小腿肚子得听从胯股的指挥，自己做不了自己的主，明明知道不该行，也必须得跟着走，所以"其心不快"。接下来是个只知行、不知止的人，一门心思进，没有半点止的概念，结果"艮其限，列其夤，厉薰心"，把背部肌肉拉伤，身体上下分离，左右断裂，内心像火烧一样难受。再接下来是个能止者，"艮其身"，既艮其背也艮其心，身心都处在静止状态，自然"无咎"。再接下来，是个知行止的人，"艮其辅，言有序"，行止表现在嘴上，知道什么话该说，什么话不能说；什么时候该说，什么时候不该说，而且说话柔软谦虚不伤人，言之有物，言之有序，是个深得艮道，特别会说话的人。最后"敦艮，吉"，是个知止者，能止者。止于丰厚圆满，止于大德大仁，止于至善至美。

我们古代先人，通过"山与山相连"这么一种自然现象，设卦立言，总结出一套行和止的客观规律，揭示出各种行止的必然结果。这是古人的智慧，我们后人要认真学习、思考、借鉴。

渐 ䷴ 巽上　第五十三卦　循序渐进
艮下　　风山渐　　遵循节律

【卦辞】渐：女归吉，利贞。

【象曰】山上有木，渐，君子以居贤德善俗。

【注解】渐：进也。循序渐进也。

【释义】《序卦传》说："艮者止也。物不可以终止，故受之以渐。渐者进也。"艮卦是静止，所有事物都不可以永远静止，静止是为了更好的进。渐卦就是进，循序而渐进。所以艮卦之后，紧接着就是渐卦。风山渐。巽为木，艮为山，山上有木，小而壮，弱而强，虚而实，逐渐地生长，是渐进之象。山里有风，遇阻而折进，也有渐进之象。进以序为渐，而不以缓为渐。进以序，不越次，所以缓也。序是程序，缓是现象，渐卦的卦义，是按照程序，缓缓而进。以女子出嫁这件事，可以说明循序渐进的规律。古代女子出嫁，必须有媒介、纳采、问名、纳吉、纳征、请期、迎亲等七个步骤，缺一不可。依照这个循序渐进的过程出嫁叫明媒正娶，就是正常的、合乎礼仪的。因而也是吉祥的。不这么做就不正，就不吉利。君子应该从渐卦中得到启示，君子之为人也，要像树木生长那样，积贤而成德，积善而成俗。无论是自身修德，还是教化成俗，都以日积月累、循序渐进为佳。

孔子在《彖传》里是这么说的："渐之进也，女归吉也，进得位，往有功也。进以正，可以正邦也。其位，刚得中也。止而巽，动不穷也。"

孔子的意思是说，渐卦之进就是循序渐进，女子出嫁遵守这个原则，就会吉祥。从卦象上看，下卦阴爻进而得中正之位，前往做任何事都会成功。

415

以正当的身份，名正言顺地循序渐进，可以成其家，立其国，正其邦。上卦阳爻得中正之位，知止而又谦逊，不会妄进。所以行动自由，不会受到任何限制，绝不会走到穷困的地步。

初六：鸿渐于干，小子厉，有言，无咎。
象曰：小子之厉，义无咎也。

【注解】鸿：鸿雁、水鸟。专情之鸟，迁徙之鸟，进而有序之鸟。故渐之六爻，皆取象于鸿雁。干：岸也，水之畔也。

【释义】先看卦象，初六阴爻阳位，处艮之初、渐之始。渐卦六爻皆取象于鸿，初爻为幼小之鸿。阴爻，说明他体质柔弱，行为能力差，甚至不能自理；阳位，说明他不甘落后，敢于前进，勇于前进；处艮之初，说明他受到了阻力，是那种自身难以克服的阻力；处渐之始，说明马上就要出发了，开始循序渐进的历程。爻辞说"鸿渐于干"。初六取鸿雁离水上岸为象，雁群即将迁徙，一个个来到河岸之上。"小子厉，有言，无咎"，初爻，是鸿雁中幼小柔弱者，且无应援，但又处于阳位，阳主进，所以必须走，必须进。初六因岸高而受阻，不免因吃力而缓慢，有落伍被丢弃的危险。这个时候，便会有呵斥、讥诮、埋怨、责怪的声音。责怪归责怪，不是不管。鸿雁这种鸟，集体观念非常强，小鸟不会有危险，"义无咎也"。从道义上讲，其他成鸟会帮助这些弱小的幼鸟上岸，绝不会丢弃它们。所以，虽有危险，有责怪之言，但是没有灾难。

这一爻告诉我们，从道义上讲，任何一个团队组织，都不可以抛弃弱势群体。一个国家，不能不管贫困的人口；一支部队，不能丢下伤病人员；一个学校，不能不管后进学生；一个家庭，不能不管老人和孩子。一个团队，就是一个命运共同体，面对命运，有福同享，有难同当。可以报怨、指责，但绝不能放弃，这就是道义。

六二：鸿渐于磐（pán），饮食衎（kàn）衎，吉。

象曰：饮食衎衎，不素饱也。

【注解】磐：大石也。平平整整，易安之地。衎衎：和乐安逸的样子。素：白白的。

【释义】先看卦象，六二阴爻阴位，得中得正，上应九五。阴爻，说明她是柔弱待养之人，待字闺中，等待嫁人。以鸿雁比拟，是储蓄能量，等待迁徙；阴位，说明她不着急上路，还不到出嫁的时候，需要耐心等待；得中，说明她积极为出嫁做各种准备工作，又不是急于出嫁。于鸿雁而言，就是积极地饮食、训练，但不急于迁徙；得正，说明她动机是纯正的，手段是正当的，行为端正，作风正派，走的是正途，于人事而言，是明媒正娶，于鸿雁而言，是正当迁徙；上应，说明她的归宿是九五那里。如果说六二是柔中之臣，那么九五就是刚中之君；如果说六二是待嫁之女，那么九五就是待娶之郎；如果说六二是鸿雁迁徙的出发地，那么九五那里就是鸿雁迁徙的目的地。总之，六二要到九五那里去。爻辞说"鸿渐于磐，饮食衎衎，吉"。在没有出发之前，鸿雁从河边来到岸边的磐石之上，在这里和和美美地饮水、进食、休息、积蓄体能，准备迁徙。"不素饱也"不是白白吃饭的，于鸿而言是蓄能，于臣而言是修德，于女人而言是自养。无论是迁往栖息地，还是去觐见君王，或是嫁到夫家，目的是明确的，前途是光明的。六二此时于磐石之上，和乐进食是吉祥的。

这一爻告诉我们，任何行动，在出发之前，都要做好充分的准备工作。俗话说，磨刀不误砍柴工。在准备上多花点时间，就会在行动中节约出时间。所以，在出发之前，要把能想的想到，把能做的做到，应该提前准备的准备好，能预判的提前做出预判。做到全面、细致，不放过任何一个环节，这叫有备而无患。万事俱备，待时而发，才会一路平安。

九三：鸿渐于陆，夫征不复，妇孕不育，凶；利御寇。

象曰：夫征不复，离群丑也。妇孕不育，失其道也。利用御寇，顺相保也。

【注解】陆：高地平原。夫：指九三。妇：指六四。寇：指九五。丑：同类。

【释义】先看卦象，九三阳爻阳位，逆比六四，处艮之极。阳爻，说明他是阳刚健壮之人；阳位，说明他急于进、勇于往，求去心切，一刻也不愿在原地停留；逆比六四，说明他与六四关系暧昧，属于不正当的男女关系；处艮之极，说明止极则锐进，有迅速离开之象。九三居刚用刚，过刚而失中，有急于冒进之象。与六四逆比而苟合，不符合法定程序，闪婚闪离，或是未婚先育，管孕不管养。爻辞说"鸿渐于陆，夫征不复，妇孕不育，凶；利御寇"。是说鸿雁从岸边磐石之上，来到高地平原之上，九三和六四苟合之后，便离开群体，一去不复返。六四怀孕了，九三也不管养育，"失其道也"先失渐道，后失夫道，所以凶险。不过九三跑到六四的前边，也有个好处，就是可以抵挡九五对六四的偷窥和骚扰，"顺相保也"，顺便把六四保护了。其实，九五和六四才是真正的亲比关系，九三从中间横插一杠子，这就和强大的九五成为情敌关系。所以渐卦六爻，唯九三得凶。

这一爻告诉我们，凡事得按程序、守规矩。没有规矩、不成方圆，古有礼制，今有宪法，法律法规和各种规章制度，就是规矩，是每个人的行为规范。绝大多数人都能讲规矩、守秩序，但也总是有极少数的个别人，我行我素，无法无天，随心所欲，恣意妄为，最终他们必将付出沉重的代价。

六四：鸿渐于木，或得其桷（jué），无咎。

象曰：或得其桷，顺以巽也。

【注解】桷：方木为桷。巽：善于行权，处事灵活。

【释义】先看卦象，六四阴爻阴位得正，上承九五，下乘九三，处巽之初。阴爻，说明她是个柔弱之人，也是个温柔顺从的人；阴位，说明她处于被动状态，只能追求暂时的平安稳定；得正，说明她目的是纯正的，也能正确认识自己所处的环境，为自己的生存，做出正确的选择；承刚，刘明她对上顺从，百依百顺。乘刚，说明九三非她所乘之物，既不舒服，也不安稳；处巽之初，说明她善于权变，处事灵活，能够驯服于人。六四离开艮体进入巽体，艮为陆，巽为木。鸿雁离开陆地，进入林地。这对于鸿雁来讲，是进入了很糟糕的环境当中。因为鸿雁的脚趾是连在一起的蹼，不能握枝，很难在树上栖息。爻辞说"鸿渐于木，或得其桷，无咎"。好在六四以柔、居柔，性格上温柔顺从，又处巽体，处事灵活，在这不得已的情况下，顺从了九三，暂时得到九三这块方木得以栖息。《周易》认为，人在极端恶劣的环境当中，迫于威势，顺从就范，也是权宜之计，这种因应权变的做法，无可厚非。因为这样做，毕竟可以免除灾祸，得以生存。

这一爻告诉我们，人在矮檐下，焉敢不低头？在家千般好，出门万事难，人在旅途，身处逆境，只能将就，不能讲究。只能去适应环境，而不能让环境适应你。人有无奈，不得已而求其次。该顺从要顺从，该权变要权变，委曲求全，随欲而安，忍得一时，保得万全。只有这样，才能化险为夷，走出逆境，实现夙愿。

九五：鸿渐于陵，妇三岁不孕，终莫之胜，吉。

象曰：终莫之胜，吉；得所愿也。

【注解】陵：高冈。

【释义】先看卦象，九五阳爻阳位，居中得正，下应六二。阳爻，说明他是个阳刚、强健之人；阳位，说明他大有作为，是个成功人士；居中，说明他具备中德，能行中道，处渐之时，做事不偏激，不过分，讲程序，守规则，中规中矩；得正，说明他动机纯正，手段正当，观念正统，作风正派，行为端正，是个堂堂正正的男子汉；下应，说明他迎娶的对象就是六二，自己有阳刚之美，居中得正；六二有阴柔之美，也是居中得正，又是渐卦中唯一相应的两爻。卦辞中说"女归吉"，也正是取于此象。九五与六二，无论从哪个角度讲，都是天生的一对，地造的一双，是最佳的绝配。六二要嫁到九五那里，需要一个渐进的过程。爻辞说"鸿渐于陵，妇三岁不孕，终莫之胜，吉"，鸿雁已经来到高冈之上，六二已经来到九五这里，可为什么三年不能完婚呢？这个问题很复杂。六二和九五虽然是绝配，但中间却隔着九三和六四。两个人六二和九三亲比，有说不清的关系；而九五又和六四亲比，也有道不明的关系。九三和六四卡在六二和九五之间，造成了两个人相互猜疑，产生了误会，所以三年没有完婚。为什么最终得愿以偿而得吉呢？就是卦辞中说的"利贞"。二和五不被三和四所诱惑，既中且正，坚持持中守正，"终莫之胜"，最终是邪不胜正，二与五终于相聚，实现夙愿，结果是吉祥的。

这一爻告诉我们，身正不怕影子斜。现实生活中，误会经常发生，面对误会，不要急于解释，也不要做过多的解释。有时急于解释，反会使误会更深；解释过多，反而越抹越黑。解除误会，三点足够。一是中，既不急于说明真相，也不消极躲避，不卑不亢，泰然处之；二是正，行得端，坐得正，心正身正作风正，堂堂正正做人，光明正大做事，坦然面对；三是时，时间可以说明一切，时间可以证明一切，时间到了，再深的误会也能彻底解除。所以身正不怕影子斜，但凡误会，依此而行，定能解除。

上九：鸿渐于陆，其羽可用为仪，吉。

象曰：其羽可用为仪，吉；不可乱也。

【注解】陆：陆路，回途，返回陆地的途中。

【释义】先看卦象，上九阳爻阴位，处巽之极、渐之终。阳爻阴位，说明阴阳一体，男女同居，鸿雁同巢；处巽之极，巽为伏人，巽极有起床之象，新婚之后，女人该回乡省亲了；于鸿雁而言，巽为木，巽极为树梢之上的天空，鸿雁也该回迁了；处渐之终，说明渐道已成。渐进、缓进的程序，到这里已经全部完成。以鸿雁女归为象，至九五已完成任务，到上九，女省亲、雁回迁，踏上归程之路。爻辞说"鸿渐于陆，其羽可用为仪，吉"，群雁陆陆续续飞上天空，翅膀翩翩而动，一会形成个"一"字，一会形成个"人"字，整齐划一，排列有序，就像女子省亲的仪仗队一样，可作为仪表，供人效法。做事如此有序，自然得吉。总之，鸿雁之进，就是渐进。无论是在陆地之上，还是飞翔在空中，都是井然有序，不参差，不越次，不凌乱，像仪仗队那样依次而行，"不可乱也"。鸿雁渐进之象，正是我们应该学习的表率。

这一爻告诉我们，做事情要循序渐进，井然有序。饭要一口一口地吃，路要一步一步地走，事要一件一件地做，分轻重缓急，分前后顺序。道理谁都懂，可现实生活中不按套路出牌者，大有人在。做事没有章法，乱弹琴，瞎指挥，东一榔头，西一棒槌，违反循序渐进的规律，欲速则不达；不按程序和顺序办事，没有头绪，混乱如麻。所以事情再急，也要从头做起，有条不紊，急而不慌，忙而不乱。这才是做事的规则。

简单地总结一下，上一卦是艮卦，艮卦讲的是静止、停止、阻止，物不可以终止，所以就有了渐卦。渐卦讲的是进，是循序渐进。研究渐进中遇到的问题。渐进的过程，取象于鸿雁迁徙的过程，从水里到岸边，从岸边到磐石，从磐石到高地，从高地到树林，从树林到目的地，从目的地到回迁，整个过程，是个循序渐进的过程。那么，它们是如何渐进的呢？一开始"鸿渐于干，小子厉，有言，无咎"，在河边这里，弱小的鸿雁上不了岸，遇到了困难和危险，虽然成年雁们有斥责、有抱怨，但大家还是帮它们上了岸。接下来"鸿渐于磐，饮食衎衎"，在大石盖上集合队伍，补充能量，准备长途迁徙。接下来"鸿渐于陆，夫征不复，妇孕不育"。这是个不负责任的家伙，迁徙途中，苟合致孕，一走了之，管孕不管养，既失渐道，又失夫道，是渐卦中唯一得凶者。接下来是"鸿渐于木，或得其桷"，鸿雁进入树林，由于鸿雁有足蹼，不能握枝，无法栖息，在这种情况下，不得不委曲求全，顺从了九三，得到一块方木，渡过难关。再接下来是"鸿渐于陵，妇三岁不孕，终莫之胜"，这是到达目的地之后，却不能完婚，原因是双方互有误会。由于两个人都能持中守正，时间长了误会自然消除，有情人终成眷属，天作之合，自然大吉。最后是"鸿渐于陆，其羽可用为仪"。鸿雁回迁，飞在空中，井然有序，整齐划一，人们可以效仿，作仪仗之用。

我们古代先民，通过"山上有木"这么一种自然现象，设卦立言，总结出一套循序渐进的客观规律，揭示出渐进过程中遇到的各种问题，及其渐进过程的必然性。这是古人的智慧，我们后人应该认真学习、思考、借鉴。

归妹 ䷵ 震上　第五十四卦　少女出嫁
兑下　　雷泽归妹　　归宿各异

【卦辞】归妹：征凶，无攸利。

【象曰】泽上有雷，归妹；君子以永终知敝。

【注解】归：女子出嫁。妹：少女。敝：敝病。

【释义】《序卦传》说："渐者进也，进必有所归，故受之以归妹。"渐卦是循序渐进之意，取象于女归。意思是女子出嫁要按照一定的程序，一步步来，最后礼成。归妹是少女自嫁的种种情况，没有一个循序渐进的过程，与渐卦之义正好相反。所以渐卦之后，紧接着就是归妹卦。雷泽归妹，震为长男，兑为少女。少女在下，往追或往从长男，是归妹之象。兑为悦，震为动，少女因情而悦，因悦而动，主动求嫁，也是归妹之象。《周易》六十四卦，咸、恒、渐、归妹四卦，都是男女嫁娶之象，言婚嫁之义。前三卦的卦辞或吉或利都很好，唯独归妹一卦为凶。按说归妹乃天地之大义，天地不交则万物不兴，男女不媾则人类不得繁衍，何凶之有呢？问题就出在归妹上。归妹者，所归者妹也，是少女悦而动，是少女往而归。咸卦是女尊男卑，少男追少女；恒卦是男尊女卑，男主外女主内；渐卦是明媒正娶，行六彩之礼，符合法定程序。唯独归妹卦，婚前女追男，而且是悦而动。按照古人的观念，男女之情胜过夫妇之义是不正的；没有渐进过程的婚姻是不吉祥的。卦辞说"征凶"，硬要前往，肯定凶险。"无攸利"，没有什么好处。君子应该从归妹卦中得到启示，婚姻、家庭以夫妇之道为要义，不以男女之情为要义。君子之于婚姻，应该有始有终，善始善终；明知"征凶"而"无攸利"，这样的婚姻，君子知敝而不为也。

孔子在《象传》里是这么说的："归妹，天地之大义也。天地不交而万物不兴。归妹，人之终始也。说以动，所归妹也。征凶，位不当也。无攸利，柔乘刚也。"

孔子的意思是说，归妹是天经地义的事。天地不交而万物不兴，男女不交则人类不衍。少女出嫁，是关乎婚姻和生育的大事。只不过是不符合礼制，因为喜欢而追求，而且是少女主动求嫁于长男。之所以前往会有凶险，是因为少女追长男不是明媒正娶，不能做正房；之所以对少女不利，是因为婚后男强女弱，少女在家里没有地位，会遭受欺凌。

初九： 归妹以娣（dì），跛（bǒ）能履，征吉。
象曰： 归妹以娣，以恒也。跛能履吉，相承也。

【注解】 娣：古代实行一夫多妻制，妹妹随姐姐同嫁一夫称娣。跛：瘸子。
【释义】 先看卦象，初九阳爻阳位得正，处兑之初，归妹之始。阳爻，说明她有刚明之德，性格刚强，体格健壮，还是个明事理的人；阳位，说明她不安于现状，主动要求出嫁，并积极做好出嫁的准备；得正，说明她出嫁的动机纯正，手段正当，自己也是一个观念正统，作风正派，行为端正的人；处兑之初，说明她对出嫁充满了喜悦之情，对未来的婚后生活也很乐观；处归妹之始，说明她一切准备就序，可以出嫁了。爻辞说"归妹以娣，跛能履，征吉"，初九上卦无应，说明她没有合适的对象，只好跟随姐姐九二，共同嫁给六五。姐姐做正房，妹妹做偏房，一正一偏像个瘸子。但妹随姐嫁，在古代属于正当婚姻，妹妹因称娣而处处听从姐姐的左右。虽跛能履，"相承也"，姐妹俩相辅相承，共同侍奉夫君，各自履行妻妾义务，"以恒也"，毕竟是亲姐妹，好相处，可以恒久。这样的婚姻，对于初九来说，是吉祥的，可以出嫁。

这一爻告诉我们，在婚姻生活中，名分并不那么重要。只要自己能够守正，就会获得幸福。无论婚姻关系多么复杂，能否在婚姻中获得幸福，全在于你自己。如果你把地位看得太重，就会陷于争夺地位的斗争中，不会幸福；如果你把名分看得太重，就会陷于争夺名分的斗争中，也不会幸福。真正的幸福，是摆正自己的位置，正确处理各方面的关系，作风正派，行为端正，做自己该做的事情。在婚姻生活中，只要你能做最好的自己，就能获得最大的幸福。

九二：眇能视，利幽人之贞。

象曰：利幽人之贞，未变常也。

【注解】眇：两目一昏一明者曰眇。幽人：幽居之人。

【释义】先看卦象，九二阳爻阴位，上应六五，下卦居中。阳爻，说明她具备刚明之德，性格坚强，体格健壮，明大义、晓事理，是个通情达理的明白人；阴位，说明她安分守己，谦虚、内敛、包容、有涵养，是个宽厚大度之人；得中，说明她具备中庸之德，能行中庸之道，处归妹之时，不会有过激的言语，也不会有过分的行为，言行举止，中规中矩；上应，说明她和六五是正当婚配，在婚姻生活中，是正室夫人，位居正宫。爻辞说"眇能视，利幽人之贞"。九二是阳爻，刚而明，什么都看得见，夫君和娣的一举一动都逃不过她的眼睛。但是，作为正室，必须坚守妇道，持中守正。不得不睁一只眼，闭一只眼，看见假装看不见。只有深居简出，幽居深宫，才会有利。"未变常也"，因为这是常理，是不能改变的。依常理而做，未可得吉；若违背常理而行，则必定招凶。九二具备中正之德，深谙此道，是不会有事的。

这一爻告诉我们，在婚姻生活中，睁一只眼，闭一只眼，或许会更好一些。作为妻子，主要任务是做好自己，持中守正，遵守妇道，顺从丈夫。而不是睁大一双眼睛，整天盯着丈夫，挑丈夫的毛病。在古代，妇女地位低，既不能管教丈夫，也不能离婚，更不能哭哭闹闹，撒泼耍浑，稍有不慎，便会换来一纸休书。即使发现丈夫有不良行为，也不能说、不能管，只是自己徒增烦恼。所以，睁一只眼，闭一只眼，才能免生是非，和睦相处。这是古人的婚姻观，我们现代人要批判地继承。

六三：归妹以须，反归以娣。
象曰：归妹以须，未当也。

【注解】须：须女是星座，又称婺女，斋戒不洁则见。故古称贱妾为须。还有一解。须：待也。反归：解除婚约，退回娘家。

【释义】先看卦象，六三阴爻阳位，不中不正，上卦无应，上承九四，下乘九二，处兑之极。阴爻，说明她温柔美丽；阳位，说明她不是安分守己的人，或是急于出嫁，或是四处招摇，是个招蜂引蝶的人；不中，说明她不守规矩，行为有些过分出格；不正，说明她作风不正派，行为不端正，是个名声不太好的人；无应，说明她没有正当配偶，是给人家做妾的人；承刚，说明她顺从九四，和九四有说不清的关系；乘刚，说明她骑在九二头上，和九二也有道不明的关系；处兑之极，说明她乐极生悲，终于折腾出事了。爻辞说"归妹以须，反归以娣"。六三是个不洁之女，本来给人家做妾，由于自己作风轻佻，名声不好。虽有婚约，仍被遣返回娘家。下反到九二这里，再以九二之妹的身份，嫁人为娣。这要比归妹以须，做人贱妾强多了。古代妻妾多有不和，所以才有侄娣制度，以姑、姐为正室，可使家庭和睦，婚姻恒久。以六三不当之位，能以娣嫁人，这是最好的结果了。

这一爻告诉我们，在婚姻生活中，女人的作风问题，永远是致命伤。任何时代，任何家庭，女人对婚姻的忠诚都是最重要的，一旦出现不忠、不贞等背叛行为，必然是身败名裂，扫地出门的下场。当然你可以再婚、再嫁，但自身的毛病必须彻底改掉。如果再嫁后还是到处招蜂引蝶，那就再被休掉，再嫁再休，反复嫁反复休，这一辈子也就没有什么幸福可言了。

九四：归妹愆（qiān）期，迟归有时。
象曰：愆期之志，有待而行也。

【注解】愆期：延误婚期。迟：迟早。时：婚嫁之时。待：等待。

【释义】先看卦象，九四阳爻阴位，不中不正，下卦无应，处震之初。阳爻，说明她有刚明之德，性格坚强，体格健壮，明辨事非，通情达理；阴位，说明她安分守己，大门不出，二门不迈，深居闺阁，守身如玉；不中，说明她择偶条件过高，一般人她根本就不放在眼里，非符合条件不嫁；不正，说明自己位置不正，地位太高，不能按正常条件择偶，其实还是婚姻观不太正确；无应，说明她现在没有对象，也没有人看上她，缘分还没到；处震之初，说明她姻缘已动，只是个时间问题。爻辞说"归妹愆期，迟归有时"。之所以延误了婚期，是因为"有待而行也"，不要着急，迟早会等来婚嫁之时。九四和六三都是不中不正且无应，她们的区别在于：六三以柔居刚，过中而无应；九四是以刚居柔，不及中而无应。刚居柔比柔居刚要好一些；不及中比过中还要好一些。过中就没有希望了，只能反归以娣；不及中则可以等待。虽然眼下没有合适的人选，延误了婚期，但不等于以后没有。凭着自己以刚居柔，位高尊贵的优越条件，早晚能等到自己的意中人，迟早能嫁一个如意郎君。愆期也好，迟归也罢，不是不嫁，"有待而行也"。

这一爻告诉我们，婚姻大事，不可儿戏，宁可不嫁，也不凑合。每个人都有自己的择偶条件和标准，而且每个人的标准都不一样。也不能说谁对谁错，谁的好，谁的赖。萝卜白菜各有所爱，有爱孙猴子的，有爱猪八戒的，口味不同，眼光各异。其实许多条件和标准，都是自己在对婚姻生活的憧憬当中臆想出来的，并不切合实际。之所以迟迟不能结婚，跟条件好赖、标准高低没有太大的关系。只是没有在对的时间、对的地点，遇到对的人。就是我们平时所说的缘分。缘分不到，急也没用；缘分一到，所有的条件都不是条件，所有的标准都不是标准。那个时候才知道，心动是唯一的标准，顺眼是唯一的条件。

六五： 帝乙归妹，其君之袂（mèi），不如其娣之袂良，月几望，吉。

象曰： 帝乙归妹，不如其娣之袂良也。其位在中，以贵行也。

【注解】帝乙：商王帝乙。君：对夫人的通称。妹：少女。袂：衣袖，引申为服饰。良：豪华美丽。望：月圆之日称望。

【释义】先看卦象，六五阴爻阳位，上卦得中，下应九二。阴爻，说明她具备阴柔之美，温柔、漂亮、落落大方；阳位，说明她主动出嫁，心情迫切，态度积极；得中，说明她具备中德，能行中道，处归妹之时，举止得体，中规中矩，尊贵而不傲慢；下应，说明她下嫁九二，是正当的婚配，属于门当户对，天作之合。爻辞说"帝乙归妹，其君之袂，不如其娣之袂良，月几望，吉"。当年商王帝乙，把年少的女儿下嫁给周文王。作为正室夫人，她的穿戴服饰，还不如陪嫁之娣的衣着更华丽漂亮。其实六五用不着穿得那么漂亮，她自身的美德柔而得中，就像是将圆而未圆的月亮，尊贵而谦虚，近盈而不满，光彩照人而不与日争辉，"以贵行也"。所以，帝乙归妹，最得吉祥之义。

这一爻告诉我们，有德之人，才能获得婚姻的幸福。地位高，要有谦虚之德，不能居高临下，颐指气使，飞扬跋扈；女人要有美德，温柔、善良、博爱，而不是整形化妆，穿着打扮，金银首饰；做事要有中德，不说过头话，不做过头事，言行举止，中规中矩，为人处事，恰到好处；为人妻要讲妇德，顺从，忠诚，勤俭持家，任劳任怨。这样才能从婚姻生活中获得幸福。当然，三从四德，是封建糟粕，我们应该批判地继承。

上六：女承筐无实，士刲（kuī）羊无血，无攸利。

象曰：上六无实，承虚筐也。

【注解】女：指上六。士：指六三。刲：割也。

【释义】先看卦象，上六阴爻阴位，下卦敌应，处震之极，归妹之终。上六阴爻，说明她是个年龄偏大的少女；阴位，说明她仍待字闺中，尚未出嫁；无应，说明她和六三本无婚配关系，但处归妹之时，没有别的选择，只能勉强成婚；处震之极，说明她已经过了活泼好动的年龄，比较成熟稳重；处归妹之终，说明少女出嫁，到她这里，就算是彻底结束了。为什么呢？爻辞说"女承筐无实，士刲羊无血"，古代婚礼，女子嫁到夫家，三个月后祭祀宗庙。女人用筐，盛祭品以祭祀；男子宰羊取血作祭品以祭祀。而今有筐无实，乃虚筐也；士杀而无血，乃死羊也。空筐、死羊不能用祭祀，不能行祭祀之礼，夫妇之道无成。从卦象上看，上卦震为竹、为苇、为仰盂，乃是虚筐；下卦兑，为羊、为内、为下，血往内流则无血。意思是说，上六承虚筐是不能生儿育女；六三杀羊无血，也是没有生育能力。两个人有婚姻之形，而无婚姻之实，后继无人，有始而无终，上六之归妹，没有实际意义。

这一爻告诉我们，婚姻生活的本质是传宗接代。否则，没有任何意义。古代人重视生育，讲究添人进口，人丁兴旺，多子多福，后继有人。女人生育能力强，就是旺夫之相，富家之命，在家庭中的地位就很高。女人不能生育，就是扫帚星、不下蛋的鸡，在家里没有任何地位，只能像奴隶一样，做粗重的体力活。稍有不慎，便被休回娘家。在封建社会，不生育就是女人的事，被休是再正常不过的事情。现代人知道，不生育也有可能是男人的事。另外，生育观也大不相同，如今生男生女都一样，甚至还有丁克一族。婚姻的本质已不再是传宗接代，延续香火。所以对古代文化，了解即可，对于糟粕，一定要批判地继承。

简单地总结一下，上一卦是渐卦，渐卦讲的是循序渐进，进必有所归。所以就有了归妹卦。归妹卦讲的是少女追长男，主动出嫁，研究各种少女如何出嫁的问题。一开始就是"归妹以娣"，跟着姐姐一块出嫁，姐姐做正室，妹妹做偏房。亲姐妹好相处，相互有个照应，可以使家庭婚姻长久。接下来是"眇能视"，当姐姐的，为了家庭和睦，睁一只眼，闭一只眼，宽容大度，通情达理，免生是非，和睦相处。接下来是"归妹以须"，由于自己作风不正，名声不好，被人解除婚约，退回娘家，然后"反归以娣"，又以娣的身份随嫁出去。如果她能改过自新，应该是不错的结果。接下来是"归妹愆期"，自身条件不错，择偶条件和标准也高一些，迟迟不能出嫁，是个大龄青年，爻辞说她"迟归有时"，早晚能等到心仪之人，嫁一个如意郎君。再接下来是"帝乙归妹"，门当户对，天造地设，守中德，尽妇道，爻辞直接言吉。最后是"女承筐无实，士刲羊无血"。女的有个筐不能装东西，男的捅一刀子不出血，两个没有生育能力的人结合在一起，有名无实，毫无意义。

我们古代先民，通过"泽上有雷"这么一种自然现象，设卦立言，总结出一套少女出嫁的客观规律，揭示出少女的各种境遇及其必然结果。这是古人的智慧，我们后人要认真学习、思考、借鉴。

丰 ䷶ 震上　第五十五卦　盛极防衰
离下　　雷火丰　　守成不易

【卦辞】丰：亨，王假之，勿忧，宜日中。

【象曰】雷电皆至，丰；君子以折狱致刑。

【注解】丰：盛大。假：至也。

【释义】《序卦传》说："得其所归者必大，故受之以丰，丰者大也。"归妹卦讲的是归，所归者妹也。其实，天下万事万物无不有所归，土归其壑，水归其泽，人归其属，物归其主。而得其所归者必大。所以，归妹卦之后，紧接着就是丰卦。雷火丰，震为雷，离为电，雷电交加，有声势盛大之象。天下之王至尊至贵，天下之财至富至有，天下之物至丰至厚，天下之人口至繁至庶，天下之土地至广至大。什么人能够致天下之盛大呢？"王假之"，只有君王能够达到这种境界。盛大必然亨通，但也有让人担忧的一面，盛则衰，盈则亏，泰则否，极必反，这是自然规律，也是放之四海而皆准的真理。人类社会也是如此，知道这个道理后，就不必忧虑，最好的办法，就是保持"日中"的状态，尽最大努力，不使自己的统治之盛超过极限，尽可能地持盈保泰，延长统治期，延缓衰退期。君王应该从本卦中得到启示，效法雷电皆至的自然现象，先明而后动，先察明实情，然后再施用刑罚。以明折狱于先，以动致刑于后，则无狱不察，无刑有冤矣。

孔子在《象传》里是这么说的："丰，大也。明以动，故丰。王假之，尚大也。勿忧宜日中，宜照天下也。日中则昃，月盈则食。天地盈虚，与时消息，而况于人乎，况于鬼神乎。"

孔子的意思是说，丰就是盛大。下明而上动，所以盛大。只有君王能够达到这种境界，现在正处在盛大的巅峰。这个时候，不要担心会衰落，应该像"如日中天"那样，普照大地。太阳到了正午就要偏西，月亮盈满就要亏缺，天地万物都是阴阳转换，随其时而消长变化，更何况是人呢，更何况是鬼神呢！

初九：遇其配主，虽旬无咎，往有尚。

象曰：虽旬无咎，过旬灾也。

【注解】配主：指九四。旬：均也。尚：嘉尚。

【释义】先看卦象，初九阳爻阳位，处离之初，丰之始。阳爻，说明他是阳刚、正直的君子，是个强健之人；阳位，说明他积极上进，主动前往，是个勇于进取的人；处离之初，说明他是明白人，也是光明正大的人；处丰之始，说明他正处于国家盛大之始，是国家和基层老百姓都最好过的时候。丰为盛大，就是指这个时候。如何保持住盛大。《周易》的办法就是守中，就是保持对立面的均衡。丰卦六爻，无论阴阳，皆以对应之爻位作为对立面，论说如何保持均衡与守中。初九对九四，都是阳爻，两相匹配，力量均衡。一个阳位，一个阴位，阴阳之间容易沟通。力量均衡，又能沟通，就能守住中，就能保住盛大之势如日中天。爻辞说"遇其配主，虽旬无咎，往有尚"。正因为初九和九四两相匹配，势均力敌，保持国家与老百姓的利益均衡，才不会有灾难。这个时候初九往而从之，以明助动，定有嘉赏。保持这种均衡，即可无咎，一旦打破了这种均势，出现一强一弱，"过旬灾也"，打破均衡就会带来灾难。

这一爻告诉我们，国家处于鼎盛时期，既怕民强国弱，也怕国强民弱。老百姓的势力，超过国家的势力，政权不稳，摇摇欲坠，就是改朝换代的时候；国强民弱，则是横征暴敛，民不聊生，就是聚众起义的时候。最佳的状态，就是国富民强，国以民富，民以国强，相辅相承，良性循环，只有这样，才能保持国家兴旺发达，盛久不衰。

六二：丰其蔀（bù），日中见斗，往得疑疾，有孚发若，吉。

象曰：有孚发若，信以发志也。

【注解】蔀：席棚，遮蔽。斗：北斗星。

【释义】先看卦象，六二阴爻阴位，得中得正，对应六五，离卦之主。阴爻，说明他柔弱顺从；阴位，说明他安分守己，谦虚内敛，是个真正的老实人；得中，说明他具备中庸之德，能行中庸之道，处丰之时，不偏激，不过分，能够始终保持地方和中央的平稳关系，维护国家的盛大；得正，说明他动机纯正，手段正当，观念正统，行为端正，是个堂堂正正的保丰派；与六五对应，说明双方都能以柔居中，势均力敌，利益均衡；离卦之主，说明他代表着光明，是居明而能明者，既是基层社会的曙光，也是光明磊落的大臣。按说，六五处动体，又是阳位，是能动者，一个能明，一个能动，明动相资，可以保丰。但六五阴柔不正，又非震之主体，是个昏庸之君。爻辞说"丰其蔀，日中见斗，往得疑疾"。六五因为盛大而变得昏庸，就像是一张不可移动的席棚一样，遮蔽住了六二的光明。六二看六五，就像见到黑夜中的北斗，至昏至暗。虽欲前往，以明相资，但是"往得疑疾"，六五对六二有猜疑之疾。此时六二唯一的办法，就是"有孚发若"，"信以发志也"。用真心和诚信，慢慢地启发六五的心志。只要六二持中守正，至真至诚，六五定会感悟，疑疾定会变成信任，结果定会吉祥。

这一爻告诉我们，君暗臣明之时，不可操之过急。明臣谏暗君，或明白的下属劝糊涂的领导，得讲究点策略。首先不能急于求成，得循循善诱，如春风化雨，慢慢渗透；其次不能直截了当，得迂回婉转，借物而喻之，逐渐启发；最后也是最重要的，就是诚心诚意，精诚所至，金石为开。只有这样，才能点醒梦中人，实现君臣互信。真睡着的人，早晚能叫醒，除非是假睡着的人，那是永远也无法叫醒的。

九三：丰其沛，日中见沫，折其右肱（gōng），无咎。

象曰：丰其沛，不可大事也。折其右肱，终不可用也。

【注解】沛：古本作旆字，解为幡幔。沫：斗杓后面的小星。肱：臂。右肱：是君王的武将。

【释义】先看卦象，九三阳爻阳位得正，与上六应，处离之极。阳爻，说明他阳刚正直，刚正不阿，耿介如石，是个强健之人；阳位，说明他积极有为，敢做敢当，是个不安于现状的人；得正，说明他观念正统，作风正派，正气十足，是个敢和邪恶作斗争的人；上应，说明他和上六，一强一弱，无法均衡；处离之极，说明他明极则暗，太明白就变成了糊涂人。九三以刚履刚，应该是上六的一员武将。上六以柔居柔，阴暗至极，又以柔体居震之极，震极则止，干脆就不动了。九三明极而暗，上六震极而止，明者不明，动者不动，明动不能相资，无法保丰。爻辞说"丰其沛，日中见沫，折其右肱，无咎"。上六昏暗至极，就像是一块帷幔，把九三围蔽得严严实实。九三在大白天，却能看到斗柄后面的小星星，天下如此黑暗，九三这个刚明之臣又能干得了什么大事呢？但九三疾恶如仇的性格，还是不被上六所容，折断其右臂，使之成为废人，"终不可用也"。实际上，也是废了上六自己的肱股之臣。好在九三得正，没有性命之忧，也算是没什么灾祸。

这一爻告诉我们，个人的能力，阻挡不了社会发展的大趋势。国家鼎盛的时候，也正是滋生腐败、产生昏君的时候。此时，小人当权，悖逆之事大行其道，真正的君子应该及时隐遁，退身而修其德，以待时变。而不是凭一己之蛮力，匡复正道，或是梦想昏君和小人有所改变。这样做只能招致小人对自己的伤害，于道无益，于事无补。

九四：丰其蔀，日中见斗，遇其夷主，吉。

象曰：丰其蔀，位不当也。日中见斗，幽不明也。遇其夷主，吉行也。

【注解】夷主：指初九。

【释义】先看卦象，九四阳爻阴位，不中不正，对应初九，处震之初。阳爻，说明他是个君子，具备刚明之德，为人正直，行事果敢；阴位，说明他受到六五的限制，不能前行；不中，说明他夹在君与民中间，很难行中庸之道，不能中规中矩地办事；不正，说明他位置不正，上有昏君，不能行君子之正；对应初九，说明他和初九才是保丰的主体，国家能否保持盛大，很大程度上取决于朝中大臣和基层百姓；处震之初，说明他是能动者。爻辞说"丰其蔀，日中见斗，遇其夷主，吉"。九四直接处于昏君之下，就像被席棚罩住一样，朗朗乾坤，却看不到光明。自己所处的环境，就像置身于黑夜，只能看到北斗星，"幽不明也"，就是说表面盛大如日中，实则黑暗如深夜。好在九四与初九相匹，初九称九四配主；九四称初九夷主。一个是离初而能明，一个震主而能动，明动相资，势均力敌，力量均衡。均则能中，中可保丰，所以"吉行也"。初九无咎而往有尚者，明也；九四遇夷主而得吉者，动也。

这一爻告诉我们，君为轻，民为重，社稷次之。自古君子以养民为己任，达则兼济天下，穷则独善其身。君王圣明，政治清明的时候，就出来为天下苍生做事；君王昏庸，政治黑暗，则退隐山林，反身修德。当国家由盛及衰的时候，不是助纣为虐，而是尽自己最大努力，保护民众的利益。能保民则保民，不能保民则保社稷，社稷不保的时候，就可以隐退了。而不是死保昏君，做时代的殉葬品。否则，就不是真正的君子。

六五：来章，有庆誉，吉。

象曰：六五之吉，有庆也。

【注解】来：从外卦到内卦曰来。章：彰显，表彰，使之彰，同彰。

【释义】先看卦象，六五阴爻阳位，上卦得中，对应六二，处尊位是丰卦之主。阴爻，说明他暗弱无能，本身不具备保丰之能；阳位，说明他不是消极守成之人，还有一些作为，能够积极寻求保丰的办法；得中，说明他具备中庸之德，能行中庸之道，处丰之时，能够把握国家利益和民众利益的均衡，能够掌握盛与衰的平衡；对应六二，说明能否保丰，他和六二是关键。丰卦六爻，皆以相应之位明动是否相资论得失，六五对六二，六二居离体之中，是离卦之主，为最能明者，因得不到六五的信任，虽明而不能为。当发展到六五爻位时，六五是阳位，能够主动下来资助六二。爻辞说"来章，有庆誉，吉"，主动来表彰六二，使六二充分彰显自己的光明。六五作为丰卦之主，最得丰卦之要义，自己虽然暗弱，却能借助六二的光明而致丰，又能守中而保丰。六五能这么做，肯定会普天同庆，肯定会得到国民的赞誉，肯定能保持国家盛大的局面。结果肯定是吉祥的。

这一爻告诉我们，保丰之道，唯有用贤。盛极而衰，是事物发展的客观规律，是不以人的意志而转移的，也是任何力量也阻止不了的。衰落的主要原因是来自统治阶级的狂妄自大和腐败堕落，以及由此带来的昏庸和闭塞。以其自身的力量，只能加速衰败和灭亡，而不能挽回或延缓衰落。保持盛大，唯一的办法就是起用贤人，重新给社会带来光明，让民众看到光明，得到实惠。基层稳定，才是保丰的根本。但贤人也不是救世主，统治阶级与被统治阶级的矛盾，只能缓和而不能调和。以贤保丰，保得了一时，保不了一世，最终也逃脱不了衰亡的命运。

上六：丰其屋，蔀其家，窥其户，阒（qù）其无人，三岁不觌（dí），凶。

象曰：丰其屋，天际翔也。窥其户，阒其无人，自藏也。

【注解】窥：窥视。阒：空也，静也。觌：见。

【释义】先看卦象，上六阴爻阴位，下应九三，处震之极、丰之终。阴爻，说明他是暗弱之人，昏庸而无能；阴位，说明他保守而自闭，没有任何作为，是个守成之人；下应，说明他与九三相匹，一个阳爻阳位，一个阴爻阴位，实力彻底失衡，根本无法保丰；处震之极，说明他动极则止，违背明动相资的卦义，不能保丰；处丰之终，说明盛大时期已经结束，盛极而衰已成定局，更是无法保丰。爻辞说"丰其屋，蔀其家，窥其户，阒其无人，三岁不觌，凶"。把屋子建造得盛大恢弘，"天际翔也"，都可以到天边翱翔了。意思是把国家建得很盛大，却把自己的小家封闭得严严实实。上六动极则止，此时一动不动地、静无声息地待在幽深黑暗的房子里，从窗户缝往里窥视，什么也看不见，空无一人，静静悄悄，乃至于三年不私自与外人见面。这怨不得别人，是上六自己把自己隐藏起来，与世隔绝。等于是谁也不见，谁的话也不听，谁的话也不信，自绝于人民，自绝于社会，不凶何为？因明动而至盛大，初、四之谓也；因暗弱而至衰败，三、六之谓也。由盛及衰是自然规律，任何人都无法抗拒。

这一爻告诉我们，帝国建成之时，便是自我禁锢之日。大到一个国家，小到一个企业，一个人一旦取得巨大成就，便会自我膨胀，膨胀到一定程度，就觉得自己无比伟大，永远正确，是真理的化身。至此，开始自我封闭，针插不进，水泼不进，谁的话也听不进去。天马行空，独往独来；刚愎自用，随心所欲。就像做梦一样，欣赏自己的杰作，享受自己的伟大，直到灭亡，也不会从梦中醒来。

简单地总结一下，上一卦是归妹卦，归妹卦讲的是归，所归者妹也。得物之所归者必大，所以就有了丰卦。丰卦讲的是盛大，研究如何保持盛大的问题。上卦震是动，下卦离是明，明动相资，保持上下均衡，才能保丰。一开始就"遇其配主"，以阳对阳，相互匹配，上动下明，明动相资，力量均衡，可以保丰。接下来，"丰其蔀，日中见斗，往得疑疾"，六五昏暗，且不能动，像一张固定的席棚，把六二罩得严严实实，朝廷黑暗，见不到光明。六二越明，六五对他的疑心就越大，明动不能相资，不能保丰。接下来是"丰其沛，日中见沫，折其右肱"，上六比六五还昏暗，像帷幔一样，把九三围蔽起来，大白天的就像深夜般黑暗，一个阳爻阳位，一个阴爻阴位，上下失衡，不能保丰；一个明极而暗，一个动极而止，明动不能相资，不能保丰。再接下来是"丰其蔀，日中见斗，遇其夷主"，尽管在昏君的笼罩之下，朝廷政治黑暗。但他和初九相匹配，都是阳爻，一个是震之主，是能动者；一个是离之初，是能明者，明动相资，可以保丰。再接下来是"来章，有庆誉"，原来六五有疑疾，经过六二"有孚发若"，开始信任六二，主动下来彰显六二的光明，得到国民的赞誉，普天同庆。明动相资，可以保丰。最后是"丰其屋，蔀其家，窥其户，阒其无人，三岁不觌，凶"。把国家建得无比盛大，却把自己禁锢起来，与世隔绝，多少年都不与外界接触。从卦象上看，一个阳爻阳位，一个阴爻阴位，实力不均衡，难以保丰；一个震极则止，一个离极则暗，明动没有相资的可能，至此就彻底不能保丰了。一个曾经盛大辉煌的时代，就这样衰落灭亡了。

我们古代先民，通过"雷在上、火在下"这么一种自然现象，设卦立言，总结出一套如何保丰的客观规律，揭示出保丰的必要条件和必然结果。这是古人的智慧，我们后人要认真学习、思考、借鉴。

旅 ䷠ 离上　第五十六卦　居无定所
艮下　　火山旅　　颠沛流离

【卦辞】旅：小亨，旅贞吉。

【象曰】山上有火，旅；君子以明慎用刑而不留狱。

【注解】旅：居无定所，寄人篱下。

【释义】《序卦传》说："丰者大也，穷大者必失其居，故受之以旅。"丰卦是盛大的意思，盛大到极点，必将盛极而衰，衰则必然失去安居之地。旅卦讲的是居无定所、羁旅在外，颠沛流离。所以丰卦之后，紧接着就是旅卦。火山旅，离为火，艮为山，山上起火，无法设定，无法控制，烧到哪里是哪里，有居无定所之象。山是静止的，火是流动的，当止而不处，也有旅行在外之象。古人安土重迁，把寄居异国、流落他乡，看作极其严重的事情。因为旅的处境最难把握，把握得好，一个人可以因旅而兴；把握得不好，一个人可以因旅而亡。旅为落魄之举，多是不得已而为之。所以"小亨"，只有小事亨通。"旅贞吉"，唯有走正道才可得吉。君子应该从旅卦中得到启示，像山上有火一样，艮为止，离为明，君子应该做到止而明。在处理狱讼的时候，既要明察审慎用刑，及时断案和裁判，又要发落及时，该杀的杀，该放的放，绝不拖泥带水，留狱成灾。

孔子在《彖传》里是这么说的："旅小亨，柔得中乎外而顺乎刚，止而丽乎明，是以小亨旅贞吉也。旅之时义大矣哉。"

孔子的意思是说，旅虽失其所居，但不至于困，所以小事可以亨通。旅卦的卦主是六五，六五在外卦柔而得中，又能顺从于阳刚。下卦是止，上卦是明，旅居在外的时候，知道止于何时，止于何地，而且能够依附于光明。所以有小的亨通，走正道可得吉。六五之所以小亨，是因为下卦无应，如果有应，即使旅行在外，也会大亨通。旅是因时而旅，顺时而旅，时至则旅终。无论是有意而为，还是迫不得已，都跟时势有很大关系。

初六：旅琐琐，斯其所取灾。
象曰：旅琐琐，志穷灾也。

【注解】琐琐：卑微、猥琐、琐碎。
【释义】先看卦象，初六阴爻阳位，上应九四，处艮之初、旅之始。阴爻，说明他是个小人，当属软弱无能之辈；阳位，说明他不能居家自守，必须外出旅居，是个无家可归的人；上应，说明位高权重的九四是他的应援；处艮之初，说明主观上，他实在是不想走，客观上也受到阻止，遇到一些羁绊；处旅之始，说明旅途刚刚开始，走又不想走，不走又不行，磨磨蹭蹭，踌躇不前。初六以阴柔之才，处旅之始，既不具备旅行的能力，也不具备旅行的信心。爻辞说"旅琐琐，斯其所取灾"。斤斤计较一些琐碎细小的事，一副猥琐自卑、人穷志短、马瘦毛长的样子，根本就没有远大的志向和抱负。自身柔弱又自甘堕落，一点都不像是要出远门的样子。这种状态，就是有权有势的九四都帮不了他。朽木不可雕，粪土之墙不可污，简直就是烂泥扶不上墙，六二之灾"志穷灾也"，完全是自己造成的，跟九四没关系，更怨不得旁人。

这一爻告诉我们，一个人如果自己不成才，再好的社会背景也没用。任何人都一样，要想成才，首先得立志，没有志向就没有目标，没有志气就没有动力。其次得有信心。没有信心就没有恒心，没有恒心就没有毅力。最后，自身得努力。吃得苦中苦，方为人上人。一切机会都是给有准备的人提供的，当你自身具备了成功的条件，这时遇到贵人相助，才能走上成功之路。否则，谁都帮不了你。

六二：旅即次，怀其资，得童仆贞。

象曰：得童仆贞，终无尤也。

【注解】即：就，住下。次：舍，旅馆。资：钱财。

【释义】先看卦象，六二阴爻阴位，得中得正，上承九三。阴爻，说明他是知止的人，知道什么时候止，止在什么地方；阴位，说明他安分守己，遵纪守法，不到处乱跑，是个比较宅的人；得中，说明他具备中德，能行中道，处旅之时，言行举止不偏激、不过分，是个中规中矩的人；得正，说明他作风正派，行为端正，是个走正道的人；承刚，说明他顺从于人，从来不跟别人对着干，逆来顺受，能忍则忍，避免和任何人产生矛盾。六二以柔得中而顺乎刚，深得处旅之道，是最能安处旅者。所以爻辞说"旅即次，怀其资，得童仆贞"。能够在异国他乡，得到相对安定的居住之所，有暂时居住的地方，有足够用的钱花，有童仆的真诚帮助和照料。一个旅居在外的人，能够住旅馆，有钱花，有人伺候，这就足够了，"终无尤也"，还有什么可忧虑的呢？

这一爻告诉我们，出门在外，要做到三个字，中、正、顺。中就是一举一动都要讲规矩，有分寸，不说过头话，不做过头事。正就是行为端正，作风正派，做到心正、身正。心正则不做亏心事，不怕鬼叫门。身正则身正不怕影子斜。走正道就不会惹祸上身。顺就是顺从别人，在不违反原则的前提下，能顺则顺，一顺百顺，不和任何人发生争执，免生是非，给自己的旅途造成不必要的麻烦。做到这三点，可保你旅途愉快，一路顺风。

九三：旅焚其次，丧其童仆，贞厉。

象曰：旅焚其次，亦以伤矣。以旅与下，其义丧也。

【注解】焚：焚烧。丧：离去，走掉。

【释义】先看卦象，九三阳爻阳位，失中得正，处艮之极。阳爻，说明他是个身体强健，性格耿直，脾气暴躁的人；阳位，说明他不安于现状，急于前往，是个不能安处的人；失中，说明他不具备中德，思想偏激，行为过分，是个说话办事没有分寸的人；得正，说明他堂堂正正，光明正大，是个能走正道的人；处艮之极，说明止极则行，行则遇险，因为他的前面是离卦，离为火。所以爻辞说"旅焚其次，丧其童仆，贞厉"。九三刚暴过甚，羁旅而不恭，不为人所容，所住房舍被烧毁，童仆也跑掉了。自己本来是无家可归的羁旅之人，却"以旅与下"，把童仆也看作无家可归的羁旅之人，"其义丧也"，从道义上讲，童仆跑掉是必然的，是合乎情理的。九三以阳居阳，六二以阴居阴，都得正位，那为什么爻辞却截然相反呢？六二"旅即次"，九三"焚其次"；六二"得童仆"，九三"丧童仆"；六二"无尤"，九三"贞厉"。问题就出在卦义之得失上。六二柔而中正且顺乎刚；九三过刚失中且处艮之极，即便是得正位，走正道，也难免旅途之上的各种危厉和磨难。

这一爻告诉我们，出门在外，不可以刚愎自用，颐指气使。在家千日好，出门一日难，旅居之人，和为贵，忍为高。见人三辈小，主动放低姿态，问个路都好问。见人虽不必点头哈腰，但起码的礼貌得讲；遇事虽不必退避三舍，但基本的礼让得有。怕就怕趾高气昂，傲慢无理，居高临下，颐指气使。这是招灾惹祸的节奏，如果自己意识不到，不能及时改正，那么各种不幸将随之而来，注定将是一次多灾多难的旅行。

九四：旅于处，得其资斧，我心不快。

象曰：旅于处，未得位也，得其资斧，心未快也。

【注解】处：能够长期居住的处所。斧：上古之斧乃权力的象征。

【释义】先看卦象，九四阳爻阴位，不中不正，下应初六，处离之初。阳爻，说明他是刚明强健之人；阴位，说明他的行动受到一定的限制，不可以随意走动；不中，说明他只能消极等待，而不能主动有所作为，言行举止，很难掌握分寸；不正，说明他位置不正，不能堂堂正正做人，光明正大做事；下应，说明他不是孤身在外，可以得到家里人的关照，但这种关照也是微弱的、有限的；处离之初，说明他代表着光明，是家里人的希望。古代最大的客旅，就是到异国做人质，九四就属于这种情况，他以刚明之才，居阴柔之位，所居之所是寄人篱下，暂时栖身之处。爻辞说"旅于处，得其资斧，我心不快"，虽然有个相对稳定的住所，又有来自本国的应援，资财无忧，也有一定的安全保障权利，但毕竟旅困他乡，志不得申，生死不定，前途未卜，客旅之心，岂能快哉？

这一爻告诉我们，出门在外，最大的不快是失去自由。在现实生活中，这种事情是经常发生的。比如外出旅游，因某种自然灾害，被困在外地，虽然没有生命危险，家里也可以寄钱给你，但不知道什么时候才能回家，这种心情就是很不愉快的。再比如我们的孩子在国外留学，因某种原因被困在国外，虽然衣食无忧，但不知道会遇到什么危险，又不知道什么时候可以回国。这时的心情不是不快，而是焦虑不安。所以，出门在外，要做好应对突发事件的准备。

六五：射雉一矢亡，终以誉命。

象曰：终以誉命，上逮也。

【注解】雉：野鸡。亡：失。矢：箭头。誉：美誉、赞誉、荣誉。命：天命、君命。逮：及也，达到的意思。

【释义】先看卦象，六五阴爻阳位，上卦得中，上承上九，下乘九四，为离卦之主。阴爻，说明他具备柔顺之德；阳位，说明他勇于进取，大有作为；得中，说明他具备中庸之德，能行中庸之道，处旅之时，说话不偏激，做事不过分，言行举止，恰到好处，旅居在野，中道而行；承刚，说明他顺从于强者，能够忍辱负重，卧薪尝胆；乘刚，说明他得到下面强有力的支持；为离之主，说明他代表着文明和光明。六五就是孔子在《象传》里说的那样，"柔得中乎外而顺乎刚，止而丽乎明"，是深得旅道之人。处旅居在野之时，为了重新回到君王之位，派人质到邻国，得到邻国的信任与支持。爻辞说"射雉一矢亡，终以誉命"。这就像射雉，为了得到雉，丧失一个箭头又算得了什么呢？雉代表文明，就是六五之位；所亡之矢就是九四。六五虽亡一矢，但得到的是邻国的信任，国人的赞誉，最终也因此得到了天授君命。"上逮也"，达到了至高无上的地位，坐上了人君之位，从此开启新的文明时代。

这一爻告诉我们，要想成功，必须付出代价。没有人可以随随便便成功，有的人以时间为代价，有的人以金钱为代价，有的人以健康为代价，有的人以生命为代价。至于说值与不值，那就看你的人生观和价值观了。古人认为，为了君位，牺牲一子，就如同为了野鸡丢失一箭一样，是值得的。我们今人认为，为了国家的独立与解放，以无数烈士的生命为代价，也是值得的。但是以健康为代价，去换取所有的身外之物，都是不值得的。成功，固然是每个人追求的目标，但是付出什么样的代价，是我们每个人都需要考量的。

上九：鸟焚其巢，旅人先笑后号啕。丧牛于易，凶。

象曰：以旅在上，其义焚也。丧牛于易，终莫之闻也。

【注解】牛：温顺之物。易：变卦之所。

【释义】先看卦象，上九阳爻阴位，不中不正，处离之极、旅之终。阳爻，说明他阳刚强健，性格粗暴，态度骄横，是个刚愎自用之人；阴位，说明他是个无处可去的人，处旅之时，走到了旅途的尽头；不中，说明他语言偏激，行为过分，过于强势，是个自以为是的人；不正，说明他不能正确认识自己所处的环境，处旅的时间、地点、方式、方法都不正确；处离之极，说明他明极而暗，看不清形势，盲目自信，盲目乐观。旅卦贵柔，他不柔；旅卦贵中，他不中；旅卦贵正，他不正。以阳刚之质，居旅卦之最上，居高自傲，扬扬得意。爻辞说"鸟焚其巢，旅人先笑后号啕，丧牛于易，凶"。所处之位因最高，有鸟巢之象；因处离体，又有焚巢之象。旅途到了尽头，本该有的安居之所被烧掉了。原来自己还偷着乐，现在去无所往，止无所居，不得不号啕大哭。上九之所以先笑而后哭，是因为他"丧牛于易"，在即将变卦的时候，丧失了温顺之德。由于自己粗暴、骄横，"其义焚也"，从道义上讲，肯定会有人烧了他的房子；也是由于自己刚愎自用，"终莫之闻也"，最终也没有人告诉他，应该温顺处旅的道理。结果在这一卦之终，就要变卦的时候，也就是关键的时间、关键的地点，丧失了旅卦最宝贵的东西，上九得凶，脚上的泡，自己走出来的。

这一爻告诉我们，出门在外，最忌骄横自傲。山外有山，人外有人，自以为体格强健，胳膊粗、拳头大，不把别人放在眼里，出门横着走，这是招灾惹祸的节奏。就是不被高人收拾，也会被小人算计。自傲更是出门旅行之大忌，没有人愿意和傲慢的人在一起。当你遇到困难的时候，没有人来帮你，甚至当你遇到危险的时候，也不会有人来提醒你、劝阻你。江湖险恶，旅途多艰，非要我行我素，那就只好自求多福了。

简单地总结一下，上一卦是丰卦，丰卦讲的是盛大，盛极必衰，衰必失其安居之所。所以就有了旅卦。旅卦讲的是居无定所，羁旅在外，研究如何处旅的问题。一开始就是"旅琐琐"，是个软弱无能，胸无大志的宵小之辈，虽有很好的社会背景，但因自己不努力，烂泥扶不上墙，自毁前途，自取灾祸。接下来是"旅即次"，得中得正得柔，深得旅卦要义，又能住旅馆，又有钱花，又有童仆伺候，"终无尤也"。接下来是"旅焚其次"，和六二完全相反，既不得中，也不得正，关键是居刚用刚，彻底违背旅卦的要义，结果旅店被烧，童仆逃跑，而且一路上会不断遇到危险和磨难。接下来是"旅于处"，作为人质，长期客居在异国他乡，虽有国内应援，衣食无忧，安全也有相对的保障，但毕竟是旅居在异国他乡，"我心不快"。再接下来是"射雉一矢亡，终以誉命"。为了登上王位，不惜失一子做人质，争取邻国的帮助。这就像射野鸡损失一支箭，是值得的。最终得到了国人的赞誉，也得到了天授君命。最后是"鸟焚其巢，旅人先笑后号啕"。也是违背了旅卦的要义，贵中他不中，贵正他不正，贵柔他不柔，如虿之处裈中，自以为吉宅也，结果一场大火，焚烧其巢，不得不号啕大哭。由于自己不会做人，在关键时间、关键地点，把最关键的品质丢掉了，都没有人告诉他。上九得凶，实属必然。

我们古代先民，通过"山上有火"这么一种自然现象，设卦立言，总结出一套如何处旅的客观规律，揭示出各种处旅的自身条件及其必然结果。这是古人的智慧，我们后人应该认真学习、思考、借鉴。

巽☴　巽上　第五十七卦　申命行事
　　　巽下　　巽为风　　君命难违

【卦辞】 巽：小亨，利有攸往，利见大人。

【象曰】 随风，巽；君子以申命行事。

【注解】 巽：入也、顺也、逊也。

【释义】《序卦传》说："旅而无所容，故受之以巽。巽者入也。"旅卦讲的是居无定所，人在旅途，如空中之云，水上之萍，飘浮不定。然而，所有事物都不可以终旅，终有所归，终有所入，终有所容。所以旅卦之后，紧接着就是巽卦。巽为风，风行八面，无孔而不入，无处而不及。两个风在一起，有反复吹送之义。刚居中正，志在必行，"利有攸往"。一阴居二阳之下，能顺乎刚。刚是有形之物，柔是无形之物，风的形态服从于物的形态，所以风是顺从的，只有顺从才可以亨通。"小亨"是说柔顺则亨通。风的功能是可以到达任何地方，"利见大人"，其功能只有掌握在道德高尚之人的手中，才有利于造福天下百姓。君子应该从巽卦中得到启示，传达政令，要像风一样，周布四方，家喻户晓；执行政事，要像风一样，雷厉风行，细致入微。

　　孔子在《象传》里是这么说的："重巽以申命，刚巽乎中正而志行，柔皆顺乎刚，是以小亨，利有攸往，利见大人。"

　　孔子的意思是说，传达命令就像刮风一样，三令五申，反复叮咛，使命令得到贯彻。发布命令的是九五，刚毅而又顺从中正的原则，所以他的意志能行之于天下。这一卦的柔爻都伏于刚爻之下，是柔顺从于刚的形象，所以温柔顺从才能小有亨通。前进虽然有利，却必须有选择，遇到伟大的人物才有利。

初六：进退，利武人之贞。

象曰：进退，志疑也。利武人之贞，志治也。

【释义】先看卦象，初六阴爻阳位，处巽之初。阴爻，说明他是小人物，是最基层的普通老百姓，是柔弱的、顺从的人；阳位，说明他有自己的主见，想按照自己的想法去做，是个不轻易顺从的人；处巽之初，说明命令刚刚下达，服从还是不服从，正在左右为难。爻辞说："进退，利武人之贞。"因为初六是最下层的小民，胆怯而懦弱，君王的命令一下达，或进或退，便茫然不知所从。"志疑也"，这是他们内心有疑惑，有顾虑，不知道怎么做才对自己有利。其实，老百姓没有必要知道政策的好坏与对错，上边怎么说，你就怎么做，应该像行武之人那样，以服从命令为天职，勇于前进，羞于后退。这是武人应该坚守的正道，小民百姓应该向武人学习才有利。如果都像武人那样，"志治也"，老百姓就不再疑惑，就会服从上边的命令，有令则行，有禁则止。这样社会才能变得更好。

这一爻告诉我们，任何时候，老百姓对上边的命令，都必须无条件地服从。不管统治阶级好还是不好，不管命令对你有利还是没利，也不管你愿意服从还是不愿意服从，都必须无条件地服从。服从未见得对你有利，但不服从，对你则是绝对不利。这个道理人人都懂，可现实生活当中，却偏偏有那么一部分人，拿鸡蛋往石头上碰，跟命令、政策对着干，其结果可想而知。

九二：巽在床下，用史巫纷若，吉无咎。

象曰：纷若之吉，得中也。

【注解】史：掌管祭祀、占卜者，以求凶吉。巫：掌管求神、驱鬼者，以消灾。纷若：繁杂盛多貌。

【释义】先看卦象，九二阳爻阴位，下卦得中，与九五敌应。阳爻，说明他是刚明强健的君子；阴位，说明他安分守己，谦虚谨慎，能够谨守为臣之本分；得中，说明他具备中德，能行中道，处巽之时，中规中矩，在听从命令方面，拿捏分寸，恰到好处；敌应，说明两强相遇，有较劲之嫌。巽卦六爻，各自依其具体条件，论说如何顺从君王。九二又是刚爻，又是敌应，显然有不顺之嫌，极容易使君王生疑。好在九二得中而又处柔位。应该顺从，懂得顺从，也能够顺从。那他是怎么表现自己顺从的呢？爻辞说："巽在床下，用史巫纷若"，君王的命令一下达，就立即顺从地跪拜于床下，又是祭祀，又是占卜，又是烧香，又是磕头，搞得纷繁复杂，做出一副谦卑恐惧的样子，以诚惶诚恐来表示顺从之意，唯恐君王生疑。因为九二具备中庸之德，刚而能柔，伸而能屈，所以得"吉无咎"。

这一爻告诉我们，自身强大的时候，必须示人以弱。你的强大，会给所有人带来威胁，如果不加掩饰，就等于是处处树敌。你的上级会因怀疑而打压你；你的同僚会因羡慕嫉妒而恨你；你的下属会因恐惧、敬畏而疏远你。真正的君子藏明而用暗，藏实而用虚，藏巧而用拙。能刚能柔，能伸能屈，这才是为人处事的大智慧。

九三：频巽，吝。

象曰：频巽之吝，志穷也。

【注解】频：频繁，数次。吝：耻辱、羞耻。

【释义】先看卦象，九三阳爻阳位，失中得正，处下巽之极。阳爻，说明他是刚健、强硬之人；阳位，说明他不是安分守己的人，有主见、有作为，是个敢于挑战的人；失中，说明他面对君王的命令，言辞偏激，行为过分，是个桀骜不驯的人；得正，说明他观念正统，作风正派，是个充满正能量的人；处巽之极，说明他巽极则不顺，不是随随便便就能顺从别人的人。九三处诸侯位，居刚用刚实力强大，刚愎自用。爻辞说："频巽，吝"，当君王的命令下达时，九三迫于九五的强势，不得不顺从。但九三又不是顺从之人，不安于顺从。主观上，自己不想服从；客观上是不得不顺从。于是屡顺屡不顺，频频反复。九三志在与九五抗衡，其实自己走的是一条穷途末路，是由吉向凶发展的趋势，"志穷也"，吝道也。如此对待君王的命令，早晚会遭到羞辱。

这一爻告诉我们，识时务者为俊杰。知盛衰、知成败、知得失、知进退者为俊；见嫌而不苟免，见利而不苟得者为杰。屡顺屡不顺，分明是不知盛衰成败，不知得失进退。如果知道，就不会有这种频频反复的现象；之所以顺，是因为见嫌而苟免；之所以不顺是因为见利而苟得。如此反复无常而又自不量力之人，绝非人中俊杰，而是不识时务的小人，君子当嗤之以鼻。

六四：悔亡，田获三品。
象曰：田获三品，有功也。

【注解】田：畋猎。三品：古人狩猎，上品杀中心，次品杀髀骼，三品杀中腹。

【释义】先看卦象，六四阴爻阴位，失中得正，处上巽之初，上承九五，下乘九三，处多惧之位。阴爻，说明他是温柔顺从之人；阴位，说明他安分守己，谦虚谨慎，懂得谦退、谦让，是个性格内敛之人；失中，说明他极端保守、极端谦卑，言行过于低调；得正，说明他心存正念，态度端正，是个走正道的人；承刚，说明他顺承九五，不违上意，逆来顺受，言听计从，是个服从命令、听众指挥的人；乘刚，说明他如履薄冰，胆战心惊，诚惶诚恐，是个时刻不敢懈怠的人；处巽之初，说明他本身就具备谦逊之德，能够顺从所有的人；处多惧之位，更是不敢正视君王，不敢越雷池半步。六四居四阳之间，承乘皆刚，稍有不慎，便当有悔。好在他柔爻柔位，依尊履正，无论从哪个角度讲，都是顺从的。所以，有悔也可以消除了。爻辞讲"悔亡，田获三品"。以打猎为例，六四不是不能获得上品和中品，而是他所处的位置，不允许他有突出的表现。在任何时候都不能显示自己的才能。所以，只好把上品、中品让给别人，自己获得三品，既可以表示谦虚顺从，也有小小的功劳，这才是身为人臣的本分。

这一爻告诉我们，在夹缝里求生存，必须夹着尾巴做人。做人难，做官更难，做大官更是难上加难，在强手如林的朝廷里做大官，君王强，己又弱，其艰难程度，可想而知。没有别的办法，对上，必须诚惶诚恐，逆来顺受；对同僚，必须谦退谦让，推功揽过；对下属必须如履薄冰，小心翼翼；对自己，严格要求，守正守则。只有这样，才能保自己以万全，这是为官的艺术，更是生存的智慧。

九五：贞吉悔亡，无不利。无初有终，先庚三日，后庚三日，吉。

象曰：九五之吉，位中正也。

【注解】庚：指九五。先庚三日：为丁，指九二，丁有强大、健壮之意。后庚三日：为癸，还是九二，癸有揆度、理智的意思。

【释义】先看卦象，九五阳爻阳位，得中得正。阳爻，说明他是刚明之君，具备强健之德；阳位，说明他是有为之君，治国理政，手段强硬；得中，说明他具备中庸之德，能行中庸之道，处巽之时，发号施令，无过无不及，申命行事，恰到好处；得正，说明他正大光明，行君王之正，御臣以正，牧民以正，治天下以正。巽卦贵柔顺，而九五居刚用刚，以刚中对刚中，过刚失柔，有违巽卦之要义，应该有悔。爻辞说："贞吉悔亡"，守正得吉悔可亡。九五能否得吉，取决于九五和九二之间的较量。第一，看九五能否守正，九五得中得正，九二得中而不正，如果九五能守正，就会占一定的优势。第二，就看九二是什么态度，如果九二"先庚三日"则为丁，有强大健壮之意，不会顺从九五。那么九五就会"有悔""无初"；如果九二"后庚三日"则为癸，能理智地揆度九五，就会无条件地顺从九五，那么九五就会"悔亡""有终"。最后的结果是因为九五"位中正也"，九二对九五"无不利"。也因此而得吉。

这一爻告诉我们，正能镇邪，邪不压正。无论什么关系，正义一方，总能战胜邪恶一方。首先，正义占有道德优势，能够站在道德的制高点上，以正伐邪，出师有名，名正言顺；其次，正义占有舆论优势，可以大张旗鼓，光明正大地平叛讨逆，会得到各方面的理解和支持。相反，邪恶的一方，处处被动，遭人唾弃，如老鼠过街，人人喊打。正邪双方，在矛盾没有激化到公开的程度时，邪恶一方一般要对比实力，权衡利弊，考量得失，如果力不能敌，便不战而退了。这就是正能镇邪的道理，君子不可不察。

上九：巽在床下，丧其资斧，贞凶。
象曰：巽在床下，上穷也。丧其资斧，正乎凶也。

【注解】丧：失去。资：资产、财富。斧：权力。

【释义】先看卦象，上九阳爻阴位，不中不正，处上巽之极，巽卦之终。阳爻，说明他阳刚强健，是个又横又硬的人；阴位，说明他阴险狡猾，暗藏杀机，是个城府很深、隐藏很深的人；不中，说明他行为过分，是个容易走极端的人，办事不讲规矩；不正，说明他动机不纯正，手段不正当，行为不端正，不是一个光明正大的人；处上巽之极，说明巽极则不顺，本身就不是一个顺从的人；处巽卦之终，说明巽顺到他这里就结束了，天下没有比他再不巽顺的人了。巽卦以柔顺中正而顺乎刚为要义，贵柔他不柔，贵顺他不顺，贵中他不中，贵正他不正，是最违巽道之人。爻辞说："巽在床下，丧其资斧，贞凶。"君王的命令下达后，他伏倒在床下磕头如捣蒜，跪求饶命，结果还是没收了全部财产，剥夺了一切权力。不用说他不正，就是正，也是这个下场。

　　这一爻告诉我们，君命难违。自古以来，违抗君命都是不赦之大罪。君让臣死臣不得不死，父让子亡子不得不亡，这是忠孝的最佳诠释。率土之滨莫非王臣，不管你是谁，不管你是忠臣还是奸臣，就是皇上二大爷也不行，只要圣旨一到，必须跪领，叩头谢恩，依旨而行。拒不执行者，以抗旨论罪，轻则罢官，重则杀头。因为违抗上意，关系到皇家的威严，更关系到君王的威信。所以帝王讲话叫金口玉言，不能随便说，说了就得算数，无论对错，都是不可更改的。这是统治阶级维护帝王尊严的一种方式，属于历史文化糟粕，我们要批判地继承。

　　简单地总结一下，上一卦是旅卦，旅卦讲的是居无定所，无家可归。没有归属就得不到君王的命令。必须有所入，所以就有了巽卦，巽卦讲的是申命行事，研究君王命令下达之后的各种反应。一开始是"进退，利武人之贞"，君王的命令下达到基层，老百姓不知道怎么执行，进退不定。实际上老百姓应该像武人那样服从命令，执行不一定对自己有利，但不执行肯定会有灾祸。接下来是个刚中之人，能够服从君王的命令，但又怕君王对自己的实力产生怀疑，所以君王的命令一下达，他便"巽在床下，用史巫纷若"，跪伏于床下，又是祭祀，又是占卜，做出一副诚惶诚恐的样子，以此来表示对君王的绝对顺从。因为他具备中德，最后吉而无咎。接下来是个不太服管的人，主观上自己天生就不是服管的人，客观上自己具备不服管的实力，但绝对实力还是远不如君王。所以处巽之时，"频巽，吝"。一会服从，一会不服从，今天不顺从，明天又顺从，频频反复，顺逆无常。他这是由吉而凶的发展趋势。再接下来是个绝对顺从的人，九三是阳爻阳位，六四是阴爻阴位，两个人正好相反。六四各方面条件决定，他只能是"田获三品"，以表示自己的谦让和顺从。只有这么做才可以"悔亡"。再接下来是君王处巽，如何得吉，需要具备两个条件，一是自己发号施令得守正，二是刚中的九二得服从。做到这两点，就能"悔亡""有终""无不利"而得"吉"。最后是个抗命的人，既强硬，又狡猾，既不中，又不正，天生就不是顺从的人，又处巽道已穷之位，拒不服从，君王的命令一下达，他便伏于床下，跪地求饶，结果被抄没家财，剥夺权力，落个身败名裂的下场。

我们古代先民，通过"刮风，反复吹送"这么一种自然现象，设卦立言，总结出一套申命行事的客观规律，揭示出君命下达后，各种人的不同表现和必然结果。这是古人的智慧，我们后人应该认真学习、思考、借鉴。

兑　兑上　第五十八卦　和悦喜悦
兑下　　兑为泽　　取悦之道

【卦辞】兑：亨，利贞。

【象曰】丽泽，兑；君子以朋友讲习。

【注解】兑：泽。丽泽：两个泽。

【释义】《序卦传》说："巽者入也，入而后悦之，故受之以兑。兑者说也。"巽是顺从，兑就是悦，是和悦，是喜悦，是讲取悦之道的。只有阴顺乎阳，柔顺乎刚才能得到喜悦。所以巽卦之后，紧接着就是兑卦。兑为泽，泽水能滋润万物，则万物无不喜悦，故泽有取悦万物之象。卦形象两个舌头，你一言我一语正在说话，也有取悦对方之象。泽为水，水有正反两个功能。正的一面，滋润生灵，取悦万物；反的一面，泛滥成灾，祸害万物。所以说，水是亨通的，正才有利。为悦之道也是如此，无论是取悦于人，还是取悦于己，正则有利，不正则不利。君子应该从兑卦中得到启示，观丽泽之象，两泽相连，相互滋润。朋友对坐，讲道习礼，相悦之盛，莫过于此。

孔子在《象传》里是这么说的："兑说也，刚中而柔外，说以利贞。是以顺乎天而应乎人。说以先民，民忘其劳；说以犯难，民忘其死。说之大，民劝矣哉。"

孔子的意思是说，兑就是悦，就是喜悦、和悦。从卦象上看，刚中而柔外，刚中则能利贞；柔外则能和悦。君子处事内刚外柔，内方外圆，这是顺天应人的表现。刚正则能顺乎天，柔和则能应乎人。主动以柔对民，则民无不喜悦。以悦之道对待百姓，则百姓不知道什么叫劳累；以悦之道让百姓去打仗，则百姓不知道什么叫死亡。悦之道最大的作用，就是劝民、牧民，让百姓高高兴兴地去干你让他干的事情。

初九：和兑，吉。

象曰：和兑之吉，行未疑也。

【释义】先看卦象，初九阳爻阳位，处兑之初，上与九四相对应。兑卦贵正，六爻皆以阳爻为君子，是能守正者；皆以阴爻为小人，是不能守正者。初九阳爻，是君子，是能守正者；阳位，说明他能够主动寻求和悦；得正，说明他和悦的动机纯正，手段正当，可以光明正大地和悦；处兑之初，说明他本身就具备和悦的能力。初九对应九四，两个都是君子，都是能守正者。君子之交，无私无偏，光明磊落，真诚互信，和而不同。所以初九前去相悦于九四，"行未疑也"，相互之间不会有什么猜疑。爻辞说"和兑，吉"。君子与君子的和悦，自然吉祥。

这一爻告诉我们，两个真正的君子在一起，是一件高兴的事情。第一，君子无私交，走到一起是因为有共同思想、共同信仰、共同志向；第二，君子光明磊落，没有个人隐私，可以畅所欲言，充分沟通，能够碰撞出思想的火花，共享思想成果；第三，君子互讲诚信，不必相互担心，相互怀疑，相互提防，在一起感觉轻松愉快；第四，君子正直，直来直去，只有相互欣赏，不会相互谄媚，更没有虚情假意的客套和繁文缛节；第五，君子之交淡如水，没有那些儿女情长，卿卿我我，牵肠挂肚，但却有始有终，而且是善始善终。所以说，君子之交才是人世间最和悦的交往。

九二：孚兑，吉，悔亡。

象曰：孚兑之吉，信志也。

【释义】九二阳爻阴位，刚明得中，上与九五相对应。阳爻，说明他是君
子，具备君子之德，是能守正者；阴位，说明他是安分守己的人，能守君子
之正，能守为臣之德；得中，说明他具备中庸之德，能行中庸之道，处兑之
时，既能主动求悦，又不会过分求悦，君子之悦，恰到好处；九二对应九五，
两个都是君子，都是能守正者。而且都得中，都具备中庸之德，都能诚实信
守喜悦之正道而不动摇。所以爻辞说"孚兑，吉，悔亡"。因为互讲诚信而得
吉。由于九二亲比六三，稍有不正之嫌，当有悔，但九二得中，不正也正了。
以九二的品德，前去与九五相悦，自然悔亡，也自然因诚信而得吉。

这一爻告诉我们，中正、诚信，是君子相悦的基础。两个人都具备中庸
之德，才能保证交往的正常性，既做到了两情相悦，亲密无间；又不会过于
狂欢、放荡。两个人都具备君子之正的品质，才能确保交往动机的纯正性和
手段的正当性，确保交往行为的正当性和交往内容的正确性。两个人都讲诚
信，才能确保轻松交往，愉快交往，深度交往和长期交往。所以说，君子之交，
中正为根，诚信为本。

六三：来兑，凶。

象曰：来兑之凶，位不当也。

【释义】先来看卦象，六三阴爻阳位，不中不正，上承九四，下乘九二，
处下兑之极。阴爻，说明他是小人，是不能守正者，没有实德，没有节操；
阳位，说明他不是个安分守己的人，主动出击，四处求悦；不中，说明他

不守规矩，行为过分，是个没深没浅的人；不正，说明他取悦别人的动机不纯正，手段不正当，作风不正派，行为不端正，是个媚邪之人；承刚，说明他顺从九四，有取悦于九四的想法和行为；乘刚，说明他下媚于九二，有取悦于九二的想法和行为；处兑之极，说明他乐极生悲，不会有好的结果。爻辞说"来兑，凶"，六三对应的是上六，两个都是阴爻，阴阴不能相悦。只好巴结九四，但九四是个君子，是能守正者，会拒绝他的求悦。于是回头向下，送上门来与九二求悦。九二同样是君子，是能守正者，也会拒绝他的求悦。六三以不正之才，居两兑之间，左右逢迎，上谄下媚，专以容悦诱惑为能事。此为小人失正之举，所以处兑之时，六三以"位不当"而得凶。

这一爻告诉我们，小人主动取悦于君子，不会有什么好的结果。小人取悦于君子，无非是巴结、逢迎、谄媚、吹捧，诱之以利，惑之以色那套惯用的把戏。这些伎俩只能引诱那些伪君子，而真正的君子，殚恶斥谗，守身不辱，避嫌远疑，绝嗜禁欲，绝不会与小人苟且。所以，小人取悦于真正的君子，等于是自取其辱，自投罗网，自食其果。

九四：商兑，未宁，介疾有喜。

象曰：九四之喜，有庆也。

【注解】 商：权衡。介：间隔，隔开。疾：指六三之柔邪。

【释义】 先看卦象，九四阳爻阴位，不中不正，处大臣位，下与初九相对应，亲比六三，处上兑之初。阳爻，说明他是君子，是能守正者；阴位，说明他安分守己，不会做出格的事；不中，说明他在正邪之间，必须做出选择，不能亦正亦邪，中道而行；不正，说明他有不正当的一面，有不太光明正大的地方；处大臣位，说明他应该取悦于君王；与初九对应，说明他应该和初九交往并相互和悦；亲比六三，说明他和六三关系密切；处兑之初，说明他本身具备愉悦所有人的能力。此时，人事关系很复杂，他不知和谁愉悦才好。特别是六三，是接受六三之悦，还是拒绝六三之悦，一时权衡不定，心中不宁，就像爻辞中说的"商兑，未宁"。好在九四是君子，是能守正者，不但拒绝了六三之悦，作为朝中大臣，没有与诸侯勾结，而且把六三与九五隔离开来，使六三之柔邪侵蚀不到九五。九四做出这样的选择，既保住了自己的清白，也从客观上保护了九五，这就是"介疾有喜"，"有庆也"。难道这不是值得庆贺的大喜事吗？

这一爻告诉我们，亲贤君、远小人，在任何时候，都是一件值得庆贺的事情。历朝历代都是如此，如果朝中大臣，与诸侯勾结在一起，君王危矣，社稷危矣，国之不幸，民之不幸。如果朝中大臣与君王同心同德，共同抵御小人的侵害，则君王、社稷可保，国泰民安。所以，君子与小人的关系，绝非私交那么简单，直接关系到国家的生死存亡。如果能权衡利弊，迅速与小人断交，确实是一件值得庆贺的事情。

九五：孚于剥，有厉。
象曰：孚于剥，位正当也。

【注解】孚：信任。剥：阴剥阳也，指上六。

【释义】先看卦象，九五阳爻阳位，居中得正，亲比上六。阳爻，说明他是刚明之君；阳位，说明他是有为之君；居中，说明他具备中庸之德，能行中庸之道，处兑之时，雨露均沾，自认为与所有人保持和悦关系，无偏无私，和谐共处；得正，说明他和谁相悦都是堂堂正正的，正大光明的，自认为是纯正的，正当的；亲比，说明他与上六关系密切。处兑之时，以九五至尊的身份，其他五爻无不想接近之，取悦之。三个君子都没有问题，还有两个小人，其中六三被九四挡住了，没有机会接近九五。最后就剩下一个上六，上六直接与九五亲比。上六是阴爻，是小人，是不能守正者，极尽诌媚诱惑之能事，搔首弄姿，巧言令色，使出浑身解数，取悦于九五。爻辞说"孚于剥，有厉"，九五信任上六，在阳刚之气被剥落的同时感到非常舒服。对上六不但没有怀疑，没有戒备，反而越来越信任。感觉只有上六能让自己喜悦、舒服、愉快、欢乐，殊不知上六是最危险的。自我感觉良好的时候，也是最危险的时候。"位正当也"，正是因为自己是九五至尊，别人不敢进言，就是进言也听不进去，三个君子不能劝也不敢劝。所以九五宠信小人而有危厉是不可避免的。

这一爻告诉我们，没有约束的权力是最危险的。古代君王包括封建社会的帝王，拥有至高无上的权力，君权神授，君权天授，虽有礼制制约，但刑不上大夫，皇权大于礼制。国家兴亡寄托于君王是否圣明，如果君王昏庸无道，由于他的权力不受制约，国家很快就会衰败灭亡。这在中国几千年的历史中，屡见不鲜，层出不穷。究其原因，就是中国自古以来的中央集权制造成的，公权力过于集中而且不受约束，国家命运没有制度性保障。这是国家的悲哀，历史的悲哀，也是中华民族的悲哀。

上六：引兑。

象曰：上六引兑，未光也。

【注解】引：引诱。未光：不是光明正大的。

【释义】先看卦象，上六阴爻阴位，下乘九五，处上兑之极，兑卦之终。阴爻，说明他是小人，是不能守正者，具备小人的所有品质；阴位，说明他阴险狡猾，善于隐藏，是个有城府、有心计，深藏不露的人；乘刚，说明他蹬鼻子上脸，骑在君王头上作威作福；处上兑之极，说明他把愉悦别人的本领发挥到了极致，只要能取悦于君王，便无所不用其极；处兑卦之终，说明兑道已终，所有相悦、取悦、自悦都算到头了，结束了。上六是极其阴邪不正的小人，他不像六三那样，光明正大地来悦，而是"未光也"，采取隐蔽的方式。爻辞说"引兑"，是以花言巧语、姿色容貌勾引、诱惑九五。这种取悦方式，不易被人察觉，更具隐蔽性、欺骗性。让人不知不觉地、舒舒服服地、高高兴兴地上当受骗。如果成功了，则剥阳于无形；如果被人识破了，失败了，肯定也没有什么好下场。所以爻辞未做凶吉之断。

　　这一爻告诉我们，小人取悦于君王的手段无所不用其极，成功的概率还是很高的。实际上大智若愚，大奸似忠，小人的脑门上不会标明小人二字，而往往以最忠、最孝、最贤、最仁的面目出现。他们的表现比君子还君子。他们说话办事都贴着君王的心走，在取信于君王方面，比君子更动心思，更下功夫；在取悦于君王方面，更有心计、更有手段。所以他们往往比君子更容易赢得君王的信任和欢心。谁都知道远离小人更何况是君王呢，但识别小人，验证小人，不是件容易的事情，需要时间的考证，甚至需要结果的验证。当小人露出嘴脸时，大势已去，为时已晚，再无回天之力。所以，小人取悦于君王的概率非常高。作为君王，以及所有单位的一把手，都要提高警惕，擦亮眼睛，拒绝诱惑。

　　简单地总结一下，上一卦是巽卦，巽卦讲的是顺从，只有顺从才能得到喜悦，所以就有了兑卦。兑卦讲的是相悦和取悦，研究君子之间如何相悦，以及小人如何取悦君子的问题。一开始就是"和兑"，两个都是君子，互无猜疑，互讲诚信，君子之交，纯洁而高尚，所以直接言吉。接下来是"孚兑"，既是君子之交，也是君臣之交，要注重相互之间的信任和忠诚。由于双方都是君子，都是能守正者，更重要的是，都具备中庸之德，能行中庸之道，所以爻辞也是直接言吉。接下来是"来兑"，是个不中不正的小人，不能守正，没有操守，到处求悦，上谄下媚，轻浮放荡。所以爻辞直接言凶。再接下来是"商兑"，一时被小人迷乱，需要权衡，最终还是亲近贤君，远离小人，而且从客观上起到了君王与小人之间隔离墙的作用。爻辞只说"介疾有喜"，未断吉凶。再接下来是"孚于剥"，作为君王，难以抵抗小人的勾引，特别信任小人，任由小人剥落自己的阳刚之气。爻辞断定"有厉"。最后是"引兑"，采取勾引的办法，取悦于君王，行为隐蔽，手段多样，无所不用其极。会有两种结果，或成功，或失败。成功则吉，失败则凶。所以爻辞未做凶吉之断。

　　我们古代先民，通过"两泽相连"这么一种自然现象，设卦立言，总结出一套如何相悦、取悦的客观规律，揭示出君子相悦、小人取悦的过程及其结果的必然性。这是古人的智慧，我们后人应该认真学习、思考和借鉴。

涣 ䷲ 巽上　第五十九卦　涣之所用
坎下　　风水涣　　利涉大川

【卦辞】涣：亨，王假有庙，利涉大川，利贞。

【象曰】风行水上，涣；先王以享于帝立庙。

【注解】涣：涣散。假：借，借助。

【释义】《序卦传》说："兑者悦也，悦之而后散之，故受之以涣。涣者离也。"兑卦讲的是喜悦，过分喜悦或沉溺于喜悦，人的意志、斗志和精神就会涣散。涣卦就是涣散开来的意思。所以，兑卦之后，紧接着就是涣卦。风水涣，巽为风，坎为水，风吹在水上，水面的波纹，或支离破碎，或荡漾开来，有涣散之象。巽为顺，坎为险，顺从的民心，遇到坎险，有民心涣散之象。处涣之时，民心涣散，社会风气败坏，是不好的一面；同时，也正是可以凝聚民心，干一番大事业的时候。君王可以借助宗庙，把涣散的民心重新凝聚起来，形成强大的力量，渡险滩，涉大河，完成新的壮举。从卦象上看，巽为木，可为舟，坎为水、为河，可载舟。舟在水上，有过大河之象。说明处涣之时，正可有利于涉大川。只要动机纯正，就可以亨通。君子应该从涣卦中得到启示，建立宗庙，祭祀上帝、祖先和各种英雄人物，惩恶扬善，建立信仰，凝聚民心，牢固统治民众的思想，使之成为民族的文化信仰和精神力量。

孔子在《象传》里是这么说的："涣亨，刚来而不穷，柔得位乎外而上同。王假有庙，王乃在中也。利涉大川，乘木有功也。"

孔子的意思是说，涣卦是亨通的，为什么会亨通呢？刚来居下卦之中就是水，水流不穷，是谁也阻挡不了的；柔得位于外卦之下，就是风，风

463

不断吹送，也是谁都阻挡不了的。所以涣卦是亨通的。之所以君王能够借助宗庙，把臣民之心聚集起来，是因为君王具备中庸之德，能行中庸之道，又是政治、经济、文化的中心，有能力以自己为中心，把涣散的民心，重新聚集在自己的周围。这时候就可以"利涉大川"了。从卦象上看，乘木舟，过大河，定会有济涣之功。

初六：用拯马壮，吉。

象曰：初六之吉，顺也。

【释义】先看卦象，初六阴爻阳位，上承九二，处坎之初，涣之始。阴爻，说明他自身柔弱，容易摆布，又没有自救能力；阳位，说明他不能自处，不能静守其位，是身不由己的人；承刚，说明他顺从九二，服从命令，听从指挥，绝对服从九二的管理；处坎之初，说明他刚刚入险，涉险不深，可以拯救；处涣之始，于水而言，风刚刚吹到水面，水纹涣散还不是很严重；于人事而言，民心刚刚开始涣散，可以拯救。爻辞说："用拯马壮，吉"，九二是阳爻，就像一匹强壮的马，在涣之初，尚未彻底涣散之前，又快又有力地拯救初六。而初六阴柔顺从，既能顺时，又能顺势，被九二及时拯救，故而得吉。

这一爻告诉我们，在民心涣散之初，只要拯救及时、有力，就能迅速聚拢民心。老百姓毕竟是单纯的、善良的、淳朴的。民心就是一杆秤，他们知道谁好谁坏，只要是为他们好，他们就会顺从，就会团结起来跟你走。老百姓也是柔弱的，没有自救能力，遇到危险，有人拯救自然乐于服从。所以，民心涣散之初，拯救及时，就会吉祥如意。

九二：涣奔其机，悔亡。

象曰：涣奔其机，得愿也。

【注解】机：历代注易者于"机"字多不得要领。或"机关"说，或"茶几、桌几"说，均不得象。我理解，涣为风吹水面之象，风吹水面便起波浪，涣卦六爻，凡阴爻皆为波谷，凡阳爻皆为波峰。机为几，是第一波的波峰。

【释义】先看卦象，九二阳爻阴位，下卦得中。阳爻，于水而言是波峰，于人事而言，是能够自救者；阴位，于水而言，他处在波谷之中，于人事而言，他处在群众当中；得中，说明他具备中庸之德，能行中庸之道，处涣之时，进可攻，退可守。爻辞说"涣奔其机，悔亡"。风吹水面，九二迅速来到转折点上，也就是波峰这个位置。风大涣散时可以前进；风小不涣散时可以后退，可进可退，进退两便。于人事而言，社会动荡，一有风吹草动，迅速成为民众的首领，进可攻，退可守，因时而动，顺势而为，主动权把握在自己手里。处涣之时，只有争取主动，才能使悔亡。九二现在就处在波峰之上，"得愿也"，实现了自己争取主动的愿望。

这一爻告诉我们，社会动荡之时，必须拥有自己的武装力量，才能争取主动。遇到危险时，一个人就是再有本事，势单力孤，也难以自保；没有组织的民众，散兵游勇，一盘散沙，也难以自保；只有把民众组织起来，武装起来，形成一个具有战斗能力的集体，才能集体自保。君子在这个时候，就要充分发挥自己的才能，迅速找到自己的位置，使自己立于进可攻，退可守的不败之地。然后顺时而动，顺势而为，时时刻刻将命运掌握在自己手中。这才是君子之所为。

六三：涣其躬，无悔。

象曰：涣其躬，志在外也。

【注解】躬：自身。外：外卦的上九。

【释义】先看卦象，六三阴爻阳位，不中不正，与上九相应，下乘九二，处坎之极。阴爻，说明他是波谷，是柔弱之人，是不能自救的人；阳位，说明他奋不顾身，勇于前进；不中不正，说明他身不由己，被裹挟、被推动，不可能有规规矩矩、正正当当的行为；上应，说明他和上九相互关联，相互帮助，是涣卦唯一相应的两爻；乘刚，说明他绝没有后退的可能，只能前进，没有退路；处坎之极，说明他已陷入谷底，基本上没有生还的希望了。爻辞说："涣其躬，无悔"，六三虽得阳刚之助，但自身过于柔弱，身陷波谷，是绝对上不了岸的，只有牺牲自己，才能把与之相应的上九推上岸。"志在外也"，帮助上九脱离险境，是自己义不容辞的责任和义务。反正自己无论如何也逃脱不了险陷之难，用淹没自己产生的力量，推动上九脱险，就是牺牲也值了，没有什么可后悔的。

这一爻告诉我们，为他人而死，重于泰山；为自己而死，轻如鸿毛。周代以来的君子、义士，特别重视道德践履的品格，他们有崇高的道德追求和正确的道德判断，而且具有敢于实践的勇气。他们可以为忠而死，为孝而死，为义而死。勇于赴死是道德践履的最高表现，先秦以来，在中国历史上杀身成仁，舍生取义的例子数不胜数。特别是中国近代史，表现得尤为突出。道德追求，是中国人永远解不开的情结，是中华民族立足于世界之林的文化底蕴和精神基础。对于中华民族的道德传统，我们不但要尊重，要继承，还要不断地发扬光大。

六四：涣其群，元吉；涣有丘，匪夷所思。

象曰：涣其群元吉，光大也。

【注解】群：众多小波。丘：巨浪。

【释义】先看卦象，六四阴爻阴位得正，上承九五，处巽之初。阴爻，说明他是波谷，是个虚怀若谷的人；阴位，说明他谦虚、包容、守职尽责而不越位；得正，说明他动机纯正，手段正当，是个光明正大的人；承刚，说明他顺从九五，言听计从，唯九五马首是瞻；处巽之初，说明他本身就具备谦顺的品德，而且能够申命行事。六四居大臣位，对上能够摆正自己位置，温柔顺从；对下能够虚怀若谷、宽大包容。爻辞说："涣其群，元吉；涣有丘，匪夷所思。"在这人心涣散之时，正因为六四的为臣之德，才把涣散成群的各种势力聚集在自己的麾下，为君王提供了匪夷所思的巨大能量。就像水波涣散一样，六四是个巨大的波谷，吸纳了成群的小浪，"涣有丘"，从而一举形成匪夷所思的巨浪。"光大也"，这是为臣之道发扬光大而形成的至善之举。因为六四对九五是绝对的顺从，所以此举得大吉。

这一爻告诉我们，星星之火可以燎原。小浪可以聚成大浪，大浪可以聚成巨浪；星星之火可以烧成大火，大火可以烧成燎原之火。一切都是时势造成的，取决于天时、地利、人和。所谓天时就是天意，天意即民意，民心所向就是天时已到，得民心者就是得天时；所谓地利，就是占据有利地形，使自己立于不败之地，具备足够与敌周旋的余地；所谓人和，就是有一批志同道合的仁人志士共襄大业，形成一个优秀的领导集体，高举义旗，引领时局的发展和走向。具备这三个条件，就可以迅速形成匪夷所思的巨大力量，燎原之火，所向披靡，是任何力量也阻挡不了的。

九五：涣汗其大号，涣王居，无咎。

象曰：王居无咎，位正也。

【注解】汗：出汗。大号：君王的命令。

【释义】先看卦象，九五阳爻阳位，得中得正。阳爻，说明他是刚明、强健之君；阳位，说明他勇于进取，大有作为，是位开国之君；得中，说明他具备中庸之德，能行中庸之道，处涣之时，引领时代潮流，无过无不及，把握方向，不极左，不极右，能够中道而行；得正，说明他动机纯正，手段正当，路线、方针、政策、措施、命令都是正确的。涣卦从六四开始，离开险陷进入巽体，由民心涣散而转向民心聚合。由于六四的虚怀若谷，把民心汇集成为如丘之巨浪，而居坐于潮头之上的，正是至中至正的九五。这是涣散之时，风吹水面，由涟漪而波纹、而细浪、而小浪、而群浪、而中浪、而大浪、而巨浪的过程。是民心由涣散到凝聚的过程。这个巨浪是时势造就，九五之位，是历史把他推向潮头。爻辞说："涣汗其大号，涣王居，无咎。"这股力量何去何从，只待君王登高一呼，发令如发汗，再难收回，剑之所指，一泻千里，势如破竹，摧枯拉朽。其势如此，固然无咎，但成功与否，不作凶吉之断。

这一爻告诉我们，伟大的人物是历史的选择，是人民的选择。不是说谁想当领袖，从小立志，好好学习，长大就能当领袖的。领袖是时代的产物，首先你得出生在那个年代，在逆境中成长，从小就锻造出异乎常人的性格品质；其次必须具备悲天悯人、天下为公、家国天下的大情怀；再次必须具备运筹于帷幄之中，决胜于千里之外的雄才大略；最后得天道、得民心。得天道是历史的选择，得民心是人民的选择。当历史和人民都需要这样的人物时，你恰恰是这样的人物，于是被推向时代的潮头，成为领袖人物，此所谓时势造英雄，并非凭借个人意志而能实现的。换句话说，时也、命也、运也，非人力所能为。

上九：涣其血，去逖出，无咎。
象曰：涣其血，远害也。

【注解】血：坎为血，指六三。去：不再来。出：不再入。逖：远也。

【释义】先看卦象，上九阳爻阴位，下应六三，处巽之极，涣之终。阳爻，说明他是刚明强健而且很有主见的人；阴位，说明他安分守己，是个不愿意过动荡生活的人；下应，说明他和六三有相互应援的关系；处巽之极，说明他不再巽顺，是个清高孤傲之人；处涣之终，说明他远离涣散，就他个人而言，涣散至此，已经结束。"长江后浪推前浪，前浪拍在沙滩上"，上九就是被拍在沙滩上的前浪。爻辞说："涣其血，去逖出，无咎"，是六三以陷入坎险的鲜血为代价，帮助上九逃离上岸的，再也不会回到涣散当中。从此上九远离涣散之害，"远害也"。无论革命成功与否，跟自己再没有关系，既不会立功，也不会牺牲。所以"无咎"没有灾祸。

这一爻告诉我们，人各有志，不可强求。在社会涣散动荡的时候，正是有志之士投身革命，建功立业，实现自己理想的时候。但不是所有的人都这么想，参加革命，固然有远大的前程，但同时也存在难以预料的风险。有些人宁可放弃追求，也不愿意冒着生命的危险，投身到革命的洪流中去。这些人是被时代淘汰的人，注定他一生的平庸，远离灾害的同时，也远离了人生的辉煌。人各有志，不可强求，"老婆、孩子热炕头"，也不失为人生的一种选择。

简单地总结一下，上一卦是兑卦，兑卦讲的是喜悦，过分喜悦，人心就会涣散，于是就有了涣卦。涣卦讲的是如何把涣散凝聚成巨大的力量，研究如何利用涣散的问题。一开始是"用拯马壮"，涣散刚刚开始，就得到及时而有力的拯救，迅速把民心聚拢起来，爻辞直接言吉。接下来是"涣奔其机"，把顺从的民众聚拢起来后，迅速占领制高点，进可率众而进，退可率众而退，把握了进退的主动权。接下来，是"涣其躬"，是涣卦中唯一有应的人，也是唯一用自己的生命拯救别人的人。自身柔弱，深陷谷底，只能用牺牲自己的力量，推动上九上岸。志在援助上九，献出生命也无怨无悔。接下来是"涣其群"，以自己宽大的胸怀，把涣散成群的各种小势力，都聚集在自己的麾下，把无数的小浪，凝聚成山丘一样的巨浪，形成"匪夷所思"的巨大力量。作为臣子，能把臣德发扬光大，既为君王储蓄了巨大的势能，又特别顺从于君王，所以爻辞直言"元吉"。再接下来就是"涣汗其大号，涣王居"，君王被推上历史的潮头，只待他一声令下，这股匪夷所思的巨浪，就会如汗发一样，一泻千里，势不可挡。将来究竟如何，难以预料。所以爻辞只言"无咎"，却不做凶吉之断。最后是"涣其血，去逖出"。这是被六三用生命救上岸的人，结果顺势而去，远离涣散之害。从主观上讲，主动逃离，是个逃兵；从客观上讲，大浪淘沙，是被时代淘汰的人。总而言之，人各有志，去留随意，无可厚非。

我们古代先民通过"风吹水面"这么一种自然现象，设卦立言，总结出一套如何利用涣散的客观规律，揭示出由涣散到聚集的必然性。这是古人的智慧，我们后人应该认真学习、思考、借鉴。

节 坎上　第六十卦　约束欲望
兑下　水泽节　适度节制

【卦辞】节：亨。苦节不可贞。

【象曰】泽上有水，节；君子以制数度，议德行。

【注解】节：节制，限制，约束，制止，调节。苦节：过于节制。

【释义】《序卦传》说："涣者离也。物不可以终离，故受之以节。"涣卦讲的是离散、涣散，过度的涣散就是一盘散沙，就将无法收拾。凡事不可太过，需当有所节制，节卦就讲的是节制。所以涣卦之后，紧接着就是节卦。水泽节，坎为水，兑为泽，泽上有水，少则干涸，多则益出，故有调节之象。从卦的功能上看，下悦而上险，悦在下，险在前也。就是说一个人不可过分喜悦，喜过了头就会有危险，正所谓乐极生悲，应当有所约束，也是节制之象。节卦的卦义是节制、约束事物之发展，使之不超过适当的界线，达到持中保盈的目的。所以节卦以中为贵。所谓中者，不可过亦不可不及，过中则为无节；不及中则为苦节。过犹不及，皆为失中，所以不能把苦节作为正确的观念来坚守。适当节制是对的，过分的节制和不节制没有什么区别，是同样的错误，都是行不通的。只有懂得节卦的卦义，让事物发展不快不慢，得以中行，才可以亨通。君子应该从节卦中得到启示，以精确的数和度，制定礼仪制度，以此来衡量君子的道德修养，过和不及，都不符合周礼的要求。以此作为道德标准，则君子就可以自我节制了。

孔子在《象传》里是这么说的："节亨，刚柔分而刚得中。苦节不可贞，其道穷也。说以行险，当位以节，中正以通。天地节而四时成，节以制度，不伤财，不害民。"

孔子的意思是说，节卦是亨通的，因为刚柔分而刚得中，这是水的功能。外柔而内刚，表面柔弱，内心刚强，水的流动是任何力量也阻挡不了的，所以亨通。过分的节制和一点也不节制是一样的，都不可以作为正确的观念来坚守，因为都是错误的，都没有前途，都会走向穷途末路。节卦之所以能够以悦行险，就因为九五当位而能够有所节制，中正又可以亨通。节制则险，亨通则悦，所以"说以行险"。天地运行因为有所节制，才形成一年四季。国家用制度来节制开支，才能做到不浪费资财，不伤害老百姓的利益。

初九：不出户庭，无咎。
象曰：不出户庭，知通塞也。

【注解】户庭：指九二位。

【释义】先看卦象，初九阳爻阳位得正，上应六四，处兑之初，节之始。节卦下三爻专论通与塞，上三爻专论流与止。下通则上流，下塞则上止。阳爻，说明他是知通塞者，知道什么时候该通，什么时候该塞；阳位，说明他是能通塞者，当需要通的时候便能通，当需要塞的时候便能塞；得正，说明现在水位正好，不需要通，也不需要塞；上应，说明他和六四有感应，六四的需求，决定他的通塞；处兑之始，说明他是欢乐的、愉快的，没有枯竭之忧，更无通塞之患；处节之始，说明他知道节制，懂得节制，而且能够节制。爻辞说"不出户庭，无咎"，不出户庭就是安居原位，就是处于不通不塞的状态，则与之相应的六四就会既有水，又不会外溢；如果走出户庭，来到九二位，就叫作通，则六四必向外流，泽水就不能得到节制了。所以，初九的位置非常重要，他是否出户庭，决定着泽水能否得到节制。初九"知通塞也"，所以能够节制，不会有灾祸。

这一爻告诉我们，节约要从源头抓起。一开始就把住支出的口子，根据实际需求，需要多少，支出多少，什么时候需要，什么时候支出，不能提前支出，不能寅吃卯粮。节约，不等于不支出，该支出时必须支出，既不少支，也不超支，这就是节约的原则。能够坚守这个原则，就符合节之道，就不会有灾祸。

九二：不出门庭，凶。

象曰：不出门庭凶，失时极也。

【注解】门庭：指六三位。

【释义】先看卦象，九二阳爻阴位，得中失正，上卦无应。阳爻，说明他应该是知通塞者；阴位，说明他严防死守，是不能通塞者；得中，说明他具备中德，能行中道，处节之时，无过无不及，既保证水满，又保证不外流；失正，说明他失时之正，时以通为正，而他却以守中为正，以静处为正，以坚守原则为正；无应，说明没有人告诉他需求多少，是通是塞全由自己决定。下三爻以通塞论吉凶。爻辞说"不出门庭，凶"，该通不通则凶。九二刚中当动，动就是通，通就是出门庭；但九二居阴静处，就是不动，就是"不出门庭"。时当通，他却因失正而守中，该动不动，该通不通，造成滞流，严重违背节之道，"失时极也"，所以直接言凶。

这一爻告诉我们，做事情既要讲原则，也要讲灵活。什么时候讲原则，什么时候讲灵活，要因事、因时而定。事有特殊，时有变化，急需灵活的时候，还死守着原则不放，会耽误大事的，貌似负责任，实际上是最大的不负责任。平时讲原则，遇事讲灵活。原则是不变的，事情是变化的，所有的事情都因时而变。守则就是失时，灵活就是顺应时变。失时则凶，顺时则吉。所以我们做任何事情，都要把活做"活"，不能把活做死。

六三：不节若，则嗟若，无咎。

象曰：不节之嗟，又谁咎也。

【注解】不节：节制不住。嗟：叹息。

【释义】先看卦象，六三阴爻阳位，不中不正，以柔乘刚，上卦无应，处兑之极。阴爻，说明他是静处者，知塞者，懂得节制者；阳位，说明他守不住自己的位，水要流动，他毫无办法；不中，说明他掌握不了通与塞的平衡，不能恰到好处地进行节制；不正，说明他不能守以时正，时当通他是阴爻，时当塞他处阳位，不能以正而守节；乘刚，说明他身不由己，下有二刚相逼，自己只能被动顺从；无应，说明他孤军奋战，无人相助；处兑之极，说明他乐极而生悲，处境十分艰难。从卦象上看，六三所处的位置，是泽满而溢的位置，又是阳位，泽水已满，外溢是必然，以六三柔弱之躯，是根本挡不住的。上无应援相助，下有二阳相逼，眼看着泽水白白地流走，自己虽有节制之心，却无节制之能。爻辞说"不节若，则嗟若，无咎"，六三自觉无力节制，怨恨自己无能，所以有惋惜哀叹之状。六三尽力而为了，节制不住并不全怨他。"又谁咎也"，又会有谁怪罪他呢？在这种情况下，六三不会有什么灾祸。

这一爻告诉我们，有些事，自己尽力就好，失利失败，都是正常的，不要过于自责。在现实生活中，很多事情都是自己不能掌控的。事情有大小，一个人的能力有大小，决定事情成败的因素很多，很复杂。况且所有人都会有不可承受之重，本事再大的人也有解决不了的问题，和做不到的事情。但是，不能因为自己做不到而选择放弃。无论在什么情况下，都要尽自己最大的努力，争取把事情做好，把损失降到最低。做不好是能力问题，不去做是态度问题，只要自己尽心尽力了，即使没有做好，也不会有人让你承担失败的全部责任。

六四：安节，亨。

象曰：安节之亨，承上道也。

【注解】 安节：安于节制。道：节之道。

【释义】 先看卦象，六四阴爻阴位，柔而得正，下应初九，上承九五，处坎之初。节卦上三爻为坎，坎为水，所以上三爻以流止论凶吉。阴爻，说明他是知止者；阴位，说明他是能止者；得正，说明他能守时正，是平稳而得止者；下应，说明他和初九互有感应，初九是知通塞的人，他便是知流止的人；承刚，说明他顺从九五，九五让流就流，让止就止，九五处节之道，就是六四的处节之道"承上道也"；处坎之初，说明他是坎底之水，不泛不滥，不流不溢，本身就具备止的品质。爻辞说"安节，亨"，意思是说六四自己安于节制，也安于得到九五的节制，自己具备安节之德，又上承九五的甘节之道，所以亨通。

这一爻告诉我们，为人臣者，安守于自己的本职，一切听从领导安排。就以节约为例，自己的本职是止，是停止消费，那就必须尽职尽责，不能从你手里支出一分钱，更不能有跑冒滴漏的现象发生。然后，一切听从领导安排，领导说怎么花就怎么花，领导说花多少就花多少，领导说什么时候花就什么时候花。领导的节约之道就是你的节约之道，领导的消费观就是你的消费观。其他所有事都是一个道理，能够做到这一点，自然会得到领导的赏识和重用，定会飞黄腾达。

九五：甘节，吉，往有尚。

象曰：甘节之吉，居位中也。

【注解】甘：甜美，不苦之谓也。尚：风尚。

【释义】先看卦象，九五阳爻阳位，居中得正，阳爻，说明他是知流止者，知道什么时候流，什么时候止；阳位，说明他是能流止者，想流则能流，想止则能止；居中，说明他具备中庸之德，能行中庸之道，处节之时，能够把握节约与消费的平衡关系，既能保障必要的支出，又不会出现浪费现象；得正，说明他有正确的消费观念，能够正确处理节约与消费的关系。九五中正至尊，节卦之主，刚中而无私应，至公至正，恩泽普施，最得节卦中行之要义。能够准确地把握节制的原则和要领，既无不及之困，也无稍过之忧；既无伤财之患，也无伤民之害。爻辞说"甘节，吉，往有尚"，九五以中正为节之主，不苦而甘，所以得吉。以甘节之行，下有源，上能节，节制有度，长此以往，可以形成一种勤俭节约的社会风尚。

这一爻告诉我们，上有所好，下必务之。君王戒除奢靡，崇尚俭朴，节约支出，反对铺张浪费，提倡适度节制。不以为苦，反以为甜，以身作则，率先垂范。群臣肯定会争先效仿，厉行节俭，勤俭办事，所作所为，有过之而无不及。上行下效，一级影响一级，直至平民百姓。勤俭节约，定会成为时尚，在全国蔚然成风。

上六：苦节，贞凶，悔亡。

象曰：苦节贞凶，其道穷也。

【注解】苦节：过度的节制。与甘节相对。

【释义】先看卦象，上六阴爻阴位，失中得正，下乘九五，处坎之极，节之终。阴爻，说明他是知止者，知道应该节制；阴位，说明他是能止者，能够节制；失中，说明他止而过中，是过度节制，苦苦节制的人；得正，说明他节制的动机是纯正的，手段是正当的；乘刚，说明他身不由己，是否节制，不是由他说了算；处坎之极，说明坎极则脱坎而流，以上六的柔弱之躯，是挡不住，节制不了的；处节之终，说明节道已穷，无论是谁，再也没有节制的办法，再也没有节制的可能。爻辞说"苦节，贞凶，悔亡"。上六是个知道节制，能够节制的人，虽然进行了苦苦的节制，甚至有些过分，但最终还是没有节制住，对于自己来说，当有悔。虽然节制的动机纯正，手段正当，尽了自己最大的努力，悔可亡，但结果还是凶险的。因为"其道穷也"，不是人为的力量可以阻止得了的。

这一爻告诉我们，做任何事情，都要审时度势。凡事有兴衰，处兴之时，是上升趋势。此时做事可顺时而动，顺势而为。即使能力不足，也会事半功倍，成功的概率非常大；处衰之时，事物发展是下降趋势。此时做事是逆时而动，逆势而为，即使你能力再强，也会事倍功半，成功的概率非常小。得时，难事容易做；失时，容易事也难做。所以，君子做事之前，必须先知兴衰，看成败，审时度势。然后再决定自己是为还是不为。

简单地总结一下，上一卦是涣卦，涣卦讲的是涣散，过度涣散就需要节制，所以就有了节卦。节卦讲的是节制、调节，研究如何节约的问题。节卦下三爻以通塞论吉凶，上三爻以流止论吉凶。一开始就是个知通塞者，"不出户庭"，他不出，上边六四就不会溢，不外溢，就是不浪费。所以他是个能够节制的人，得"无咎"。接下来是个不能调节的人，也是"不出门庭"。同样是不出户庭，初九无咎，而他却是"凶"，原因是他"失时极也"。此一时彼一时也，人家是时不当出而不出，你是时当出而不出，一味地坚持原则，没有起到调节水流的作用。所以爻辞直接言"凶"。接下来是个没有能力节制的人，"不节若，则嗟若"。虽然自己是个知道节制，懂得节制的人，也尽心尽力去做了，但是多种原因，造成他没有节制住。客观地讲，这事真怪不得他，所以他也得"无咎"。接下来是个特别能节制的人，"安节"，安于节制。不但自己安于节制，而且还安于九五对他的节制。九五的消费观就是他的消费观，九五的节约之道就是他的节约之道，所以他得"亨"通。再接下来就是节卦之主了，是最能节制，最能调节，最能节约的人。既能保障消费，又能杜绝浪费，把苦于节约，变成甘于节约，所以他是"甘节，吉，往有尚"。九五之甘节，不但得吉，而且会在全国形成勤俭节约的社会风尚。最后是"苦节"，虽苦苦节制，还是没能节制住，不是他自身不知节，不能节，而是"其（节）道穷也"。动机纯正，手段正当，以及自己所做的所有努力，只能"悔亡"而不能免"凶"。

我们古代先民，通过"泽上有水"这么一种自然现象，设卦立言，总结出一套节制、调节、节约的客观规律。揭示出不同时位的人能否节制的必然性。这是古人的智慧，我们后人应该认真学习、思考、借鉴。

中孚　䷼　巽上　第六十一卦　修德立命
　　　　　　兑下　风泽中孚　诚信为本

【卦辞】中孚：豚鱼吉，利涉大川，利贞。

【象曰】泽上有风，中孚；君子以议狱缓死。

【注解】中孚：诚信。豚鱼：江豚鱼，守信于风，有风则浮出水面，有南风则口向南，有北风则口向北，舟人称之为风信。

【释义】《序卦传》说："节而信之，故受之以中孚。"节卦讲的是节制、调节、节约。节卦之所以亨通，是因为九五居中得正，真诚而守信，上面守信，下面便能信从，互讲诚信，才能相互节制。中孚卦讲的就是诚信、互信。所以，节卦之后，紧接着就是中孚卦。风泽中孚，巽为风，兑为泽，风行泽上，泽内水动，隔空有感，乃中孚之象。巽兑两卦皆中实，中实乃信之质；全卦外实而中虚，中虚乃信之本，皆有中孚之象。心中诚实守信，像江豚鱼那样守信于风，必然吉祥。中孚卦是柔在内而刚得中，下悦而上顺。巽为木为舟，兑为泽为水，有乘虚舟于水上之象。有利于犯难涉险过大川。但必须顺乎天道，正乎天理。中孚是信发于中，中即内心，内心正则有感而互信才可得吉，否则必凶。君子应该从中孚卦中得到启示，根据中孚卦虚中有实、实中有虚的卦象，做到议狱缓死。议狱是对上诉而未决的案件进行审议，应追究虚中之实情。缓死是对做出判决的案件缓期执行，再追究一下实中之虚。这样做是为了做到虚实相符，此君子体中孚之象而用其诚也。

孔子在《象传》里是这么说的："中孚，柔在内而刚得中，说而巽，孚乃化邦也。豚鱼吉，信及豚鱼也。利涉大川，乘木舟虚也。中孚以利贞，乃应乎天也。"

孔子的意思是说，中孚就是心中诚实守信。从卦形上看，柔在内，是中虚之状，说明心中是谦虚的；上下两卦都是阳刚得中，说明心中是诚实的。内心谦虚、诚实而又能信守中道，这就是中孚。从卦德上看，上顺而下悦，上能以守中而顺下悦，下能以守中而悦上顺，上下都讲中德、讲诚信，以此之道教化于民，则一国之民皆能信服。君子信守于中道，就像豚鱼信守于风那样，便可得吉。之所以利涉大川，是因为中孚卦有以水载舟之象，从卦形上看还是中虚之舟，正可乘舟而涉川。中孚必须中正才有利，这和天道运行是一样的，君子信守中正，必须合乎天地信守中正的规律，这样才有利。

初九：虞吉，有它不燕。
象曰：初九虞吉，志未变也。

【注解】虞：亲近，佑助。它：指六四。燕：通晏，安然，安宁。

【释义】先看卦象，初九阳爻阳位，上应六四，处兑之初，中孚之始。中孚为信守中道，信守中道是自我内心修持之事。所以六爻之关系，只取近比而不取远应。阳爻，说明他是君子，是诚实守信之人；阳位，说明他能够主动修为，自我完善，是追求道德高尚的诚信之人；上应，说明他和六四有相互感应的关系，但六四不是他所追求的人；处兑之初，说明他有谈得来的朋友，互相喜欢对方的言论和思想；处中孚之始，说明君子之交以诚信为贵，诚信以初始为贵。一开始就讲诚信，才是真正的诚信。初九虽有远应但与九二更加亲近，因为九二阳刚得中，信守中道，初九又是信服于中道之人，所以初九毅然舍弃六四之应，主动亲近与之近比的九二。爻辞说"虞吉，有它不燕"，亲近九二可得吉，如果去结交六四，则是另有它志，于心为不安。初九和九二都是阳爻，都是君子，都是诚实守信之人。特别是初九，虽有远应，但追求诚实守信的志向，始终没有改变。在这中孚之时，初九信守中孚之道，心无旁骛，所以得吉。

这一爻告诉我们，君子无私交。君子之交，没有儿女情长，爱恨情仇，小恩小惠，卿卿我我等私人恩怨。君子之交在道德层面，言必及道，言必及德，交流的方式是思想的碰撞与沟通，知无不言，言无不尽，直抒胸臆，无所忌惮。通过交流，实现思想的升华，在更高层面上达成新的共识，无疑是一种美好的精神享受。君子之交的基础是诚信，真实，诚恳，互信。不妄言，不虚伪，没有隐瞒，没有欺骗，没有尔虞我诈。是真正的坦诚，是心与心的碰撞。只有君子与君子之间，才能达到这种境界，君子与小人之间不可能有共同语言，小人与小人之间，更是遥不可及。所以君子无私交，君子只能与君子交，此所谓人以群分，物以类聚也！

九二：鸣鹤在阴，其子和之，我有好爵，吾与尔靡之。

象曰：其子和之，中心愿也。

【注解】和：应和。爵：酒器。尔：指初九。靡：醉也。

【释义】先看卦象，九二阳爻阴位，下卦得中。阳爻，说明他是君子，是诚实守信之人；阴位，说明他在野而无为，但他内心谦虚，安于君子之道，是个守身如玉的人；得中，说明他具备中庸之德，能守中庸之道，处中孚之时，能够信守中孚之道，无过无不及，坚守心中的诚信，言行举止恰到好处。九二虽在野，但君子之名扬于天下，君子之言传之千里，有感者必应和之。爻辞说"鸣鹤在阴，其子和之，我有好爵，吾有尔靡之"。九二如鹤在阴，初九如子在阳，一唱一和，遥相呼应。九二与初九之所以有鸣有和，是因为九二的思想与初九的思想产生了共鸣，是心灵与心灵的沟通。"中心愿也"，这种沟通是九二心中的愿望，他愿意把自己的思想分享给知音者。就好比我有一樽好酒，愿与懂酒的人同饮共享，共同沉醉在道德层面、思想高度和精神境界里。

这一爻告诉我们，曲高和寡，人生得一知己足矣。红颜易得，知己难求。人分三六九等，思想境界越高的，就越孤独，越寂寞，所谓高处不胜寒。圣人说与下人不可言中，与中人不可言上。与下人言上，等于是对牛弹琴，只能自取其辱。鲜花送美女，宝剑赠英雄，好马遇伯乐，伯牙谢子期，茫茫人海之中，知音难觅，遇到一个懂我的人，便是人生中最大的幸事。

六三：得敌，或鼓或罢，或泣或歌。

象曰：或鼓或罢，位不当也。

【注解】敌：匹敌。鼓：动也。罢：止也。泣：悲也。歌：喜也。

【释义】先看卦象，六三阴爻阳位，不中不正，远应上九，近匹六四，下乘九二，处兑之极。阴爻，说明他是小人，具备小人特质，是个不讲诚信的人；阳位，说明他不是安分守己的人，喜欢幸进、冒进；不中，说明他不讲规矩，容易走极端，进攻犯冒险主义错误，退却犯逃跑主义错误；不正，说明他动机不纯正，手段不正当，是个不务正业、不走正道的人；上应，说明君子非小人所应，处中孚之时，六三毫无诚信可言，根本得不到君子的应援；近匹六四，说明两个小人和两个君子在一起完全不一样。他们互无诚信，相互为敌，处于狗咬狗的状态；乘刚，说明他既不能安居，也没有退路，居有刚逼，进有强敌，退有刚阻，处于非常尴尬的境地；处兑之极，说明他乐极生悲，前途暗淡，命运悲惨。中孚卦取近比不取远应。爻辞说"得敌，或鼓或罢，或泣或歌"。六三和六四形成明显的对垒局面，上下两卦之间，匹敌相对。一个兑之极，一个巽之初；一个与上九相应，一个与初九相应。六三不如六四之位正，虽然表面看势均力敌，但实际上六三明显处于劣势。所以每次进攻都会被打退，每次高兴喜悦都以悲泣而告终。为什么呢？因为"位不当也"，处中孚之时，不中不正，毫无诚信可言，这是小人与小人之间争斗的必然结果。

这一爻告诉我们，小人和小人之间，不讲诚信，尔虞我诈，纠缠在一起相互争斗是常态。君子不争，所争者义也，所以我们常说"君子动口不动手"。小人之争，所争者利也，谁手快谁先得。所以小人奉行"先下手为强"。今天你夺我的，明天我夺你的，得到了就高兴得手舞足蹈，又是歌又是笑；失去了就沮丧得垂头丧气，又是哭又是闹。或鼓或罢，或泣或歌，就是对小人争名夺利的真实写照。

六四：月几望，马匹亡，无咎。
象曰：马匹亡，绝类上也。

【注解】月几望：月亮将盈而未盈。匹：指六三。类：指六三。上：指九五。

【释义】先看卦象，六四阴爻阴位得正，下应初九，上承九五，处巽之初。阴爻，说明他温柔顺从，具备为臣之德；阴位，说明他安分守己，思不出位，尽职尽责，守身如玉；得正，说明他与人交往动机纯正，手段正当，行为端正，作风正派，是个光明正大的人；下应，说明他虽与初九有感应关系，处中孚之时，他不会舍近求远，去和初九交往；承刚，说明他顺承九五，紧随其后，亦步亦趋，不违上意，言听计从；处巽之初，说明他本身就具备巽顺的品德；既谦虚柔顺，又能申命行事，是个难得的助手。爻辞说"月几望，马匹亡，无咎"。是说六四谦虚柔顺之美德，犹如即将盈满的月亮。抛弃与之匹敌的六三，追随九五就不会有灾祸。中孚卦取比不取应，又以得中而能守信者为可信服之人。与六四亲比的九五阳爻阳位，中正处尊。六四正可以柔正之虚，接受九五刚中之实，虚实互补，上下交孚，这是君臣之间 诚实互信，优势互补的最佳典范。六四与六三虽然是同类，也有相比的关系，表面上看，像一对并驾齐驱的马。而实际上，相互匹敌，势不两立。所以六四绝没有从下而交的可能，而是"绝类上也"，毅然决然地断绝与同类的关系，顺从上意，并以谦虚、柔顺、诚信的为臣之德，效忠君王，六四这样做，肯定"无咎"，不会有任何灾祸。

这一爻告诉我们，小人向善，可保无咎。任何时候，小人都可以选择自己所走的道路，若真心向善，必须做到三点。第一，要把自己柔顺的美德发挥到极点，达到"月几望"的程度。真实、透明、柔和、顺从，时时处处反射君子的光辉。第二，彻底断绝与小人的关系，与小人划清界限，分道扬镳，在政治、经济以及私人感情方面再无任何瓜葛。第三，改邪归正，确保观念正，行为正，作风正，永远走正道。做到这三点可保没有灾祸，但不能奢求吉祥。

九五：有孚挛如，无咎。

象曰：有孚挛如，位正当也。

【注解】孚：诚信。挛如：抓紧抓牢的样子。引申为紧紧抓住，牢牢掌握。

【释义】先看卦象，九五阳爻阳位，得中得正。阳爻，说明他是守信之君，金口玉言，言出必信；阳位，说明他能以诚信教化天下，"孚乃化邦也"；得中，说明他具备中庸之德，能行中庸之道，处中孚之时，不妄言，不虚言，说话不偏激，行为不极端，始终能够信守中道；得正，说明他以诚信为正，"中孚以利贞，乃应乎天也"。能够像天地运行那样，守时、守信。中孚六爻，其他五爻可取近比，互讲诚信，而九五则不可只取近比，九五是君王，君王是对天下人讲诚信，是对所有人讲诚信，既要取信于臣，也要取信于民。只能恩泽普施，不能私交专宠。爻辞说"有孚挛如，无咎"。九五是最得中孚之道者，作为君王，要牢牢地掌握诚信待人，取信于天下的大原则。不食言，不失信方可无咎。言外之意，如果失信于民，便会有灾祸。因为"位正当也"，身处王位，失信就会失国。

这一爻告诉我们，诚信乃立人之本、立君之本、立国之本。孔子说："人而无信，不知其可也。大车无輗，小车无軏，其何以行之哉。"诚信是做人的根本，是对君子的基本要求。言而有信，对于君王来说更是尤为重要。自古以来，君无戏言，朝堂之上，一言既出，驷马难追，无论对错，均为圣旨，不可更改。君王守信，才能维护自己的威严，才能取信于臣民，取信于天下。如果朝令夕改，出尔反尔，自食其言，则会失信于民，百姓再难信服，政令难以推行，此为君之大忌。所以为人君者，必须"有孚挛如"。

上九：翰音登于天，贞凶。

象曰：翰音登于天，何可长也。

【注解】翰：赤羽的山鸡，也叫锦鸡。

【释义】先看卦象，上九阳爻阴位，不中不正，处巽之极，中孚之终。阳爻，说明表面看上去像个君子，天天把诚信挂在嘴边上，好像是最讲诚信的人；阴位，说明他内心是虚伪的，不真实、不老实、不实在，心中毫无诚信可言；不中，说明他走两个极端，口头上极端诚信，内心里极端不诚信；不正，说明他讲诚信的动机不纯正，取信于人的手段不正当，是个不走正道的人；处巽之极，说明他不谦虚、不巽顺，本身就不具备诚实守信的品质；处中孚之终，说明中孚之道已穷，信守中道的原则，到他这里就彻底结束了，再无诚信可守。爻辞说"翰音登于天，贞凶"，就像羽毛漂亮的野鸡，高亢的叫声都传到天上去了，却没有司晨之信。虽然没有半点诚信可言，却效仿九二"鸣鹤在阴，其子和之"，以求翰音登于天，天下共和之。实际上，上九以名不副实之身，行欺世盗名之举，大悖中孚之道，已是穷途末路，凶是必然，却还当正道坚守，"何可长也"？怎么可能会长久呢？

这一爻告诉我们，不要轻易相信任何人，社会上所有的骗子，都会把自己装扮成最守信用的人，他们所说的一切，都是为了取信于你。真正的诚信，是一个人内心的修为，不会把诚信挂在嘴上，标榜自己如何如何讲诚信。真正讲诚信的人，不妄言、不虚言、不偏激、不极端，真实、平实、老实、踏实。所以遇到高调讲诚实的人，最好不要轻易相信，离他们远一点，避免上当受骗。

简单地总结一下，上一卦是节卦，节卦讲的是节制、调节、节约。做到节制、节约，必须讲诚信才能亨通。所以就有了中孚卦。中孚卦讲的是信守中道，研究人与人之间诚信、互信、守信的问题。一开始就是一个讲诚信的人，"虞吉，有它不燕"，放弃与之相应的六四，主动亲近信守中道的九二，两个君子以诚信相交，故而得吉。接下来也是个讲诚信的人，是个信守中道的高尚之士，他的思想深深地影响着初九，"鸣鹤在阴，其子和之"，两个君子一唱一和以诚相交，沟通思想，就好像"我有好爵，吾与尔靡之"。九二有好的思想、观念、见解或观点，与初九分享，两个人在更高的层面上，形成新的共识。讲完君子之交，接下来就是小人之交了，君子之交是在道德层面，小人之交是在利益层面；君子之交是共同进步，小人之交是你争我夺。所以"或鼓或罢，或泣或歌"。一会争斗，一会和好；一会哭泣，一会欢笑。上演了一出小人争名夺利的闹剧。再接下来是小人向善，可得无咎，但必须得做到三条，一是绝对顺从；二是彻底断绝与小人的关系；三是确保走正道。做到这三条可保无咎，但不能奢求吉祥。再接下来就是"有孚挛如"，作为君王，要牢牢地掌握诚信待人，取信于民的大原则，信守中道，不迁怒、不贰过、不食言、不失信。做到这一点未必得吉，但做不到必有灾祸。最后是"翰音登于天，贞凶"。是个伪君子，整天把诚信挂在嘴边，内心却毫无诚信可言。野鸡高亢的叫声都传到天上去了，却没有公鸡的可晨之信。实际上是个挂羊头卖狗肉的骗子，怎么可以长久呢？结果必然凶险。

我们古代先民，通过"泽上有风"这么一种自然现象，设卦立言，总结出一套诚实守信的客观规律，揭示出不同人对诚信的不同态度，不同做法和不同结果。这是古人的智慧，我们后人要认真学习、思考、借鉴。

小过 ䷽ 震上　第六十二卦　凡事勿过
　　　　　艮下　　雷山小过　　过犹不及

【卦辞】小过：亨，利贞，可小事，不可大事。飞鸟遗之音，不宜上宜下，大吉。

【象曰】山上有雷，小过；君子以行过乎恭，丧过乎哀，用过乎俭。

【注解】小过：越中为过，阴为小，阴爻越中即为小过；稍稍越中为小过；阴过一阳为小过。

【释义】《序卦传》说："有其信者必行之，故受之以小过。"中孚卦讲的是诚信，有了诚信就可以行动了。行必有过，所以中孚卦之后，紧接着就是小过卦。雷山小过，震为雷，艮为山，山上有雷，震于上而止于下。雷声从大向小过渡，故有小过之象。从卦形上看，上下各有两个阴爻，中间是两个阳爻，有阴过中、阴过阳之象。阴为小，所以是小过之象。人的言行不可能永远持中守正，完完全全的合乎礼制，恰到好处，稍稍过一点中，也还是可以亨通的。但必须固守正道，不可太过，太过则凶。过的分寸要因人、因事、因地、因时而定，需要自己把握。小过卦柔爻得中，阳爻失位而不中。而柔顺之人只能行小事，成大事者非刚明之才难以胜任。所以处小过之时，干点小事还可得吉，要做大事万万不可。小过卦有小鸟展翅飞翔之象，鸟飞在空，以遗音为适中，声音小为小过还可以。如果听不到叫声了，则为太过，过高则无所适，必然致凶。鸟飞宜向下不宜向上，向上逆而无所适，向下顺而可得安。所以小过卦以中为贵。中而上，适度为宜；中而下，顺且大吉。君子应该从小过卦中得到启示，根据雷声渐小而不能渐大，鸟飞宜顺下而不宜逆上的原则，君子之行宜过恭而不宜过傲；君子之丧宜过哀而不宜过喜；君子之用宜过俭而不宜过奢。此为小过之道，顺之者吉，逆之者凶。

孔子在《彖传》里是这么说的："小过，小者过而亨也，过以利贞，与时行也。柔得中，是以小事吉也。刚失位而不中，是以不可大事也。有飞鸟之象焉，飞鸟遗之音，不宜上宜下，大吉，上逆而下顺也。"

孔子的意思是说，处小过之时，阴柔稍稍过中是可以亨通的。过中本来不正，但时当过则过，这时不过为不正，过才是正，才有利。从卦象上看，柔爻得中位，所以干点小事可得吉。两个阳爻失位而且不中，所以不可以干大事。整个小过卦有小鸟展翅飞翔之象。飞鸟遗留下来的声音，不宜太高、太远，应该低一些，近一些才可得大吉。因为向上是逆行而且无所往适，向下是顺行而且有所安顿。

初六：飞鸟以凶。
象曰：飞鸟以凶，不可如何也。

【释义】先看卦象，初六阴爻阳位，上应九四，处艮之初，小过之始。阴爻，说明他阴柔质弱，力不能行；阳位，说明他躁动不安，急于上行；上应，说明他与九四有感，倚仗强有力的应援，非要上行；处艮之初，说明他本该静止不动，应该与时行也，时不该行就应该静处；处小过之始，说明他不顾自身条件，开始了小过的行为。爻辞说"飞鸟以凶"。初六柔弱，力不能行，又处艮体，时不当行。但他阳爻好动，意在必行，上有应援，仗势而行，而且好高骛远，不知收敛，便一飞冲天了。处小过之时，阴爻可以小过，但不可太过。初六就属于太过，严重悖逆了"上逆下顺"的小过之道，不该如何，非要如何，你奈之如何？其致凶实为必然。

这一爻告诉我们，任何时候都要与时偕行、量力而行。时当行则行，时不当行则不行，力能行则行，力不能行则不行。不能由着自己的性子来，想行就行，不想行就不行。更不能倚仗外势而行，把自己的前途、性命像押宝一样，押在别人身上。不考虑自身条件如何，全部寄希望于别人的帮助。这是最不靠谱，最危险的行为，小人可以赌命，君子不为也。

六二：过其祖，遇其妣；不及其君，遇其臣；无咎。

象曰：不及其君，臣不可过也。

【注解】祖：祖父，指九四。遇：过而得之谓之遇。妣：祖母，指六五。君：指六五。臣：指九四。

【释义】先看卦象，六二阴爻阴位，下卦得中得正，上承九三。阴爻，说明他是能过者；阴位，说明他是安守本分的人；得中，说明他具备中德，能行中庸之道，处小过之时，无过无不及，过是肯定要过，但绝不会太过；得正，说明他观念正统，行为端正，小过的动机纯正，手段正当，是个作风正派之人；承刚，说明他顺承九三，九三不会阻拦他，可以小过。小过卦是阴过阳，阴爻得中便可过阳，但只能过一阳，不能过两个阳。过两个阳就是太过了，是不允许的。爻辞说"过其祖，遇其妣"，直接越过祖父，去见祖母，这是不可以的。从卦象上看，六二的父亲是九三，祖父是九四，祖母是六五。六二越过父亲，越过祖父，直接与祖母相遇，于礼为僭越，于小过为失道。六二与六五都是柔爻，只有妣妇之配，没有君臣之交，直接见君不是小过，而是太过了。这种僭越行为，不但君不见，作为大臣九四也不干，"臣不可过也"。所以爻辞说"不及其君，遇其臣；无咎"。六二只好退回来，不及其君，而与大臣九四遇合。六二只越过九三一爻，符合小过的卦义，所以不会有什么灾祸。

这一爻告诉我们，凡事不可太过，即便主观条件和客观条件都很好，也不能做过分的事情，饭要一口一口地吃，路要一步一步地走，事要一件一件地做，官要一级一级地升。贪快、贪多、贪大，都属于太过，适度地过一点则利大于弊，太过则弊大于利。过犹不及的道理谁都懂，可我们在现实生活中，往往会贪大求快，把事情做过了头，结果事与愿违，欲速则不达。君子当审慎之，察戒之。

九三：弗过防之，从或戕之，凶。

象曰：从或戕之，凶如何也。

【注解】弗：不要。过：越过九四和六五。或：不定之辞。戕：戕害，杀戮之意。

【释义】先看卦象，九三阳爻阳位，与上六相应，处艮之极。小过卦是阴爻可过，阳爻为不可过。阳爻，说明他是不可过者；阳位，说明他跃跃欲试、蠢蠢欲动，是个不安于本位的人；上应，说明他想越过九四和六五去和上六应和；处艮之极，说明止极则动，本身就具备动的特性。除了时不当过以外，其他条件都是过而从上六。所以爻辞告诫说："弗过防之，从或戕之，凶。"意思是说，千万不要越过九四和六五，要严加提防，如果非要越过他们，去应从上六，那么这一君一臣，不定谁会杀了你，"凶如何也"，这是何等的凶险啊！处小过之时，居九三之位，爻辞直接言"凶"。

这一爻告诉我们，你有天大的本事，也不要越过"总经理"和"董事长"，去追随已退休的前任"董事长"。这是江湖、官场、职场之大忌，犯了方向和路线的错误，是政治问题。或许你是前任领导的亲信，曾经被恩宠，你对前任领导也很崇拜、敬佩；对现任领导的方针政策、行事做派以及德行才能有看法，这也看不惯，那也不顺眼，出于公正之心，正义之感，公开站在前任的立场上，与现任叫板。也许你是正确的，但你是危险的。因为彼一时也，此一时也，彼时已过，此时应该与时偕行，顺时而行，顺势而为。君有道则出而助之，君无道则遁而避之，这才是君子的明智之举。

九四：无咎，弗过遇之。往厉必戒，勿用，永贞。

象曰：弗过遇之，位不当也。往厉必戒，终不可长也。

【注解】厉：危险。戒：戒备之心，警惕。

【释义】先看卦象，九四阳爻阴位，不中不正，下应初六，为震卦之主。阳爻，说明他处小过之时，是不可过者；阴位，说明他能够安守本位，不敢越雷池半步，是个知收敛、懂戒惧的人；不中，说明他不能中道行事，必须极端隐忍，宁可不及，不可稍过；不正，说明他不敢堂堂正正地做臣子，不敢正视君王，必须时时刻刻夹着尾巴做人；下应，说明他的群众基础非常好，下边老百姓支持他；为震之主，说明他掌握动还是不动的主动权，可以决定过还是不过。爻辞告诫说："弗过遇之，往厉必戒。"像九四这种情况，决不能越过六五，与之相遇最合时宜。如果往而过之，必有危险，必须要有戒备之心。为什么呢？因为九四以刚明之才，居人臣之位，六五是柔弱之君，九四是强健之臣，臣强而君弱，本来就是大忌，况且九四为震之主，下又有应，六五时时刻刻都在提防九四的过激行为。九四和九三有许多共同之处，九三得凶，九四也很危险，所以爻辞反复告诫，"往厉必戒，勿用，永贞"。与六五相遇很危险，要有戒惧之心，时时刻刻提高警惕，以防万一；德才勿用，有多大的本事，都要隐藏起来，不能显露，不能施展，以防君王多疑；要心存正念，永走正道，不让君王挑出任何毛病。做到这几点，可得无咎，但"终不可长也"。在这小过时期，臣强君弱，又不当位，暂时保得无咎，已经很不错了。如果长此以往，肯定是凶险的。

这一爻告诉我们，臣强君弱的时候，做小人易，做君子难。小人没有道德底线，可以随心所欲，只要自己力量足够强大，便可以弑君篡位，至少可以独掌朝纲，一手遮天，为所欲为。而君子受礼制的约束，道德仁智存于心，礼义廉耻行于外，生为当世之典范，死留后世之清名。居庙堂之高则忧其民，处江湖之远则忧其君，先天下之忧而忧，后天下之乐而乐。心系家国天下，忧虑、顾忌越多，越难做人，难做事，难做官。易道精微，大小同理，好人难做的道理，在这一爻里就全都包括了。

六五：密云不雨，自我西郊，公弋（yì）取彼在穴。
象曰：密云不雨，已上也。

【注解】密云：指六五和上六。我：指六五。公：指六五。弋：带绳的箭。彼：指六二。西郊：六五位。穴：六二位。上：指六五，阳爻之上。

【释义】先看卦象，六五阴爻阳位，上卦得中，下乘二刚，阴爻，说明他是柔弱之君；阳位，说明他是有为之君；得中，说明他具备中庸之德，能行中庸之道，处小过之时，有所为，有所不为，为所当为，为所能为；乘刚，说明他的位置不稳定，而且所乘二刚都是不中不正之人，虽然刚明强健，但都不是可用之人。爻辞说"密云不雨，自我西郊，公弋取彼在穴"。从卦形上看，山上有雷，雷上是密云，六五是阴爻，来到两个阳爻之上。阴气占阳位，阳气占阴位，阴阳不和，不能致雨。以人事而言，君弱臣强，两个刚明之臣不为六五所用。六五便不能降恩泽于百姓。六五不能干大事，九三九四阳刚失中也不能干大事。《象传》说"柔得中，是以小事吉也"。什么是小事呢？就是从下边提拔自己的人。处小过之时，阴可过，阳不可过。阴即小，小者过而亨也，正是阴过阳而亨通的时候，此时六五在西郊这里，提拔在野的六二，就像是用带绳子的箭射取小鸟一样，把中正可用的六二取到自己身边。六二连着过两个阳爻，按说有悖小过之道。但六二特殊，一是柔而中正；二是利贞；三是与时俱行；四是公以弋取，而非自过。具备这四条，也就符合小过的卦义了。六五得到六二的帮助，就可以制衡九三九四了，就可以大有作为了，就可以致雨而降恩泽于百姓了。

这一爻告诉我们，在不可做大事的时候，要不断地积蓄自己的力量。不可做大事，有两个原因，一是不得时，二是力量不足，不得时就是不得天时，天时不至就不能致雨，就是时不当为，时不能为，需要慢慢等待；力量不足是多方面的问题，有人的问题，有物的问题，有德行和能力的问题，等等；实际上等待时期和积蓄力量是同时进行的，从云起"西郊"到致雨的同时，"取彼在穴"。力量壮大的同时，机会也就来了。一切都是水到渠成，顺理成章，这就叫顺时而动，顺势而为。

上六：弗遇过之，飞鸟离之，凶，是谓灾眚。
象曰：弗遇过之，已亢也。

【注解】灾：灾为天灾，自外来。眚：眚为人祸，自招致。亢：高；极；太过。

【释义】先看卦象，上六阴爻阴位，下应九三，处震之极，小过之终。阴爻，说明他自身柔弱；阴位，说明他处于被动地位；下应，说明他有强有力的应援；处震之极，说明他的遗音已经消失；处小过之终，说明小过之道已穷，不再受任何约束。小过卦取象于鸟，上六是离地最远，飞得最高的鸟。爻辞说"弗遇过之，飞鸟离之，凶，是谓灾眚"。前面已无阳可遇，没有任何阻挡之物，直接过之，一飞冲天，离地面越来越远，都听不到遗留的叫声了。小过卦宜下不宜上，上逆而下顺。上六逆道而上，居高不下穷无所适，"已亢也"，高到亢的地步，其凶必然。上六之凶，一半是天灾，一半是人祸。所谓天灾，时也，命也。时者，处小过之时也，命者，处无位之位也。所谓人祸，质也、应也。本是阴柔之质，偏有强健之应，这不是咎由自取吗？爻辞直接言"凶"。

这一爻告诉我们，无能之辈居高位，不是福而是祸。德不配位，才不胜位，爬得越高，摔得越惨。无能之辈之所以能爬到高而亢的地步，是因为时也，应也。得时而有应，身不由己被推到那么高的位置；之所以被摔得很惨，是因为质也，命也。本身质柔而性弱，德行不济，才能有限，时过境迁之后，就是时运不济、命途多舛。现实生活中，许多进监狱的高官，大多属于这种情况，由于德不配位，才有各种犯罪；由于摆脱了制约，才有这种可悲的下场。君子当戒而免之。

简单地总结一下，上一卦是中孚卦，中孚卦讲的是诚信、互信、守信。有诚信必有行动，有行动必有超越，所以就有了小过卦。小过卦讲的是阴过阳，阴可过，阳不可过，研究如何把握过的分寸问题。小过卦取象于小鸟，两个阳爻在中间，是小鸟的身体和翅根；二和五是翅膀；初和上是翅梢。飞鸟宜下不宜上，飞得过高则凶。初六是翅梢，就属于飞的过高的"飞鸟以凶"。阳位，志在必行，有应，仗势而行，悖逆小过之道，直接言凶。接下来是个有分寸的，开始也有点过，"过其祖，遇其妣"，小过卦只能过一阳，不能过两阳，好在他得中得正，及时退回来，"不及其君，遇其臣"，只过一阳，符合小过卦义，所以得"无咎"。接下来是阳爻，是不可过者，爻辞直接告诫"弗过防之，从或戕之"。千万不要过，得提防着，从上六肯定被君臣杀戮，非要过肯定是"凶"。接下来还是阳爻，也是不可过者。好在他阳居阴位，有柔的一面，爻辞告诫说："弗过遇之，往厉必戒，勿用，永贞"，说你不要过，相遇即可，往过肯定危险，必须有戒惧之心，把自己的本事都隐藏起来，永远走正道，就会"无咎"。再接下来，就是最得小过卦义者，柔得中，小事吉，暂时"密云不雨"，不能降恩泽于百姓，但可利用阴可过的时机，慢慢地"自我西郊"阴过来，既是等待时机的过程，也是积蓄力量的过程。与此同时，还可利用阴可过阳的时机，把六二提拔过来，壮大自己的力量。这些事都是阴可过的小事，都是顺时而为。所以六爻之中，唯有六五无凶吉之断，但有"柔得中，小事吉"的象语，就说明它是吉祥的。最后，上六是翅梢，是属于飞得过高的。"弗遇过之，飞鸟离之"，没有任何阻挡，直接过去了，拔地而起，一飞冲天，高到亢的地步，大悖小过之道，不凶何为？

我们古代先民，通过"山上有雷"这么一种自然现象，设卦立言，总结出一套阴可过阳的客观规律。揭示出各种小过的必然行为和必然结果。这是古人的智慧，我们后人要认真学习、思考、借鉴。

既济 ䷾ 坎上　第六十三卦　一切大成
离下　　水火既济　　初吉终乱

【卦辞】既济：亨，小利贞，初吉终乱。

【象曰】水在火上，既济；君子以思患而预防之。

【注解】既济：已经渡过河的对岸。表示所干的事已圆满完成。

【释义】《序卦传》说："有过物者必济，故受之以既济。"小过卦讲的是小者过也，阴过阳也。过是渡过、越过，这个过程必然会完成。济就是完成，既济就是已经完成。所以，小过卦之后，紧接着就是既济卦。水火既济，坎为水，离为火，水在火上，水火相交，各当其用。火上行有烧水之用；水下行有灭火之用。功能完备，各归其位，有完成之象。既济卦是六十四卦中，唯一爻位都正，无一不应的卦，"土归其墼，水归其泽"，到了至善至美的地步。天下万事已济，大功告成，大局已定，是个完美的结局。所以有既济之象。既济之时，阴阳当位，水火平衡，君子小人各得其所，大家都亨通。君子得志，小人也得志，但小人必须守正才有利。按照事物发展规律，完美并不是结局，完美之后便开始孕育新的变化。短暂的美好之后，便是不可控制的混乱，所以有"初吉终乱"的忠告。初吉是因为下卦柔得中有文明之象；终乱是因为上卦柔处外有坎陷之象。君子应从既济卦中得到启示，处文明之吉时，就应该考虑到坎陷之乱马上到来。因为水火平衡而相资用的状态是暂时的，万事万物都在变化之中，水决则火灭，火炎则水涸。相互资用之中，潜伏着相害的危机。君子在与小人相资相用的同时，要及早预防相息相害的事情发生。君子要居安思危，有备而无患。

孔子在《彖传》里是这么说的："既济亨，小者亨也。利贞，刚柔正而位当也。初吉，柔得中也。终止则乱，其道穷也。"

孔子的意思是说，既济卦是亨通的，不仅君子亨通，而且小人也亨通。既济卦利贞，因为阴阳各爻都当位而得正，这个时候稍有不正便会出乱子，所以必须各自守正才会有利。开始吉祥，是因为柔爻得中而为离，离卦代表文明；最终必乱，是因为上卦是坎，坎为坎陷，既济卦始于文明、止于坎陷，是既济之道穷。完美之后，必生危机之乱。

初九：曳（yè）其轮，濡其尾，无咎。

象曰：曳其轮，义无咎也。

【注解】曳：同拽；拖，牵引。轮：车轮。濡：浸湿也。

【释义】先看卦象，初九阳爻阳位，得正，上应六四，处离之初，既济之始。既济和未济，均取大车过河为象。阳爻，说明他是个阳刚强健的君子，具备君子的优秀品质；阳位，说明他积极进取，勇于上进，是敢于冒险前行的人；得正，说明他在协助战车过河的时候，动机纯正，手段正当，所作所为，是为了战车方向正确，路线正确；上应，说明他与六四互有感应，六四是车轮，初九是车尾，车轮正与不正，车尾有感应。车尾的摆动可直接影响车轮的方向；处离之初，说明他具备文明的品质，代表着正确；处既济之始，说明战车已经过河，完成了渡河任务，刚刚上岸。爻辞说"曳其轮，濡其尾，无咎"，既济卦利贞，济时利贞，既济之后更要利贞。初九是车尾，为了车轮上岸后走得更正，初九在后边拽其轮，把握前进的方向。即使自己有点危险，也不过濡其尾而已，不会有什么灾难。车都上岸了，车尾能有什么灾难呢？"义无咎也"，从道义上讲，以自身之正，应六四之正，不会有什么灾难。

这一爻告诉我们，以己之正，影响集体之正，是君子义不容辞的责任和义务。君子本身就负有监督、教化的职能，及时纠正身边人不正当的言论和行为，使其符合礼制的要求，就是要发挥卫道士的作用。作为一个利益共同体，一人正不算正，必须整体正，才能沿着正确的方向、正确的路线，实现正确的目标。这个整体正，非君子不能为也。所以，把握时局，调整方向，以己之正，影响整体之正，是君子义不容辞的责任和义务，虽有危险也在所不辞。

六二：妇丧其茀，勿逐，七日得。

象曰：七日得，以中道也。

【注解】茀：车之蔽，即车的门帘。

【释义】先看卦象，六二阴爻阴位，得中得正，上承九三，下乘初九，上应九五。阴爻，说明他温和善良，以弱示人，与世无争；阴位，说明他沉着冷静，安守本分，帅不离位，静观事变；得中，说明他具备中庸之德，能行中庸之道，处既济之时，大功告成，大局已定，没有过分的言行和要求，仍然中规中矩，谨守臣德；得正，说明他观念正统，行为正派，光明正大，正道而行；承刚，说明他对上顺从，服从命令，听从指挥，绝不拂违上意；乘刚，说明他位置不稳，内心不安，需要时刻警惕戒惧；上应，说明他和九五是君臣关系，心灵互有感应，济河之时，君臣同心协力，共度时艰。既济之后，各自心里都会发生一些微妙的变化。按说取得胜利后，君臣应该相见，但爻辞却说："妇丧其茀。"车上坐的是妇女，车的帘子丢了，既然妇丧其茀，就不能成行，不能成行就不能相见。这里的妇就是阴爻阴位的六二。既济卦取象于大车过河，所以有车的门帘之说。六二承乘皆刚，上下都是阳，无所隐蔽，所以有"丧其茀"之象。六二上应九五，本该前往，今车丧其茀，不能前往，是九五此时不愿与之相见。"勿逐，七日得"，既然九五有意的要晾一晾六二，那么六二也不必去争取。事物是发展的，一个周期过后，形势就会发生变化，六二这个柔顺中正之大贤，会在历史上发挥更大的作用。因为他"以中道也"，而且代表着新的文明。

这一爻告诉我们，狡兔死，走狗烹，飞鸟尽，良弓藏。既济之后，是有功之臣最危险的时候，稍有骄纵之感，便会招致杀身之祸。这个时候，有识之士，会审时度势，收敛锋芒，藏巧用拙，谦虚顺从，中规中矩，谨守臣德，心存敬畏，警惕戒惧。既不能远离君王，又不能主动亲近，言行举止，要有很强的分寸感。坚守柔中之正，静观时变。保存实力，以图后谋。

九三：高宗伐鬼方，三年克之，小人勿用。

象曰：三年克之，惫也。

【注解】高宗：殷王武丁，为殷代中兴之君。鬼方：殷代边远民族。

【释义】先看卦象，九三阳爻阳位得正，与上六相应，处离之极。阳爻，说明他是君子，是刚明强健之人；阳位，说明他勇于进取，果敢前行，是个大有作为之人；得正，说明他以正伐邪，动机纯正，手段正当；上应说明他所伐之人太遥远；处离之极，说明此时文明将衰，正处于明极则暗时期，开始走下坡路。九三阳爻阳位有用武之象，所应上六有险极之象，处离之极有文明将衰之象。爻辞说"高宗伐鬼方，三年克之，小人勿用"。这个时候，极像当年殷王武丁讨伐边远的异族，虽然使国家由未济到既济，实现了殷代没落时的中兴。但由于战事过频，时间过长，国力损耗太大，民心民力过于疲惫。虽处既济之时，有中兴之象，但初吉已终，乱端已现，文明将衰，险陷在前。这个时候，小人勿用。因为小人是乱邦之源。预防小人，控制小人，勿用小人，或可使中兴时期延长一些。但盛必衰、兴必乱的规律是不可改变的。"初吉终乱"的卦辞，以此爻为分界。

这一爻告诉我们，一个人可以延缓历史的发展进程，但改变不了历史发展的大趋势。历史的发展和春夏秋冬的更迭是一样的，下一个季节可能会来得晚一些，但它终归要来，是任何力量也阻挡不了的。一个朝代在衰落时，或可因一代有为之君，拼了国力，换来暂时的繁荣，但那毕竟是虚假的繁荣、暂时的繁荣。从某种意义上讲，或许是回光返照，反而加速了朝代的衰落和灭亡。所以既济之后，初吉终乱，是历史发展的必然规律，是任何力量也阻止不了的。

六四：繻（xū）有衣袽（rú），终日戒。

象曰：终日戒，有所疑也。

【注解】繻：作濡，沾湿，浸湿。袽：破衣败絮，用以塞船漏。戒：戒惧；戒备。疑：疑惧。

【释义】先看卦象，六四阴爻阴位，下应初九，上承九五，出离入坎。阴爻，说明他柔弱不堪；阴位，说明他守成都有困难，根本不可能有任何作为；下应，说明他所应之民，濡也，惫也。济河之时，已濡其尾，伐鬼方之时，民心已疲惫，此时既无应援之力，也无应援之心；上承刚，说明他顺从天意，不再做无谓的反抗，只能逆来顺受，听任时局的摆布；出离入坎，说明他已离开文明之体，进入险陷之地，正处在盛而衰、吉而乱的转折阶段。此时的六四，就像一条随时有可能漏水的破船，既济之后，又入坎陷，风雨飘摇，朝不保夕。爻辞说"繻有衣袽，终日戒"。此时需要准备一些破衣败絮，以备船破漏水时堵塞之用。坐在这么一条破船上，从早到晚提心吊胆，时时刻刻惊恐戒惧，防备之心不可稍怠。即使如此，覆溺之患也不可避免。暗指商王朝中兴之后，又进入风雨飘摇，衰败覆灭的历史阶段。

这一爻告诉我们，既济之后，便是危机四伏。凡事都怕最完美，只要到了最完美的时候，就开始向不完美发展。而且破坏完美的速度，要比构建完美的速度快，比想象的更快、更糟糕。因为所有的完美背后，都隐藏着危机，随着时间的推移，这些危机就会暴发，而且此起彼伏，难以应对。这是事物发展规律所致，非人力所能阻止。只有圣贤之人，能够明于盛衰之道，通乎成败之数，审乎治乱之势，达乎去就之理。处衰、败、乱之时，也只有圣贤之人，能够潜居抱道，以待其时。

九五： 东邻杀牛，不如西邻之禴祭，实受其福。
象曰： 东邻杀牛，不如西邻之时也；实受其福，吉大来也。

【注解】禴祭：夏祭，五谷还没有丰收，是最简单的祭祀。东邻：指九五，暗指商纣王。西邻：指六二，暗指周文王。

【释义】先看卦象，九五阳爻阳位，居中得正，下应六二。阳爻，说明他强硬残暴；阳位，说明他肆意妄为；居中，说明他在衰途上，中道而行，正在中规中矩、按部就班地走向衰落；得正，说明他千方百计地维护自己的正统地位，以昏庸残暴为正途，正在加速自己的灭亡；下应，说明他与六二遥遥相对，九五以刚履刚，乖张暴戾，既济之后，进入坎陷之中，处在由盛及衰，由兴而败，由吉而乱的历史时期。而与之相对的六二，则以柔履中，处既济之初，为光明之主，代表着新的文明，是上升趋势。九五就好比位居东方的商纣王，处既济之时，事业大成，天下太平，越过了巅峰状态，正趋向没落；六二就好比位居西方的周文王，既济之初，事业之始，忍辱负重，奋发有为，正处在上升阶段。所以爻辞说"东邻杀牛，不如西邻之禴祭，实受其福"。商纣王杀牛，举行盛大的祭祀仪式，反而不如周文王举行简单而虔诚的祭祀仪式，更能得到上天的福祐。此乃时也、命也。九五所处之时，即使杀牛，天也不祐。六二所处之时，即使夏祭，必降实福。天意即民心，失民心者失天下，得民心者得天下。继周文王之后，周武王灭了商纣王，"大吉来也"，周天子坐天下开启一个新的文明时代。

这一爻告诉我们，失民心者失天下，得民心者得天下。中国历朝历代的兴衰更替，无不验证这条铁律。凡施德政者，耕者有其田，减租免税，休养生息，民心所向，国家必然走向繁荣昌盛；凡施暴政者，土地扰断，横征暴敛，民不聊生，民心相悖，国家必然走向衰落灭亡。一个国家如此，一个单位、一个企业也是同样的道理，得民心的单位，欣欣向荣，蒸蒸日上，得民心、得民用的企业，可以迅速建立企业帝国、商业帝国。百姓就是上帝，民心就是天意，谁把老百姓的利益兼顾好了，得到民众的拥护和爱戴，谁就是上帝的宠儿，天之骄子。

上六：濡其首，厉。

象曰：濡其首厉，何可久也。

【释义】先看卦象，上六阴爻阴位，下乘九五，处坎之极，既济之终。阴爻，说明他柔弱无能；阴位，说明他无所事事，无能为力，无所作为；乘刚，说明他位置不稳，坐卧不安，身心不宁，惶惶不可终日；处坎之极，说明他深陷坎穴，险陷至极；处既济之终，说明既济之道已穷，返回未济，这条河是永远也过不去了。爻辞说"濡其首，厉"。就像狐狸过河，一头扎进河里，肯定是危厉凶险。既济卦直言"高宗伐鬼方""东邻杀牛""西邻之禴祭"，明显是以殷商中兴、走向没落为象。上六阴柔居上，处坎陷之极，既济之终，止于终乱，暗指商王朝已到了山穷水尽，穷途末路，苟延残喘的地步。"何可久也"，商王朝覆灭的日子不会太久了。

这一爻告诉我们，当一个朝代大势已去的时候，覆灭只是一个时间的问题。历史的车轮滚滚向前，不管你曾经有多么的辉煌，终将成为过去的历史。或许你心有不甘，或许你会苦苦挣扎，纵然有一万个不情愿，也无力回天。看看历史上那些昏君，暴君，苍天可曾饶过谁，他们上违天意，下违民心，昏庸无道，逆天而行。善有善报，恶有恶报，不是不报，时间不到，时间一到，彻底报销，王朝覆灭，是他们应有的下场。

简单地总结一下，上一卦是小过卦，小过卦讲的是小者过也。阴过阳也，过是渡过，越过，这个过程必然会完成。所以就有了既济卦。既济卦就是已经完成，达到至善至美的地步。凡事到了最完美的时候，就开始向不完美发展。所以卦辞说"初吉终乱"，既济卦就研究初吉终乱的问题。既济卦取象于大车过河，一开始，既济之初，为了大车行得正、走得直，而"曳其轮"把握前进的方向。虽然自己"濡其尾"，但是大车整体已过河，从道义上讲，他是没有灾祸的。接下来是个有功之臣，是车的主体，过河以后本该得到重用，但是客观上"妇丧其茀"，不能成行，见不到君王。爻辞说"勿逐，七日得"，意思是说，不要去追求眼前的利益，只要你代表文明，坚持中道而行，一个周期过后，你会得到更多。接下来是既济之后，由盛及衰，开始走下坡路。为了延缓衰败，"高宗伐鬼方"，虽有中兴之象，但多年的战事，国力损耗，民心疲惫，反而加速了王朝的衰落。接下来这个王朝就像风雨飘摇的小船，"繻有衣袽"，得准备一些破衣败絮，随时堵塞船漏。而且"终日戒"，整天提心吊胆，惊恐戒惧，衰败的迹象已经非常明显了。再接下来，是新旧势力明显的对比，"东邻杀牛，不如西邻之禴祭"。一边是纣王，一边是文王；一边是暴政，一边是德政；一边是杀牛，一边是禴祭；一边是失民心，一边是得民心，所以纣王杀牛祭祀也得不到上天的庇佑。文王简单的夏祭，就"实受其福"，纣王大势去也，文王"吉大来也"。最后商王朝再难济河，"濡其首，厉"。一头扎进水里，接下来的日子就是痛苦、磨难和危险。在水深火热里苦苦挣扎，"何可久也"，彻底覆亡，只是个时间问题。

我们古代先民，通过"水在火上"这么一种自然现象，设卦立言，总结出一套既济之后，初吉终乱的客观规律。揭示出王朝覆灭的必然过程和必然结局。这是古人的智慧，我们后人应该认真学习、思考、借鉴。

未济 离上　第六十四卦　终则必始
坎下　　火水未济　变化无穷

【卦辞】未济：亨，小狐汔济，濡其尾，无攸利。

【象曰】火在水上，未济；君子以慎辨物居方。

【注解】未济：没有渡过河，意即未取得成功。小狐：幼狐。汔：几乎，差不多。

【释义】《序卦传》说："物不可以穷，故受之以未济，终焉。"六十四卦发展到既济这一卦，事物似乎到了穷尽的地步。各爻当位得正，各有正应，大功告成，大局已定。如能守之以恒，则天下永久太平矣。然而物不可以穷，事物发展是没有终点的。所有事物都是波浪式前进，螺旋式上升。一波未平，一波又起；一个事物的终点，是另一个事物的起点；一个过程的结束，就是另一个过程的开始；旧事物灭亡，新事物诞生。生生不息，无穷无尽。所以既济卦之后，紧接着就是未济卦。火水未济，离为火，坎为水，火在水上。火炎上，水润下，水火相悖而不相交，不相交则不能互用，故有未济之象。未济卦是六十四卦中，唯一爻与位均不得正者，卦象极端恶劣。然而，正因为阴阳各爻都不在正当的位置上，才象征着变化正在酝酿之中，充满着各种不确定性，和各种变化的可能性。《易》以未济结尾，昭示着宇宙中万事万物永远变化，不断演进，生生不息，无穷无尽，永无止境。未济卦中，水火虽然相悖而不相用，但水与火的功能并没有丧失。有功能就会有变化，这种变化是谁也阻挡不了的。所以未济卦是亨通的。未济卦取象于小狐过河，在几乎已经渡过的关键时刻，打湿了尾巴。没有到达彼岸，没能成功。是因为狐狸太小，后劲不足。暗指周文王此时势力还不足够强大，还不到一举完成"渡河"大业的时候。虽有应，但位不正；虽亨通，但狐尚小。不可前往，急于前往，无利可图。君子应该从未济卦中得到启示，慎重地辨别各种不同事物的功能，把它放在它该待的地方，使之发挥其应有的作用。

孔子在《象传》里是这么说的："未济亨，柔得中也。小狐汔济，未出中也。濡其尾，无攸利，不续终也。虽不当位，刚柔应也。"

孔子的意思是说，未济卦之所以亨通，是因为柔得中位，既不过于柔弱，又不过于刚强，未济终能既济，所以亨通。之所以小狐过河，将济而未济，是因为他还没有脱离险陷，仍在险陷之中，仍需继续努力。之所以濡其尾，是因为初六阳位冒进，顾头不顾尾，而且是小狐，力量不足，不能一蹴而就，过其首而濡其尾。这个时候这样做就会中途半端，有始无终。所以前进不利。未济卦虽然六爻都不当位，但各爻皆有应援，而且是刚柔相应。相应则能相助，具有统一性，只要同心济难，未济终能得济。

初六：濡其尾，吝。

象曰：濡其尾，亦不知极也。

【释义】先看卦象，初六阴爻阳位，上应九四，处坎之初，未济之始。初，本身就是小而弱。阴爻，说明他自身柔弱，力不能及；阳位，说明他勇于进取，急于冒进，生过硬闯；上应，说明他虽有应援，但九四也在未济之中，自身难保，无暇顾及初六。而初六却仗着有应，无形中增添了强济的勇气；处坎之初，说明他刚刚进入坎体，不知水之深浅，更没有涉水的经验，属于初生牛犊不怕虎；处未济之始，说明渡河刚刚开始，任重而道远，而且前途未卜，不必着急，更无须冒险前行。而初六却一跃而起，结果"濡其尾，吝"。初六是力不能进，却不自量力而硬进，欲济而终不能济。"亦不知极也"，这是自己不知道自己力量的极限，没有自知之明，行为过当招来的羞辱，怨不得别人。既济初九"濡其尾"，未济初六也"濡其尾"，结果却有"无咎"和"吝"的区别。何也？时不同也。既济之时，主体已经过河，濡其尾当然"无咎"；而未济之时，主体处未济状态，濡其尾自然得"吝"。

这一爻告诉我们，任何时候，人都要有自知之明。得知道自己几斤几两，得知道天高地厚，特别是对未知事物，要怀有敬畏之心。在现实生活中，我们常常会见到这样一种人，由于他们无知，而对自己充满迷之自信，认为自己什么都能干，什么都能成，没有自己不敢干、不能干的事情，正所谓无知者无畏。蚍蜉撼树，是它认为自己能够撼动大树；螳臂当车，是因为它自认为可以挡车。世界上的事倒也怪了，知道越多的人，反倒越是自卑；知道越少的人反倒是越自信。前者是贵有自知之明；后者是无知者无畏。自知者可逢凶化吉；无知者逢吉化凶。

九二：曳其轮，贞吉。
象曰：九二贞吉，中以行正也。

【释义】先看卦象，九二阳爻阴位，下卦得中，上应六五。阳爻，说明他是君子，是个刚明强健的人，是有能力渡河的人；阴位，说明他沉着冷静，能够坚守本位，尽职尽责；得中，说明他具备中庸之德，能行中庸之道，处未济之时，既不退却，也不冒进，既不偏左，也不偏右，确保大车中道而行；上应，说明他和六五有感应，六五也是得中者，得中即得正，前后都得中正，则利于大车渡河。未济卦六爻均为不正者，此乃渡河之大忌。大车渡河，正则吉、不正则凶。好在九二和六五均得中正，九二唯一的办法，就是以自身之中正，应六五之中正，"曳其轮"把握好前进的方向，使大车在河水中，不偏不倚，行中线，走正道，"中以行正也"，才可得"贞吉"。

这一爻告诉我们，任何时候，都要把握好前进的方向，确保中道而行。中道就是最合理、最正确的道。人生中做任何事情，都有一个方向和路线的问题。在目标大致相同的情况下，方向错了，路线肯定会错，而方向正确，则路线不一定正确，不同的人会选择不同的道路，正所谓"条条大路通罗马"，但这条条大路中，只有一条是最佳的、最合理、最正确的，这条路就是"中道"。出于不同的考虑，有人会抄近道，有人会绕远道，还有人会走歪门邪道。而真正的人生之路，既不能抄近，也不能绕远，更不能走歪门邪道，而是把握方向、中道而行。

六三：未济，征凶，利涉大川。

象曰：未济征凶，位不当也。

【释义】先看卦象，六三阴爻阳位，不中不正，上应上九，处坎之极，居多凶之位。阴爻，说明他自身柔弱，是不能济者；阳位，说明他勇于进取，是敢于济者；不中，说明他靠自身很难把握前进的方向，忽左忽右，飘浮不定，很难中道而行；不正，说明他"位不当也"，不能正其身，不能正道而行；上应，说明他和上九有相互应援关系，而且六三的应援是强健有力的；处坎之极，说明他脱坎在即，前面就是"离"，离是光明，马上就见到光明了。从卦象上看，六三身处汪洋之中，身前身后，大水漫漫，后退是凶险，前进也是凶险，与坎卦六三"来之坎坎"极为相似。爻辞说"未济，征凶，利涉大川"。以六三多凶之位、柔弱之躯，处未济之时，前往肯定会有凶险。但六三有正应在上九，上九是终位，是河岸，以岸上之阳刚，去援助水中之阴柔，定是渡河的大好时机。且六三处坎陷之极，正是脱险之时。所以六三看似凶险，实际上"利涉大川"。在未济之时，既要充分认识眼前的困难，也要全面考虑自己的有利条件。道路是曲折的，前途是光明的，未济即将过去，既济就在前面。

这一爻告诉我们，任何情况下，都不要轻言放弃。很多时候，胜利就来自于再坚持一下的努力之中。当你没有退路的时候，即使前面再凶险，也要硬着头皮往前闯。后退就是死亡，前进就有希望，因为前面毕竟是光明的方向，毕竟是有可能得到接应的方向。在现实生活中，我们做事情，都有一个"疲劳期""瓶颈期"，这是最难熬的时期。只要不泄气、不放弃，坚持住，再努力一把，就会闯过难关，前面便是一片光明。正所谓"山重水复疑无路，柳暗花明又一村"。

九四：贞吉，悔亡，震用伐鬼方，三年有赏于大国。
象曰：贞吉悔亡，志行也。

【注解】震：动也，动荡。赏：给予，引申为贡献。

【释义】先看卦象，九四阳爻阴位，不中不正，下应初六，处离之初。阳爻，说明他是君子，是刚明强健之人，是能济者；阴位，说明他谨守为臣之本位，不敢有僭越行为，是个安分守己的人；不中，说明他为人臣者，不能中道而行，而是偏于谨慎、戒惧和顺从；不正，说明他位置不正，君弱臣强，君王多有疑虑；下应，说明他和初六有感应，能够得到基层老百姓的支持和响应；处离之初，说明他已初步具备文明的特质，开始散发文明的光芒。爻辞说："贞吉，悔亡，震用伐鬼方，三年有赏于大国"。九四以刚居柔，其位不正当有悔。特别是以刚明之臣近柔弱之君，更是有悔之象。那么如何才能使悔亡呢？守正自然可以悔亡，不但悔亡，还可得吉。九四位虽不正，但人却是正的，阳爻为君子，君子是能守正者。那么，怎样才能守正呢？就是在国家动荡时期，愿意听从君王的派遣，前去讨伐异族鬼方。这里暗指西周协助商王朝讨伐异族鬼方。九四率领初六经过三年苦战，取得胜利。以西周小国之力，分君忧，济时难，为天朝大国做出突出贡献。九四虽强，但他没有乘国家动荡之机，取代六五，而是听君命、尽臣道、伐边陲、保中兴，以国泰民安为己任，这才是九四的志向。只有这么做，才算是守正，守正才可以悔亡而得吉。

　　这一爻告诉我们，君弱臣强，不可有篡逆之心。篡夺王位，自古有之，君王昏庸无道，朝堂黑暗，民不聊生，取而代之，未为不可。但于古制而言，篡逆乃杀头之大罪，没有十足的把握，不能轻易而为。百足之虫，死而不僵，若非准备充足，策应万全，被逼无奈，绝不可轻举妄动。否则，提前泄露天机，暴露实力，定遭灭顶之灾，落个身败名裂的下场。有识之士，忍辱负重，顾全大局，心存敬畏，顺时而为。待时机成熟，瓜熟蒂落，再以讨逆之名，摘取胜利的果实。此乃天命所致，水到渠成。

六五：贞吉，无悔，君子之光，有孚，吉。
象曰：君子之光，其晖吉也。

【释义】先看卦象，六五阴爻阳位，上卦得中，下应九二，承乘皆阳，为离卦之主。阴爻，说明他是仁德之君；阳位，说明他是有为之君；得中，说明他具备中德，能行中道，处未济之时，不极左、不极右，不擅退、不冒进，能够保持中道而行；下应，说明他得到刚明之臣九二的大力支援；承刚，说明他上顺天意；乘刚，说明他得到朝臣的力挺；为离卦之主，说明他代表着新的文明，也是光明的象征。六五从未济之初的濡尾，经过拽轮、涉川、伐鬼方等一系列的努力，终于坐上了君王之位。因柔而居中，具备虚中之君德，以柔应刚，刚柔相应，则同心以济难；承乘皆刚，乃得君子相助。从卦象上看，六五乘承比应皆为刚明之君子，唯独自己虚其心以得君子之辅。爻辞说"贞吉，无悔，君子之光，有孚，吉"。六五虽坐天子之位，而不以天子自居。若以天子之威御天下，则与商纣无异；而今，周王坐天下，以君子之光普照天下，以诚信之德驾驭臣民，其光是新的文明之光，其晖是吉瑞祥和之晖。

这一爻告诉我们，从天子到臣民，做人的最高境界是君子。从某种意义上讲，周代文明就是君子文明。君子文化，始于周朝贵族，他们经过几代的努力，培养出一大批精英人才，他们接受良好的文化教育，有较高的文化素养，有高度自觉的道德追求，有人生价值的高尚追求，具备较强的思想个性和人格魅力，生活中温文尔雅，战场上叱咤风云。严于律己，生而利他，可以杀身成仁，可以舍生取义。这是我们中华民族文化人格的早期觉醒，从此君子文化代代相传。华夏大地，从朝堂到民间，有志之士无不把君子作为人生追求的最高目标。周代的君子文化，对中华民族的人格形成，产生了极其深远的影响，时至今日，那些历代先贤，仍然是我们不可企及的人生典范。

上九：有孚于饮酒，无咎，濡其首，有孚失是。

象曰：饮酒濡首，亦不知节也。

【释义】先看卦象，上九阳爻阴位，不中不正，下应六三，处离之极，未济之终。阳爻，说明他是君子，刚明强健，是能济之人；阴位，说明他刚刚上岸，守成即可；不中，说明他处在胜利的喜悦之中，过于高兴，表达喜悦的方式有些过分；不正，说明他不能正确认识当前形势，庆祝胜利的手段不正当；处离之极，说明离极则暗，有失察之嫌；处未济之终，说明他已经上岸，未济之终是既济。此时上九成功到达胜利的彼岸，虽然与之相应的六三，还处于未济之地，但上九完全有理由相信，既济在即，胜利在望。于是饮酒自乐，开始庆祝胜利。爻辞说"有孚于饮酒，无咎，濡其首，有孚失是"。自信是好事，因自信而饮酒相庆也不会有什么灾难，但因过度自信而饮酒过量，甚至扎到酒缸里把头都打湿了，那是高兴过早、高兴过头的表现。如果此时沉溺于饮酒，甚至达到"亦不知节"的程度，则会因盲目自信而失去胜利的机会。易理精微，尤重忧患，胜负成败全在一息之念。此时未济将终，既济在即，上九切不可稍有闪失，失则必败，这一败将重新返回到既济上六"濡其首"的时期，未济时期的所有努力，都将付诸一饮之失，造成千古遗恨。上九阳爻阴位有失正之虞，处离之极有失明之虞，居无位之位有失实之虞，刚明强健有失节之虞，故有饮酒失是之嫌。《周易》六十四卦，阴阳变化，跌宕起伏，皆以成败、盛衰、泰否、兴亡、治乱、损益、荣辱论吉凶。以未济之上九做结尾，意在告诫世人，宇宙中万事万物永远在推演变化之中，生生不息，永无止境。而成败之间，唯有一息之念定吉凶。故其兴也勃焉，其亡也忽焉，正所谓生于忧患，死于安乐。未济上九，一饮之患，后人当忧之。

这一爻告诉我们，人的一生，任何时候都不要过度自信。过度自信就是狂妄自大，就是傲慢无理，就是目空一切。这种超级自信，是建立在自认为自己最强大、最正确的基础之上，殊不知山外有山、天外有天、强中自有强中手，能人背后有能人。也许你确实很强大，也许你曾有过辉煌的历史，但千万不要被这些冲昏了头脑，从而高估了自己，小看了别人。老天要你亡，先让你疯狂，一旦盲目自信到狂妄自大的时候，便是你走向灭亡的开始。大到一个国家，小到一个人，过度自信就是由盛及衰的分水岭，君子不可不察。

简单地总结一下，上一卦是既济卦，既济卦讲的是已经渡过河，是完成、终结的意思。但事物永远都不会有终结。所以就有了未济卦。未济卦讲的是正在渡河，还没有完全渡过河。研究未济过程中，不同阶段存在的不同问题。一开始由于自身体质弱，能力小，而又缺乏自知之明。不能渡而强行渡，结果"濡其尾，吝"，"亦不知极也"，是自己不知道自己力量的极限。接下来是个能力和责任心都很强的人，"曳其轮"，"中以行正也"。把握车轮的方向，使大车过河的时候，始终保持中道而行。偏则凶，正则吉，所以爻辞说"贞吉"。接下来是个自身柔弱，但勇于进取的人，处境很危险，身前身后，大水漫漫，好在他有刚明强健的应援。所以爻辞说"征凶，利涉大川"，虽然前进有危险，但还是有利于过大河。再接下来是个自身能力强，但安守本分的人，在君弱臣强的情况下，能够固守君子之正，心怀敬畏，谦虚顺从。"震用伐鬼方"，在国家动荡的时候，听君命、尽臣道、伐边陲、保中兴，不起篡逆之心，反为天朝大国做出突出贡献。因守正得吉而悔亡。再接下来就是开启新时代的文明之君了，柔而得中，具备中庸之德，承乘比应，皆为君子，而自己虚其心以得君子之辅，施仁政，有作为，以"君子之光"照耀天下，"有孚"于天下臣民，自然是"无悔"而得"吉"。最后是个自身有能力，但失中失正，失明失节，是个过度自信的人，"有孚于饮酒"，"濡其首，有孚失是"。由于过度自信，被阶段性的胜利冲昏了头脑，过早地、毫无节制地饮酒庆祝胜利，饮酒到"濡其首"的地步，便失去了自信的实际意义。成也自信，败也自信，得失于中而已。也是概括六十四卦、三百八十四爻阴阳变化而得出的结论。正所谓"成败之际最关键，兴亡就在一念间。安乐必死忧患生，切莫贪取一杯欢"。

　　我们古代先民，通过"火在水上"这么一种自然现象，设卦立言，总结出一套正在渡河而尚未渡过的客观规律。揭示出不同阶段不同人的不同做法及其必然结果。这是古人的智慧，我们后人应该认真学习、思考、借鉴。

系辞上传

系辞传又名大传，是孔子对《周易》的整体概论，把《周易》提升到哲学层面，形成高深的哲学理论，在中国的哲学史上，是一篇非常重要的哲学论文。

"系辞"本来是指"系"在卦爻后面的"辞"。但在此处，则是"系"在《周易》整体后面的"辞"。是孔子对《周易》的整体论述，分上下两篇。原文没有分章，后来的注释家们，依含义分成若干章，但分章的方式并不一致。在此，依照朱子《易本义》的分章方法，来解释原文的大致含义。

第一章

【原文】天尊地卑，乾坤定矣。卑高以陈，贵贱位矣。动静有常，刚柔断矣。方以类聚，物以群分，吉凶生矣。在天成象，在地成形，变化见矣。

【释义】天在上尊贵，地在下卑贱，乾为天，坤为地，天和地的功能就定下来了。天地之间，万物由卑下到高大，由贱而贵，自下而上陈列，这一自然序列，形成贵贱不同的地位，卦中六爻的位置，也依贵贱不同的地位而排列。宇宙运行，动静有一定的常态，动则刚毅，静则柔和。因而，以刚与柔两个简单的符号，就可以判断动和静。宇宙万物品类繁多，人以类聚，物以群分，不同类别和不同群体之间就会发生利害冲突，从而产生凶和吉的现象。宇宙在天上，呈现日月星辰、昼夜以及季节气候等现象；在地上，形成山川河流、动植物等各种形体。这些象和形是不断变化的，而卦与爻的变易作用，也由此而出现。

【原文】是故，刚柔相摩，八卦相荡。

【释义】因而，刚与柔这两种作用，相互交错摩擦，就形成了三百八十四种变化；八卦象征的天、地、风、雷、火、水、山、泽，这八种自然现象，相互鼓动推荡，产生宇宙万物的变易，演变成六十四卦。

【原文】鼓之以雷霆，润之以风雨，日月运行，一寒一暑，乾道成男，坤道成女。

【释义】于是，天地之间以雷霆鼓动，以风雨滋润，随着日月的运行，形成寒来暑往的季节循环。与天地功能相对应的，乾道就成为男性的功能，坤道就成为女性的功能。

【原文】乾知大始，坤作成物。

【释义】天与地，亦即"乾"与"坤"，为创始万物的根源。乾的功能在于执掌伟大的创始；坤的功能，在于配合乾的创始，完成有形的万物。

【原文】乾以易知，坤以简能。

【释义】天因为变化简易而容易认知；地因为变化简单而有养育之能。

【原文】易则易知，简则易从。易知则有亲，易从则有功。有亲则可久，有功则可大。可久则贤人之德，可大则贤人之业。

【释义】天的变化简单，才容易被了解，地的变化简单才容易学习。容易了解才可以亲近，容易学习才可以成就功业。有人亲近才可以长久，成就功业才可以变得更强大。像天一样长久，那是贤人的德行；像地一样强大，那是贤人的事业。

【原文】易简，而天下之理得矣；天下之理得，而成位乎其中矣。

【释义】了解容易与简单的原理，就已经领悟天下一切事物的道理了。领悟天下一切事物的道理，就能在天地之间，确立人的地位，与天地并立了。

第二章

【原文】圣人设卦观象，系辞焉而明凶吉，刚柔相推而生变化。

【释义】"圣人"指伏羲、周文王、周公，他们观察宇宙万物的现象，推演出六十四卦，三百八十四爻，并系辞而标明吉凶，这是阴阳相推而产生的全部变化。

【原文】是故，凶吉者，得失之象也。悔吝者，忧虞之象也。变化者，进退之象也。刚柔者，昼夜之象也。六爻之动，三极之道也。

【释义】所以，吉与凶是成功与失败的象征。悔与吝，是忧愁与顾虑的象征。卦爻的变化，是前进与后退的象征。阴阳的变化，是白天与黑夜的象征。六爻之中每动一爻，都牵动天、地、人三极的变化之道。

【原文】是故，君子所居而安者，易之序也。所乐而玩者，爻之辞也。是故，居子居则观其象而玩其辞；动则观其变而玩其占。是以自天祐之，吉无不利。

【释义】所以，君子之所以居而安，是因为能够遵循易的变化顺序，处盈满之时，不会骄傲自满；处亏损之时，不会沮丧颓废，而能听其自然，处之泰然。君子平时反复玩味，而乐趣无穷的，就是爻辞。所以，君子安居在家的时候，反复观察卦象，玩味卦爻辞；有行动的时候，就观察卦爻的变化，玩味吉凶变化的占断。这样就可以得到上天的保佑，得吉而无不利。

第三章

【原文】彖者，言乎象者也。爻者，言乎变者也。吉凶者，言乎其得失也。悔吝者，言乎其小疵也。无咎者，善补过也。

【释义】卦辞，是对卦象的整体解释。爻辞，是对这一爻所发生变化的解释。吉与凶，分别说的是成败得失的变化。悔和吝，说的都是小毛病、小念头、小失误。无咎，是说能够圆满补救过失，不会有什么灾祸。

【原文】是故，列贵贱者，存乎位。齐小大者，存乎卦。辩吉凶者，存乎辞。忧悔吝者，存乎介。震无咎者，存乎悔。是故，卦有小大，辞有险易。辞也者，各指其所之。

【释义】所以，贵与贱，依六爻的位置而定。大与小，由卦象而定。吉与凶，由爻辞而定。悔与吝，由善恶而定。震动中没有灾祸，是因为及时悔过的缘故。所以，卦有大有小，卦爻辞有险有易。总之，卦爻辞都是暗指各种变化的趋向。

第四章

【原文】易与天地准，故能弥纶天地之道。

【释义】《周易》是以天地的道理为准则。所以，能够将天地间的一切道理，圆满地包容在内，并且使其条理化。

【原文】仰以观于天文，俯以察于地理，是故知幽明之故。原始反终，故知生死之说。精气为物，游魂为变，是故知鬼神之情状。

【释义】作易者仰观于天，俯察于地，所以知道幽明变化的道理。所有的事物都是原始反终，所以知道生死的道理。阴精阳气聚合而成物，原始反终之后有魂飞魄散之变，所以知道鬼神的情况。

【原文】与天地相似，故不违。知周乎万物，而道济天下，故不过。旁行而不流，乐天知命，故不忧。安土敦乎仁，故能爱。

【释义】《周易》的道理与天地类似，所以吉凶善恶的判断不会违背。《周易》的认知，涵盖了万物，其道理足以救济天下，所以用它来占断就不会有过错。通晓易理之人，有应酬事物千变万化的智慧和坚守事物正理的仁德，虽旁行而不流于俗，终归正道而行。通晓易理之人，知道天道的治乱兴衰可以互相转化，人的命运有穷必有通，顺其自然而发展，所以能乐而无忧。通晓易理之人，能够随遇而安无求舍，宽厚待人无私心。所以有博大的爱心。

【原文】范围天地之化而不过，曲成万物而不遗，通乎昼夜之道而知，故神无方而易无体。

【释义】《周易》包括了天地间的一切变化而无所逾越。直接或间接地包容了万物而无所遗漏。通晓了昼夜循环变化的道理，也就明白了幽明、生死、鬼神的道理。天道变化莫测，神乎其神，没有一定的方所；易为天道之用，所以易随天道变化而变化，没有固定的形体。

第五章

【原文】一阴一阳之谓道，继之者善也，成之者性也。

【释义】宇宙间的一切变化，无不是相互对立又统一的阴与阳的作用。例如：天与地、明与暗、刚与柔、强与弱、男与女，等等，有阴必有阳，有阳必有阴，阴退阳进，阳消阴长，阴阳变化，形成了天地万物运动的自然规律。掌握这一自然规律的人是完美的人，能够运用这一自然规律的人，具有天赋的人性。

【原文】仁者见之谓之仁，知者见之谓之知，百姓日用而不知，故君子之道鲜矣。

【释义】易与天地准，包罗万象，仁者见之说是仁，智者见之说是智，老百姓日常生活中天天应用，自己却毫无所知。所以，易为君子之道，而知道的人太少了。

【原文】显诸仁，藏诸用，鼓万物而不与圣人同忧，盛德大业至矣哉。

【释义】阴阳之道造就万物，其仁爱之功德显现于外，但没有人看见"道"造就万物的具体行为，它把自己的作为隐藏起来。阴阳之道化育万物无思无迹，与圣人忧民爱物有心有迹不同。就是说天地无心，造化自然；圣人有忧，教化百姓。其盛大的德行和伟大的业绩可以说是至善至美，无以复加了。

【原文】富有之谓大业，日新之谓盛德。

【释义】万物皆由道所生，无比的富有，因而说它业绩伟大；在"道"

的支配下，万物生生不息，时刻推陈出新，因此说它的德性盛大。

【原文】生生之谓易，成象之谓乾，效法之谓坤，极数知来之谓占，通变之谓事，阴阳不测之谓神。

【释义】《周易》以天地为准则，天地生生不息的功能，也就是《周易》变化无穷的功能。天地造化，完成各种现象的，就是"乾"，亦即天的功能；效法天的功能，进一步使其呈现具体形象的，就是"坤"，亦即地的功能；将数字的功能，推演发挥到极致，能够预知未来的，就是占卜；由占卜通晓事物的变化，采取的因应措施，就是事理；能够运用阴阳变化莫测的道理，就是《周易》的神奇奥妙。

第六章

【原文】夫易，广矣大矣，以言乎远，则不御；以言乎迩，则静而正；以言乎天地之间，则备矣。

【释义】《周易》包括的范围太广、太大了，要说它远，则远到不可驾御的地方；要说它近，则近到端端正正地在眼前静止不动；要说它广大，则充盈于天地之间，包罗万象，非常完备。

【原文】夫乾，其静也专，其动也直，是以大生焉。夫坤，其静也翕，其动也辟。是以广生焉。

【释义】天就像男性生殖器，静的时候团团的，动的时候直直的；地就像女性生殖器，静的时候是关闭的，动的时候是开放的。天地交媾，才生育出广大的万物。

【原文】广大配天地，变通配四时，阴阳之义配日月，易简之善至德。

【释义】易之广大，可以与天地相匹配；易的"穷则变，变则通"，可以与春夏秋冬四时运行无始无终相匹配；易所讲的阴阳相互变化之义，可以与日月昼夜相匹配；易所讲的两性交合生万物，易而不难，简而不繁的至善之理，可以和天地至高无上的德性相匹配。

第七章

【原文】子曰："易其至矣乎"，夫易，圣人所以崇德而广业也。知崇礼卑，崇效天，卑法地，天地设位，而易行乎其中矣。成性存存，道义之门。

【释义】孔子说，《周易》的道理，已经达到极致了。《周易》本来是圣人用来提高自己德行，扩大自己事业的。智慧高明，其德行必然充实，执礼卑顺，其事业必然广大。智慧高明应该效法天，执礼卑顺应该效法地。天地定位，高卑以陈，而易的阴阳变化之道，就流行于天地之间了。人性天成，将天赋的人性不断地持续再持续，就进入了易之道义的门户。

第八章

【原文】圣人有以见天下之赜，而拟诸其形容，象其物宜；是故谓之象。圣人有以见天下之动，而观其会通，以行其典礼。系辞焉，以断其吉凶；是故谓之爻。

【释义】圣人看到天下万物的繁杂，而要模拟天下万物的容貌，以设卦的方式象征万物的形象。所以称作"象"。圣人看到天下万物的变动，于错综复杂的变化之中，观察到融会贯通的客观规律，把它当作处理事物的典型规矩，用文字写出来，附在卦象的后面，以判断吉凶，所以称作"爻"。爻就是效法事物变化的意思。

【原文】言天下之至赜，而不可恶也。言天下之至动，而不可乱也。拟之而后言，议之而后动，拟议以成其变化。

【释义】"象"所描绘的，是天下最繁杂的事物，但卦象不会让人厌恶。"爻"所叙述的，是天下最复杂的变化，但在变化中，各有其规律性，不会让人觉得混乱。先有卦象，后有爻辞，经过卦象和爻辞的反复论证，象和爻所象征的变化，就能够契合事物的变化。

【原文】"鸣鹤在阴，其子和之，我有好爵，吾与尔靡之。"子曰："君子居其室，出其言，善则千里之外应之，况其迩者乎？居其室，出其言，不善则千里之外违之，况其迩者乎？言出乎身，加乎民；行发乎迩，见乎远；言行君子之枢机，枢机之发，荣辱之主也。言行，君子之所以动天地也，可不慎乎。"

【释义】以下引用若干爻辞，以说明象、爻经过拟议，契合万物的变化。

中孚卦"九二"的爻辞："母鹤在阴坡鸣叫，子鹤在阳坡应和。我有好酒，我愿意与你共同分享。"人的思想是通过语言传播的，君子之间会相互应和。君子在私室里说的话，如果是好的言论，在千里之外也会产生共鸣，更何况近在身边的人呢？如果是不正当的言论，在千里之外，也会引起人们的反驳，更何况近在身边的人呢？言论由自身的口中发出，在民众身上造成影响；君子的行为在近处发生，在远处产生作用。言论与行为，对君子来说，就象是事物的机关，一旦发动，就已经主宰了自己的荣誉或耻辱。君子的言论与行为，足以动摇天地，怎么能够不谨慎呢？

【原文】"同人，先号啕而后笑。"子曰："君子之道，或出或处，或默或语，二人同心，其利断金。同心之言，其臭如兰。"

【释然】同人卦"九五"的爻辞："与人合同，先悲愤正义不能伸张，后因志同道合而高兴。"君子处世的原则是：或者出来为人民服务，或者隐居独善其身。或者保持沉默，或者发表言论。如果君子之间，形成默契，同心同德，其锋利程度，足以切断金属。志同道合，意志相同的言论，就像兰花一样，气味芳香。

【原文】"初六，藉用白茅，无咎。"子曰："敬错诸地而可矣；藉之用茅，何咎之有？慎之至也。夫茅之为物薄，而用可重也。慎斯术以往，其无所失矣。"

【释义】大过卦初六的爻辞："祭品的下面，铺上白色的茅草，哪里会有过错呢？"孔子说："祭品可以直接放在地上，现在却在地上铺上洁净的茅草，哪里会有过错？这是极端的慎重。茅草虽然不是什么贵重的物品，但用于祭祀，就是薄物重用了。对于重大事项，都像这样小心谨慎地处理，就不会有什么闪失了。"

【原文】"劳谦君子，有终吉。"子曰："劳而不伐，有功而不德，厚之至也，语以其功下人者也。德言盛，礼言恭，谦也者，致恭以存其位者也。"

【释义】谦卦"九三"的爻辞："有功而且谦虚的君子，有最好的结果，而且吉祥。"孔子说："有功而不自夸，有功绩而不自满，敦实厚重至极，推功说，这些功劳都是下边人干出来的。这样的人，其德，可以说是盛大；其礼，可以说是恭敬。这才是真正谦虚的人。致力于德和礼，就能够保持自己应有的地位。"

【原文】"亢龙有悔。"子曰："贵而无位，高而无民，贤人在下位而无辅，是以动而有悔也。"

【释义】乾卦"上九"爻辞："地位过高的龙，有悔意。"孔子说："高高在上，虽然高贵，但实际上已经失去了地位。由于过于高贵，已经脱离了民众。虽然有贤明的下属，却得不到他们的辅佐。所以，只要有所行动，就必然有所悔恨。"

【原文】"不出户庭，无咎。"子曰："乱之所生也，则言语以阶。君不密，则失臣；臣不密，则失身；几事不密，则害成；是以君子慎密而不出也。"

【释义】节卦"初九"的爻辞："不出门庭，不会有什么灾祸。"孔子说："之所以发生变乱，言语是最初的阶梯。君王言语不慎密，就会失去有德能的臣子；臣子言语不慎密，就会丧失性命。机密的大事不慎密，就会造成灾害。所以，君子应该谨言慎语，不可以随便说话，谨防暴露秘密。"

【原文】子曰："作易者其知盗乎？易曰：'负且乘，致寇至。'负也者，小人之事也；乘也者，君子之器也；小人而乘君子之器，盗思夺之矣！上慢下暴，盗思伐之矣！慢藏诲盗，冶容诲淫，易曰：'负且乘，致寇至。'盗之招也。"

【释义】孔子说："作易的人，知道盗贼是怎么想的吗？解卦'六三'的爻辞：背负财物的人却乘坐车辆，以致招来强盗。"背负财物的人，身份低贱，乘坐的车辆，是君子的交通工具。身份低贱，而车辆高贵，与身份不相称，当然强盗就想要夺取了。就像君王傲慢，臣子横暴，当然强盗就想要讨伐了。财物不隐密收藏，就是教唆盗窃；容貌妖冶，就是教唆淫乱。《周易》说："负且乘，致寇至"，就是小人自己的行为招来的强盗。

第九章

【原文】天一地二，天三地四，天五地六，天七地八，天九地十。天数五，地数五，五位相得而各有合。天数二十有五，地数三十，凡天地之数五十有五，此所以变化而行鬼神也。

【释义】数字有奇数和偶数之分，奇数属于阳，偶数属于阴。天为阳，地为阴，以奇数的一、三、五、七、九代表天，以偶数的二、四、六、八、十代表地。由一至十，象征天地阴阳自然现象。五个代表天的奇数，五个代表地的偶数，各自以一个奇数与一个偶数，配合成五组。例如一与二、三与四、五与六、七与八、九与十；或者一与六、二与七、三与八、四与九、五与十。代表天的奇数，合计为二十五；代表地的偶数，合计为三十；天地数总计为五十五。以这些数字，构成宇宙间各种变化的象征，就能如同鬼神一般，神奇地推算、判断未来了。

【原文】大衍之数五十，其用四十有九。分而为二以象两，挂一以象三，揲之以四，以象四时，归奇于扐以象闰。五岁再闰，故再扐而后挂。

【释义】推演天地变化的数字应该是五十有五，但从《洛书》《河图》来看，"五"是天地共用之数，所以在推演时，约去共用的"五"，最大数是五十。在占筮时，实际只用四十九根蓍草，有一根放在一边不用，象征太极。将四十九根蓍草，任意分握于两手，以象征天地两仪。从右手中取出一根，挟在左手的小指中，叫作挂，象征人。左手握的象征天，右手握的象征地，小指挟的象征人，合起来，象征天地人三才。再将左右手中的蓍草，每四根一数，象征四季。最后余下的蓍草，挟在左右手无名指与中指、中指与食指之间，以象征闰月。农历五年闰月两次，在占筮中，也分为五个步骤，其中两次有余数。即第一步，由右手中取一根蓍草，挟在左手无名指与小指之间；第二步，将左手的蓍草，每四根一数；第三步，将数完余下的一、二、三或四根，挟按在左手无名指与中指之间；第四步，将右手的蓍草，每四根一数；第五步，将数完余下的一、二、三或四根，挟在左手中指与食指中间，然后再进行第二次占筮。

【原文】乾之策，二百一十有六。坤之策，百四十有四。凡三百有六十，当期之日。二篇之策，万有一千五百二十，当万物之数也。

【释义】"策"为推算时蓍草的根数。占筮时，由每四根一数的结果，得到乾爻或坤爻。乾以九代表，每次数四根，为四九三十六，六爻都是乾，再乘以六，即二百一十六，是乾之数。坤以六代表，每次数四根，四六二十四，如果全是阴爻，再乘以六，即一百四十四，为坤数。合计为三百六十，相当于一年的日数。《周易》上下篇共有六十四卦，阴爻、阳爻各一百九十二，阳爻乘三十六，阴爻乘二十四，合计为一万一千五百二十，相当于万物之数。

【原文】是故，四营而成易，十有八变而成卦，八卦而小成。引而伸之，触类而长之，天下之能事毕矣。

【释义】卦爻的第一变，是用四十九根蓍草，分成左右为第一营，取出一根挂在小指中为第二营，四根一数为第三营，与余下的不足四根或四根为第四营，这样重复三次，亦即三变，得到一爻。再经过六爻，共计十八变，得到一卦。卦由下方开始，一爻一爻地算出，经过九变，得到三画的卦，也就是八卦，这是第一阶段的小成卦，再将八卦重叠引申，得到六画的六十四卦，则天下事物的变化，已经尽在其中了。更进一步，将阴爻与阳爻互变，依类别推演扩大，即可做无限的应用，则天下可能发生的一切变化，就完全包括在内了。

【原文】显道神德行，是故可与酬酢，可与祐神矣。子曰："知变化之道者，其知神之所为乎。"

【释义】阴阳之道以其变化屈伸往来显现其德行。所以，有了筮法，就可以应对占者之所求，并可以协助"道"的阴阳往来，以成其不可测度之变化。孔子说："知道阴阳变化之道的人，也就知道神的作用是什么了。"

第十章

【原文】易有圣人之道四焉，以言者尚其辞，以动者尚其变，以制器者尚其象，以卜筮者尚其占。

【释义】《周易》中包括四项圣人应用的法则。用来议论时，崇尚《周易》的文辞；用来行动时，崇尚《周易》的变化；用来制造器具时，崇尚《周易》的卦象；用来占卜时，崇尚《周易》的占断。

【原文】是以君子将有为也，将有行也，问焉而以言，其受命也如响，无有远近幽深，遂知来物，非天下之至精，其孰能与于此。

【释义】所以，当君子有所作为，有所行动的时候，都事先揲蓍问卦而得到卦爻辞。卦爻辞所给出的指令，就像扣物得到的回响。不论远近、隐微、深沉，都能得知未来事物的变化。如果不是天下最精微的道理，又有谁能够做到这一点呢？

【原文】参伍以变，错综其数，通其变，遂成天地之文；极其数，遂定天地之象。非天下之至变，其孰能与于此。

【释义】揲蓍时，按照三变而成一爻，五个步骤得出大衍之数，天地之数交错综合，通过各种变化，成就了六爻刚柔相杂的种种文采。极尽六爻七、八、九、六之变，就定出内外两卦，天地，风雷，水火，山泽之象，天下万物之象就这么定下来了。如果不是天下最奥妙的变化，又有谁能够做到这一点呢？

【原文】易无思也，无为也，寂然不动，感而遂通天下之故。非天下之至神，其孰能与予此。

【释义】《周易》本身没有思考，没有行为，寂静的呆滞在那里不动。只要你对事物有感应，就能通过揲蓍，贯通天下一切道理。如果它不是天下最神奇的道理，又有谁能够做到这一点呢？

【原文】夫易，圣人之所以极深而研也。惟深也，故能通天下之志；惟几也，故能成天下之务；惟神也，故不疾而速，不行而至。子曰："《易》有圣人之道四焉"者，此之谓也。

【释义】圣人用《周易》来研究探索事理的深奥，研判事机的微妙。只有研究事理的深奥，才能贯通天下人的心志；只有研判事理的微妙，才能成就天下的事务；只有如此神奇，才能不快走，而速度极快，不前行而能达到目的地。孔子说"《易》有辞、变、象、占；这四种圣人应用的方法"。说的就是这个道理。

第十一章

【原文】子曰："夫易何为者也？夫易开物成务，冒天下之道，如斯而已者也。是故，圣人以通天下之志，以定天下之业，以断天下之疑。"

【释义】孔子说："为什么制作《周易》？《周易》本来是开启智慧，成就事业，包藏天下一切道理的书，不过如此而已。所以，圣人运用《周易》的道理，沟通天下所有人的心志，奠定天下伟大的基业，判断天下所有的疑问。"

【原文】是故，蓍之德，圆而神；卦之德，方以知；六爻之义，易而贡。圣人以此洗心，退藏于密，吉凶与民同患。神以知来，知以藏往，其孰能与于此哉。吉之聪明睿知神武而不杀者夫？

【释义】撰蓍的性质，变化无穷而又神秘，成卦以后的性质，静止不动而又蕴藏着智慧。一卦六爻的意义，就在于以其变化告诉人们吉凶趋避。有了以上蓍、卦、爻三者，圣人就可以预先知道事物发展变化的凶吉，然后把占筮的结果录藏备查。再根据《周易》的启示，与民众一道趋吉避凶，同舟共济。通过蓍的运算来预知未来之事，因为它蕴藏着往昔人类的智慧。在这方面，谁又能做到这一点呢？唯有古代那些聪明睿智、神勇英武而又不嗜杀的人，才能如此吧？

【原文】是以，明于天之道，而察于民之故，是兴神物以前民用。圣人以此斋戒，以神明其德夫！

【释义】所以，明白天的运行之道，察知民事之得失，制作了神奇的占筮，先于百姓，判断未来，趋吉避凶。所以圣人在占筮时，必先斋戒，把《周易》

的功能奉为神明。

【原文】是故，合户谓之坤：辟户谓之乾；一合一辟谓之变；往来不穷谓之通。见乃谓之象，形乃谓之器，制而用之，谓之法。利用出入，民咸用之，谓之神。

【释义】《周易》以六爻的变易，告知吉凶，其中包含阴、阳、变、通、象、器、法、神八种道理。关起门来，幽静阴暗，收敛包容，这就叫作"坤"。将门打开，大放光明，对外积极行动，向阳、向外就叫作"乾"。一开一合，阴阳转换就叫作"变"。阴阳变化，无穷无尽就叫作"通"。变通的结果显现在卦上，就叫作"象"。卦象显现出来的有形事物就叫作"器"。按照事物的发展规律，制定对策，用于趋吉避凶，就叫作"法"。按照这个法则，出入行动，老百姓每天都在用，但他们不知道其中的道理，就说它是"神"。

【原文】是故，易有太极，是生两仪，两仪生四象，四象生八卦，八卦定吉凶，吉凶生大业。

【释义】所以，变化是从混沌初开时开始的，由一个整体分出天地两仪，有了天地之后，就有了时空概念，时为春夏秋冬，空为东南西北。有了天地和时空之后才有人。有了天、地、人，三才设卦，才有八卦。太极是一；两仪是阴、阳，即"－－""－－"。四象是少阴▆▆，老阴▆▆，少阳▆▆，老阳▆▆。八卦是天▆▆、地▆▆、水▆▆、火▆▆、风▆▆、雷▆▆、山▆▆、泽▆▆。八卦之变，涵盖宇宙万象，由此断定吉凶，趋吉避凶才能完成伟大的事业。

【原文】是故，法象莫大乎天地；变通莫大乎四时；县象著明莫大乎日月；崇高莫大乎富贵；备物致用，立成器以为天下利，莫大乎圣人；探赜索隐，钩深致远，以定天下之吉凶，成天下之亹亹者，莫大乎蓍龟。

【释义】所以，万物皆有形象可供效法，而法象之最大者，莫过于天地。

万物皆有变化穷通，而变化穷通之最大者，莫过于春夏秋冬四时运行。万物皆悬垂出形象而可见，而形象最彰明昭著者，莫过于悬在天上的日月。有爵有位者都崇高，而最崇高的，莫过于富有四海，贵为至尊。圣人效法天地之形象，四时之变通，日月之照明，从而创立成龟卜蓍占这种器具以供使用，而使天下人便利。这方面功劳最大的，谁也比不过圣人。探索繁杂的事物，求索隐晦的道理；钩取事物的深奥之理，推算未来之事，用来确定天下大事的吉凶，促使天下人勤勉努力，能够起到这样作用的，莫过于揲蓍和龟占了。

【原文】是故，天生神物，圣人则之。天地变化，圣人效之。天垂象，见吉凶，圣人象之。河出图，洛出书，圣人则之。易有四象，所以示也。系辞焉，所以告也。定之以吉凶，所以断也。

【释义】所以，天生神奇的蓍草、龟甲，圣人用来建立占卜的法则。天地产生各种变化，圣人效法，用来建立《周易》的原理。天显示各种现象，圣人把它用卦形的方式固化下来，用以占断吉凶。上古的时候，黄河出现背上有图形的龙马，洛水出现背上有图形的神龟，伏羲根据《河图》画出八卦，大禹根据《洛书》制定"九畴"。《周易》就是根据以上这些原理制作，因为有四象，所以能显示变化的规律。因为有卦爻辞，所以能告知你该怎么办。因为能够明确地定出吉凶，所以能够占断未来，裁断疑难，趋吉避凶。

第十二章

【原文】易曰："自天祐之，吉无不利。"子曰："祐者助也。天之所助者，顺也；人之所助者，信也；履信思乎顺，又以尚贤也。是以自天祐之，吉无不利。"

【释义】《周易》中有"上天保佑，吉祥没有不利"的说法。孔子说："佑是帮助的意思。上天所帮助的人，是顺从天道的人；民众所帮助的人，是讲诚信的人。履行诚信，处处能够顺应天道，又能崇尚贤达之人，上天才会保佑，才能吉祥没有不利。"

【原文】子曰："书不尽言，言不尽意；然则圣人之意，其不可见乎？"子曰："圣人立象以尽意，设卦以尽情伪，系辞焉以尽其言，变而通之以尽利，鼓而舞之以尽神。"

【释义】孔子说："以文字写成的书，无法完全表达要说的话，说了很多也不能完全表达心中的意念。然而，圣人的心意难道就不可以全面了解吗？"孔子说："文字语言所能表达的，确实很肤浅，但以卦象的形式来表达，就很深刻、很全面了。设六十四卦，把宇宙万物复杂变化的真伪，充分地显示出来。附加卦爻辞把想要表达的都说出来，把每一爻的穷通变化搞清楚，就能最大限度地趋利避害。用这些道理，鼓舞民众，坚定信念，就能充分发挥《周易》的神奇作用。"

【原文】乾坤其易之缊邪？乾坤成列，而《易》立乎其中矣。乾坤毁，则无以见《易》；《易》不可见，则乾坤或几乎息矣。

【释义】难道《周易》不就是蕴藏在天地之间吗？天地的秩序不乱，《周易》

的功能就能在天地之间成立。天地的秩序混乱了，那么《周易》也就不存在了。《周易》不存在了，那么天地阴阳的变化，恐怕也几乎就终止了。

【原文】是故，形而上者谓之道；形而下者谓之器；化而裁之谓之变；推而行之谓之通；举而错之天下之民，谓之事业。

【释义】所以，抽象的，没有形状的，叫作"道"。道是真理、规律、思想，是抽象的、精神层面的。而具象的，有形状的，叫作"器"。器就是器皿、器具、器物，是具象的，是物质层面的。所有物质都有阴阳两面，按照"道"的规律，使阴阳对立统一，相互转变又相互制约，这就叫作"变"。推行阴阳变化之道，处理万事万物，则无穷无滞，这就叫作"通"。举变通之用而措之于天下之民，就是君子的事业。

【原文】是故，夫象，圣人有以见天下之赜，而拟诸其形容，象其物宜，是故谓之象。圣人有以见天下之动，而观其会通，以行其典礼，系辞焉，以断其吉凶，是故谓之爻。极天下之赜者，存乎卦；鼓天下之动者，存乎辞；化而裁之，存乎变；推而行之，存乎通；神而明之，存乎其人；默而成之，不言而信，存乎德行。

【释义】所以，《周易》中所说的"象"，是圣人将看到的天下繁杂的变易现象，模拟它的形态容貌，使卦象和物体相宜相似，所以叫作"象"。圣人将看到的天下的一切活动，观察其融会贯通的规律，归纳出典型的规范，并附加卦爻辞，以效仿天地的规律，来判断阴阳变化的吉凶，所以叫作"爻"。极尽天下一切繁杂的现象，都存在于《周易》的卦中。鼓动天下一切活动，使其蓬勃生动的，都存在于《周易》的爻辞中，阴阳相互转化而又相互制约，都存在于"变化"之中。推行阴阳变化之道，处理万事万物，则无穷无滞，都存在于"贯通"之中。把阴阳变化的神秘奥妙，充分地显现出来，就在于使用它的人了。沉默不语，通过感应就能影响到别人；不用语言就能取信于人，这就全靠你的德行了。

系辞下传

第一章

【原文】八卦成列，象在其中矣。因而重之，爻在其中矣。刚柔相推，变在其中矣。系辞焉而命之，动在其中矣。

【释义】乾坤震巽坎离艮兑，八卦一排成序列，天地间的所有物象就都包括在其中了。八卦相因而重叠，形成六十四卦，三百八十四爻就都包括在其中了。每卦六爻，阴阳相互推动，往来交错，变化就全都包括在其中了。根据六爻的变化，在每卦每爻的下边系上卦爻辞，告之以悔吝吉凶，则宇宙间的一切变动，都包括在其中了。

【原文】吉凶悔吝者，生乎动者也。刚柔者，立本者也。变通者，趣时者也。

【释义】《周易》中吉、凶、悔、吝的判断，是运动变化产生的结果。刚爻与柔爻，是推演宇宙万物变易的根本。阴阳变化的穷与通，都是伴随着客观形势和具体条件的，必须顺应自然之时，因时而变。

【原文】吉凶者，贞胜者也。天地之道，贞观者也。日月之道，贞明者也。天下之动，贞夫一者也。

【释义】善恶凶吉是相对的，谁当位得正谁就得胜。天地阴阳是相对的，谁当位谁得正，谁就显现出来。日月昼夜是相对的，谁当位得正，谁就是光明的。天下万物，阴阳变化，都是同一个道理，当位得正则吉，失位失正则凶。

【原文】夫乾，确然示人易矣。夫坤，隤然示人简矣。爻也者，效此者也。象也者，象此者也。

【释义】乾阳以刚健示人，这个很容易理解。坤阴以柔顺示人，这个也很简单。所谓"爻"，就是效法天地阴阳简易的理法而制作，所谓"象"，就是模仿天地万物的现象而设置的。换句话说，爻者效也，象者像也。

【原文】爻象动乎内，吉凶见乎外，功业见乎变，圣人之情见乎辞。

【释义】爻和象变动于卦内，吉和凶则见之于卦外。见到吉凶的变化就知道如何趋避，因而功业由吉凶之变而得，圣人的思想感情和对事物的理解，则见之于卦爻辞。

【原文】天地之大德曰生，圣人之大宝曰位。何以守位曰仁。何以聚人曰财。理财正辞，禁民为非曰义。

【释义】天地最伟大的德行叫作生生不息。圣人最宝贵的东西，叫作权位。怎样才能保住权位呢？叫作博爱，爱民如子，得到民众的拥护，才能保住权位。又怎样才能聚拢人才呢？疏财则足以聚人。因而，治理财富，掌握正面的舆论，使人民分辨是非善恶，禁止人们为非作歹，这就叫作道义。

第二章

【原文】古者包牺氏之王天下也，仰则观象于天，俯则观法于地，观鸟兽之文，与地之宜，近取诸身，远取诸物，于是始作八卦，以通神明之德，以类万物之情。

【释义】上古时代，伏羲氏统治天下，仰观天象变化，俯察大地法则，观察飞禽走兽身上的花纹和生产万物的地理条件，近处取法于人体的形象，远处取法于万物的形象，于是开始用八卦来概括这些现象，用来沟通神的明智与造化的德行，用来类比，象征天下万物的情状。

【原文】作结绳而为网罟，以佃以渔，盖取诸离。

【释义】伏羲氏用绳子编织成捕兽的网和捕鱼的罟，教导人们用来畋猎捕鱼，这是取法于离卦的形象。

【原文】包牺氏没，神农氏作，斫木为耜，揉木为耒，耒耨之利，以教天下，盖取诸益。

【释义】包牺氏死后，神农氏为其主，削木头做成犁头，弯木棒做成犁柄。将锄草、耕种的便利，教导天下民众。犁的发明，是取法于益卦的形象。

【原文】日中为市，致天下之民，聚天下之货，交易而退，各得其所，盖取诸噬嗑。

【释义】上午来，下午走，日中为买卖交易时间，招来天下的百姓，聚集天下的货物，大家以物易物，相互交换，各得其所，然后各自退去，这是取法于噬嗑卦的形象。

【原文】神农氏没，黄帝、尧、舜氏作，通其变，使民不倦，神而化之，使民宜之，《易》穷则变，变则通，通则久。是以自天祐之，吉无不利。黄帝、尧、舜，垂衣裳而天下治，盖取诸乾坤。

【释义】神农氏死后，黄帝、尧、舜相继成为天子，他们精通易的变化规律，用来牧民，则民不知道疲倦。把易的应用神秘化，让老百姓觉得，事物发展变化本来就应该是这样。易之道，无路可走的时候，就会发生变化，变化就会通顺畅达，通顺畅达就会长治久安。就好像得到上天保佑一样，治国理政，吉无不利。黄帝、尧、舜，始做衣裳，上乾为衣，下坤为裳。明确君臣关系，乾为明君，坤为顺臣，从而天下大治，这是取法于乾坤两卦的形象。

【原文】刳木为舟，剡木为楫，舟楫之利，以济不通，致远以利天下，盖取诸涣。

【释义】把木头挖空做成舟船，把木头削扁，做成拨船的桨，利用舟楫的便利，可以渡过不能徒涉的河流，可以到达很远的地方，使天下人都能得到交通的便利，这是取法于涣卦的形象。

【原文】服牛乘马，引重致远，以利天下，盖取诸随。

【释义】驯服牛，骑乘马，用以驾车乘人，引载重物，运往远方，使天下人都能得到牛马运输的好处，这是取法于随卦的形象。

【原文】重门出柝，以待暴客，盖取诸豫。

【释义】设置多重的门，并敲击木梆巡夜，以防备盗贼入侵，这是取法于豫卦的形象。

【原文】断木为杵，掘地为臼，臼杵之利，万民以济，盖取诸小过。

【释义】切断木头，制成舂米用的杵，在地上挖个坑，做成舂米用的臼，发明这种舂米的利器，使万民得到助益，这是取法于小过卦的形象。

【原文】弦木为弧，剡木为矢，弧矢之利，以威天下，盖取诸睽。

【释义】将弦装在有弧的木条上，制成弓，将木头削成箭，以弓箭的利器，威服天下，这是取法于睽卦的形象。

【原文】上古穴居而野处，后世圣人，易之以宫室，上栋下宇，以待风雨，盖取诸大壮。

【释义】上古时代，人们冬天住在洞穴里，夏天就露宿在野外，后来，圣人教人民建筑房屋居住。上有栋梁，下有椽檐，以避风雨，这是取法于大壮卦的形象。

【原文】古之葬者，厚衣之以薪，葬之中野，不封不树，丧期无数，后世圣人，易之以棺椁，盖取诸大过。

【释义】上古时期，埋葬死人，只用柴草厚厚地覆盖，葬在离人群不远不近的荒野之中。不封土，也不种树。服丧也没有一定的期限。后代圣人，一改葬俗，教人们用双重棺椁代替。这是取法于大过卦的形象。

【原文】上古结绳而治，后世圣人，易之以书契，百官以治，万民以察，盖取诸夬。

【释义】上古的时候，没有文字，结绳记事，后代圣人发明了文字，改成以文书契据来记事，官吏用来处理政务，人民也用来作查考的依据，这是取法于夬卦的形象。

第三章

【原文】是故，易者象也，象者像也。彖者材也。爻也者，效天下之动者也。是故吉凶生而悔吝著也。

【释义】《易》书就是通过卦画，取象于万物，这个取象不可能绝对的像，只能相似而已。《彖》是论天地人三才之道的。"爻"是用来效法天下事物运动变化的。如此，则吉凶生于《易》书之内，而悔吝之辞显现于《易》书之外，人们通过占筮得卦，就可以认识客观事物，而采取相应的行动措施。

第四章

【原文】阳卦多阴，阴卦多阳，其故何也？阳卦奇，阴卦偶。其德行何也？阳一君而二民，君子之道也。阴二君而一民，小人之道也。

【释义】震、坎、艮为阳卦，皆一阳二阴。巽、离、兑为阴卦，皆一阴二阳。所以说阳卦多阴，阴卦多阳。为什么会是这样呢？因为阳是奇数，阴是偶数，在卦画里，以少统多，以少为主。那么，阴卦和阳卦的德行又怎么样呢？阳爻相当于君王，阴爻相当于人民。阳卦一阳而二阴，象征一君二民，一君使万民归心，这是君子之道。阴卦一阴而二阳，亦即一民二君，两个君主争夺一民，相互倾轧，陷于混乱，这是小人之道。

第五章

【原文】《易》曰："憧憧往来，朋从尔思。"子曰："天下何思何虑？天下同归而殊途，一致而百虑，天下何思何虑？"

【释义】《周易》咸卦"九四"的爻辞说："心思不定地走来走去，只有少数的朋友，能够顺从理解你的心思。"孔子说："天下的人到底在思考什么，忧虑什么呢？天下的人虽然走的路不同，但都回到同一个地方，本来是一致的，但人们却有各式各样的思考和忧虑。天下的人到底在思考什么，忧虑什么呢？"

【原文】"日往则月来，月往则日来，日月相推而明生焉。寒往则暑来，暑往则寒来，寒暑相推而岁成焉。往者屈也，来者信也，屈信相感而利生焉。"

【释义】孔子接着说："太阳去，月亮来；月亮去，太阳来；日与月交替推移，产生了光明。冬天去，夏天来；夏天去，冬天来；寒与暑交替推移，形成了春夏秋冬的时序。所谓往，并非一去不返，只是暂时的退缩；所谓来，也不是永久存在，只不过是暂时的伸张。屈与伸的交互感应，产生了利益，而使天下万物普遍受益。"

【原文】尺蠖之屈，以求信也。龙蛇之蛰，以存身也。精义入神，以致用也。利用安身，以崇德也。过此以往，未之或知也。穷神之化，德之盛也。

【释义】孔子进一步解释说："尺蠖将身体弯曲收缩，是为了下一步的伸张；龙蛇冬眠，是为了保全生命；精研易理，融会贯通，达到随心所欲的神妙境界，是为了学以致用；利用所学到的易理安身立命，是为了崇尚高贵的品德。当超越这一层次，进入极其微妙的境界时，就不是一般人所能了解的了。至于穷究宇宙的奥秘，了解万物变化的法则，就只有圣人才能具备这种最崇高的德行了。"

【原文】《易》曰："困于石，据于蒺藜，入于其宫，不见其妻，凶。"子曰："非所困而困焉，名必辱。非所据而据焉，身必危。既辱且危，死期将至，死期将至，妻其可得见邪？"

【释义】《周易》困卦"六三"的爻辞说："前进有大石阻碍，后退是遍生蒺藜当道，返回家中，又见不到妻子，这是凶险的征兆。"孔子说："不是能困住的地方，被大石头困住了，名誉必定受到羞辱；不该占据的地方，却占据了蒺藜之地，自身必定遭遇危险。既遭羞辱，又遇危险，这就离死亡不远了，哪里还能见到妻子呢？"

【原文】《易》曰："公用射隼，于高墙之上，获之无不利。"子曰："隼者禽也，弓矢者器也，射之者人也。君子藏器于身，待时而动，何不利之有？动而不括，是以出而有获。语成器而动者也。"

【释义】《周易》解卦"上六"的爻辞说："王公射隼，站在高墙之上，必然会猎获，没有什么不利。"孔子说："隼是猛禽，弓箭是利器，射猎的是人。君子将利器藏在身上，等待有利的时机行动，又怎么会不利呢？开弓没有回头箭，所以，箭一发出就会有所斩获。说的是君子百炼成钢，已成大器，君子之动，不动则已，动必有所获。"

【原文】子曰："小人不耻不仁，不畏不义，不见利不劝，不成不惩；小惩而大诫，此小人之福也。《易》曰：'履校灭趾，无咎。'此之谓也。"

【释义】孔子说："小人不以不仁为可耻，不以不义为可怕，不见到眼前的利益就不会进取。小的过失，给以重惩，让他知道戒惧，就不至于闯大祸，这正是小人的福气。《周易》噬嗑卦'初九'的爻辞说：'戴上脚镣，虽然把脚趾磨伤了，但以后就不会有大的灾祸了。'说的就是这个意思。"

【原文】善不积，不足以成名；恶不积，不足以灭身。小人以小善为无益，而弗为也，以小恶为无伤而去也，故恶积而不可掩，罪大而不可解。易曰：何校灭耳，凶。

【释义】不积累善行，不足以成名；不积累罪恶，不足以使自身灭亡。小人认为，积累小善对自己没有什么益处，所以不会去做。积累小的罪恶，对自己也不会有什么伤害，所以就心安理得地去做。以致积累恶行到达毫不掩饰的程度。最后罪大恶极，到了无法解消的地步。《周易》噬嗑卦"上九"的爻辞说："肩上扛着枷锁，磨伤了耳朵，结果肯定是凶险。"

【原文】子曰："危者，安其位者也；亡者，保其存者也；乱者，有其治者也。是故，君子安而不忘危，存而不忘亡，治而不忘乱；是以身安而国家可保也。"《易》曰："其亡其亡，系于包桑。"

【释义】孔子说："只要你认为很安全，就会危险；只要你认为可以长治久安，就会灭亡；只要你认为社会治安良好，就会混乱。所以，君子在安稳的时候，不能忘记危险；在生存的时候，不能忘记灭亡；在治安良好的时候，不能忘记混乱。这样，自身才能安全，国家才可保存。《周易》否卦'九五'的爻辞说：时时刻刻想着灭亡、灭亡，才能像桑树的根一样，盘根错节，紧密地团结在一起，既保自身安全，也可保国家的生存。"

【原文】子曰："德薄而位尊，知小而谋大，力小而任重，鲜不及矣。《易》曰：'鼎折足，覆公𫗬，其形渥，凶。'言不胜任也。"

【释义】孔子说："德行浅薄，却地位尊贵；智慧低陋，却图谋大事；力量微小，却担负重任。很少不会招致灾祸的。《周易》鼎卦'九四'的爻辞说：'鼎的脚折断，把粥洒在王公的身上，使王公浑身湿淋淋的，凶险。'说的就是德薄、智低、力微者，不能委以重任。"

【原文】子曰:"知几其神乎?君子上交不谄,下交不渎。其知几乎?几者,动之微,吉之先见者也。君子见几而作,不俟终日。《易》曰:'介于石,不终日,贞吉。'介如石焉,宁用终日,断可识矣。君子知微知彰,知柔知刚,万夫之望。"

【释义】孔子说:"知道事理微机的神奇吗?君子对上不谄媚,对下不轻侮。你知道事理的微妙吗?'几'就是动机的微妙变化,就是预先判断凶吉的征兆。君子看破动机的微妙变化,就能迅速因应,果断行动,不会整天迟疑等待了。《周易》豫卦'六二'爻辞说:'君子耿介如石,不会终日等待,坚持走正道,就会吉祥。'君子耿介如石,哪里需要终日等待呢,再复杂的事物也是可以判断,可以认知的。因为君子知道事理微妙隐秘的变化,知道事理彰明显露的变化;知道用柔还是用刚。知道事理的微妙,能够见机而作,就会成为万众仰望的人物了。"

【原文】子曰:"颜氏之子,其殆庶几乎?有不善,未尝不知,知之,未尝复行也。《易》曰:'不远复,无祗悔,元吉。'"

【释义】孔子说:"颜氏之子颜回,他不就是几乎接近这样的人吗?他有过失,从来不会不知道;知道了,从来不会再犯这样的过失。《周易》复卦'初九'的爻辞说:'迷路不要走得太远再回头,就不会造成大的后悔。大吉。'"

【原文】"天地絪缊,万物化醇。男女构精,万物化生。《易》'三人行,则损一人,一人行,则得其友'。言致一也。"

【释义】天地阴阳二气缠绵交结在一起,万物才化结凝聚成醇厚的万物。雌雄交媾,发生变化才能使万物生成。《周易》损卦"六三"爻辞说:"三人行,则损一人,阴阳变化,三则乱矣;一人行,则得其友,一人不能交媾,必须再得一人才可形成阴阳变化。说的是阴阳统一的道理。"

【原文】子曰："君子安其身而后动，易其心而后语，定其交而后求。君子修此三者，故全也。危以动，则民不与也；惧以语，则民不应也；无交而求，则民不与也。莫之与，则伤亡者至矣。易曰：'莫益之，或击之，立心勿恒，凶。'"

【释义】孔子说："君子必定先使自身安定，然后才能行动；必定先使自己心平气和，然后才能说话；必定先建立感情，然后才能提出请求。君子有这三项修养，所以待人处事才会完美而没有偏差。自身有危险，而要行动，则民众不会随从；自己内心恐惧，还要号召民众，则民众不会响应；没有建立感情，而提出各种请求、要求，则民众不会给予支持。得不到民众的支持，伤害你的人就要来到了。所以《周易》益卦'上九'的爻辞说：'没有益助百姓，可能会遭到攻击，那是因为益助百姓的心不恒久，所以凶险。'"

第六章

【原文】子曰："乾坤，其易之门邪？乾阳物；坤，阴物也。阴阳合德，而刚柔有体，以体天地之撰，以通神明之德。其称名也，杂而不越。于稽其类，其衰世之意邪？"

【释义】孔子说："乾坤两卦，不就是进出《周易》的门户吗？乾，指的是阳性事物；坤，指的是阴性事物。阴阳相交，德性相互配合，由此产生其他六十二卦，刚柔交错，形成不同的形体，以此来体现天地之间非常完备的变化，以此来沟通天地造化微妙而神秘的德性。每一卦都象征一种事物的变化，所以每一卦都以各种事物为名称，卦名虽然很繁杂，但是很有秩序，并未超越天地的范围。参考卦辞所类比的事物，大概是殷末周初，衰败时期的情形吧？"

【原文】"夫易，彰往而察来，而微阐幽，开而当名辨物，正言。断辞则备矣。其称名也小，其取类也大，其旨远，其辞文，其言曲而中，其事肆而隐，因贰以济民行，以明失得之报。"

【释义】《周易》的作用，在于彰显以往的事，察知未来的事；将细微变得显著，将隐晦变得明朗；开列出六十四卦的卦名，无不恰当，通过卦名和卦象，就可辨别出它所代表的各类事物。卦爻辞所论断的吉凶悔吝，直言不讳，无不具备。它所用的名称虽然微小，但它象征事物的类别却非常广大；它的旨意非常深远，它的爻辞非常高雅，它的表达方式委婉曲折，但表达的事理无不中肯；它揭示的事理直截了当，却隐藏着深意。因为民众有疑惑，所以圣人设卦系辞，明失得之报应，以帮助民众决疑处事。

第七章

【原文】易之兴也，其于中古乎？作《易》者，其有忧患乎？

【释义】《周易》的兴起，难道不是在中古时期吗？《周易》的作者，难道不是有忧患意识吗？

【原文】是故，履，德之基也；谦，德之柄也；复，德之本也；恒，德之固也；损，德之修也；益，德之裕也；困，德之辨也；井，德之地也；巽，德之制也。

【释义】所以，履卦教导礼仪，是德行的基础；谦卦教导谦逊，是德行的把柄；复卦教导返回原始本性，是德行的根本；恒卦教导有恒，使德行稳固；损卦教导克制欲望，以修养德行；益卦教导向善，使德行更为宽裕；困卦教导脱困，需有明辨之德；井卦教导养人，要有地养万物之德；巽卦教导申命行事，培养的是制宜之德。

【原文】履，和而至；谦，尊而光；复，小而辨于物；恒，杂而不厌；损，先难而后易；益，长裕而不设；困，穷而通；井，居其所而迁；巽，称而隐。

【释义】履是以礼施加于人，则和平而不争；谦是越是谦恭自损，别人越是尊敬，反而能光大自已；复卦一阳生于五阴之下可谓小矣，但阳之为物是清晰可辨的；恒是恒心，在繁杂的环境中，仍能择善固执而不厌烦；损是减损，减损恶念与私欲，开始是很艰难的，但修养到了一定程度，德增欲减就比较容易了；益是增长德行，使其日益充裕而不虚伪造作；困是在穷困中，能够坚持，经得住考验，然后才能亨通；井有固定不动的位置，却能养育村民，无所不及；巽是传达政令，匀称而不露痕迹。

【原文】履以和行，谦以制礼，复以自知，恒以一德，损以远害，益以兴利，困以寡怨，井以辨义，巽以行权。

【释义】履是与人和谐，共同行动；谦是按照谦退的原则，制定礼制；复是自我反省，恢复本性；恒是坚守德操，始终如一；损是减损欲望，远离灾害；益是损上益下，则天下之利日兴；困是处穷困之时，不怨天尤人；井是观井之用，可明辨君子义与不义；巽是申命行事，是执行权力。

第八章

【原文】易之为书也，不可远；为道也，屡迁。变动不居，周流六虚，上下无常，刚柔相易，不可为典要，唯变所适。

【释义】《周易》这部书，在任何情况下都不可远离它。它所讲的一阴一阳之道，总是在不断地变化。六爻或阴或阳，是变化的，不固定的，六位或阴或阳是静止的，固定的，六爻在六位之上循环流动，不断变化。阴阳在六位之上，或在上，或在下，是无常的，刚与柔相互更易，叫作阴阳有定位，刚柔无定居。刚柔在阴阳六位上周流变化，不可用常法约束它，所往唯变，变是绝对的。

【原文】其出入以度，外内使知惧，又明于忧患与故，无有师保，如临父母。

【释义】《周易》教人出入进退要有节度，对内对外要知道谨慎戒惧，又能明察忧患的来龙去脉与缘故，虽然没有师长在身边教育保护，也如同有父母在身边一样，随时可以请教，从而得到最好的指导。

【原文】初率其辞，而揆其方，既有典常。苟非其人，道不虚行。

【释义】初学之时，遵循卦爻辞，推断《周易》的法则，就能够发现，法则变化都有一定的规律可循。但也因人而异，如果不是道德高深的人，阴阳变化之道就不能实实在在地推行。换句话说，只有加强道德修养，才能将易理在实践中加以应用与推广。

第九章

【原文】易之为书也，原始要终，以为质也。六爻相杂，唯其时物也。

【释义】《周易》这本书，是以追溯原始，归纳终结，以探求事物的本质为主体。至于复杂的六爻，只不过是某一事物，在某一时空的存在和变化而已。

【原文】其初难知，其上易知，本末也。初辞拟之，卒成之终。若夫杂物撰德，辨是与非，则非其中爻不备。

【释义】初爻是事物发展的开始，很难预料事物的发展趋向；上爻是事物发展的结局，很容易了解事物的必然走向。就如同树根与树梢一样，本与末是事物的两端，本未明，故难知，末已明，故易知。初爻的爻辞，是比拟事物的开始，迹象还不明显，由下而上，最后到了上爻，事物的发展过程已经完备了。至于夹杂一些象征性的事物，叙述卦德卦性，用以明辨是非时，就必须加上中间的二三四五爻，然后综合观察研判，才能够理解完整的含义。

【原文】噫！亦要存亡吉凶，则居可知矣。知者观其象辞，则思过半矣。

【释义】噫！要想推测存亡凶吉，那么待在家里，通过卦爻的变化就能知道了。有智慧的人，仅观卦象、卦辞，加以思考，就能把一卦之义理解一多半。

【原文】二与四，同功而异位，其善不同，二多誉，四多惧，近也。柔之为道，不利远者，其要无咎，其用柔中也。三与五，同功而异位，三多凶，五多功，贵贱之等也。其柔危，其刚胜邪？

【释义】二与四爻，都是阴位，功用相同，但位置不同。所以二位多赞誉，四位多恐惧。因为二在下卦居中，远离五的君位，较少牵制，关系好处，所以多赞誉；而四接近五的君位，容易冒犯得咎，所以多恐惧。柔在本质上软弱，必须依附于阳，疏远阳就不利，柔的主要追求就是没有灾祸，柔的主要作用，在于以柔居中，起到调和的作用。三与五爻，都是阳位，功用相同但位置不同。所以，三多凶险，五多功绩。因为三在诸侯位，五在君王位，这是高低贵贱，等级不同的关系。但果真柔弱就危险，刚强就能取胜吗？也不能一概而论。

第十章

【原文】《易》之为书也，广大悉备，有天道焉，有人道焉，有地道焉。兼三才而两之，故六。六者，非它也，三才之道也。道有变动故曰爻；爻有等，故曰物；物相杂，故曰文；文不当，故吉凶生焉。

【释义】《周易》这本书，内容广大，包罗万象，万物俱备。有天的规律，有人的规律，有地的规律。卦有三画，象征天地人，天有阴阳，人有男女，地有刚柔，将两个三画卦重叠，就变成了六画卦。六画的卦并非另有含义，还是天地人的规律。五和上象征天、初和二象征地，三和四在中间象征人。不论天道、人道、地道，都有变动，六爻的变动就是效法天地人的变动，所以称作爻，是效法的意思。爻有上下不同的等级，以比拟万物贵贱不同的类别，所以称作物，刚爻与柔爻在六个位置交错，犹如万物错综复杂的纹理，纹理是清晰可见的，所以称作文。纹理构成的形象，有正当与不正当，阳爻阳位，阴爻阴位则正当，否则不正当。由卦象的正当与不正当，产生了吉与凶的变化。

第十一章

【原文】《易》之兴也，其当殷之末世，周之盛德邪？当文王与纣王之事邪？是故其辞危。危者使平，易者使倾，其道甚大，百物不废。惧以终始，其要无咎，此之谓《易》之道也。

【释义】《周易》的兴起，是正当殷代末期，周文王德业兴盛的时期吗？是正当周文王与商纣王之间发生事端的时候吗？所以卦爻辞中隐含着危机。唯有处于危险中，才能惊恐戒惧，转危为安；相反的，在安定中容易怠慢，掉以轻心，反而倾覆。《周易》的道理，非常广大，所有的事物，无不包含。并以戒惧恐惧的态度，贯彻始终，主要的目的，是求没有灾祸。这就是《周易》揭示的真理。

第十二章

【原文】夫乾，天下之至健也，德行恒易以知险。夫坤，天下之至顺也，德行恒简以知阻。

【释义】所谓乾，就是天的功能，它是天下最刚健的，它的品德是永远在运动变化之中，所以它知道险之所在。所谓坤，就是地的功能，它是天下最柔顺的，它的品德是永远处于跟随状态，所以它知道阻碍之所在。

【原文】能说诸心，能研诸虑，定天下之吉凶，成天下之亹亹者。

【释义】《周易》能让占卜者心情愉悦，能揣摩到占卜者的思虑，能确定天下事物的凶吉，从而促使天下人奋勉于事业，并获得成功。

【原文】是故，变化之为，吉事有祥，象事知器，占事知来。

【释义】所以，一切变化都在说话和做事之中，说好话，做好事，就是好的征兆；从形而上的卦象中，就能知道形而下的事物变化；占卜事物的变化，就能判断事物未来的发展趋势。

【原文】天地设位，圣人成能，人谋鬼谋，百姓与能。

【释义】天地设定了万物的地位，并形成了变化规律，圣人仿效天地的功能，完成了《周易》。当人们遇到疑难问题，难以决断时，先与人谋，问计于谋士，然后再与鬼谋，问计于《周易》，这一程序，虽然百姓没有文化知识，但也能参与其事。

【原文】八卦反象告，爻象以情言，刚柔杂居，而吉凶可见矣。

【释义】一个六画卦是由两个三画卦构成，八卦是以形象告知它所象征的事物；爻辞和象辞，用来讲述此卦具体事物的实情；刚爻和柔爻，相互交错陈杂于六爻之中，就可以看出吉凶了。

【原文】变动以利言，吉凶以情迁。是故，爱恶相攻而吉凶生，远近相取而悔吝生，情伪相感而利害生。凡易之情，近而不相得则凶，或害之，悔且吝。

【释义】六爻的变化，决定有利还是不利；感情的好恶，决定是凶还是吉。所以，喜爱和厌恶产生凶吉；接近和远离的取舍产生悔吝；情意真假的感应，产生利害。在爻位关系上，凡是无比、无应，形成敌对关系，相攻而不能相助，不是凶就是害，不是悔就是吝。

【原文】将判者，其辞惭，中心疑者其辞枝，吉人之辞寡，躁人之辞多，诬善之人其辞游，失其守者其辞屈。

【释义】违背事实说话，害怕被人揭露，所以其言惭愧；对事情心中有疑虑，说话就模棱两可，支支吾吾不敢肯定；积德行善之人，常常是寡言少语；浮浮躁躁的人，话就特别的多；诬毁善人善事的人，用心隐恶，又无凭无据，其言辞就会游移不定；失去操守的人，没有主见，只能随声附和，说话没有底气，就会理屈词穷。

说卦传

第一章

【原文】昔者，圣人之作《易》也，幽赞于神明而生蓍。

【释义】从前圣人制作《周易》的意图，是为了探究幽深不明的道理，暗中赞助神妙而明显的变化，创造了揲蓍之法。

【原文】参天两地而倚数。

【释义】以奇数的一代表天，以偶数的二代表地；但因天的功能包含地，所以奇数一代表的天，包括偶数二代表的地，成为三天两地。天数是一三五七九，地数是二四六八十，天地之数两相掺杂，共成五十五，由此而确立了"大衍之数"，故称"而倚数"。

【原文】观变于阴阳而立卦；发挥于刚柔而生爻；和顺于道德而理于义；穷理尽性，以至于命。

【释义】观看七八九六阴阳老少之具体变化而立卦。发挥七八九六的作用，就产生出六个爻画。它既和于阴阳之天道，又顺于仁义之人德，还适宜于刚柔之地理。它穷尽了天下之理和人物之性，最终合于天道。

第二章

【原文】昔者，圣人之作《易》也，将以顺性命之理。是以，立天之道曰阴与阳；立地之道曰柔与刚；立人之道曰仁与义。兼三才而两之，故《易》六画而成卦。分阴分阳，迭用刚柔，故易六位而成章。

【释义】往昔圣人作《周易》，是顺应天命和人性的至理而制作的。所以，将天的法则，定义为阴与阳；将地的法则，定义为刚与柔；将人的法则，定义为仁与义。阴与阳是气体，凝聚成柔与刚的形体，仁是柔和的德性，义是刚直的德性。因而，八卦兼备天地人三才的道理。所以，将两个三画的八卦，重叠成六画的六十四卦；将奇数定为阳位，将偶数定为阴位；在六位之上，阴阳两爻，不断变化，反复使用，六爻与六位的关系，就构成了《易》书的根本章法。

第三章

【原文】天地定位,山泽通气,雷风相薄,水火不相射,八卦相错,数往者顺,知来者逆;是故,《易》逆数也。

【释义】天地位置悬殊而结合,山泽一高一低而气通,卦画相反而相成;雷风相互搏击,水火不能相融,卦画虽然相反,但它们都是既对立,又统一,相互资用。八卦相互交错,形成六十四卦,了解以往的叫作顺,预知未来的叫作逆。过去的,人人都能知道,但预测未来,只能依据《周易》的卦爻来判断,所以说《易》是逆数,也就是说《易》有追溯以往、推测未来的功能。

第四章

【原文】雷以动之，风以散之，雨以润之，日以烜之，艮以止之，兑以说之，乾以君之，坤以藏之。

【释义】震为雷，有鼓动万物的功能；巽为风，有散发万物的功能；坎为水，有滋润万物的功能；离为火，有温暖万物的功能；艮为山，有阻止万物的功能；兑为泽，有和悦万物的功能；乾为天，有主宰万物的功能；坤为地，有包藏万物的功能。

第五章

【原文】帝出乎震，齐乎巽，相见乎离，致役乎坤，说言乎兑，战乎乾，劳乎坎，成言乎艮。万物出乎震，震，东方也。齐乎巽，巽东南也。齐也者，言万物之絜齐也。离也者，明也，万物皆相见，南方之卦也。圣人南面而听天下，向明而治，盖取诸此也。坤也者，地也，万物皆致养焉。故曰致役乎坤。兑，正秋也，万物之气说也，故曰说言乎兑。战乎乾，西北之卦也，言阴阳相薄也。坎者，水也，正北方之卦也，劳卦也，万物之所归也，故曰劳乎坎。艮，东北之卦也，万物之所成，终而所成始也，故曰成言乎艮。

【释义】由"帝出乎震"至"成言乎艮"，是纲目，以下是解释。帝即天帝，造物主，由震卦开始，创造万物。震是雷，方位正东，于时为正春，春雷震动，万物萌发生长；巽为风，方位东南，于时为春夏之交，暖风吹拂，万物舒展，争先生长，都向生长快的看齐；离为日，方位正南，于时为正夏，正值繁荣茂盛之时，万物皆可相见；坤为地，方位西南，于时为夏秋之交，养育万物是大地的使命，致使劳役，在所不辞；兑为泽，方位正西，于时为正秋，正是果实累累，万物喜悦的季节；乾为天，方位西北，于时为秋冬之交，万物由成熟走向枯老，正是生死相争，阴阳相搏的时期；坎为水，方位正北，于时为正冬，正是万物归藏于内，已经劳累，回去休息的时刻；艮为山，方位东北，于时为冬春之交，正是成终而复始的时期。八卦止于艮，始于震，循环往复，永无终止。

第六章

【原文】神也者，妙万物而为言者也。动万物者，莫疾乎雷；桡万物者，莫疾乎风；燥万物者，莫熯乎火；说万物者，莫说乎泽；润万物者，莫润乎水；终万物始万物者，莫盛乎艮；故水火相逮，雷风不相悖，山泽通气，然后能变化，既成万物也。

【释义】乾坤阴阳的变化，非常微妙，只看到万物由它而生，却不知它是如何产生的，所以叫作"神"。使万物受到震动，没有比雷更激烈的；使万物弯曲，没有比风更厉害的；使万物干燥，没有比火更强烈的；使万物喜悦，没有比泽更喜悦的；使万物滋润，没有比水更能润物的；使万物终结，又同时开始，没有比山更恰当的；所以，水火相互作用，雷风相向而行，山泽气息相通，然后产生变化，演化成天地万物。

第七章

【原文】乾，健也；坤，顺也；震，动也；巽，入也；坎，陷也；离，丽也；艮，止也；兑；说也。

【释义】天的功能是刚健；地的功能是顺从；雷的功能是震动；风的功能是进入；水的功能是险陷；火的功能是依附；山的功能是阻止；泽的功能是喜悦。

第八章

【原文】乾为马，坤为牛，震为龙，巽为鸡，坎为豕，离为雉，艮为狗，兑为羊。

【释义】八卦在动物里与之相对应的是：乾为马，都健行；坤为牛，都温顺；震为龙，都行雨；巽为鸡，都守信；坎为豕，都险陷；离为雉，都文明；艮为狗，都阻止；兑为羊，都悦人。

第九章

【原文】乾为首，坤为腹，震为足，巽为股，坎为耳，离为目，艮为手，兑为口。

【释义】八卦与人体相对应的部位是：乾为首，都是统领；坤为腹，都是养育；震为足，都主运动；巽为股，都顺从；坎为耳，都是内陷；离为目，都主光明；艮为手，都能阻止；兑为口，都能悦人。

第十章

【原文】乾，天也，故称乎父；坤，地也，故称乎母；震一索而得男，故谓之长男；巽一索而得女，故谓之长女；坎再索而得男，故谓之中男；离再索而得女，故谓之中女；艮三索而得男，故谓之少男；兑三索而得女，故谓之少女。

【释义】八卦在一个家庭中相对应的称谓是：乾为父，坤为母；由乾坤、阴阳、父母相互索取，所生的子女，分别是：震为长男，巽为长女，坎为中男，离为中女，艮为少男，兑为少女。

第十一章

【原文】乾为天、为圆、为君、为父、为王、为金、为寒、为冰、为大赤、为良马、为老马、为瘠马、为驳马、为木果。

【释义】乾卦象征天，天是圆的。天主宰万物，相当于人的君王、父亲。天刚健，象征玉、石、金属等坚硬的物质。乾卦的方位在西北，于时为秋冬季，象征寒冷、结冰点。乾卦是纯阳，象征旺盛的大红色彩。乾健行，象征良马，经时间变化象征老马。因身体变化，象征瘦马，杂毛的马。乾为天，树上的果实像天上的星星，散落的，圆形的，所以象征果实。

【原文】坤为地、为母、为布、为釜、为吝啬、为均，为子母牛，为大舆、为文、为众、为柄，其于地也为黑。

【释义】坤象征地，万物生于地，人生于母。坤有包容之功能，所以象征布。坤中虚、容物、养人，所以象征锅。阳大阴小。所以阳慷慨，阴吝啬。地养育万物，没有偏私，所以平均。坤柔顺，所以为母牛。大地载万物，所以为大车。地生万物，多彩多姿，所以有文彩。地生万物，相当于群众。地操纵万物，如同有柄。在地下阴暗，所以为黑色。

【原文】震为雷、为龙、为玄黄、为旉、为大涂、为长子、为决躁、为苍莨竹、为萑苇。其于马也，为善鸣、为馵足、为作足、为的颡。其于稼也，为反生。其究为健，为蕃鲜。

【释义】震为雷，因见首不见尾，所以象征龙。雷为阴阳相交之时，所以象征黑黄相杂之色。震为春天，所以象征将开的大花。象征通畅的大路。

为长子，为告别干燥，为初生的幼竹，为芦苇。电闪雷鸣，象征左后蹄白色的马、善于鸣叫的马，善于奔驰的马，头心长白毛的马。震为春，所以象征刚开始发芽扎根的庄稼。总之，为极其健壮，为繁茂新鲜的草木。

【原文】巽为木、为风、为长女、为绳直、为工、为白、为长、为高、为进退、为不果、为臭。其于人也，为寡发、为广颡、为多白眼、为近利市三倍。其究为躁卦。

【释义】巽为木、为风、为长女，木有挺拔之象，所以为绳直；风有削减功能，所以为工；风无色，木质白色，所以为白；风无所不达，无所不至，树木高大挺拔，所以为长，为高；风有强弱，所以为进退；风见硬就回，所以不果敢；风可吹送各种气味，所以为嗅；对于人来说，风吹叶落，所以为秃顶，为宽额；巽为白色，所以为白眼球多；木的成本低，自然生长价值高，或取其果，或售其材或加工成器，拿到市场出售，可得三倍于本的利。总之，巽卦是风的性质，是急躁、浮躁、暴躁的。

【原文】坎为水，为沟渎、为隐伏、为矫揉、为弓轮。其于人也，为加忧，为心病，为耳病，为血卦，为赤。其于马也，为美脊，为亟心，为下首，为薄蹄，为曳。其于舆也，为多眚，为通，为月，为盗。其于木也，为坚多心。

【释义】坎为水，因水所在低洼处，所以为沟渠。为隐伏；水性柔，可以任意改变形状，所以为矫揉，为弓轮。对于人来说，水是凶险的，不知其深浅，所以更加使人担忧，让人产生心病；坎为耳，所以又是耳病；水是凶险，形与血相似，所以是血卦，为红色。对于马来说，坎中为阳、为美、为内动，所以为美脊，为亟心；水向下流，所以下首；水流贴地而行，所以为薄蹄；水流有阻，所以为拽。对于大车来说，水流湍急，多有事故发生，所以为多眚；水为流通，车为交通，所以为通；月为水精，所以为月；水有隐伏之状，所以为盗。对于树木来说，坎卦刚在中，相当于木心坚实，所以为坚多心。

【原文】离为火，为日，为电，为中女，为甲胄，为戈兵。其于人也，为大腹，为干卦。为鳖，为蟹，为蠃，为蚌，为龟。其于木也，为科上槁。

【释义】离为火，困其光明，所以为日，为电；再索而得女，所以为中女；外刚内柔，所以为甲胄，手执戈兵的战士；对于人来说，离卦中空，所以为大腹；因日、火皆有干燥作用，所以为干卦；因为离卦外壳坚硬，所以为鳖、为蟹、为螺、为蚌、为龟。对于树木来说，因离卦中空，所以为腐朽中空，枝干枯槁的树木。

【原文】艮为山，为径路，为小石，为门阙，为果蓏，为阍寺，为指，为狗，为鼠，为黔喙之属。其于木也，为坚多节。

【释义】艮为山，是阳卦中最小的，所以为少男、为小径，为小石；因山是崇高的，所以为门楼；因为山上多草木，木实为果，草实为蓏，均出自山中，所以为果蓏；阍是守门人，禁止入，寺是后宫守门人，禁止出，所以为阍寺；通常是阻止，所以为指，为狗；艮的卦形是前端硬，所以为鼠类啮齿动物，为黑嘴头的鸟兽之类。对于树木来说，象征着坚硬多节的树木。

【原文】兑为泽，为少女，为巫，为口舌，为毁折，为附决。其于地也，为刚卤。为妾，为羊。

【释义】兑为泽，三索而得女，所以为少女；兑卦象口舌，巫师为口舌之官，所以为巫，为口舌；兑为正秋，植物成熟折断，果实脱落，所以为毁折，为附决；对于地来说，泽水淹没的地方就是盐碱地，所以为刚卤。兑为少女，从姑姐而嫁做小，所以为妾；从卦象上看，也象征着羊，且羊肉味美可取悦于人，所以为羊。

杂卦传

【原文】乾刚、坤柔，比乐、师忧。

【释义】乾卦和坤卦是阴阳爻完全相反的"错卦"。乾卦全部是阳爻，所以刚健；坤卦全部是阴爻，所以柔顺；比卦和师卦，是上下卦相反的"综卦"。比是亲近，所以乐；师是战争，所以忧。

【原文】临、观之义，或与或求。

【释义】临卦和观卦是"综卦"。临是由上临下，所以是给予；观卦是以下观上，所以是有所求。

【原文】屯见而不失其居，蒙杂而著。

【释义】屯卦和蒙卦是"综卦"，屯是萌芽状态，虽已显现，但还没有离开居所；蒙卦是启蒙教育，虽然繁杂，但效果显著。

【原文】震起也，艮止也；损益盛衰之始也。

【释义】震卦和艮卦是"综卦"。震卦是阳爻起始，所以说是起；艮卦是阳爻终结，所以说是止。损卦和益卦是"综卦"，损极而益，所以兴盛；益极而损，所以衰败。所以说，损、益是盛、衰的开始。

【原文】大畜，时也；无妄灾也。

【释义】大畜卦和无妄卦是"综卦"。大量蓄积，需要适当调节，所以把握时机很重要；无妄是不虚伪，虽然是福，但也会有灾祸。

【原文】萃聚而升不来也。谦轻而豫怠也。

【释义】萃卦和升卦是"综卦"。萃卦是聚而不散；升卦是升而不降。谦卦是谦卑自轻；豫卦是舒适安乐而惰怠。

【原文】噬嗑食也，贲无色也。

【释义】噬嗑卦和贲卦是"综卦"。噬嗑就是咬合，所以有吃的意思；贲是修饰，但不可掩饰本质，所以说无色。

【原文】兑见，而巽伏也。

【释义】兑卦和巽卦是"综卦"。兑卦阴爻在上而现于外，巽卦阴爻在下而伏于内。

【原文】随，无故也；蛊则饬也。

【释义】随卦和蛊卦是"综卦"。随卦是追随伟大的人物，所以没有故交；蛊卦是有腐败之事，所以需要整治。

【原文】剥，烂也；复，反也。

【释义】剥卦和复卦是"综卦"。剥卦是剥落，果实剥落则腐烂；复是返回，果实剥落到地上，又重新萌芽生长。

【原文】晋，昼也；明夷，诛也。

【释义】晋卦和明夷卦是"综卦"。晋卦是日升于地上，所以是白昼；明夷卦恰好相反，太阳在地下。所以是光明遭诛杀。

【原文】井通而困相遇也。

【释义】井卦和困卦是"综卦"。井卦是以井养人，井水汲取不尽，所以通畅；困卦是阳困于阴，所以说是阴阳相遇而形成困境。

【原文】 咸，速也；恒，久也。

【释义】 咸卦和恒卦是"综卦"。咸卦是男女之间的感应，在一瞬间相互沟通，所以说是迅速；恒卦是家庭中的婚姻关系，夫妇不可不恒常，所以说是长久。

【原文】 涣，离也；节，止也。

【释义】 涣卦和节卦是"综卦"。涣卦是涣散，所以有离心离德的意思；节卦是节制，所以有阻止、停止的意思。

【原文】 解，缓也；蹇，难也。

【释义】 解卦和蹇卦是"综卦"。解卦是解除困难，所以是缓和的意思；蹇卦是前进遇阻，所以是艰难的意思。

【原文】 睽，外也；家人，内也。

【释义】 睽卦和家人卦是"综卦"。睽卦是相互背离，都是相遇在外；家人卦是相互关心，都是相聚在内。

【原文】 否泰，反其类也。

【释义】 否卦和泰卦是"综卦"，也是"错卦"。上下卦都是同类的阴爻或阳爻，但彼此上下正好相反。所以，否是阻塞，泰是通畅，含义完全相反。

【原文】 大壮则止，遁则退也。

【释义】 大壮卦和遁卦是"综卦"。大壮卦是特别壮大，不宜用壮，所以必须知道适可而止；遁卦是小人得志，所以君子必须知道及时隐退。

【原文】大有，众也；同人，亲也。

【释义】大有卦和同人卦是"综卦"。大有卦柔爻在尊位，有怀柔得众的意思；同人卦柔爻得中，上应九五，所以有独亲的意思。

【原文】革，去故也；鼎，取新也。

【释义】革卦和鼎卦是"综卦"。革卦是革除旧弊，所以叫作去故；鼎卦是以鼎养贤，起用新人，所以叫作取新。

【原文】小过，过也；中孚，信也。

【释义】小过卦与中孚卦是"错卦"。小过卦是阴过阳，所以叫作过；中孚卦是中虚，所以叫作诚信。

【原文】丰多故也，旅寡亲也。

【释义】丰卦和旅卦是"综卦"。丰卦是丰盛，事发当朝，所以多为故人；旅卦是旅居，旅行在外，所以很少有亲人。

【原文】离上而坎下也。

【释义】离卦和坎卦是"错卦"。离卦是火，火往上炎，所以叫离上；坎卦是水，水往下流，所以叫坎下。

【原文】小畜寡也，履不处也。

【释义】小畜卦和履卦是"综卦"。小畜卦是畜止，以阴止阳，以少止众，所以称寡；履卦是以礼践履，职责所在，不可停留，所以说不处。

【原文】需不进也，讼不亲也。

【释义】需卦和讼卦是"综卦"。需卦是需求，凡有需求，险在前也，所以不可急进；讼卦是诉讼，对簿公堂，你赢我输，所以不亲。

【原文】大过，颠也；姤，遇也。

【释义】大过卦是舟行水上，一路颠簸，所以说颠也；姤卦是一阴邂逅五阳，所以说遇也。

【原文】渐女归，待男行也。

【释义】渐卦是循序渐进，以女出嫁为例，是女子出嫁，等待男子迎亲而行，从订亲开始，到婚后省亲，是个渐进的过程。

【原文】颐养正也，既济定也。

【释义】颐卦是供养，正则吉，正则善，正则福，正则养，不正则不养，所以叫养正。既济卦是已经完成，六爻当位得正，各得其所，各有所应，天下大局已定。所以说定也。

【原文】归妹，女之终也；未济，男之穷也。

【释义】归妹卦是少女出嫁，女子以出嫁为最终归宿。所以说女之终也。未济卦是未完成，六爻均不当位。事物尚未成功，男子汉当创大业，然而大业未成却陷入穷困之中，所以说男之穷也。

【原文】夬，决也，刚决柔也，君子道长，小人道忧也。

【释义】夬卦是断决，五阳将决断一阴，此时君子的道德、理想、处事的原则得以伸张，而小人那套东西施展不开，就有忧愁了。

《杂卦传》乾始而夬终，夬卦仅剩最后一阴，决去一阴，则又重返于乾。也有循环往复，周而复始之意。

庚子年六月，第九稿完成于北京延庆东山书院

主要参考书目

《中华易学大辞典》　　　　　　　　　　　上海古籍出版社

《周易全解》　　　　　金景芳、吕绍刚著　　吉林大学出版社

《周易译注》　　　　　韩立平著　　　　　　上海三联书店

《周易本义》　　　　　（宋）朱　熹著　　　九州出版社

《周易正义》（魏）王　弼（晋）韩康伯（唐）孔颖达著

　　　　　　　　　　　　　　　　　　　　中国致公出版社

《周易正宗》　　　　　马恒君著　　　　　　华夏出版社

《易经系列别讲》　　　南怀瑾著　　　　　　东方出版社

《易经的智慧》　　　　曾仕强著　　　　　　陕西师范大学出版总社

《易经爻变解》　　　　朱启经著　　　　　　上海科学技术文献出版社

《新解易经六十四卦》　严　晋著　　　　　　九州出版社

《易经正本清源》　　　邵乃读著　　　　　　世界知识出版社

《易经入门》　　　　　孙振声著　　　　　　文化艺术出版社

《易经中国古代大数据》王　建著　　　　　　作家出版社

《一本书读懂易经》　　郑　同著　　　　　　华龄出版社

《易经就这么简单》　　贺能林著　　　　　　中国文化出版社

《古汉语常用字字典》　　　　　　　　　　　商务印书馆

《大爆炸——宇宙通史》[英] 帕特里克·康尔、[英] 布赖恩·梅、

　　　　　　　　　　　[英] 克里斯·林陶特合著

　　　　　　　　　　　李元、曹军、李鉴、张子平、陈冬妮译

　　　　　　　　　　　　　　　　　　　　广西科学技术出版社